Zu diesem Buch

«Im literarischen Bereich wurde Mesrine zunächst dadurch bekannt, daß eigens für dieses Buch ein Gesetz erlassen wurde, die *‹loi Mesrine›*: Wer über seine Verbrechen Bücher schreibt oder sonst irgendwie damit an die Öffentlichkeit tritt, darf daran keinen Gewinn haben. Mesrine hatte seine Autobiographie im Gefängnis geschrieben, und es geht darin um seine Verbrechen: vom Diebstahl bis zum kaltblütig geplanten und ausgeführten Mord am ehemaligen Zuhälter seiner Freundin. Auf der anderen Seite beschreibt er seine Schwierigkeiten, seine Lebensart mit den Moralvorstellungen seiner Frau zu vereinbaren. Dieses Buch ist kein literarisches Kunstwerk, und sein Autor ist nicht eben ein angenehmer Zeitgenosse gewesen... Im übrigen sind diese Selbstbetrachtungen des ehemaligen ‹Staatsfeindes Nr. 1 von Frankreich und Kanada› eigenartig fesselnd, wohl gerade weil es so etwas nur selten zu lesen gibt. Außerdem ist die Erzählung dieses verfahrenen Lebens spannend.»

(Dokument und Analyse)

Jacques Mesrine

Der Todestrieb

Lebensbericht eines Staatsfeindes

Aus dem Französischen von
Angela Schmidt und Pierre Gallissaires

rororo
Rowohlt

Die Originalausgabe erschien 1977 bei Éditions Jean-Claude Lattès, Paris
unter dem Titel «L'Instinct de mort»

Veröffentlicht im Rowohlt Taschenbuch Verlag GmbH,
Reinbek bei Hamburg, Mai 1994

Umschlaggestaltung Walter Hellmann
Gesamtherstellung Clausen & Bosse, Leck
Printed in Germany
1490-ISBN 3 499 19667 0

Gott schütze mich vor meinen Freunden ...
mit meinen Feinden werde ich fertig.

Für JANOU ... die Frau
für GENEVIÈVE AICHE ... die Meisterin
für MARTINE MALINBAUM ... die Anwältin
und die Hoffnung
für FRANCINE ... die Freundin
für LIZON
für JOYCE
für MARTINE ... den Mut
und für Dich, Freund, der Du Dich erkennen wirst.

«Was nützt es, die Sonne zu beweinen,
Deine Tränen lassen Dich die Sterne nicht sehen.»

Für Jean-Louis PELLETIER ... das Talent
für Raymond DAOUST ... den Größten
für Monique SMADJA ... meine Wertschätzung.

Paris, 16. Dezember 1975

In der Haftanstalt La Santé. Die Nacht hat ihren Schleier über das Elend der Welt der Eingeschlossenen gelegt. Es ist kalt; es ist Winter. Die Lichter sind aus. Auf den verwaschenen Zellenwänden spiegelt sich der Schatten der Gitterstäbe wider, als sollte auch die letzte Flucht, der Traum, eingesperrt werden. Hinter jeder dieser schwarzen dunklen Zellen verbirgt sich ein Schicksal, ein Drama, ein Leiden, ein Mensch in seiner Einsamkeit; die Nacht läßt die Einsamkeit ein wenig vergessen, oder aber sie verstärkt sie noch.

Für den kleinen Betrüger Tino ist es die letzte Nacht. Er schwört sich, daß er nie mehr herkommen wird. Morgen ist er frei, jedenfalls glaubt er das. Der Aufseher wird ironisch ‹bis zum nächstenmal› sagen, denn er hat ihn schon sechsmal wiederkommen sehen. Er ist hier Stammgast; wie so viele andere, die wieder auf der Straße landen, ohne Arbeit, ohne Geld, ohne Wohnung, ohne Hoffnung, sich irgendwie hochzurappeln, und deren Zukunftsvorstellung doch nur lebenslänglich, zahlbar in Monatsraten, ist.

Durch die dicken Zellenmauern kann er das Schluchzen und Schimpfen seines Nachbarn nicht hören. «Alte Hure, verdammte alte Hure!» Das Foto einer Frau liegt auf dem Boden. Heute abend hat er in einem Brief erfahren, daß sein Mädchen ihn verlassen hat, obwohl sie noch gestern in ihrem letzten Brief ihre Liebe beteuert hat. Er vergleicht den Liebesbrief mit dem Laufpaß und könnte kotzen vor Wut. Darüber sind die Lichter ausgegangen. Vielleicht leidet er tatsächlich unter diesem Verrat, oder ist es nur sein Stolz? Ein Gehörnter draußen in der Freiheit, darüber kann man lachen; aber ein Gehörnter im Knast, das ist immer dramatisch. Da kann er heulen, soviel er will, es wird ihn niemand hören. Vielleicht weint er über sich selbst. «Nach allem, was ich für sie getan habe, tut sie mir das an ... oh, diese verdammte Sau!» Er weiß genau, daß das nicht so ganz stimmt. Er hat die Frau zwischen zwei kleineren Einbrüchen geliebt. Und wenn er besoffen war, dann hat er sie mit Schlägen gestreichelt, um ihr zu zeigen, was für ein harter Bursche er ist. Dann wieder hat er ihr für die Zukunft alle Reichtümer der Welt versprochen. Zweimal hat sie auf ihn gewartet in der Hoffnung, er würde sich ändern. Doch hatte sie diese ewigen Knastbesuche satt, sie schrieb ihm, daß sie das einfach nicht mehr durchhalten könne; sie habe einen ordentlichen Typ kennengelernt und wolle wieder von vorne anfangen. Morgen wird er sich für die Kumpel vom Hofgang eine Geschichte ausdenken. Darin spielt er dann die Hauptrolle und ist wieder ein richtiger Mann. Jetzt aber heult er erst einmal wie ein Kind. Die Gefängnismauern sind solche Geheimnisse gewöhnt. Seit fast einem Jahrhundert sind sie Zeugen von allem Leid hier drinnen.

In der Zelle daneben sitzt ein toller Typ. Claude. Einer, der bei jedem Bruch die Knarre dabei hatte. Seit sechs Jahren wartet er auf seinen Prozeß. Er hat mehrere erfolglose Fluchtversuche hinter sich; aus La Santé kann man nicht abhauen, das wollte er überprüfen. Er schläft noch nicht. Wie jeden Abend geht er seine Sache noch einmal durch, er bereitet seine Verteidigung vor. Er spielt Anwalt und muß unweigerlich grinsen, wenn er überlegt, wie er auf die Sprüche des Staatsanwalts reagieren wird. Er hat immer geklaut; er ist Profi. Auch er ist von seiner Frau verlassen worden, vor drei Jahren, alles lief ohne Gemeinheiten ab – ganz ordentlich. Keine Frau wartet zwanzig Jahre auf ihren Typ. Er konnte sie verstehen, hat die Trennung akzeptiert und die Frau in guter Erinnerung behalten. Adieu und viel Glück ... das war alles.

Sein Nachbar onaniert. Heute treibt er es mit den Covergirls aus Playboy, die er sich vor dem Lichtlöschen angesehen hat. Sein Schwanz ist so etwas wie das Markenzeichen seiner Branche. Er ist Zuhälter.

Drei Frauen arbeiten für ihn. So was wie Liebe kennt er nicht. Die drei hoffen, daß sie sich irgendwann einmal in einer Bar niederlassen dürfen, wie er es ihnen als Höhepunkt ihrer Karriere versprochen hat. Dabei ist es so gut wie sicher, daß er sie fallenläßt, wenn sie nicht mehr ganz so knusprig sind. Von seinen Versprechungen ist ungefähr so viel zu halten wie von seinen Vorstellungen über die Liebe. Nur einmal hat er sich Hals über Kopf verliebt, und zwar in Molière; das war an dem Tag, als er ihn auf den Fünfhundert-Francs-Scheinen entdeckte. Jetzt im Moment locken ihm seine fünf Finger, fast wie fünf Mätressen, ein lustvolles Stöhnen hervor.

An der Tür nebenan hängt ein Schild: ‹Achtung, Selbstmordgefahr! Überwachen!› Ein Drogensüchtiger.

Er ist neunzehn Jahre alt. Der Untersuchungsrichter hat sich als Entziehungskur für ihn eine acht Quadratmeter große Zelle ausgedacht. Nun durchlebt er, seinem künstlichen Paradies entrissen, schreckliche Alpträume. Er hat bereits versucht, sich aufzuhängen; der Stoff fehlt ihm, aber genauso auch – Liebe und Verständnis. Ein Drogensüchtiger ist wie ein Kind, das um Hilfe ruft; Kinder wirft man nicht ins Gefängnis, sie verstehen nicht wieso. Diesmal hat er es geschafft. Noch einmal zuckt sein Körper zusammen und verabschiedet sich vom Gefängnis, dem großen Menschenfresser. Dem Zuhälter geht gerade einer ab, der andere, nebenan, stirbt. Vielleicht haben sie gleichzeitig ihren Höhepunkt gehabt mit dem Unterschied, daß der Tod eine treue Geliebte ist, die ihre Liebhaber nicht verläßt. Bald bei seinem Mitternachtsrundgang wird der Aufseher vorwurfsvoll «Scheiße» rufen und schnell seine Vorgesetzten benachrichtigen. Aus Sicherheitsgründen hat er nachts keine Zellenschlüssel. Wieviel Minuten gehen verloren? Diesmal ist es zu spät, wie so oft. Die Sicherheit ist wichtiger als das Leben eines Gefangenen. Aber kann man einen Menschen daran hindern, sich umzubringen? Nein. Also bleiben die Vorschriften erhalten. Morgen wird die Zelle leer sein, keine Spur wird mehr an das nächtliche Drama erinnern. Die Zelle hat den kleinen Drogensüchtigen dann wieder ausgespuckt. Das Gefängnis tötet die Schwachen, und selbst wenn es sie nicht alle ganz zerstört, so prägt es sie doch für immer.

La Santé schläft ein. In anderen Zellen liegen Männer, die hoffen, weinen, drauf scheißen, schnarchen, bedauern, sich einen abwichsen, träumen; sie überleben, denn ein Leben ist das hier nicht.

Im gesonderten Sicherheitstrakt. Ein Gefängnis im Gefängnis. Ein einziger Häftling lebt in Zelle 7. Aus Sicherheitsgründen ist er von den anderen isoliert. Der Mann liegt unter seinen Decken auf dem Rücken, die Hände hat er unterm Kopf verschränkt. Er starrt an die Decke. Er mag die Nacht. Er hat keinerlei Hoffnung mehr. Er ist 39 Jahre alt, und ihn erwartet entweder das Gefängnis oder der Tod. Ist er Fatalist oder Schauspieler? Nein, er weiß, das hat er verdient, und er scheißt drauf. Auch er hat mal mit einem ganz kleinen Diebstahl angefangen; aber dann ist er von einer Tour zur nächsten den steilen Weg des Verbrechens immer höher hinaufgeklettert. War es Trotz, Lust am Risiko oder Geldgier, was hat ihn den Weg außerhalb der Gesetze wählen lassen? Oder waren es noch andere Motive, die er tief im Herzen versteckt hält? Manche Menschen geraten in die Welt des Verbrechens wie andere ins Kloster, einfach aus Berufung. Das Verbrechen ist auch die Zuflucht der Nichtangepaßten; es ist eine einfache Lösung, zumindest kurzfristig, um mit einer Reihe von Problemen fertig zu werden. Bei seinem ersten Bruch hatte er keine Ahnung, daß er sechzehn Jahre später als ‹Staatsfeind Nummer eins› tituliert werden würde. Seine Verbrecherakte ist wie ein Gruselmärchen, mit einer gelungenen Mischung aus amüsanten Szenen, aus Blut, Gewalt, Flucht und Freundschaft. Dieser Mann, in dessen Anklageschrift drei Morde, mehrere Raubüberfälle, Mordversuche an Polizisten und drei Gefängnisausbrüche stehen, ist gefährlich. Aber hinter alldem gibt es auch noch die Gründe, die aus diesem Mann einen Kamikaze des Verbrechens gemacht haben, es gibt da seine Schwächen, seine Liebschaften und seine Gewissensbisse.

Er erinnert sich an die Worte, die ein alter Gangsterfreund ihm einmal sagte: «Laß es sein, Kleiner. Ich hab mein Leben versaut. Mach's nicht so wie ich.» Er hatte damals über die Ratschläge des Alten, der mehr als zwanzig Jahre Knast hinter sich hatte, gelächelt. «Ich lasse mich nicht schnappen, denn ich höre sowieso auf, wenn ich genug Geld habe, um mir einen Laden einzurichten.» Aber dann wird das Klauen zur Droge. Man klaut nicht nur wegen des Geldes, man klaut auch, weil man das Risiko liebt. Man ist anders als die anderen, man lebt anders als sie. Bis zu dem Tag, an dem man seine erste Kugel abfeuert auf einen, der einem dazwischenkommt oder auf einen, mit dem man abzurechnen hat. Damit ist die Sache dann entschieden, und es gibt kein Zurück mehr. Der Mann da in der Zelle weiß das besser als sonst jemand. Er hat es so gewollt, er hat ganz bewußt den Schritt getan, um nicht mehr umkehren zu können. Er wollte nichts mehr zu verlieren haben, weil er wußte, daß er dann gezwungen war, alles zu gewinnen.

Seine Freiheit war ihm scheißegal, er hat mit ihr gespielt, hat sie verloren, wiederbekommen und wieder verloren. Er hat sich aus der Gesellschaft zurückgezogen, nicht etwa, weil er die Gesellschaft verachtete, sondern weil er sich eines Tages umgeblickt, eine Waffe in die Hand genommen und fälschlicherweise geglaubt hat, daß das die Lösung seines Problems sei. Heute liegt er da auf seinem Bett und bedauert nichts. Ist es Stolz oder Gewissenlosigkeit? … Sicher beides. Er sucht nach keiner Entschuldigung. Er sieht lieber seinem Schicksal entgegen und ist bereit, für alles zu zahlen.

Alles begann am 28. Dezember 1936. Paris strahlte noch im Weihnachtsglanz. Monique, eine junge Modezeichnerin, war kurz vor der Entbindung: Mit ihrem Bubikopf sah sie ein bißchen schelmisch-verschmitzt aus, während ihr die haselnußbraunen Augen etwas sehr Sinnliches gaben. Sie war glücklich. In wenigen Augenblicken würde sie dem Mann, den sie liebte, das zweite Kind schenken. Es würde ein Sohn sein, das war ihr ganz klar. Nur ein Junge konnte mit so viel Wucht gegen die Bauchdecke treten und strampeln. Sie wußte noch nicht, wieviel Kummer und Enttäuschung dieses Kind ihr bereiten würde. Sie würde den Tod zur Welt bringen, der viel später mehrere Menschen heimsuchen würde; Menschen, die jetzt noch gar nicht auf der Welt waren und andere, die schon erwachsen waren.

Pierre saß am Bett seiner Frau; er war viel aufgeregter als sie, sah sie ängstlich und zärtlich zugleich an und wischte ihr die Schweißperlen von der fiebernden Stirn.

«Hast du sehr große Schmerzen, mein Engel?»

«Nein, es geht! Paß auf, was ich dir für einen schönen Jungen schenken werde. Ich liebe dich, das weißt du doch, oder?»

Als Antwort berührt er mit den Lippen Moniques Mund. Die Wehen werden stärker, sie kann einen Schrei nicht unterdrücken.

«Jetzt spüre ich es, er kommt, der kleine Teufel.»

Die Hebamme schiebt Pierre brüsk zur Seite.

«So, jetzt lassen Sie mich mal an die Arbeit, und gucken Sie nicht so drein; es geht doch alles glatt!»

Die Entbindung war schwierig. Monique stöhnte und preßte mit aller Kraft, um sich zu befreien. So kam ich ans Licht der Welt, mit dem Kopf zuerst, und stieß einen Schrei aus, um meine Ankunft lauthals zu verkünden. Mein Vater starrte bewundernd auf meine männlichen Attribute. Dann drehte er sich erstaunt und begeistert Monique zu:

«Mensch, das ist ja ein Junge! Hörst du, Liebling? Ich habe einen Sohn, einen kleinen Sohn!»

«Gott sei Dank!» sagte meine Mutter.

Sie hätte lieber dem Teufel danken sollen ...

Meine Eltern stammten beide aus kleinen Verhältnissen. Sie arbeiteten als Musterzeichner in einer großen Stickerei. Bei der Arbeit saßen sie sich gegenüber, bis der schüchterne Pierre sich ein Herz faßte und einen Kuß wagte, den Monique genüßlich erwiderte. Sechs Monate lang hatte sie gewartet, daß er sich endlich dazu durchringt! Sie verliebten sich, und bald darauf wurde geheiratet. Mein Vater sah sehr gut aus, er hatte eine gewisse Ähnlichkeit mit Gary Cooper, was zusammen mit den grünen Augen seinen Charme ausmachte.

Eine Wohnküche, die meine Mutter hübsch und gemütlich eingerichtet hatte, war ihr Liebesnest. Dort wurde meine Schwester geboren. Um sich noch etwas nebenher zu verdienen, machten meine Eltern Heimarbeit. Sie drehten massenweise Zigaretten oder schrieben Adressen auf unzählige Briefumschläge.

Sie waren glücklich. Durch meine Geburt mußten sie umziehen. So machte ich meine ersten Laufversuche in einer Zwei-Zimmer-Küche-Bad-Wohnung, die meine Eltern für immer behielten. Als ich zum erstenmal Papa und Mama sagte, war die ganze Familie begeistert. Mein Vater rief mich, strich mir über den Lockenkopf, küßte mich und meinte zärtlich:

«Komm, kleiner Wunderknabe!»

Ich fühlte mich geborgen. Meine Kinderträume waren voller Zärtlichkeit.

Eines Morgens sah ich von meinem Bett aus, daß meine Mutter weinte. Vater stand vor ihr; er küßte ihre Tränen weg, als wollte er seinen Kummer damit ertränken. Auf dem Boden stand ein Koffer. Wir sahen uns an. Er nahm mich in die Arme und drückte mich so fest, daß es weh tat.

«Du mußt jetzt meine beiden Frauen beschützen, mein kleiner Mann!» waren seine letzten Worte.

Er brachte mich wieder ins Bett zurück und ging zur Tür. Meine Mutter kam zu mir, sie weinte nicht mehr, aber die ganze Traurigkeit der Welt stand in ihren Augen. Ich sah meinen Vater nicht wieder. Immer wenn ich nach ihm fragte, sagte meine Schwester, er sei krank und ich würde ihn bald wiedersehen. Diese Leere brach mir das Herz, und trotz der Zuneigung meiner Mutter fühlte ich mich so weit weg von ihm sehr allein.

Es kam ein harter Winter. Meine Mutter brachte uns alle in die Küche und stellte dort ihr Bett auf. Da die anderen Zimmer nicht geheizt wurden, wohnten wir nur noch in der Küche. Das Wort ‹Krieg› hörte ich zum erstenmal aus dem Mund meiner Großmutter. Das Wort ‹Gefangener› tauchte sehr oft in den Gesprächen im Familienkreis auf. Und dann sah ich eines Tages, ohne allerdings zu begreifen, worum es ging, wie sich die ganze Familie versammelte; ich war von lauter Frauen umgeben. Im Hintergrund standen ein paar armselige Koffer herum. Man zog mich warm an, und alle verließen die Wohnung.

Diese unerwarteten Ferien gefielen mir. Die Straßen waren voller Menschen, die alle traurig aussahen. Frankreich verlor den Krieg, und die Bevölkerung floh vor den Deutschen, die vor den Toren von Paris standen. Ich war zu klein, um die Verwirrung zu verstehen, die durch diese schwerwiegenden Ereignisse ausgelöst wurde. Wie viele Franzosen irrte auch meine Familie quer durch die unbesetzten Provinzen. In einem Dorf in der Vienne, in Château-Merle, war unsere Reise zu Ende. Vettern von mir lebten dort als Bauern. Nach dem ersten Becher warmer Milch hatte ich die vergangenen Nächte vergessen: die endlosen Straßen, meinen halbleeren Magen, die Lagerstätten aus Stroh in irgendwelchen Scheunen mit dem Körper meiner Mutter als einziger Wärme in dem eisigen Winter.

Einige Tage später nahm meine Mutter von mir Abschied, da sie nach Paris zurück mußte. Ich verkroch mich in einer Scheunenecke, wo ich mein ganzes Unglück einem kleinen Esel anvertraute. Die Zeit verging. Als ich wieder einmal nach meinem Vater fragte, sagte man mir, daß er als Kriegsgefangener in Deutschland sei. Ich war mittlerweile ein richtiger kleiner Bauer geworden. Morgens stand ich bei jedem Wetter früh auf und führte meine Kuhherde auf die Weide. Ich sah ganz schön komisch aus in meinem schwarzen Cape mit der großen Kapuze, den Golfhosen und den großen Holzpantinen. In der Hand hatte ich einen kleinen Stecken; ich erfüllte meine Aufgabe, ohne mit der Wimper zu zucken. Ich lernte, mich mit Tieren zu beschäftigen und begann, sie zu lieben. Ein Hund leistete mir Gesellschaft. Wir führten sehr ernsthafte Gespräche miteinander. Ich erzählte ihm von meinem Vater und von meinem Kummer darüber, daß ich von meiner Familie getrennt war. Er leckte mir übers Gesicht und tröstete mich so. Der salzige Geschmack meiner Tränen schien ihm zu gefallen.

Und dann kehrten wir wieder nach Paris zurück. Alles hatte sich so verändert. Die Straßen waren voller deutscher Soldaten. Mama ließ uns manchmal allein. Meine Schwester kochte für mich und erklärte mir, daß Mama arbeiten gehen müßte, weil Papa nicht mehr da sei. Um es ein bißchen wärmer zu haben, schliefen wir alle drei in einem Bett. Monate vergingen ...

Eines Tages wurden wir mitten in der Nacht von Sirenen geweckt. Es klingelte an unserer Tür. Ein Mann kam in die Wohnung gerannt und sagte hastig zu meiner Mutter:

«Schnell in den Keller, Bombenalarm!»

Mama meinte, daß sie lieber in der Wohnung bliebe und daß das schließlich aufs gleiche hinausliefe, wenn die Bomben tatsächlich auf unser Haus fallen sollten. Es folgten weitere Bombenalarme. Meine Mutter beschloß, uns doch wieder zu unseren Vettern aufs Land zu schicken, weil wir dort sicherer wären.

Auf dem Bauernhof hütete ich wieder die Kühe. Das Leben war hart, aber ich hatte genug zu essen. Ich lernte, wie man Butter macht, wie man Schweineblut in großen, gußeisernen Töpfen kocht und daraus Blutwurst macht, wie man Brotteig knetet und wie man den Ofen auf die richtige Temperatur bringt, indem man Reisigbündel darin brennen läßt. Ich war bei der Ernte dabei. Mit großen Augen sah ich zu, wie die Dreschmaschine das Korn von den Ähren trennte. Und dann kam die Weinlese, und ich war zum erstenmal in meinem Leben beschwipst. Monate vergingen ...

Oft hörte ich von den Gesprächen der Erwachsenen etwas von Massakern, Tod und Schmerz. Und dann kam eines Tages mein Vetter wie ein Verrückter aufs Feld gelaufen, wo ich mit meinem Hund herumsprang. Er nahm mich bei der Hand und sagte:

«Komm schnell, Kleiner! Die Deutschen kommen!»

Tatsächlich war eine Stunde später der Hof von Lastwagen umstellt. Bewaffnete Männer sprangen heraus. Sie hatten einen harten Gesichtsausdruck, stießen meinen Vetter auf dem Hof herum und drückten ihre Gewehrkolben in den Rücken. Dann gingen sie daran, alle Zimmer im Haus zu durchsuchen. Ein Mann, vermutlich der Anführer, erteilte einen Befehl in einer Sprache, die ich nicht verstand; dann wandte er sich an meine Cousine und sagte ihr auf französisch, daß seine Männer Hunger hätten, und zwang sie, ihnen was zu essen zu machen. Für das Essen wurden alle Tische auf den Hof gestellt. Meine Cousine war wütend, aber sie beruhigte sich, als mein Vetter ihr zu verstehen gab, daß sie sich nicht auflehnen dürfe, wenn sie keine Schwierigkeiten haben wollte. Ich sah die Männer furchtlos an, denn ich hatte keine Angst mehr. Dann fragte ich meine Schwester:

«Sind das die Deutschen?»

«Sei still, sag bloß nichts!»

Ich ging auf den Mann zu, der vorhin französisch gesprochen hatte.

«Verzeihung, Monsieur, hast du meinen Vater gefangengenommen? Gib ihn mir doch bitte zurück!»

Der Mann sah mich an, seine Augen waren sanft; er strich mir übers Haar, wie mein Vater es immer gemacht hatte. Dann hob er mich auf seine Knie und sagte, daß er ihn mir sehr bald wiedergeben würde. Er zeigte mir Fotos von seinen Kindern und erzählte von ihnen, so wie wohl jetzt auch mein Vater von mir im Gefangenenlager erzählte. Als meine Cousine mich auf den Knien des Deutschen sah, sprang sie wutentbrannt auf und schrie mich an:

«Komm sofort da runter! Und Sie da, lassen Sie das Kind in Ruhe!»

Der Deutsche sah sie verstört an und setzte mich zu Boden.

«Ich habe auch Kinder, Madame, und wir Deutschen mögen Kinder ...»

«Deshalb töten Sie ihre Väter!»

Das war die Antwort meiner Cousine, die vor Wut kochte. Damit war der Zwischenfall beendet.

Ich war ein Kind. Ich wußte noch nicht, was Haß war. In der Zukunft sollte ich das Wort ‹hassen› in allen seinen Formen in- und auswendig lernen.

Nach den Deutschen bekamen wir nächtlichen Besuch von bewaffneten Männern. Sie trugen keine Uniformen. Diesmal strahlte meine Cousine übers ganze Gesicht. Gleich bei der Ankunft der Männer wurde ich ins Bett geschickt. Mehrmals schlich ich auf nackten Füßen ganz leise aus meinem Zimmer. Ich sah sie alle um den großen Küchentisch herumsitzen. Die Männer aßen und tranken mit großem Appetit. Mein Vetter Hubert redete mehr als die anderen, die ihm aufmerksam zuzuhören schienen. Später erfuhr ich, daß es Widerstandskämpfer waren. Sie kamen auf den Hof, um Essen und Informationen zu bekommen. Nach und nach wurde ich nicht mehr sofort ins Bett geschickt, und so lernte ich die Männer besser kennen, die dafür kämpften, daß mein Vater schnell zu mir zurückkommen könnte. Mein Vetter nahm mich beiseite, um mir zu sagen, daß ich nie irgend jemandem etwas davon sagen dürfte, was ich hier sah. Er erklärte mir den Ernst der Lage und die Gefahr, die es für unser Leben bedeutete, wenn irgend etwas herauskommen würde.

Der Bauernhof lag abgelegen. Unsere einzigen Nachbarn waren die Eltern meiner Vettern, die auch Viehzucht betrieben. Mein älterer Vetter war Bürgermeister im nächstgelegenen Dorf, in Savigny-Lévescault, das zwei Kilometer vom Hof entfernt lag. Dort ging ich zur Schule. Ich lernte nicht gerade viel, denn ich ging nur unregelmäßig hin, weil ich auf dem Hof gebraucht wurde. Mit meinen Schulkameraden spielte ich Krieg. Aus Holz bastelten wir uns Maschinenpistolen. Tausendmal töteten wir uns und tausendmal fingen wir wieder von vorn an. Die Mädchen spielten auch mit; sie behandelten unsere eingebildeten Wunden und machten uns aus unseren dreckigen Taschentüchern Verbände. Mir gefielen die Holzwaffen, ich begann eine Leidenschaft für Waffen zu entwickeln, die ich mein Leben lang behalten sollte.

Eines Tages hörten wir in der Nähe Explosionen. Mein Vetter brachte uns alle in einen großen Turm, der das Gehöft überragte. Dort wurden wir alle Zeugen eines richtigen Kampfes. Von unserem Beobachtungsposten aus sahen wir Männer hin- und herlaufen. Die Fenster der Hofgebäude zerbarsten im Kugelhagel. Weit hinten schossen Männer auf andere Männer. Die Deutschen verließen Poitiers. Seit der Landung in der Normandie erlebten sie den Zusammenbruch. Auf ihrem Rückweg wurden sie von Widerstandsgruppen aus dem Hinterhalt überraschend angegriffen. So ein Hinterhalt war eben auch neben der Straße, an der unser Hof lag. Die Deutschen waren sehr zahlreich; nur wenige von ihnen erwiderten das Feuer, denn der Konvoi hielt nicht an. Dann hörte das Feuer auf; ein gutes Dutzend deutscher Soldaten drang in den Hof ein und begann zu plündern. Wir waren gut geschützt, und mein Vetter befahl uns, uns nicht zu rühren und kein Wort zu sagen. Bald darauf verschwanden die Soldaten, voll bepackt mit Lebensmitteln.

Wir warteten über eine Stunde, ehe wir aus dem Versteck kamen; erst dann waren wir sicher, daß die Gefahr vorüber war. Kaum waren wir unten, kam ein Mann mit einer Maschinenpistole in der Hand auf meinen Vetter zugelaufen. Sein Gesicht war blutverschmiert. Ich erkannte ihn sofort; er gehörte zu den Männern, die ich bei den nächtlichen Sitzungen gesehen hatte.

«Alle meine Freunde sind tot. Kannst du mich verstecken, Hubert? Wir hätten dreißig bei dem Angriff sein sollen, und dann waren wir plötzlich nur sieben! Ein schreckliches Massaker! Scheiße! Und außerdem bin ich verwundet!»

Mein Vetter verschwand mit dem Mann. Zwei Wochen später wurde er bei einem anderen Angriff in der Nähe von Saint-Julien-L'Ars getötet.

Meine Schwester und ich sammelten die Geschoßhülsen auf, die auf dem Weg zur Straße herumlagen. Plötzlich sahen wir einen leblosen Körper im Graben. Der Kopf baumelte zur Seite runter wie bei einem kaputten Hampelmann. Aus dem Mund floß Blut. Es war meine erste Begegnung mit dem Tod. Er erschreckte mich nicht. Ich rief meinen Vetter. Ich war so fasziniert von dem Körper des toten Mannes, daß ich meinen Blick gar nicht mehr von ihm lösen konnte. Mein Vetter kam und scheuchte mich weg.

Ich hörte, daß man mehrere Tote gefunden hatte und daß mein Vetter, der Bürgermeister, es übernommen hatte, für ein ehrenvolles Begräbnis zu sorgen. Einige Tage später war der Hof voll von Autos mit Widerstandskämpfern. Zum erstenmal sah ich sie am hellen Tag. Die müden, unrasierten Gesichter konnten einem Angst machen. In der Mitte standen Frauen, denen man die Haare vollkommen abgeschnitten hatte und die von den Männern beschimpft wurden. Ich verstand nichts. Die weinenden Frauen machten mich traurig. Die Männer schütteten ihnen Wein über den Kopf und beschimpften sie als ‹Deutschenhuren›, ‹Säue› und ‹Hündinnen›.

Eine der Frauen war im Gesicht von Schlägen gezeichnet, auf die Stirn hatte man ihr ein Hakenkreuz gemalt. Sie sagte nichts, sondern weinte nur still vor sich hin. Ein Widerstandskämpfer sah, daß ich sie anstarrte. Er war schon früher auf den Hof gekommen, aber ich erkannte ihn kaum wieder, er sah furchterregend aus, er sprühte nur so vor Zorn. Er meinte zu mir:

«He, du kleiner Pariser, willst du sie mal nackt sehen, diese alte Hure?»

Er griff ihr ans Kleid, zerrte kräftig am Stoff und zerriß es so, daß man die Brust der Frau sehen konnte. Das Gelächter seiner Freunde ermutigte ihn. Er riß auch noch die letzten Kleiderfetzen ab, drückte und betatschte das Mädchen, das sich mit Händen und Füßen wehrte und ihn wütend beschimpfte.

«Was für die Deutschen gut ist, ist für uns schon lange gut, verdammte Sau! Hab ich nicht recht, Leute?»

Alle fielen über sie her. Unter dem Lastwagen brach sie zusammen. Einer der Männer hob seinen Gewehrkolben und schlug damit unter wüsten Beschimpfungen auf sie ein. Sie stand nicht wieder auf.

Ich verfolgte wie gebannt das Schauspiel. Zum erstenmal hatte ich eine Frau nackt gesehen. Trotz meiner jungen Jahre hatte mich das erschüttert. Ich verstand diesen Haß nicht, diese Versessenheit, eine Frau zu quälen. Mein Vetter bemerkte plötzlich, daß ich dabei war und schickte mich sofort ins Haus. Er schien nicht einverstanden mit dem, was sich da abspielte. Er wandte sich an einen der Chefs der Widerstandskämpfer, der seinen Männern den Befehl zum Aufbruch gab. Unter Rufen und Lachen verließen die Männer den Hof. Ich stellte mich ans Fenster, weil ich hoffte, die Frau sei wieder aufgestanden. Nein, nichts zu sehen! Vielleicht hatten sie sie getötet. Ich erfuhr es nie.

Es kamen noch mehr Besucher. Und dann holte uns eines Tages unsere Mutter ab. Von ihr hörte ich, daß der Krieg bald zu Ende sein würde und daß wir deshalb mit ihr nach Paris zurück könnten.

Meine erste Frage war:

«Ja, und werde ich dann Papa wiedersehen? Kommt er zurück?»

«Ja, Liebling, er kommt ganz bald zurück, das verspreche ich dir.»

In Paris wurde ich wieder zur Schule geschickt. Wie viele Kinder dieser Zeit hatte ich eine Menge versäumt. Außerdem gefiel mir die Schule gar nicht, denn ich hatte mich an die Freiheit auf dem Land gewöhnt. Ich träumte immerzu von irgendwelchen Kämpfen. Ich hatte einen Freund, mit dem ich mich köstlich amüsierte. Wir gingen ans Ufer der Seine und spielten mit Steinschleudern Krieg. Meine Hausaufgaben kamen natürlich zu kurz, denn ich schaute fast nie in die Bücher. Meine Mutter kam müde von der Arbeit und hatte keine Zeit zu überprüfen, ob ich die Aufgaben gemacht hatte. Wenn sie mich danach fragte, sagte ich immer:

«Ja, Mama, ich bin schon fertig.»

Damit gab sie sich zufrieden.

Ich lernte die Laster der Straße kennen. Meine Freunde träumten genau wie ich nur von Kämpfen, Verwundungen und Beulen. Eines Tages, als ich aus der Schule kam, schaute ich zum Balkon unserer Wohnung hinauf. Mama winkte mir zu, neben ihr stand ein Mann, seine rechte Hand lag auf ihrer Schulter.

Dieser Mann kam mir irgendwie vertraut vor, ohne daß ich ihn richtig erkannt hätte. Sechs Jahre lang hatte ich auf ihn gewartet und gehofft. Ich rannte wie ein Irrer ins Haus. Mein Herz schlug vor Glück ganz schnell. Aus meiner Kehle kam ein einziger Laut:

«Oh, Papa, Papa!»

Ich raste die Treppe hoch, übersprang Stufen, kam atemlos an der Tür an. Da stand er mit ausgebreiteten Armen; Gesicht und Körper waren mager geworden. Sein Blick war müde und erschöpft. Er hob mich hoch. Ich legte meinen Kopf auf seine Schulter und brach in Tränen aus.

«Weine nicht mehr, mein Kleiner, ich bin ja wieder da; ich verlasse dich nie mehr.»

Das Leben ging weiter. Ein Jahr brauchte mein Vater, um wieder auf die Beine zu kommen. Er war mehrmals im Krankenhaus, bevor er wieder anfing zu arbeiten. Dann baute er nach und nach seinen kleinen Stickereihandel wieder auf, den er kurz vor dem Krieg aufgemacht hatte.

Jahre vergingen. Hatte mich auch die Rückkehr meines Vaters überglücklich gemacht, so änderte sie doch nichts an meiner Art und Weise zu lernen. Ich wurde auf eine andere Schule geschickt. Vergeblich. Mein Vater war so mit seinem Geschäft beschäftigt, daß er nie meine Hefte kontrollierte und sich nicht darum kümmerte, ob ich meine Aufgaben gemacht hatte.

Meine Eltern liebten mich, aber wir lebten nebeneinander her. In meiner Straße gründeten wir eine Bande. Ich war stolz, daß ich Bandenchef wurde. Wir trugen mit der Bande einer Nachbarstraße Kämpfe aus, die für unser Alter ganz schön brutal abliefen. Manchmal kam ich mit einer geplatzten Lippe oder einem geschwollenen Auge nach Hause. Papa schien es zu gefallen, daß ich nicht jammerte. Ja, es war ihm eine Genugtuung zu sehen, daß ich in der Lage war, mich zu wehren und zu verteidigen.

In meiner Bande war ein süßes kleines Straßenmädchen, dem wir den Spitznamen ‹Floh› gegeben hatten. Manchmal versteckten Floh und ich uns im Keller. Wir spielten Erwachsene und küßten uns, etwas unbeholfen zwar, aber voller Zärtlichkeit. So hatten wir unsere kleinen Geheimnisse, aber auch Wahnsinnsangst, daß uns unsere Eltern erwischen könnten. Schüchtern und fasziniert zugleich entdeckten wir unsere Unterschiede. Kinderliebe ist immer etwas Reines. Wir hatten niemandem, dem wir dies erste Erlebnis der Lust anvertrauen konnten. Wir schämten uns ein bißchen über unsere Spiele. Ich war zwölf, sie elf. Die Großen, das hieß vor allem unsere Eltern, kamen bei uns nicht gut weg, denn wir waren uns einig, daß sie uns überhaupt nicht verstanden. Ich machte mit ‹Floh› Reisepläne. Selbstverständlich schworen wir uns, immer zusammenzubleiben. Mit einem gegenseitigen Geschenk besiegelten wir unseren Schwur. Bald darauf wurde ich von ihr getrennt, aber niemand konnte merken, welche Leere diese Trennung in mir zurückließ!

Die erste Freude über die Rückkehr meines Vaters war verflogen. Ich hatte ihn mir wie einen großen Bruder vorgestellt, dem ich alles sagen könnte und der mit mir spielen würde. Er war aber so sehr von seiner Arbeit in Anspruch genommen, daß er mir unbewußt das verweigerte, was ich am nötigsten brauchte: seine Anwesenheit. Er liebte mich, das wußte ich genau, aber er ließ mich aufwachsen, ohne meine Fehler zu bemerken oder zu korrigieren. Ich war von diesem mangelnden Interesse enttäuscht.

Ich hätte mir gewünscht, daß er mich fragte, was ich den Tag über gemacht hätte, daß er meine Hausaufgaben kontrollierte und mit mir schimpfte, wenn ich sie nicht gemacht hatte. Aber er tat nichts dergleichen. Er war zwar da, jedoch nur am Rande meines Lebens. Doch dann schien es so, als würde sich doch etwas ändern.

Dank seines großen Arbeitseinsatzes war es meinem Vater gelungen, sein Geschäft in Schwung zu bringen ... Und stolz wie ein Schneekönig stieg ich in unser erstes Auto. Es war natürlich nicht nagelneu, sondern ein günstig erstandener Gebrauchtwagen. Meine Eltern hatten gleichzeitig ihren Führerschein gemacht, wobei meine Mutter die Prüfung beim ersten Anlauf geschafft hatte, während mein Vater sie wiederholen mußte. Ich hatte mich über ihn lustig gemacht, und meine Mutter hatte ironisch über ihn gelächelt. Innerlich hatte mich das Versagen meines Vaters gekränkt, denn in meinen Augen mußte er eben einfach unschlagbar und unangreifbar sein.

Mit dem neuen Auto machten wir große Wochenendausflüge ins

Grüne. Dabei kam mir mein Vater wieder näher; wir liefen stundenlang zusammen durchs Unterholz, wir tobten zusammen herum und gingen angeln, denn das war seine Leidenschaft. Wegen der Übernachtungskosten unterwegs wurden diese Wochenenden ziemlich teuer. Daher beschloß mein Vater, einen alten Bauernhof zu kaufen, so nah wie möglich am Wasser. Meine Mutter bekam den Auftrag, etwas Passendes zu suchen. Schon nach knapp einem Monat hatte sie Erfolg. Das Haus war in schlechtem Zustand, aber es wirkte stilvoll mit den alten Holzbalken und einem Dach aus Lehmziegeln. Als wir zum erstenmal hinfuhren, mußten wir erst einmal das Unkraut herausreißen, um überhaupt die Eingangstür aufmachen zu können. Die Fensterscheiben waren kaputt, die Mauern beschädigt, aber ich war trotzdem Feuer und Flamme. Ich stellte mir gleich vor, wie das Haus aussehen würde, wenn wir es erst einmal in Ordnung gebracht hätten. Aber vor allem war das Haus für mich der Ort, an dem ich meinen Vater am Wochenende für mich allein haben würde.

Unsere Wochenenden verbrachten wir mit Putzen, Anstreichen, Unkraut jäten und Einrichten. Allmählich wurde unser Haus immer schöner. Ich befreundete mich mit einem Mädchen vom benachbarten Hof. Sie hatte blaue Augen und rote Haare und sah einfach toll aus. Sie hieß Raymonde, und immer wenn ich sie sah und unsere Blicke sich begegneten, fühlte ich, wie ich bis über beide Ohren rot wurde. Sie war achtzehn, und ich war nur ein kleiner Junge, der ganz heimlich in sie verliebt war. Ich ging ziemlich oft rüber zum Hof ihres Vaters. Er hatte mehrere Jagdgewehre und einen Karabiner, den er mir lieh, damit ich schießen lernen konnte. Ich war äußerst begabt und traf fast immer ins Schwarze.

Es spielte sich so langsam ein, daß ich jeden Sonntag schießen übte. Ich schoß auf Bierdosen, und meine Treffsicherheit rief allgemeines Erstaunen hervor. Es machte mich stolz, allen meine Geschicklichkeit vorzuführen. Manchmal ging ich ganz allein mit dem Karabiner in den Wald. Ich schoß auf Zweige, spielte Krieg, beobachtete die Vögel und horchte auf ihre Laute, wenn sie von mir aufgeschreckt wurden.

Ich machte stundenlange Wanderungen, bei denen mich selbst der Regen nicht störte. Der Kontakt mit der Natur und die Einsamkeit gefielen mir. Einmal lief ich mit dem Karabiner im Garten umher, als ich mit einemmal eine Meise singen hörte. Harmlos und schön saß sie in ihrem graublauen Federkleid da. Sie sah mich aus ihren lebhaften kleinen Äuglein an. Als ich näher kam, flog sie nicht fort. Die Tiere waren meine besten Freunde. Ob sie das wußte? Auf mein Pfeifen antwortete sie mit ihrem Gesang.

Jetzt war ich drei Meter von ihr entfernt. Warum nahm ich sie aufs Korn? Sie schien überhaupt nicht beunruhigt. Ich sah sie in der Visierlinie. Sie sang immer noch. Wie im Traum drückte mein Finger auf den Auslöser. Als ich den Knall hörte, fuhr ich zusammen, denn ich hatte geglaubt, die Waffe sei nicht geladen. Kein Gesang mehr ... Stille. Sie lag blutend unter dem Baum, das Blei hatte ihren Brustkorb zerrissen. Ich fühlte mich vollkommen leer. Was hatte ich da getan? Ich hatte sie getötet. Es war entsetzlich. Ich nahm den kleinen, warmen Körper in die Hand. Auf meiner Hand breitete sich ein roter Blutfleck aus, als sollte ich für mein Verbrechen gezeichnet werden. Ich schluchzte laut los. Meine Tränen flossen über ihre Federn. Glaubte ich, sie dadurch zum Leben erwecken zu können? Ich brauchte gut zehn Minuten, um mich ein bißchen zu beruhigen. Der Karabiner lag wie ein Schandfleck am Boden. Nach dem, was ich getan hatte, mußte ich mich hassen. Ich redete auf meine kleine, tote Meise ein. Zum erstenmal hatte ich gemerkt, daß eine Waffe töten kann. Nie zuvor hatte ich auf ein Tier geschossen. Dazu mochte ich Tiere viel zu gern. Meine Handlung war zufällig gewesen, aber ich verzieh sie mir nicht. Ich hätte mein Leben hergegeben, wenn ich damit meine tote Meise wieder zum Leben hätte erwecken können. Dann hätte sie mir mit ihrem Gesang verzeihen können.

In einer kindlichen Geste schaufelte ich ihr ein kleines Grab. Dies war sicher das schönste Begräbnis, das ein Vogel je bekommen hat. Ich hüllte ihren kleinen Körper in Rosenblätter und umrahmte den Erdhügel des Grabes mit wilden Blumen. Ein kleines Kreuz aus Zweigen zeigte wie auf einem Friedhof, daß hier ein Leben zu Ende gegangen war. So merkwürdig es auch scheinen mag, mein ganzes Leben dachte ich mit einer gewissen Traurigkeit an dieses Ereignis. Vielleicht hatte ich mit dieser Meise das, was es an Gutem in mir gab, getötet. Jedenfalls habe ich nie mehr im Leben auf einen Vogel geschossen.

Als meine Mutter mich ins Haus zurückkommen sah, verstand sie nicht, warum ich so traurig war. Ich war zu beschämt, als daß ich ihr davon hätte erzählen können. Mehrere Wochen lang machte ich regelrechte Wallfahrten in die Gartenecke. Der Gott der Meisen hat mich wahrscheinlich erhört, denn andere Meisen verziehen mir mit ihrem Gesang.

In der Woche verbrachte ich manchmal einen Abend bei meiner Großmutter väterlicherseits. Ich hatte sie sehr gern. Sie hatte ein ganz faltiges Gesicht, das die besondere Schönheit des Alters ausstrahlte. Die silbergrauen Haare, die sie in einem Knoten trug, verliehen ihrem Aussehen etwas Würdevolles. Ihr vertraute ich mich oft an. Aber weil sie meinen Vater abgöttisch liebte, gab sie mir in meinem Verhalten gegenüber meinen Eltern immer unrecht. Monate vergingen.

Angesichts meiner katastrophalen schulischen Leistungen beschloß mein Vater, mich in ein kirchliches Internat zu schicken. Für mich bedeutete das, daß er mich aufgab. Er hatte die Entscheidung getroffen, ohne sich um mein starkes Liebesbedürfnis zu kümmern.

Als ich ‹Floh› die Neuigkeit mitteilte, brach sie in Tränen aus. Ich wollte ein richtiger Mann sein und antwortete deshalb theatralisch:

«Nimm's nicht so schwer, ich komme wieder!»

Ich kam in eines der besten kirchlichen Internate Frankreichs, das von Juilly. Es wurde von Oratorianiern geleitet. Ich hatte sehr viel aufzuholen. Trotzdem steckte man mich einfach in die sechste Klasse und ließ mich die fünfte überspringen. Da mir die Grundlagen fehlten, die die anderen Schüler meiner Klasse hatten, kam ich schon bald nicht mehr mit. Ich war äußerst mittelmäßig, abgesehen von den Fächern, die mich interessierten, Mathe und Erdkunde. Auf dem Sportplatz dagegen tobte ich mich aus.

Im Internat herrschte strenge Disziplin; der regelmäßige Besuch der Messe war Pflicht. Ich hatte nach kurzer Zeit ein paar gute Freunde.

Abends im Schlafsaal warteten wir darauf, daß der zuständige Erzieher seine Runde gemacht hatte, dann sprangen wir aus unseren Betten und versammelten uns in einem großen Wandschrank, in dem Putzgeräte aufbewahrt wurden. Dort rauchten wir unsere ersten Zigaretten. Wir waren zu fünft; wir banden uns alte Laken als Tücher um den Kopf und waren alles in allem ein richtiger Clan. Nachts kletterten wir einer nach dem andern über die Mauer, um uns Zigaretten und Brandy in der kleinen Dorfkneipe zu besorgen. Wir schlüpften durch die Hintertür in die Kneipe, die Wirtin grinste verschwörerisch und händigte uns unsere Bestellung aus. Wir wußten, daß wir sofort fliegen würden, wenn man uns schnappte. Aber wir waren ganz schön harte Brocken, die sich einig waren, in der Schule nichts zu arbeiten. Und so beteuerten wir uns gegenseitig, daß es uns total egal wäre, wenn wir von diesem bekloppten Internat fliegen würden.

Sonntags kam manchmal meine Mutter zu Besuch und ging mit mir und einem meiner Freunde in unsere kleine Kneipe essen. Mein Vater kam nie. Ich sah ihn einmal im Monat, wenn ich Ausgang hatte. Manchmal mußte ich als Strafe im Internat bleiben. Ich war aggressiv und lehnte mich oft auf.

So vergingen zwei Jahre. Meine Noten waren katastrophal. Ich war in die siebte Klasse gekommen. Im Juli 1951 jedoch, vor den großen Ferien, getraute ich mich nicht, meinem Vater zu gestehen, daß ich von der Schule verwiesen worden war. Wir wollten nach Hossegor in Ferien fahren. Erst im Speisesaal des Hotels erfuhr meine Mutter das, was ich schon längst wußte:

«Dein Vater hat gerade angerufen. Er hat dein Zeugnisheft bekommen. Du bist von 32 Schülern der 26. und du bist von der Schule verwiesen. Wenn er das gewußt hätte, dann wärst du auf keinen Fall in Ferien gefahren. Was sollen wir denn bloß mit dir machen?»

«Ist mir scheißegal, daß ich von der Schule fliege; ihr hättet mich eben zu Hause behalten sollen, selber schuld, wenn ihr mich einfach weggebt; glaubst du, dafür hab ich sechs Jahre auf Papa gewartet, daß ich dann in so 'ne Popenschule muß!»

Als Antwort erhielt ich zwei Ohrfeigen. Ich war wütend, raste in mein Zimmer und schrie allen Leuten um mich herum entgegen: «Ist mir scheißegal, scheißegal ...»

Ein paar Tage durfte ich nicht an den Strand gehen. Das war meine Strafe. Im Hotelflur traf ich ein tolles Mädchen. Lange schwarze Haare fielen ihr über die Schultern. Wir sahen uns tief in die Augen; das Leuchten unserer Blicke besiegelte meine erste Jugendliebe. Sie hieß Christiane. Sie sah aus wie ein kleiner Wildling. Ihre kohlrabenschwarzen Augen waren einfach umwerfend. Sie beeindruckte mich um so mehr, als sie schon siebzehn war, also zwei Jahre älter als ich. Ganz stolz ging ich mit ihr zusammen zum Strand. Ich bewunderte sie, ja ich himmelte sie an. Im Zimmer meiner Mutter gaben wir uns unseren ersten Kuß. Ich hatte die Vorhänge zugezogen, um in der Dunkelheit meine Schüchternheit zu verbergen. Denn hier hatte ich es mit einer Erwachsenen zu tun. Sie sollte nicht merken, wie unerfahren ich war. Sie war nicht viel aufgeklärter als ich, unser Flirt hatte die Schönheit und Reinheit der Jugend und dauerte die ganzen Ferien. Weder meine Mutter noch ihre Eltern merkten etwas. Wir schnitten uns mit meinem Taschenmesser ins Handgelenk und tauschten als Zeichen unserer Treue unser Blut, ganz wie ich es in einem Film gesehen hatte. Nachts, wenn ich allein im Bett lag, träumte ich von Reisen und Abenteuern. Ich war immer der Held ... Ich rettete Christiane aus schlimmsten Gefahren, und am Ende waren wir immer zusammen auf einer kleinen, einsamen Insel.

Mit dem Ferienende waren auch meine Träume vorbei. Die Trennung tat uns beiden sehr weh, denn Christiane wohnte weit weg von Paris, und ich wußte nicht, ob ich sie wiedersehen würde. Wir schworen uns, uns zu schreiben. Niemand verstand, warum Christiane beim Abschied weinte. Ein Jahr später war sie indirekt verantwortlich für mein erstes Abhauen von zu Hause.

Als wir wieder nach Paris kamen, schimpfte mein Vater noch nicht einmal mit mir wegen des Schulverweises. Er sagte nur, daß er mich nicht wieder in ein Internat geben würde. Ich kam aufs Gymnasium. Mit dem gleichen Resultat. Meine Noten waren zwar um einiges besser, aber ich war dauernd in Schlägereien verwickelt. Manchmal schwänzte ich die Schule und ging statt dessen ins nächste Kino. Kurz, ich wurde allmählich ein ganz schön hartes Bürschchen. Manchmal klaute ich meinen Eltern Geld oder ich tat so, als wolle ich in einen Abendkurs gehen und bekam das Geld für die Kursgebühren, das ich dann verjubelte. Meine Eltern merkten nicht, welchen Weg ich einschlug. Eines Abends wollten sie mit Freunden in ein Edith-Piaf-Konzert gehen; ich bat sie um Erlaubnis, mit meinem besten Freund, der zwei Jahre älter war als ich, ins Kino zu gehen. Sie gaben ihre Zustimmung und hatten keine Ahnung, daß wir gar keinen Film sehen wollten. Mein Kumpel und ich wollten nämlich eine kleine Vergnügungstour nach Pigalle machen. Bébert kannte dort eine Nutte. Er hatte bereits sexuelle Erfahrungen mit Frauen. Ich hatte bisher nur mit ganz unschuldigen Mädchen Zärtlichkeiten ausgetauscht. Als er mir sagte, wohin er mit mir gehen wollte, war ich sofort Feuer und Flamme für seinen Vorschlag. Ich war fast 16.

«Du hast doch sicher schon mal 'ne Frau gebumst, nicht wahr, Jacky?»

Ich ließ ihn natürlich in seinem Glauben: «Klar, was denkst du denn von mir? Glaubst du etwa, ich bin noch 'ne Jungfrau?! Ist sie wenigstens schön, deine Kleine?»

«Sie ist einfach Klasse. Sie arbeitet in einer Bar. Ich hab ihr von dir erzählt. Geht alles klar! Sie macht's mit dir. Aber du mußt bezahlen. Hast du wenigstens Kies?»

«Na klar, guck mal! Ich hab's heute morgen meiner Mutter geklaut. Sie hat nichts gemerkt.» Stolz zog ich ein paar Scheine aus der Tasche. Meine Eltern schärften mir ein, ich solle nicht zu spät nach Haus kommen. Dann zogen wir zu Fuß los. Unterwegs genehmigten wir uns ein paar Schnäpse. Ich mußte mir Mut antrinken. In der Tasche hatte ich einen Schlagring, den Bébert mir gegeben hatte. Damit fühlte ich mich stark. Ich kam mir vor wie ein Gangster aus einem Film. So würde auch die Kleine mich richtig beeindruckend finden ... Ich mußte sie einfach beeindrucken, nur so konnte ich meine Angst, plötzlich mit ihr allein zu sein, verbergen. Auf keinen Fall durfte sie merken, daß es für mich das erste Mal war. Als wir in Pigalle ankamen, war ich total besoffen. Das Nachtleben dort war einfach wahnsinnig. Überall an den Bars die Leuchtreklamen, mir wurde ganz schwindlig ... und hier sollten die Gangster zu Hause sein, hatte Bébert behauptet. Aber er mußte es ja wissen, er kam oft hierhin, um irgendwelche Schnapsflaschen zu verkaufen, die er zusammengeklaut hatte.

Ein Portier wünschte Bébert freundlich guten Abend. Bébert warf sich daraufhin stolz in die Brust, schaute mich von oben herab an und meinte:

«Siehst du, ich bin hier bekannt!»

«Sag mal, Bébert, kennst du so richtig harte Jungs hier, ich meine, so welche mit Ballermann und so? Weißt du, was ich meine? ...»

«Na und ob ich welche kenne! Ich werde gleich mal Paul fragen, ob er dir sein Schießeisen zeigt. Der ist ganz schön gefährlich, der Typ. Mensch, ich hab mal gesehen, wie er einen zusammengeschlagen hat. Der sah danach ganz schön alt aus!»

Voller Bewunderung hörte ich Bébert zu. Das war die Welt meiner Träume. Auch ich warf mich in die Brust; Bébert zeigte auf eine Bar; wir waren am Ziel! Wir gingen hinein. Drinnen war gedämpftes Licht. Einige Mädchen standen an der Theke rum. Andere saßen mit Kundschaft in den Ecken; ein Typ hatte einem blonden Mädchen unter den Rock gefaßt; das Mädchen kicherte und schaute belustigt zu mir rüber.

Bébert grüßte locker mit ‹Hallo, ihr Süßen›; ob das wohl mein höfliches ‹Guten Abend› übertönte? Dann ging er nach hinten, wo ein Mann, so um die fünfzig, sich angeregt mit zwei hübschen Brünetten unterhielt.

«'n Abend, M'sieur Paul. Das ist mein Kumpel Jacky.»

«Hallo, ihr Kleinen. Na, wollt ihr die Damen besuchen! Ach, du bist der berühmte Jacky. Bébert redet ständig von dir. Ihr dreht wohl ganz schöne Dinger, ihr zwei, was!»

Er gab mir so kräftig die Hand, daß es weh tat. Aber ich hielt den Druck aus. Dann stellte er die Mädchen vor. Eine hieß Carmen, die andere Sarah. Ich wußte, daß Sarah das Mädchen war, von der Bébert gesprochen hatte. Ich wurde rot, als sie mir nicht die Hand gab, sondern nur meinte: «Gib mir ein Begrüßungsküßchen! Setz dich zu mir, und du Bébert, kümmer dich um meine Freundin.»

«Kann ich euch was zu trinken anbieten, ihr Kleinen?» fragte der Wirt und ließ uns zwei Cognac servieren. Und dabei war ich doch schon so blau! Bébert erklärte, daß wir nicht viel Zeit hätten. Eine Zigarette lässig im Mundwinkel, versuchte ich, ganz natürlich zu tun, Sarah hatte mir schon den Arm um die Schulter gelegt. Sie streichelte mir den Nacken.

«Wie alt bist du, Jacky?» fragte sie.

Ich war noch nicht sechzehn, aber ich antwortete: «Fast achtzehn, Madame.»

Das Mädchen warf lachend ihrer Freundin einen vielsagenden Blick zu. «Du brauchst doch nicht Madame zu mir zu sagen. Nenn mich einfach Sarah!»

Dann wandte sie sich an Bébert: «Dein Kumpel ist ja ganz süß.»

Und ich wollte ein harter Junge sein! Was war dabei herausgekommen? Sie sagt, ich sei süß! Sie nahm mir die Zigarette aus dem Mund und berührte meine Lippen mit ihren. Begeistert erwiderte ich ihren Kuß. Sie sah Bébert ganz erstaunt an:

«Na, mein Lieber, das verspricht ja einiges!»

Ich hatte meine gesamte junge Erfahrung in diesen Kuß gelegt und war nun auf das Ergebnis stolz. Ich schaute Bébert an, als wollte ich sagen: na Kumpel, hast du das gesehen? Sarah hatte wahrscheinlich gemerkt, daß ich jünger war, als ich zugeben wollte und hatte mir deshalb was Nettes, Aufmunterndes sagen wollen. Da sie sich mit Männern auskannte, war ihr wohl klar, daß ich erst ein bißchen locker werden müßte. Ich küßte sie noch einmal. Bébert unterbrach uns.

«Also Sarah, machst du's mit meinem Freund? Dann nehm ich Carmen.»

«Einverstanden, also los.»

Wir gingen in den ersten Stock, blieben im Flur stehen, von dem mehrere Türen abgingen. Sarah wandte sich an Bébert: «Bezahlst du?»

«Nein, mein Freund. Er zahlt für uns beide. Du gibst dann Carmen ihren Anteil. Geht es klar so, Süße?» meinte Bébert und streichelte Carmen über den Hintern.

«Okay, alles klar.»

Und die beiden verschwanden in einem Zimmer. Sarah nahm mich bei der Hand. Sie machte nur eine kleine Lampe an.

«Zieh dich aus, Jacky, ich mach solange meine Toilette.» Dann zog sie vor meinen Augen ihr Kleid aus. Sie trug nur einen Slip darunter, den sie ebenfalls auszog. Ich schaute sie an. Ihre schöne Brust erinnerte mich an die Frau, die die Widerstandskämpfer vor meinen Augen ausgezogen hatten. Ich fühlte die Begierde in mir aufsteigen und nahm meinen ganzen Mut zusammen, wobei mir der Alkohol half. Während sie sich am Bidet wusch, legte ich den Schlagring auf den Nachttisch, um sie zu beeindrucken. Als sie sich umdrehte, stand ich im Slip da. Ich hatte mich noch nie so bescheuert gefühlt. Sie sah die Waffe, lächelte, aber sagte nichts. Sie schmiegte sich an mich: «Laß mich mal machen.»

Das war mir natürlich recht.

Sie war sanft und zärtlich und tat so, als wisse sie nichts von meiner Unerfahrenheit. Sie führte mich und half mir, in sie einzudringen. Ich kam sehr schnell zum Orgasmus. Dann schob sie mich zur Seite, küßte mich und stand auf.

«Hat dir das gefallen, Jacky?»

Als ich bejahte, fuhr sie fort:

«Sag mal, wie alt bist du denn nun wirklich? Höchstens sechzehn!»

Zärtlich schaute sie mich aus ihren dunklen Augen an, und ich konnte nicht lügen. Jetzt war mir das egal.

«Jaaa, ich bin fast sechzehn; das macht doch nichts, oder?»

«Abgesehen von den Schwierigkeiten, die ich kriegen kann, hast du recht, das macht nichts. Aber lassen dich denn deine Eltern so spät noch ausgehen?»

So spät! Daran hatte ich überhaupt nicht mehr gedacht. Es war zwei Uhr morgens. Ich hätte um Mitternacht zu Hause sein müssen, nach dem Film, den wir angeblich sehen wollten.

«Scheiße, ich muß abhauen.»

«Hast du nichts vergessen, Liebling?»

Doch, zweierlei: zahlen und den Schlagring. Ich holte die Scheine aus der Hosentasche, gab sie ihr alle und behielt nur ein paar Münzen.

«Geht das so? Kann ich wiederkommen?»

«Ja, warum nicht?»

Auf der Treppe wartete Bébert auf mich. Er war gleichzeitig mit mir fertig geworden.

«Hast du Sarah das Geld gegeben?»

Ich bejahte, zeigte auf meine Uhr und meinte:

«Hast du gesehen, wie spät es ist? Wir müssen los.»

In der Wohnung meiner Eltern sah ich noch Licht brennen. Es war nach drei Uhr morgens. Wir hatten nicht mehr genug Geld gehabt, um ein Taxi zu nehmen. Ich suchte nach einer Lüge, die ich meinen Eltern erzählen könnte. Sie standen auf der Treppe. Bevor ich noch etwas hätte sagen können, wurde ich schon kräftig geohrfeigt.

«Dein Vater hat dich schon gesucht. Das Kino war um Mitternacht aus. Wo warst du?»

Ich hatte eine Wahnsinnslust, einfach zu sagen, daß ich gerade eine Hure gebumst hatte, einfach um ihre Reaktion zu testen. Aber statt dessen gab ich ein paar vage Antworten. Mein Vater faßte mich am Arm, meinte, ich solle jetzt schlafen gehen und alles weitere werde am nächsten Morgen geregelt. Beim Einschlafen dachte ich an Sarahs Körper. Die Entdeckung des sexuellen Lustgefühls war für mich so etwas wie eine Entschädigung für die echte Liebe, die ich meiner Umwelt hätte geben wollen. Sarah war so sanft und lieb gewesen; zum erstenmal hatte ich etwas anderes erlebt als die einsame Selbstbefriedigung. Ich fühlte mich wie ein richtiger Mann. Sie hatte mich «Liebling» genannt. Unerfahren wie ich war, hatte ich keine Ahnung, daß sie jeden Mann so nannte. Als so meine Gedanken um sie kreisten, begann ich sie richtig zu lieben. Aber dann mußte ich für einen Augenblick meine neue Liebe vergessen, denn der Alkohol drehte mir förmlich den Magen um, mein Bett verwandelte sich in ein schwankendes Schiff, und kurz darauf kotzte ich mir die Seele aus dem Leib.

Als meine Mutter mich wachrüttelte, war es schon hell. Es war Zeit für die Schule. Ich sah schlecht aus. Ich war total erledigt.

«Mein Gott, wie du bloß aussiehst! Wo bist du denn nun gestern mit deinem Freund Bébert hingegangen? Nun mal los, merkst du denn nicht, daß ich mit dir rede? Raus mit der Sprache!»

«Wenn ich dir sagen würde, wo ich war, würdest du mir doch nicht glauben», meinte ich mit einem ironischen Grinsen.

«Jedenfalls ist das das allerletzte Mal gewesen, daß du mit diesem Straßenjungen unterwegs warst. Ich will ihn nicht mehr sehen, verstanden!»

Ich antwortete mit einem genuschelten «Ja, ja, Madame», was soviel heißen sollte wie: «Red du mal nur, ich hör sowieso nicht zu!»

Mein Vater sagte überhaupt nichts mehr zu meiner späten Heimkehr. Ich hätte ihm so gern die Wahrheit gesagt. Ich hätte ihn gefragt, ob er in meinem Alter ähnliche Erfahrungen gemacht hatte. Für ihn war ich immer noch ein Kind. Er konnte sich überhaupt nicht vorstellen, welche unbeantworteten Fragen in meinem Kopf herumgeisterten. Ich wurde immer aggressiver. Am nächsten Tag nach der Schule sah ich Bébert wieder. Ich sagte ihm, daß Mama ihn nicht bei uns sehen wollte. Wir beschlossen, so zu tun, als träfen wir uns nicht mehr, um meine Mutter zu beruhigen. Ich wollte Sarah wiedersehen. Ich sagte Bébert, daß ich die Schule schwänzen wolle, um Sarah zu sehen. Wir könnten dann noch mal in die Bar gehen, wo sie arbeitete.

Seine Antwort überraschte mich:

«Du tickst wohl nicht ganz richtig! Tagsüber arbeitet sie nicht, da pennt sie.»

«Gut, dann bring mich eben zu ihr nach Hause!»

«Ja, bist du denn total verrückt geworden? Wenn wir uns nur bis zur Haustür wagen würden, würde ihr Kerl mich doch schon zur Sau machen. Sag bloß, du hast dich in diese Nutte verliebt! Tatsächlich, er ist verliebt, dieser kleine Dummkopf.»

«Na und wennschon, die ist eben nett, die Kleine!»

«Jetzt hör mal gut zu, Jacky! Das kleine Treffen hab ich neulich extra für dich arrangiert. Aber das Mädchen würde das nicht noch mal machen. Denn wenn sie sich mit einem abgibt, er so jung ist wie du und sie wird geschnappt, dann landet sie nämlich im Knast. Also, schlag dir das aus dem Kopf, ja! Und fang nicht wieder damit an ... Sarah ist eine Nutte. Es ist schließlich ihr Beruf, mit den Männern ins Bett zu steigen! Sie hat besseres zu tun, als sich mit so kleinen Jungs wie dir abzugeben. Wenn du sie magst, dann laß sie am besten in Ruhe, sonst schlag ich dich grün und blau, verstanden!»

«Schon gut, reg dich doch nicht so auf, ich hab das doch bloß so dahingesagt.»

Bébert hatte mir den Kopf zurechtgerückt. Ich sah Sarah vier Jahre später wieder. Wir haben uns beide totgelacht, als ich ihr meine Jugendträume anvertraute.

Mit meinen Eltern konnte ich mich nicht in vernünftigem Ton unterhalten. Ich zankte mich mit meiner Mutter ständig um irgendwelche Kleinigkeiten. In der Schule tat ich überhaupt nichts mehr. Meine ganze Leidenschaft galt dem Kino. Ich war nur noch mit Western und Gangsterfilmen beschäftigt. Zu Hause hatte ich zwei Spielzeugpistolen, die ich nicht mehr aus der Hand legte. Die Bandenkämpfe auf der Straße wurden immer wilder und brutaler. Mein leidenschaftliches Interesse an Waffen sollte von großer Bedeutung für meine kriminelle Zukunft sein. Denn die scheinbar so unbedeutenden Kinderspiele waren in gewisser Weise eine Vorbereitung auf die Verbrechen, die ich später beging. Ich habe in der Wirklichkeit nur wiederholt, was ich im Spiel gelernt hatte. Mit dem Unterschied, daß meine Erwachsenenspiele oft blutig ausgingen. Aber das ist eine andere Geschichte.

Kurz vor Weihnachten bestellte mich der Schulleiter zu sich.

«Mesrine, Ihre Lehrer haben einstimmig beschlossen, Sie von der Schule zu verweisen. Ihre Noten sind miserabel, wir erzielen keinerlei positiven Resultate mit Ihnen. Machen Sie nur so weiter, junger Freund, dann landen Sie zielsicher im Gefängnis. So, und diesen Brief übergeben Sie bitte selbst Ihren Eltern.»

Ich war also wieder einmal gefeuert worden. Auf dem ganzen Heimweg dachte ich darüber nach, wie ich meinen Eltern das wohl beibringen könnte. Ich war fix und fertig. Das einzige Gute an der Sache war nur, daß der Schulleiter mir selbst den Brief gegeben und ihn nicht mit der Post geschickt hatte. So blieb mir mehr Zeit zum Nachdenken.

Zu Hause tat ich so, als sei nichts passiert und hütete mich, meinen Eltern den Brief zu geben. Zu Weihnachten war die ganze Familie versammelt. Meine Großmutter väterlicherseits, die ich so sehr verehrte, gab mir als Weihnachtsgeschenk eine ganze Menge Geld. Sie hatte ein Grundstück verkauft und schenkte nun jedem von uns entsprechend unserem Alter Geld. Sie riet mir, das Geld auf die Sparkasse zu bringen für später. Und genau in diesem Moment kam mir die Idee, von zu Hause abzuhauen. Mit dem Geld war es möglich, ganz weit weg zu fahren, dem ganzen Ärger zu entfliehen, endlich all die Abenteuer zu erleben, von denen ich träumte und vor allen Dingen, weit weg zu sein, wenn meine Mutter den Brief von der Schule lesen würde, und nichts von ihrer Wut mitzukriegen.

Eine Woche lang besprach ich meine Pläne mit Bébert. Zunächst hatte ich ihm vorgeschlagen mitzukommen. Das lehnte er zwar ab, aber er war bereit, mir zu helfen. Ich bekam ziemlich regelmäßig Post von Christiane, der schönen kleinen Wilden, mit der ich die Ferien verbracht hatte. Dann dachte ich immer voller Zärtlichkeit an sie. Und so fiel sie mir bei meinen Plänen ein. Ich wollte am Morgen nach den Ferien von zu Hause abhauen, zu Christiane fahren und sie fragen, ob sie mich begleiten wollte. Weit weg von allen Erwachsenen würden wir dann beide auf einer einsamen Insel leben ... ja, das war eine gute Idee ... eine einsame Insel. Mehrere Nächte träumte ich von meiner großen Reise. Christiane und ich würden wie Wilde leben, wir würden uns von Fisch ernähren, den ich mit der Harpune fangen würde. Wir würden in einer Lagune baden. Alles würde so toll sein wie in den Filmen, die ich gesehen hatte. Ich war überzeugt, daß alles so laufen würde, wie ich es mir vorstellte. In der Nacht vor Schulbeginn packte ich meine Sachen. Den Koffer hatte ich schon vorher unter meinem Bett versteckt. Ich schlich ganz leise ins Schlafzimmer meiner Eltern, um mir dort noch ein paar Sachen, die mir gehörten, zu holen. Genauso leise machte ich im Badezimmer eine Schublade auf, in der mein Vater sein Geld aufbewahrte. Darin lag auch meins in einem Umschlag, auf dem mein Name stand. Ich nahm es an mich. Und weil ich meinte, für das große Abenteuer hätte ich damit vielleicht nicht genug, nahm ich noch ein paar Scheine von den Ersparnissen meiner Eltern. Ich legte einen Zettel in die Schublade, auf den ich geschrieben hatte, daß ich ihnen später, wenn ich es zu etwas gebracht hätte, das Geld zurückgeben würde. Also hatte ich es nicht gestohlen, sondern nur geliehen. Schüchtern bat ich auf dem Zettel um Verzeihung.

Als ich alles beisammen hatte, war es schon 5 Uhr früh. Ich

brachte meinen Koffer in den Keller und legte mich schlafen. Am Morgen tat ich so, als würde ich mich für die Schule fertigmachen und sagte zu meiner Mutter, daß ich etwas früher los müsse. Seelenruhig trank ich zum letztenmal meinen Frühstückskaffee im Familienkreis, in Gedanken war ich schon bei meiner Zukunft. Bald würde ich diese Erwachsenenwelt, in der mich keiner verstand, hinter mir lassen; ich würde mein eigenes Leben leben. Ich nahm meine Schultasche, sagte meinen Eltern auf Wiedersehen, küßte sie und ging zur Tür hinaus. Kaum hatte ich die Tür zugemacht, stellte ich meine Schultasche auf die Fußmatte, legte den Brief von der Schule dazu und außerdem einen Abschiedsbrief, in dem ich meinen Eltern erklärte, daß ich so nicht länger leben könnte und daß ich für immer fortginge. Ich bat sie um Verzeihung für den Kummer, den ich ihnen bereitete, riet ihnen aber, sich keine Sorgen um mich zu machen. Schnell holte ich den Koffer aus dem Keller. Kaum war ich hinter der nächsten Straßenecke verschwunden, lief ich wie der Teufel. Ich fand ein Taxi zum Bahnhof. Von dort aus fuhr ich mit dem Zug nach Béziers.

Als mein Vater zur Arbeit gehen wollte, stolperte er über meine Schultasche. Er verstand nicht, warum ich ihm nicht meine Sorgen anvertraut hatte. Nie hatte er sich vorstellen können, daß ich von zu Hause weglaufen würde. Meine Mutter brach in Tränen aus. Sie holten Bébert, der, wie er versprochen hatte, schwor, keine Ahnung zu haben. Sie durchsuchten meine Sachen. In der Schultasche fand meine Mutter eine Weihnachtskarte an Christiane, die ich nicht abgeschickt hatte. Sie schloß daraus zu Recht, daß ich Christiane treffen wollte. Zur gleichen Zeit saß ich in meinem Abteil und ließ mich vom Rattern des Zuges in den Schlaf schaukeln. Denn ich hatte in der Nacht ja kaum geschlafen.

Meine Eltern wollten nicht gleich die Polizei benachrichtigen. Sie riefen die Eltern von Christiane an und sagten zu ihnen, daß ich weggelaufen sei und eventuell zu ihnen käme. Sie baten die Eltern, mich in Empfang zu nehmen, als wüßten sie von nichts, und dann meine Eltern anzurufen.

Ich kam abends in Béziers an. Ich ging ins Bahnhofshotel und nahm mir dort ein Zimmer. Auf das Anmeldeformular schrieb ich «Student» und sagte dem Portier, meine Eltern kämen in zwei Tagen nach, er möge ihnen bitte ein Zimmer reservieren. Das war anscheinend ganz plausibel. Nachdem ich im Hotelrestaurant zu Abend gegessen hatte, beschloß ich, mich schlafen zu legen und meinen Besuch bei Christiane auf den folgenden Tag zu verschieben. Als ich allein in dem großen leeren Zimmer lag, fühlte ich mich plötzlich sehr traurig und dachte an meine Eltern. Ich liebte sie. Sie liebten mich auch, das wußte ich. Nur hatten wir nie ein richtiges Vertrauensverhältnis aufbauen können, das war alles. Sie machten sich sicher Sorgen. Mit Tränen in den Augen schlief ich ein.

Ich weinte über mein Unglück, und es tat mir schon ein bißchen leid, daß ich von zu Hause weggegangen war. Am nächsten Morgen weckte mich der Straßenlärm auf. Es war schon hell. Ich wusch mich, frühstückte und verließ das Hotel. Unterwegs kaufte ich einen schönen Rosenstrauß für Christianes Mutter. Ihre Eltern hatten einen Juwelierladen. Ich hatte sie die ganzen Ferien lang sehr nett und freundlich gefunden. Nie hatten sie laut oder barsch mit ihren Kindern geredet. Sie waren voller Lebensfreude; es war dieselbe Lebensfreude, die mir bei Christiane so gefiel. Ich war ganz schön überrascht, als ich das Haus suchte und plötzlich vor einem riesigen mehrstöckigen Juwelierladen stand. Die Eltern waren so einfach und bescheiden aufgetreten, daß ich mir nie hätte träumen lassen, sie könnten so vermögend sein.

Schüchtern betrat ich den Laden. Christianes Mutter erkannte mich sofort, kam gleich auf mich zu und sah mich so mild an, daß mir ganz warm ums Herz wurde. Ich war hier also willkommen. Sie umarmte mich; ich erfand schnell irgendeine Erklärung für meinen Besuch. Ich überreichte ihr die Rosen. Man konnte ihr die Freude darüber richtig ansehen. Ich konnte nicht wissen, daß sie über alles informiert war und daß deshalb mein Geschenk um so größere Bedeutung für sie hatte. Sie sagte mir, Chris würde bald kommen und ich solle zum Mittagessen bleiben.

Chris kam mittags. Wie hatte sie sich verändert! Nichts war von dem wilden Mädchen meiner Träume übriggeblieben, jetzt war sie eine schöne junge Dame, die in der Schuluniform recht streng wirkte. Ich war fassungslos. In Anwesenheit ihrer Mutter gaben wir uns einen braven Kuß. Aber ich glaube, auch wenn ich mit ihr alleine gewesen wäre, hätte ich mich nicht getraut, sie so zu küssen wie in den Ferien. Ich erkannte sie einfach nicht wieder. Wir unterhielten uns über alles mögliche. Ich merkte schließlich, wie verrückt meine Pläne waren.

In meiner Vorstellung waren die Menschen so, wie ich sie gerne gehabt hätte, die Wirklichkeit zeigte mir nun, wie sie tatsächlich waren. Nach dem Essen hörten wir im Salon Musik. Dann kam das Gespräch auf die Schule und schließlich auf meine Eltern.

Ich antwortete vage und ausweichend. Sie waren alle sehr nett zu mir. Sie machten auf mich den Eindruck, als sprächen sie mit einem Kranken. Sie erklärten mir, daß Kinder sich manchmal von ihren Eltern vernachlässigt fühlen, wenn die so viel zu tun hätten, um für den Lebensunterhalt der Familie zu sorgen. Ich fragte mich, worauf sie wohl hinaus wollten. Plötzlich klingelte das Telefon. Christianes Mutter hob ab; sie schaute mich an, um meine Reaktion zu sehen.

«Ja, er ist bei uns. Ist alles in Ordnung. Nein, machen Sie sich keine Sorgen! Moment, ich geb Ihnen mal Ihren Sohn.» Sie reichte mir den Hörer.

«Es ist für dich, Jacky!»

«Für mich?» fragte ich ganz erstaunt.

«Ja, deine Mutter möchte wissen, ob du schöne Ferien verbringst. Sie möchte mit dir reden; nimm doch mal den Hörer, mein Junge!»

Ich wurde schneeweiß. Das war doch nicht möglich! Nach den ganzen Anstrengungen, die ich gemacht hatte, um wegzulaufen, hatten sie mich schon wiedergefunden! Ich nahm den Hörer und sagte schüchtern:

«Hallo, bist du's, Mama?»

Meine Mutter war sehr nett. Sie sagte, daß ich etwas sehr Schlimmes getan hätte, daß sie und Papa sich aufgeregt und geängstigt hätten. Dann sagte sie, mein Vater hätte mir verziehen, aber jetzt solle ich nach Hause kommen. Wir würden neu anfangen. Ich solle ihnen nur vertrauen. Ich hörte mit Tränen in den Augen zu und hatte plötzlich ein ganz schlechtes Gewissen.

Ich konnte meinen Kummer nicht verstecken. Dazu war ich zu jung. Nach dem Telefongespräch sagte mir Christianes Mutter, daß sie von Anfang an die Wahrheit gewußt habe. Sie munterte mich wieder auf. Chris fragte mich, warum ich das denn gemacht hätte. Als ich ihr sagte, es war für dich, legte sie mir auseinander, wie kindlich naiv ich gehandelt hätte. Aber sie lachte mich nicht aus, als ich ihr von der einsamen Insel und meinen Träumen erzählte. Sie brachte mich in die Wirklichkeit zurück.

Abends holten wir meinen Koffer im Hotel ab, und die Familie begleitete mich zum Bahnhof. Nicht einen Augenblick hatte ich mit der wilden Schönheit meiner Träume geflirtet. Der Zug setzte sich in Bewegung, wir winkten uns zu. Ich sah sie nie wieder.

Beschämt kehrte ich nach Paris zurück.

Meine Eltern waren auf dem Bahnsteig. Als ich sie sah, fiel ich ihnen sofort um den Hals. Mein Vater drehte mich einmal um die eigene Achse, gab mir einen kleinen Tritt in den Hintern und meinte versöhnlich:

«So, das hast du verdient! Und nun los, kleiner Ausreißer, jetzt geht's nach Hause!»

Zu Hause diskutierten wir sehr ausführlich. Was sollte aus mir werden? So labil wie ich war, lagen die Dinge nicht gerade einfach. Meine Eltern entschieden sich für eine Berufsschule mit Spezialausbildung in Elektronik; damit konnte man später eine Stelle in der Handelsmarine bekommen. Mir war es ziemlich egal, ich wäre mit allem einverstanden gewesen.

Anfangs sah es tatsächlich so aus, als hätte ich mich wieder gefangen. Ich lernte morsen und hatte annehmbare Noten, aber dann ging alles wieder von vorn los: ich log meinen Eltern was vor, wir zankten uns, versöhnten uns wieder. Statt in die Schule ging ich ins Kino und traf eine Freundin. Meine Eltern gewährten mir immer mehr Freiheiten, weil sie glaubten, so die Probleme am ehesten lösen zu können. Sie erlaubten mir, im Keller des Landhauses einen Partyraum einzurichten, in dem ich mit Freunden und Freundinnen Musik hören konnte. Sie hatten keine Ahnung, daß ich aus dem Keller einen richtigen Saustall machte; wir tanzten, soffen uns voll, spielten Karten, tauschten die Mädchen untereinander aus. Wir trafen uns nur, wenn meine Eltern nicht da waren, denn wenn sie gewußt hätten, was sich da unten abspielte, hätten sie die Feten sofort verboten. Im Sommer trafen wir uns fast nie, weil meine Eltern jedes Wochenende da waren. Aber im Winter kam die ganze Mannschaft zusammen. Jeder brachte was mit, Schnaps, Essen oder Zigaretten. Wir hatten alle so gut wie kein Geld; deshalb klauten wir alles, was wir uns nicht kaufen konnten, ohne weiter drüber nachzudenken. Die Stimmung in unserem verräucherten Keller gefiel mir. Manchmal gab es Schlägereien, weil wir zuviel getrunken hatten, oder es gab Streit um ein Mädchen. Dann und wann fuhren wir in die nächste Stadt, knackten dort Autos, fuhren damit rum wie die Bekloppten und machten allerhand Kunststücke am Steuer, um unsere Mädchen zu beeindrucken. Meiner Gesundheit bekam dieser Lebenswandel nicht gerade gut, noch weniger meinen schulischen Leistungen.

Mein Vater wurde zum Schulleiter bestellt. Er war ganz schön erstaunt, als er hörte, wie oft ich die Schule schwänzte. Und noch größer war seine Verwunderung, als ihm meine Noten gezeigt wurden, die überhaupt nicht mit denen übereinstimmten, unter die er seit einem Jahr seine Unterschrift setzte. So kam heraus, daß ich zwei Notenhefte hatte: eins, das meine Freunde ausfüllten und das ich regelmäßig jeden Monat meinem Vater vorlegte, und ein anderes, das richtige, das ich immer selbst unterschrieben hatte; ich hatte die Unterschrift meines Vaters nachgemacht. In Anwesenheit des Schulleiters verpaßte mein Vater mir ein paar saftige Ohrfeigen und meinte:

«Du alter Gauner! Jetzt fälschst du schon meine Unterschrift!»

Wieder einmal wurde ich vor die Tür gesetzt. Mein Vater sah nun keine andere Möglichkeit mehr, als mich arbeiten zu schicken. Ich kam in eins der größten Stoffgeschäfte von Paris. Ich arbeitete dort im Lager. Zwischen kostbaren Seidenstoffen und staubigen Kartons lernte ich die bestellte Ware abmessen, zuschneiden und zusammenlegen. Ich beobachtete intensiv die Gesichter der Kollegen, die von der Eintönigkeit der Arbeit gezeichnet waren. Ich schwor mir, daß ich so ein glanzloses und tristes Leben nicht lange führen würde. So wie die anderen wollte ich nicht werden. Manchmal empfingen wir eine berühmte Schauspielerin, die in Begleitung ihrer Schneiderin kam, um ihre Stoffe selbst auszusuchen. Auf diese Weise bekam ich die großartige Za-Za Gabor zu Gesicht. Die gesamte Direktion lag ihr zu Füßen. Ich zog daraus eine Lehre: der, der im Schatten lebt, kommt nie an die Sonne. Ich in meiner Ecke mit meinem grauen Kittel fiel bestimmt niemandem auf. Eines Tages bekam ich den Auftrag, ein Paket zum Hotel *Ritz*, das nur 100 Meter vom Geschäft entfernt lag, zu bringen. Als man mir sagte, es sei für Audrey Hepburn, schlug mein Herz höher. Wie alle Jungen in meinem Alter war ich in sie verknallt und hatte den Film ‹*Ferien in Rom*› schon zigmal gesehen. Ich mußte die Hintertreppe hinaufgehen; doch zu meiner riesengroßen Enttäuschung durfte ich ihr das Paket nicht selbst aushändigen. Das war die nächste Lehre: man darf nie die Hintertreppe benutzen.

Manchmal kam ich zehn Minuten zu spät zur Arbeit. Dann stand der Prokurist schon am Eingang, schaute auf die Uhr und machte regelmäßig dieselbe Bemerkung:

«Na, welche Entschuldigung ist denn wohl heute dran? Hat der Wecker nicht geklingelt, oder streikt die Métro?»

Ich hatte irre Lust, einfach «Scheiße» zu schreien und zu sagen, daß nicht gleich die ganze Welt unterginge, wenn ich meinen Stoff zehn Minuten später zuschneiden würde. Ich mußte jedesmal in sein Büro mitkommen, dort ließ er sich mindestens eine halbe Stunde über den Sinn von Pünktlichkeit und Disziplin in einem großen Unternehmen aus. Ich antwortete darauf, daß ich sehr oft schlecht bezahlte Überstunden machte. Das war dann meine dritte Lehre: wenn man ganz unten steht, ist man prädestiniert, sein ganzes Leben lang beschimpft zu werden. So lief das ein Jahr lang, bis passierte, was einfach passieren mußte.

Eines schönen Tages erteilte der Prokurist einem alten Angestellten einen Auftrag, den der nicht übernehmen wollte. Der Prokurist wandte sich an den nächsten; der lehnte ebenfalls ab. Wütend teilte er ihnen mit, daß sie beide fristlos entlassen seien, wandte sich an mich und erteilte mir den Auftrag. Aus Solidarität mit meinen beiden Kollegen antwortete ich ihm:

«Mich brauchst du nicht vor die Tür zu setzen! Ich haue schon freiwillig ab! Ich hab die Nase voll von den Lumpen hier, von dem ganzen Dreck und besonders deiner Visage!»

Er war platt. Soviel Dreistigkeit hatte er noch nicht erlebt. Die anderen Angestellten grinsten mir zustimmend zu, als ich ging. Da mein Vater mit dem Chef des Unternehmens gut befreundet war, versuchte er, mich umzustimmen. Ich sagte, das käme gar nicht in Frage, ich würde schon eine andere Arbeit finden. Damals war ich knapp über achtzehn. Ich ging aus, so viel ich wollte. Samstags abends ging ich manchmal zum Tanzen ins Studentenviertel.

Die verschiedenen Nationalitäten hatten dort ihre Häuser. Im Martinique-Haus sah ich sie zum erstenmal. Sie tanzte geschmeidig wie eine Katze. Um sie herum standen Studenten und klatschten im Rhythmus des Tanzes in die Hände. Sie wußte genau, daß sie schön war und daß alle, die da herumstanden, auf sie scharf waren. Sie hatte dunkle Haut, aber ihre Gesichtszüge verrieten den Mischling. Nach dem Tanz sah sie zu mir herüber, und zum Erstaunen aller Bewunderer kam sie ohne Umschweife direkt auf mich zu.

«Bestellst du mir einen Drink? Ich habe Durst.»

Ich war total überrascht. Wir kannten uns überhaupt nicht. Ich hatte sie noch nie gesehen. Und sie sprach mich einfach an, als sei ich ein alter Bekannter.

«Warum nicht!»

Sie nahm mich bei der Hand und zog mich zur Bar.

«Bist du oft hier?» fragte sie mich.

«Nein, ganz selten. Weißt du, ich bin nämlich kein Student. Ich gehe arbeiten.»

«Ach so. Du wunderst dich sicher, daß ich dich so einfach angequatscht habe. Ich war meinen Tänzer leid. Wenn er wiederkommt, sage ich ihm, daß ich mit dir zusammen bin. Das stört dich doch nicht, oder?»

«Nein, im Gegenteil. Du tanzt einfach großartig!»

«Und du? Kannst du auch tanzen?»

«Ja, natürlich. Wenn du willst, dann können wir gleich ...»

«Ja, gern!»

Ich fragte mich, ob sie verstanden hatte, was ich wirklich wollte. Aber allein schon der Glanz in ihren dunklen Augen ließ mich ihre Zustimmung erhoffen. Wir tanzten die ganze Nacht. Beim Slow preßte sie ihren Körper ganz fest an mich. Das machte mich fast verrückt. Unsere Lippen berührten sich mehrmals flüchtig. Ich war wahnsinnig geil. Sie wußte genau, wie sehr sie mich erregte.

Ich war noch nie zuvor so scharf auf ein Mädchen gewesen. Ihr exotischer Charme spielte dabei eine große Rolle. Ich hatte noch nie mit einer Farbigen geschlafen. Genauso locker und unkompliziert wie schon zu Beginn des Abends schlug sie mir dann vor zu gehen.

Ich fragte gar nicht lange wohin.

Wir gingen raus. Sofort küßte sie mich. Dann sagte sie:

«Ich kann dich leider nicht zu mir mitnehmen. Ich wohne bei meinen Brüdern, und sie hätten sicher was dagegen. Hast du eine Bude?»

Ich sagte ihr, daß ich bei meinen Eltern wohnte. So gingen wir ins Hotel. Ich vögelte die ganze Nacht mit ihr. Normalerweise bumste ich die Mädchen im Auto oder in einer dunklen Ecke meines Partykellers. Jetzt lag ich mit einem Mädchen im Bett, das sich richtig auskannte, das sich nicht nur hingeben, sondern auch selbst was davon haben wollte. Am nächsten Morgen war ich vollkommen erschöpft und rundum zufrieden. In dieser Nacht hatte ich mehr gegeben, aber auch mehr dazugelernt als in meinem ganzen bisherigen Leben. Beim Frühstück fragte ich sie:

«Machst du das oft so mit Männern?»

«Nein, aber du hast mir gleich gefallen, warum sollte ich dir das nicht zeigen? Warum, bist du nicht zufrieden?»

«Ganz im Gegenteil. Aber ich bin zum erstenmal abgeschleppt worden.»

«Wie alt bist du, Jacques?»

«Etwas über achtzehn», sagte ich wahrheitsgemäß. «Und du?»

«Ich bin 23.»

«Dann hast du es mit einem Minderjährigen getrieben!» meinte ich lachend.

Sie küßte mich auf den Mund, um mich zum Schweigen zu bringen und riß mich noch einmal mitten in die Leidenschaft hinein. Als wir uns gegen Mittag trennten, fragte ich sie, ob wir uns wiedersehen könnten.

«Du kannst mich anrufen. Samstags bin ich immer in dem Pavillon, wo wir gestern abend waren.»

«Ich weiß übrigens noch nicht einmal, wie du heißt!»

«Lydia, meine Freunde nennen mich Sica.»

Sie gab mir einen Abschiedskuß und ging. Ich sah ihr lange nach.

Ich arbeitete bei einem Grossisten für Studentenzeitungen. Ich mußte im Handverkauf irgendwelche uninteressanten Blättchen loswerden, deren einzige Bedeutung für mich darin lag, daß ich pro verkauftes Exemplar einen relativ hohen Prozentsatz bekam. Es klappte gut; ich verdiente viel besser als im Stoffgeschäft. Außerdem hatte diese Arbeit den Vorteil, daß ich sie mir frei einteilen konnte. Schon nach ein paar Tagen traf ich Lydia wieder. Wir schliefen wieder zusammen. Dann redeten wir über sie, über ihr Studium, ihren Wunsch, Chemikerin zu werden, über ihre Eltern in Dakar, die dort sehr gut verdienten. Und auf einmal vertraute sie mir an:

«Weißt du, Jacques, als wir neulich zusammen geschlafen haben, da war ich schon seit einem Monat schwanger. Natürlich nicht von dir. Ich will nur, daß du Bescheid weißt, falls wir uns noch öfter sehen. Für mich ist das eine richtige Katastrophe, vor allem, wenn meine Eltern was erfahren. Ich muß unbedingt abtreiben. Kennst du vielleicht einen Arzt?»

«Nee, ich hab von solchen Sachen überhaupt keine Ahnung. Mensch, da bist du also schwanger! Aber warum machst du dir denn überhaupt Sorgen? Warum heiratest du denn nicht den Typ, der dir das Kind gemacht hat?» Ein bißchen bissig fügte ich hinzu:

«Weißt du denn überhaupt, von wem es ist?»

«Sag bloß, jetzt meinst du, ich wär ein leichtes Mädchen, nur weil ich sofort mit dir ins Bett gestiegen bin!»

Sie war wütend.

«Nein, nun red doch keinen Unsinn! Jedenfalls, schönen Dank, daß du es mir gesagt hast. Du hättest mich ja auch genausogut reinlegen können und so tun, als wär's von mir. Ich werde dir helfen ... na ja, zumindest will ich es versuchen.»

In den nächsten Wochen traf ich Lydia regelmäßig. Wir fanden keinen Arzt. Lydia versuchte mit einer Riesendosis Chinin eine Abtreibung. Es klappte nicht. Ich verliebte mich in sie. Sie stellte mich ihren Brüdern vor, die mich gleich akzeptierten.

Eines Abends waren wir bei ihrem Patenonkel zum Essen eingeladen. Das Gespräch kam auf die Schwangerschaft. Ich hatte schon mehr getrunken, als ich vertrug. Lydia brach in Tränen aus. Ihr Pate tröstete sie, so gut er konnte.

«Aber denk dir doch bloß, wenn mein Vater erfährt, daß ich schwanger bin, dann darf ich doch nie mehr nach Hause. Meine Güte, was soll ich denn bloß machen?»

Beim Zuhören kam mir plötzlich eine ganz verrückte Idee. Ich war zwar äußerlich ein harter Bursche geworden, aber ich hatte eine Seele wie ein Bernhardinerhund und war bereit, den Witwen und Waisen der ganzen Welt zu helfen. Warum ich tatsächlich diese Entscheidung getroffen habe, ohne weiter darüber nachzudenken, eine Entscheidung, die für meine schmalen Schultern einfach zu weitreichend war, das weiß ich nicht zu sagen; jedenfalls warf ich plötzlich ein:

«Hör mal zu, Lydia, ich weiß eine Lösung. Wenn ich dich heirate, dann kann dein Vater dir gar nichts mehr vorwerfen.»

Beide sahen mich überrascht an. Der Patenonkel fand zuerst die Sprache wieder.

«Würdest du das wirklich machen, Jacques?»

«Warum nicht, ich liebe sie doch! Das ist ungefähr das gleiche, als wenn ich ihr Kind adoptieren würde. Mit dem Unterschied, daß es noch nicht auf der Welt ist. Ich werde meinen Eltern weismachen, daß es von mir ist. Ich weiß, daß meine Eltern wahnsinnig froh sind, wenn ich von zu Hause weggehe.»

Lydia kam zu mir und legte als Zeichen ihres Einverständnisses ihre Lippen auf meine. Sie hatte Angst, ich könne meine Meinung wieder ändern. Für sie war diese Lösung wie ein Wunder. Ich gefiel mir so sehr in meiner ritterlichen Rolle, daß ich überhaupt nicht merkte, was ich da für einen Unsinn machte. Ich sah nur eins: wenn ich heiraten würde, wäre ich sofort volljährig. Ich könnte endlich machen, was ich wollte, ohne meinen Eltern irgendwie Rechenschaft schuldig zu sein. Außerdem war Lydia sehr schön; es war schmeichelhaft für mich, sie als einziger zu besitzen. So jedenfalls stellte ich mir die Ehe vor.

Meine Eltern verhielten sich sehr gut. Das Wichtigste war die Ehre der Familie.

«Wenn du ein Mädchen geschwängert hast, dann ist es ganz selbstverständlich, daß du sie heiratest», sagte mein Vater. Die Hautfarbe von Lydia spielte für sie keine Rolle. Sie mochten sie bereits bei ihrem ersten Besuch gut leiden. Sie trug ein gutgeschnittenes Kostüm, in dem sie aussah wie ein anständiges junges Mädchen aus gutem Hause. Für meine Eltern war sie die ernsthafte Studentin, die vielleicht den mißratenen Sohn auf den rechten Weg zurückbringen konnte. Ich tat natürlich, was ich konnte, um den Eindruck zu verstärken. Beinahe hätte ich sogar noch gesagt, daß ich Lydia entjungfert hätte. Ich tat so, als würde ich sie schon seit mehreren Monaten kennen. Ich wußte nämlich, daß meine Mutter auf jeden Fall nachrechnen würde, von wann das Kind war. Wenn ich irgendeinem Erwachsenen mein Geheimnis erzählt hätte, dann hätte der mir wahrscheinlich die Augen geöffnet und mich mit der Realität konfrontiert.

Er hätte mir vielleicht noch gesagt, daß ich ritterlich gehandelt hatte: ein achtzehnjähriger Junge, der total durcheinander ist, der keine feste Arbeit hat, der sich amüsieren will, heiratet das Mädchen, das von einem anderen ein Kind erwartet ... das ist wirklich ritterlich! Hätte mir irgend jemand gesagt, daß ich für diese Verantwortung zu jung sei, vielleicht wäre dann mein ganzes Leben anders gelaufen. Aber das war nun einmal nicht der Fall ...

Und so heiratete «Ritter Dummkopf» die «Heilige Schlampe». Sie sollten in guten und schlechten Zeiten zusammenhalten. Nach der Hochzeit suchten wir uns ein kleines Zimmer. Als Küche hatten wir nur eine einzige kleine Kochplatte. Lydia war genauso faul wie ich. Sie ging nur ganz selten in die Uni, die Schwangerschaft war eine sehr gute Entschuldigung fürs Nichtstun. Ich arbeitete nur jeden zweiten Tag. Die restliche Zeit lag ich mit ihr im Bett. Ich vögelte ständig mit ihr, als wollte ich ausnutzen, daß ich sie jetzt ganz für mich allein hatte. Ganze Tage verbrachten wir im Bett. Abends zogen wir im Quartier Latin herum. Manchmal trank ich zuviel und wurde aggressiv. Mir wurde allmählich bewußt, was für eine Dummheit diese Heirat gewesen war.

Ohne mir was zu sagen, schwänzte Lydia ihre Seminare. Ich glaubte zuerst, sie würde mir allein schon aus lauter Dankbarkeit treu bleiben. In Wirklichkeit bumste sie mit ehemaligen Liebhabern oder mit neuen Eroberungen. Wenn ich ihren Lügengeschichten auf die Schliche kam, dann dachte sie sich wieder was Neues aus, und ich glaubte wieder an unsere Ehe. Ich war krankhaft eifersüchtig. Sie verstärkte meine Eifersucht noch. Als sie dicker wurde, suchte ich mir andere Mädchen. Wenn ich nachts nicht nach Hause kam, dann machte sie mir entsetzliche Szenen.

Der Kleine wurde geboren. Erst bei seiner Geburt begriff ich, daß ich dieser Verantwortung nicht gewachsen war. Meine Mutter kümmerte sich um das Baby und fühlte sich als Großmutter sehr wohl. Der Kleine war niedlich. Als meine Mutter meinte, er sähe mir sehr ähnlich, mußte ich grinsen. Ich hatte schon immer eine Schwäche für Kinder, deshalb fiel es mir nicht schwer, den Kleinen gern zu haben. Aber es quälte mich doch, daß es nicht mein Kind war. Das Kind erinnerte mich ständig daran, daß da ein anderer Mann mit Lydia geschlafen hatte. Als das Kind noch im Bauch seiner Mutter gewesen war, war mir das ziemlich gleichgültig gewesen, aber jetzt wurde ich immer eifersüchtiger. Ein Jahr lang war unser Leben nichts anderes als Zankerei und dann wieder Versöhnung im Bett. Das Merkwürdigste war, daß Lydia mich bat aufzupassen, damit sie nicht wieder schwanger würde. So blieb mir nichts anderes übrig, als mir auf ihrem Bauch einen abzuwichsen. Das wollte ich nicht akzeptieren. Ich war es satt, mein Taschentuch zu schwängern. Eines Tages artete der Zank in eine Schlägerei aus. Zum erstenmal in meinem Leben schlug ich eine Frau. Ich schrie, so ginge das nicht mehr weiter und schlug die Tür hinter mir zu.

Drei Nächte kam ich nicht nach Hause. Als ich so abends durch eine Bar schlenderte, traf ich plötzlich Sarah, die kleine Nutte, die mir vor ein paar Jahren die ersten Liebesspiele beigebracht hatte. Als ich sie bei ihrem Vornamen rief, war sie ganz überrascht.

«Tag, Sarah!»

«Kennst du mich? Wart mal, woher denn ... nein, ich weiß es nicht. Bestellst du mir was zu trinken?»

«Klar, du wirst lachen, aber ich kenn dich tatsächlich. Ich hab dich nicht vergessen. Ich bin ein Freund von Bébert, wir waren einen Abend zusammen in der *Honda Bar*, vor ungefähr vier Jahren. Ich bin mit dir mitgekommen ... das hab ich nicht vergessen ... da hast du es mit einem ganz Unerfahrenen zu tun gehabt», sagte ich lachend.

«Jetzt sag bloß, der Kleine mit dem Schlagring, das warst du! Meine Güte, hast du dich aber verändert! Du bist aber ganz schön kräftig geworden! Mensch, natürlich weiß ich das noch, meine Freundin Carmen und ich haben uns ganz schön amüsiert, als ich ihr alles erzählt hab. Wenn du willst, heute abend bin ich frei ...»

«Mal sehn ... Du schaust auf meinen Ehering? Ja, ich bin verheiratet ... na ja, was man so verheiratet nennt ...»

Wir tranken einiges. Der Alkohol machte mir Mut, Sarah von meinen Problemen zu erzählen. Sie hörte mir mitfühlend zu.

«Ja, bist du denn total verrückt gewesen, daß du so eine bekloppte Ziege geheiratet hast! Das ist doch nicht möglich, Jacques, in deinem Alter. Du verdirbst dir dein ganzes Leben mit dieser Negerfrau.»

«Was ist denn nun los, bist du etwa rassistisch?»

«Nee, aber du sagst doch, daß du sie wegen ihrer Schönheit geheiratet hast. Wenn man alle Mädchen heiraten würde, die einen schönen Hintern haben, dann wären wir Nutten ja bald arbeitslos.»

Ich mußte lachen, das gefiel ihr.

«Weißt du, was wir jetzt machen! Du kommst mit mir mit, und wir verbringen die Nacht zusammen ... nein, nein, umsonst! Als Erinnerung an den fünfzehnjährigen Jungen. Einverstanden?»

«Ja, was glaubst du denn, natürlich!»

In dieser Nacht vergaß ich meine Sorgen. Ich fühlte mich bei der kleinen Nutte geborgener als bei meiner eigenen Frau. Sarah gab mir gute Ratschläge und erzählte mir einiges über die Frauen und ihre Reaktionen. Wir schliefen nicht nur miteinander, wir wurden richtige Freunde, denn wir hatten Vertrauen zueinander. Sie schlug mir vor, sie ab und zu zu besuchen, wenn ich Ärger mit Lydia hätte, was ich bis zum Militär auch tat.

Ich war zwanzig. Frankreich stand mitten im Algerien-Krieg. Als ich meinen Einberufungsbefehl bekam, war ich ganz erleichtert. Ich konnte Lydia nicht mehr ertragen und hatte bereits die Absicht, mich scheiden zu lassen. Unser gemeinsames Leben war einfach unerträglich geworden. Daran war ich wahrscheinlich ebenso schuld wie sie, aber das wollte ich nicht wahrhaben. Wir machten uns gegenseitig Vorwürfe, und ich beendete die Diskussionen mit ein paar kräftigen Ohrfeigen. Trotz allem wollte sie nichts von Trennung hören. Am Tag meiner Abreise schwor sie mir mit Tränen in den Augen, daß sie mir treu bleiben wolle, solange ich weg sei, und daß sich im Laufe der Zeit alles wieder einrenken würde. Ich widersprach ihr noch nicht einmal. Ich liebte sie nicht mehr, und was sie während meiner Abwesenheit tun oder lassen würde, war mir vollkommen egal. Ob sie nun wollte oder nicht, ich würde die Scheidung einreichen.

Ich setzte große Hoffnungen in den Militärdienst. Ich wußte, daß dort absolute Disziplin herrschte und daß ich mich wohl ändern müßte, wenn ich nicht ernsthaft Schwierigkeiten bekommen wollte. Ich kam in eine Materialkompanie und beschloß, einen Kurs mitzumachen, um Unteroffizier zu werden. Aber die ganze Zeit über antwortete ich meinen Vorgesetzten ständig in einem Ton, der ihnen absolut nicht gefiel und der mir mehrere Aufenthalte im Lagergefängnis einbrachte. So beschloß ich, einen Antrag für Algerien zu stellen. Mein Kommandant bestärkte mich darin.

«Dort können Sie sich beweisen. Ich habe gemerkt, daß Sie gern mit Waffen umgehen. Aber passen Sie auf, Junge, der Krieg ist kein Kinderspiel! Viel Glück und führen Sie sich gut! Ich bin von Ihrer Ernsthaftigkeit überzeugt, aber Sie werden auf Grund Ihrer inneren Unruhe leicht aggressiv. Die Kämpfe werden das alles verändern, da können Sie sicher sein. In Blut und Schmutz beweisen sich die echten militärischen und menschlichen Werte.»

Vor meiner Abfahrt sah ich Lydia zum letztenmal. Es war wirklich das letzte Mal, denn ein Jahr später wurden wir geschieden. Sie versuchte mir zu schreiben, aber ich las ihre Briefe nicht. Für mich hatte sie nie existiert. Der Kleine kam zu den Großeltern mütterlicherseits und verschwand aus meinem Gedächtnis, als wäre er nie geboren worden.

In Algerien herrschte kein regelrechtes Kriegsklima, sondern vielmehr eine Atmosphäre der Unsicherheit, ausgelöst durch die

Terrorattentate der F. L. N. Natürlich provozierten manchmal gutorganisierte und gutbewaffnete Gruppen blutige Zusammenstöße, aber wir waren einfach militärisch hinsichtlich unserer Zahl und unserer materiellen Mittel überlegen. Wir kämpften mit dem Ziel, dieses Land Frankreich zu erhalten. Die, die wir ‹Rebellen› nannten, kämpften um ihre Unabhängigkeit und um wiederzuerobern, was meine Vorfahren ihnen hundert Jahre zuvor weggenommen hatten. Ich nahm folglich an einem absurden Krieg teil. Die für den Krieg Verantwortlichen standen nicht auf dem Schlachtfeld.

Ich interessierte mich nicht für Politik und kannte das Algerien-Problem nicht richtig. Dieser Krieg war für mich nur ein Aktionsfeld, in dem meine Freude am Risiko und meine Abenteuerlust zum Zuge kommen konnten. Insofern kamen mir die Schießübungen, die langen Märsche und die Manöver sehr gelegen. Ich fühlte mich einfach wohl.

Wir waren keine operierende Truppe. Unsere Aufgabe war es, Material von einem Ort zum andern zu transportieren, wobei unser größtes Risiko darin bestand, in einen Hinterhalt zu geraten. Schließlich beschloß unser Kompaniekommandant, ein kampflustiger alter Krieger, doch zwei Kampfgruppen aufzustellen. Ich meldete mich sofort freiwillig. In meiner Kompanie hatte ich inzwischen drei gute Kameraden. Wir waren in den nächsten zwei Jahren unzertrennlich. Da war Herard aus Lyon, der immer kampfbereit war und ansonsten gern Poker spielte und einen trank; dann Charlie, der von seinen Freundinnen der schöne Charles genannt wurde und schließlich Dédé mit dem Playboygesicht und einem Lächeln wie aus einer Zahnpastareklame.

Unser Lager lag 40 Kilometer von Bône entfernt, einer Stadt am Meer, sehr nahe an der tunesischen Grenze. Wenn wir Ausgang hatten, verbrachten wir sehr schöne Stunden zusammen. Wir teilten einfach alles untereinander. Wurde einer von uns angegriffen, so hieß das, alle vier waren betroffen. Wir waren eine Gruppe wie die drei Musketiere. Und wie sie liebten wir Wein, Weiber und Kampf. Wir hatten deshalb mehrmals Ärger mit der Militärpolizei.

Unser Kommandant war ein toller Typ. Wir schätzten ihn wegen seiner Geradlinigkeit. Er führte ein strenges, aber gerechtes Regiment und setzte sich für seine Männer ein. Deshalb hatte er auch überhaupt keine Schwierigkeiten, Freiwillige zu finden. Meine drei Kameraden meldeten sich auch. Wir nahmen also an den Kämpfen teil, waren unzertrennlich und legten das Gelöbnis ab, daß keiner von uns dabei draufgehen sollte.

Im Hinterhalt, auf Spähtrupp und beim Durchkämmen des Geländes lernte ich sehr bald, daß der Krieg anders war, als ich ihn aus Filmen kannte. In dieser Schule des Leids wurde ich ein Mann. Ich lernte Angst kennen und Angst überwinden, weil es für einen selbst und für die anderen notwendig war. Ich lernte, daß ein Mann über den Tod seines Freundes weinen kann und daß sein Leid ihn so weit bringen kann, seinen Feind zu hassen und zu töten, einfach aus Freude am Töten. Ich hatte den Tod so nah vor den Augen, daß ich begann, das Leben nicht mehr zu respektieren. Nach und nach verhärtete ich mich innerlich, aus meinem Lächeln wurde ein krampfhaftes Lachen. Mein Blick veränderte sich, eine gewisse Erschöpfung war darin zu lesen. Hinrichtungen ließen mich gleichgültig.

Ich wurde für einen Monat zur Militärpolizei nach Bône versetzt. Im Keller mußten die Gefangenen Verhöre über sich ergehen lassen. Ich sah, wie diese Männer sich foltern ließen, ihren Haß auf Frankreich herausschrien und teilweise lieber sofort krepierten, als daß sie sprachen. Ganz tief in meinem Herzen hatte ich jedes menschliche Gefühl begraben. In einem Hinterhalt hatten mehrere Typen, die ich kannte, ihr Leben verloren; allein deshalb haßte ich die Algerier; es war ein unreflektierter Haß, ich machte keine Unterschiede mehr zwischen ihnen.

Erst ein achtjähriges Kind, dessen Vater ich gefangennehmen sollte, brachte mich darauf, daß die Uniform den Menschen verändert und ihm das Recht gibt zu töten, ohne irgendwelche Sanktionen zu befürchten. Das geschah, als wir die Gegend um den See Fedza durchkämmten. Meine kleine Gruppe entdeckte zwei Männer und ein Kind, die sich in einem Wäldchen versteckt hatten. Sie waren unbewaffnet, vielleicht hatten sie die Waffen fortgeworfen; auch andere Gruppen waren fündig geworden, von weit her hörten wir Schüsse. Wir banden den beiden Männern die Hände auf dem Rücken zusammen; nur dem Kind ließen wir Bewegungsfreiheit. Dann machten wir eine kleine Ruhepause. Dabei kam das Kind mit seinem verlorenen Blick und mit Tränen in den Augen auf mich zu. Ich spürte plötzlich ganz stark seinen Schmerz, als steckte ich in seiner Haut.

«Sagen Sie, Monsieur, Sie tun uns doch nichts, oder? Du nimmst mir meinen Vater nicht weg, nicht wahr? Wir haben nichts Schlimmes gemacht. Sag mal, warum machst du das?»

Dieses Kind versetzte mich fünfzehn Jahre in die Vergangenheit zurück. Ein anderer Krieg, andere Soldaten und ein anderes Kind, das auf einem Bauernhof einen deutschen Offizier bat, ihm den Vater zurückzubringen. Dies Kind fühlte so, wie ich damals gefühlt hatte. Jetzt war ich der Deutsche. Ich strich ihm über die dunklen Locken. Ich zog mein Kampfmesser. Das Kind verstand meine Absicht nicht und schrie angstvoll auf.

«Hab keine Angst, Kleiner.»

Dann ging ich zu den beiden Männern und schnitt ihre Fesseln durch. Der Unteroffizier fragte mich, was ich denn da machte.

«Ich befreie sie. Was soll uns das nützen, wenn wir sie mitnehmen? Schließlich haben wir doch eigentlich nichts gegen sie. Du weißt genausogut wie ich, was dann mit ihnen passiert. Wir haben doch mit den beiden nichts zu tun. Ich mach das für das Kind, du brauchst das nicht zu verstehen.»

Dann drehte ich mich zu meinen Kameraden um:

«Ist jemand dagegen?»

Meine Freunde winkten ab. Es war ihnen ganz egal. Aber der Unteroffizier kam auf mich zu.

«Einen Augenblick! Nicht ganz so schnell. Diese beiden sind verdächtige Personen. Wir müssen sie dem Militär übergeben. Es kommt gar nicht in Frage, sie laufenzulassen.»

Ich warf ihm einen herausfordernden Blick zu.

«Wer soll uns denn davon abhalten? Du vielleicht? Du weißt genausogut wie ich, daß es total unwichtig ist, ob wir sie mitnehmen, weil dort niemand weiß, daß wir sie geschnappt haben. Und außerdem, versuch doch, mich davon abzubringen.»

Ich legte die Hand an die Pistole.

«Sie werden abhauen, und außerdem wirst du deinen Mund halten, denn du bleibst mit uns zusammen ... es wäre dumm, wenn du auf dem Rückweg einen Unfall hättest ...»

«Gut, reg dich deswegen nicht auf, Jacques. Ich hab das nur so gesagt und mir nichts dabei gedacht. Wenn du willst, daß sie abhauen, dann okay.»

Ich wandte mich an die beiden Araber, die mich ganz stumpfsinnig anstarrten.

«Der Unteroffizier sagt, ihr seid frei, also haut mit dem Kind ab. Aber in diese Richtung», sagte ich und zeigte nach Norden, «denn auf der anderen Seite wird es ganz schön heiß.»

Der ältere der beiden sah mich an. Aus seinem Blick sprach Dankbarkeit und Stolz. Aber er sagte nur ein einziges Wort:

«Warum?»

«Darum. Also, haut ab, und ich glaube nicht, daß man euch in den Rücken schießen wird. Du kannst mir vertrauen, du bist frei.»

Sie liefen fort. Ich sah ihnen lange durch mein Fernglas hinterher. Dann verschwanden sie aus meinem Blickfeld. Diese Geschichte blieb unter uns. Selbst meine Freunde fragten mich nie, warum ich das getan hatte. Und alles lief weiter wie vorher. Ich war nicht heldenhafter oder tapferer als die anderen. Ich tat nur, was ich tun mußte, wenn man es von mir verlangte.

Eines Tages fragte mich der Kommandant:

«Sag mal, Mesrine, warum meldest du dich immer freiwillig?»

«Ich könnte Ihnen antworten, warum nicht? Nein, der Grund ist nicht die Trennung von meiner Frau. Ich möchte nicht aus Liebeskummer sterben. Meine Frau zählt schon lange nicht mehr für mich. Aber ich habe immer geglaubt, daß ich vor Gefahren nicht zurückschrecke. Ich will es vielleicht vor mir selber beweisen. Meinen Eltern war ich ein schlechter Sohn, meinen Lehrern ein schlechter Schüler, meiner Frau ein schlechter Ehemann. Jetzt mache ich endlich mal was Vernünftiges, fragen Sie mich nicht warum! Ich glaube, ich mache das für mich selbst.»

«Warum machst du nicht beim Militär Karriere?»

«Sie wissen so gut wie ich, daß ich undiszipliniert bin, ich mag die Armee nicht. Was ich mag, das ist die Aktion. Wenn ich mein Leben aufs Spiel setze, bekommt es einen gewissen Wert. Ich weiß, Sie finden mich total verrückt; aber es stimmt, die Gefahr berauscht mich. Die eigene Angst kontrollieren, um seine Aufgabe zu erfüllen, das bedeutet es vielleicht, ein Mann zu sein. Ich weiß auch, daß mein Vater zum erstenmal stolz auf mich ist. Allein deshalb lohnen sich alle Risiken.»

«Weißt du, daß ich dich für eine militärische Ehrung und eine Ordensverleihung vorgeschlagen habe?»

«Ach so, nein, das wußte ich nicht. Aber ich habe mich nicht freiwillig gemeldet, um einen Orden zu bekommen, das müssen Sie wissen, Kommandant. Ich werde bald wieder ins bürgerliche Leben zurückkehren,und ich habe ernstlich Angst, daß ich mich nicht mehr daran gewöhnen kann. Sie wissen, daß ich total verrückt nach Waffen bin. Das ist meine Leidenschaft, allein der Geruch von Schießpulver berauscht mich schon, und nur mit einer Waffe in der Hand fühle ich mich wohl. Sie können ruhig darüber lachen, aber ich bin nicht aus Vaterlandsliebe ein guter Soldat geworden, sondern aus Kampflust. Zu viele Männer habe ich sterben sehen, als daß ich an die gute Sache glauben könnte, für die sie gestorben sind. Eins ist schlimm für mich: weder das Leben der anderen noch mein eigenes haben noch einen Wert für mich.»

«Sag nicht so was, Junge. Wenn ein Mann stirbt, so bedeutet das immer, daß eine Mutter um ihn weint, eine Frau leidet, und oft auch, daß ein Kind seinen Vater nicht mehr wiedersehen wird. Verlier nicht die Achtung vor dem Leben, mein Junge, denn dann verlierst du dich selber. Arbeite ernsthaft an deiner Rückkehr ins bürgerliche Leben. Denn wenn du so denkst wie jetzt, dann wird nichts Gutes aus dir, das ist ganz sicher, dann führt dein Weg direkt ins Gefängnis. Fang bloß nicht an, deinen Privatkrieg zu machen, und such dir nicht noch Entschuldigungen dafür!»

Ich würde endlich meine Familie wiedersehen. Zwischen 1957 und April 1959 hatte ich nur einmal Urlaub bekommen und sie besucht. Ich hatte es vermieden, über meine Aktivitäten zu sprechen. Meine Eltern glaubten, ich verbrächte meine Zeit seelenruhig in einem Büro. Ich hatte ihnen nie gesagt, daß ich zur kämpfenden Truppe gehörte. Diese Sorge wollte ich ihnen ersparen. Aber als mein Vater mich am 10. April 1959 vom Bahnhof abholte und meine Orden sah, da wußte ich, daß er stolz auf mich war.

«Du hast ja Orden bekommen», sagte er.

«Ja. Freut dich das, Papa?»

«Und wie ... Deine Mutter wird sicher auch stolz auf dich sein. Ich habe Arbeit für dich gefunden. Zuerst mal sollst du dich ausruhen, um dich zu erholen, und dann aber, nichts wie ran an die Arbeit und keine Dummheiten diesmal. Du bist jetzt ein Mann, das hast du bewiesen», sagte er und schaute nochmal auf meine Brust.

Er wußte nicht, daß jetzt mein Verbrecherleben beginnen und nie mehr aufhören würde. Dies war für ihn der erste und winzige Augenblick, in dem er stolz auf mich sein konnte. Nach 28 Monaten Krieg lebte ich endlich wieder in meiner Stadt mit ihren Lichtern, ihrem Geruch und ihrem Lärm. Die Armee hatte mich verwandelt.

Ich hatte Muskeln bekommen,und mit meinen 80 Kilo bei 1,80 Größe konnte ich Frauen gegenüber schon etwas darstellen. Psychisch hatte ich einen Knacks weg. Ich schlief schlecht, wachte plötzlich nachts auf. Ich war aggressiv und gewalttätig geworden. Zu Hause fühlte ich mich fehl am Platze. Wenn Leute über den Algerienkrieg sprachen, regten sie mich auf, denn ich konnte ihre Phrasen und ihre falschen Vorstellungen von den Problemen nicht ertragen. Ich konnte nicht vergessen, was ich gesehen und erlebt hatte, aber die Einsätze fehlten mir. Als Andenken hatte ich eine automatische Pistole, Kaliber 45, mitgebracht, die ich einem toten F. L. N.-Kämpfer abgenommen und nach Frankreich geschmuggelt hatte. Ich nahm die Waffe oft aus ihrem Versteck heraus, um sie zu reinigen, betrachtete sie nachdenklich und bekam dabei die verrücktesten Ideen.

Weil ich bei meiner Rückkehr keinen einzigen Franc in der Tasche hatte, bekam ich von meinem Vater Geld, um in Ferien zu fahren. Ich verbrachte mehrere Wochen an der Cote d'Azur. Als ich zurückkam, mußte ich nun ans Arbeiten denken. Mehr widerwillig nahm ich eine Stelle als Vertreter in einem luxuriösen Textilgeschäft an. Meine Aufgabe bestand darin, großen Modegeschäften das Angebot vorzustellen. Diese Arbeit hatte große Ähnlichkeit mit der meines Vaters. Ich hätte gern mit ihm zusammengearbeitet. Aber er hielt mich von seinem eigenen Unternehmen fern und ließ mich wie früher bei anderen arbeiten. Das machte mich etwas bitter, und ich begriff, daß sich in dieser Hinsicht nichts geändert hatte.

Meine Arbeit gefiel mir nicht. Es gefiel mir nicht, Aufträge von meinem Chef zu bekommen, kurz, der ganze Zwang war mir zuwider. Es kam zu Spannungen zwischen uns. Ich fand ihn einfach unsympathisch mit seinem hochroten Kopf und seiner übertriebenen, aufgesetzten Höflichkeit. Ich hatte wahnsinnige Lust, ihm eins über die Rübe zu geben. Es kam mehrmals zu Auseinandersetzungen. Es war schon richtig, daß ich mich nicht totarbeitete, aber für das, was ich verdiente, arbeitete ich genug. Jedenfalls meiner Meinung nach.

Ich ging abends viel aus. Ich sah Sarah wieder. Sie fand, ich hätte mich verändert. Ich wäre männlicher. Aber auch jähzorniger. Ich wechselte regelmäßig meine Freundinnen, denn ich wollte mich nicht binden. Dabei ließ ich alle Gefühle beiseite und dachte nur daran, was sie mir im Bett bieten konnten.

Einmal lernte ich ein tolles Mädchen kennen, das unbedingt mit mir leben wollte. Aber kaum, daß sie was von Hochzeit geäußert hatte, machte ich auch schon Schluß. Die Erfahrung, die ich auf diesem Gebiet gemacht hatte, reichte mir, und ich hatte keine Lust, denselben Fehler noch mal zu machen.

Dann begann ich eines schönen Tages, beim Pferderennen zu wetten. Zu meinem Unglück gewann ich anfangs. Also machte ich kräftig weiter; das Blatt wendete sich, und oft war mein Gehalt schon ausgegeben, lange ehe ich es überhaupt bekommen hatte. Ich lieh mir von meinen Kollegen Geld und bekam natürlich bald Schwierigkeiten mit dem Zurückzahlen.

Seit meiner Rückkehr aus Algerien lebte ich bei meinen Eltern. Ich zankte mich sehr oft mit meiner Mutter. Einmal fühlte sich meine Mutter sehr verletzt. So blieb mir nichts anderes übrig, als auszuziehen. Ich hatte so gut wie kein Geld, nur ein paar Kleidungsstücke und meine Pistole. Meine Zukunft sah ziemlich düster aus. Ich war deprimiert und fühlte doch in mir einen verbissenen Lebenswillen. Auf Grund dieser innerlich wütenden Rebellion neigte ich zu Extremlösungen, um aus meiner beschissenen Situation herauszukommen.

Ich hatte mir angewöhnt, die Leute um mich herum zu beobachten, auf der Straße, in der Métro, in meiner kleinen Stammkneipe, wo ich immer zu Mittag aß. Und was sah ich? Müde, traurige Gesichter; ich sah Menschen, die eine mies bezahlte Arbeit fertig machte; Menschen, die aber auf diese Arbeit angewiesen waren, um wenigstens genug zum Überleben zu haben; Menschen, die auf ewig zur Mittelmäßigkeit verurteilt waren; Menschen, die einander sehr ähnlich waren, weil sie die gleiche Kleidung trugen und am Monatsende die gleichen Geldprobleme hatten; Menschen, die sich nie ihre geheimsten Wünsche erfüllen konnten, die sich an den Schaufenstern der Reisebüros und Luxusgeschäfte die Nasen platt drückten. Ihnen blieb nur die Stammkneipe und ihr Gläschen Rotwein. Diese Menschen kennen ihre Zukunft, denn sie haben keine. Sie funktionieren wie Roboter; sie gehorchen den herrschenden Gesetzen mehr aus Angst als aus wirklicher Überzeugung. Sie sind unterworfen und besiegt; schon wenn der Wecker morgens klingelt, sind sie Sklaven.

Wohl oder übel gehörte ich auch zu diesen Menschen, aber ich fühlte mich nicht dazugehörig. Ich wollte nicht alles so hinnehmen. Ich wollte nicht, daß mein Leben so vorherbestimmt oder von anderen verplant sein würde. Wenn ich morgens um 6 Uhr Lust hatte, mit einer Frau zu schlafen, dann wollte ich das auch machen, ohne etwa auf die Uhr gucken zu müssen. Ich wollte ohne Zeiteinteilung leben, denn damit fingen für mich alle Zwänge der Menschen an. In meinem Kopf schwirrten all diese altbekannten Phrasen herum: keine Zeit dazu ... Zeit gewinnen, Zeit verlieren ... rechtzeitig kommen ...! Was ich wollte, das war ganz einfach, ‹Zeit haben zu leben›. Um das zu erreichen, durfte ich mich nicht zum Sklaven der Zeit machen. Mir war klar, daß meine Theorie irrational war, daß man darauf keine Gesellschaft aufbauen konnte. Aber was war denn das für eine Gesellschaft mit all ihren Prinzipien und Gesetzen?

Als Zwanzigjährigen hatte mich diese Gesellschaft im Namen der Freiheit in den Krieg geschickt; nur hatte sie vergessen, mir zu sagen, daß dadurch die Freiheit der anderen eingeschränkt wurde. In wessen Namen konnte sie mir das Recht geben, Menschen zu töten, Menschen, die ich nicht einmal kannte und die unter anderen Umständen vielleicht meine Freunde gewesen wären? Die Gesellschaft hatte mich wie eine Schachfigur hin- und hergeschoben und dabei meine Jugend und Unerfahrenheit ausgenutzt. Im Namen der ‹Ehre fürs Vaterland› hatte sie falsche Ideale geschaffen ... Sie hatte die in mir brodelnde Unruhe ausgenutzt und aus mir einen guten Soldaten, einen guten Mörder gemacht. Und dabei war dieselbe Gesellschaft vollkommen gleichgültig denen gegenüber, die im Namen des Vaterlandes ihr Leben lassen mußten. Sie fraß, rülpste, vögelte und schlief seelenruhig weiter. Denn der Krieg war weit weg, er war ihr scheißegal, so lange sein Schmutz und Dreck ihr nicht zu nahe kam. Ich konnte noch gerade einsehen, daß ein Mensch sein Leben in der Verteidigung des Vaterlandes gibt, aber ich sah nicht ein, daß eine Regierung, die genau weiß, wie unsinnig dieses Opfer ist, die Jugend in einem Kolonialkrieg in den Tod schickt. Schon beim Gedanken daran wurde mir ganz schlecht.

Die Gesellschaft hatte mich übers Ohr gehauen, sie hatte mein Leben für eine falsche Sache aufs Spiel gesetzt. Und dann hatte sie mich wieder ins bürgerliche Leben entlassen, ohne sich im geringsten um die Auswirkungen, die der Krieg auf meine Psyche hatte, zu kümmern. Deshalb sagte ich ihr den Kampf an und wollte ihr alles, was sie in mir zerstört hatte, heimzahlen. Mir war ganz klar, daß, wenn ich ihre Gesetze ablehnte, wenn ich es ablehnte, blindlings der Herde zu folgen, ich früher oder später dafür zahlen mußte. Aber das nahm ich kalt lächelnd in Kauf; die Risiken eines Lebens am Rande der Gesellschaft nahm ich auf mich.

Ich stieg also aus der Gesellschaft aus. Vielleicht war meine Vorstellung vom Glück ganz falsch. Ich wußte nicht, daß der, der wenig verdient, glücklich darüber ist, dies wenige mit seiner Hände Arbeit verdient zu haben; ich wußte nicht, daß man kein Geld braucht, um reich zu sein; daß man eine Ruhepause gerade dann richtig genießen kann, wenn man wenig Zeit hat; daß das Familienleben mit Kindern der Grundstein eines echten und gesunden Glücks ist; daß das Heldenhafte vielleicht gerade darin liegt, mit dem Leben und seinen Problemen fertig zu werden. Das alles war mir nicht bewußt. Ich wußte nur, daß ich mit meinem Job immer anonym und mittelmäßig bleiben würde.

An die Liebe glaubte ich nicht mehr; ich hatte sie zu früh versucht, war gescheitert und hatte einen bitteren Geschmack davon zurückbehalten. Mag sein, daß ich mir einfach jede Menge Ausreden suchte für das, was ich tun wollte. In Wirklichkeit war ich asozial und faul, ein Kartenspieler und Trinker, mit einer Schwäche für alles Gefährliche und natürlich für Mädchen, fasziniert vom Nachtleben, zwielichtigen Bars und Nutten. Ich wollte alles, nur nicht diese schreckliche Krankheit, die sich Arbeit nennt. Die vielen Gangsterfilme, die ich gesehen hatte, hatten meine gesamte Jugendzeit geprägt. Ich bin sicher, wenn man mich damals gefragt hätte ‹Na Kleiner, was willst du denn mal werden?›, dann hätte ich sofort ‹Gangster› gesagt, so wie andere ‹Feuerwehrmann, Rechtsanwalt oder Arzt› sagen. Ja, und als ich 23 war, da wurde das Verbrechen wirklich mein Beruf. Mein Entschluß stand fest. Als ich mich zu meinen Freunden auf den Weg machte, war die Sache unwiderruflich. Meine Entschlossenheit sollte weiter führen und schließlich aus mir den ‹Staatsfeind Nummer 1› zweier Länder, Frankreich und Kanada, machen.

Ich war auf dem Weg, ein Mörder zu werden. Eins dieser verbrecherischen Raubtiere, die kaltblütig ohne das geringste Schuldgefühl Lebewesen aus Fleisch und Blut umbringen. Ich sollte Menschen umlegen, um meine Ehre, meine Interessen oder ganz einfach mein Leben zu verteidigen. Und selbst wenn ich nie einen Unschuldigen getötet habe, hatte ich denn das Recht, über Tod und Leben zu entscheiden? Das einzige Verbrechen, das ich mir nie verziehen habe, war das an dem kleinen, blauschimmernden Vogel, den ich im

Alter von dreizehn Jahren in unserem Garten getötet hatte. Denn diesen Vogel hatte ich aus Dummheit getötet, oder hatte er sich etwa durch seinen schönen Gesang schuldig gemacht? Nur in diesem Fall hatte ich wirklich Gewissensbisse, auch wenn das abscheulich klingen mag.

Als ich die Treppe zur Wohnung meiner Freunde hinaufging, hatte ich keine Ahnung, was auf diesen ersten Schritt noch alles folgen würde. Hätte ich es gewußt, wäre ich dann umgekehrt, um mich vor mir selbst zu retten? Ganz ehrlich gesagt, ich glaube nicht. Ich hatte kein moralisches Ehrgefühl und konnte deshalb meine Fehler nicht zugeben. Aber mich selbst konnte ich nicht betrügen, ich kannte mich. Nur meine Grenzen kannte ich nicht; die Zukunft sollte mir zeigen, daß ich *überhaupt* keine Grenzen hatte.

Auf mein Klingeln hin wurde die Tür geöffnet.

«Hallo, ihr Künstler!» sagte ich.

«Mensch, du bist das, Jacques! Wie kommst du denn hierher?»

«Ich bin von meinen Alten abgehauen. Ich hatte die Schnauze voll. Wenn ihr mir ein bißchen Platz macht, dann komm ich zu euch.»

«Na klar! Fühl dich wie zu Hause!»

Bei einer Flasche Cognac zogen Paul, Jean-Pierre und ich die halbe Nacht lang über die ganze verdammte Gesellschaft her und schmiedeten Zukunftspläne.

Ich sagte, eins sei für mich klar, mit der Arbeit sei endgültig Schluß für mich. Paul war arbeitslos. Er war bereit mitzumachen und hatte genauso wenig moralische Bedenken wie ich. Ich hatte ihn schnell überzeugt, und von da an wäre er mir bis in die Hölle gefolgt. Jean-Pierre dagegen war zurückhaltend.

«Weißt du, ich mach nicht mit. Ich hab zu viel Schiß, daß ich geschnappt werde. Aber mach ruhig, was du willst. Solange du nicht drei Leichen unter meinem Bett versteckst, kannst du gern hier bleiben.»

Ich sah Paul tief in die Augen:

«Also, alles klar? Es geht los. Von jetzt an wird geklaut! Wir fangen gleich morgen nachmittag an, wenn du willst. Ich bin nämlich blank und hätte gern wieder ein bißchen Kies in der Tasche.»

«Einverstanden. Ich brauch auch Geld. Aber eins noch, Jacques, keine Waffe bei der Arbeit, das ist die einzige Bedingung.»

«Ganz meiner Meinung. Um 'ne Wohnung auszuräumen, braucht man keine Knarre.»

Danach schliefen wir ein. Jean-Pierre weckte mich, ehe er zur Arbeit ging und bot mir Kaffee an.

«Findest du es nicht beknackt, arbeiten zu gehen, um Reichtümer anzuhäufen? Hast du deine Meinung nicht vielleicht doch geändert?» fragte ich.

«Nee, Alter. Mach was du willst, bloß laß mich damit in Ruhe. Und außerdem, wer soll euch denn sonst Päckchen in den Knast schikken?» meinte er lachend.

Paul und ich kauften zwei Brecheisen und einen großen Schraubenzieher. Wir aßen in einem Bistro und tranken uns Mut an, denn der erste Einbruch ist so ähnlich wie die erste Frau. Man weiß, was man zu tun hat, aber man weiß nicht, ob es gelingt. Wir wollten einfach nach dem Zufallsprinzip in den guten Wohngegenden zuschlagen. Wir waren sehr ordentlich angezogen und würden, so wie wir aussahen, nicht den geringsten Verdacht erregen. Ich hatte sogar einen großen Blumenstrauß gekauft. Wenn wir irgendwo im Treppenhaus überrascht würden, wirkten wir mit den Blumen glaubwürdiger. Die Hausmeister waren unsere Hauptgegner. Ich hatte mehrere Adressen und Telefonnummern herausgesucht. Wenn niemand abnehmen würde, dann konnten wir getrost ins Haus gehen, die Wohnungstür suchen und das Schloß aufbrechen. Unsere Wahl fiel auf einen Metzger. Er konnte unmöglich gleichzeitig zu Hause und im Geschäft sein. Niemand meldete sich am Telefon. Wir gingen also zum Haus und kamen ohne Schwierigkeiten an der Hausmeistersfrau vorbei. Sie bemerkte uns nicht einmal. Paul und ich waren beide ganz munter und guter Dinge. Jetzt hatten wir keinerlei Angst.

«Hör mal, versteck dich, während ich irgendwo klingle und frage, in welchem Stockwerk unser Kunde wohnt.»

Eine alte Frau machte mir auf. Ja, ja, ich hätte mich im Stockwerk vertan. M. Morel, der Metzger, wohne im vierten Stock links. Ich entschuldigte mich für die Störung, bedankte mich bei ihr, und schon waren wir im vierten Stock.

Wir lauschten an der Tür, aber es war nichts zu hören. Es gab zwei Wohnungstüren im vierten Stock. Wir klingelten gegenüber vom Metzger, denn wir wollten nicht ein Schloß aufbrechen, wenn die Nachbarn da wären. Niemand machte auf. Auch beim Metzger nicht. Überall tiefste Stille.

«Also Junge, an die Arbeit, gib das Brecheisen!»

Die Tür gab bald nach. Aber der Krach beim Aufbrechen kam mir so laut vor, daß ich meinte, das ganze Haus würde dadurch zusammengetrommelt werden. Wir warteten einen Moment, unsere Herzen schlugen wie wahnsinnig, aber nichts rührte sich. Als wir in die Wohnung kamen, merkten wir, daß wir gleich beim erstenmal einen großen Coup gelandet hatten. Das Glück war auf unserer Seite. Wir drehten fast durch, wühlten in allen Zimmern rum, packten massenhaft Zeug ein und achteten nicht mehr darauf, ob wir Lärm machten. Ich konnte nicht anders als ‹Scheiße› schreien, als ich in einer Schublade Geldscheine und wertvollen Schmuck entdeckte. Paul hatte währenddessen an Ort und Stelle einen Koffer gefunden, in den er alle möglichen Wertgegenstände packte. Wir blieben ungefähr eine halbe Stunde. Es war einfach unmöglich, alles mitzunehmen.

«Los, wir hauen ab! Das war 'ne gute Ernte! Mit dem Koffer und dem Blumenstrauß kannst du schon mal runtergehen. Ich folge dir nach ein paar Schritten. Wenn die Hausmeistersfrau dich anquatscht, brauchst du ihr nur zu sagen, du hättest deinen Vetter, den Metzger, besuchen wollen und würdest ein andermal wiederkommen, weil niemand zu Hause sei. Dann glaubt sie, du gehörst zur Familie.»

«Überleg dir mal, wenn sie mir vorschlägt, den Koffer dazulassen!» meinte Paul lachend.

«Also los, Junge, laß uns abhauen.»

Alles klappte bestens. Zu Hause sortierten wir unsere Beute. Fürs erste Mal hatten wir ganz schönes Glück gehabt. Wir hatten über 20000 Franc ergattert, außerdem Schmuck, Geldstücke, kleine Figuren und andere Nippessachen, deren Wert wir schlecht schätzen konnten.

Pauls Augen glänzten vor Genugtuung, er konnte seine Freude nicht verbergen.

«Guck dir den ganzen Kies an! Kannst du dir vorstellen, so viel hätte ich in drei Jahren Arbeit nicht verdienen können.»

«Und wir haben nur dreißig Minuten dafür gebraucht», sagte ich. «Siehst du nun, daß ich recht hatte? Das ist die Lösung! Wir mußten es nur einmal wagen. Und schon haben wir unsere Belohnung. Gut, also teilen wir. Den Schmuck und den Nippeskram müssen wir irgendwo wieder loswerden.»

Abends tat es Jean-Pierre schon leid, daß er nicht mitgemacht hatte. Wir beschlossen, unseren Erfolg zu feiern und gingen in ein gutes Restaurant. Während meine Freunde das Dinner mit einem guten Cognac und einer erlesenen Zigarre beschlossen, telefonierte ich mit Sarah.

«Hallo Süße, wie geht's?»

«Wer ist denn da?»

«Na, rate doch mal ... Dein großer Held, schönes Kind», sagte ich lachend. «Heute abend bist du ausgebucht. Ich komme gleich mit zwei Freunden. Laß den Champagner schon mal kaltstellen.»

«Jacques, Liebling ... Aber was ist denn los? Hast du zuviel getrunken?»

«Ja, meine Hübsche! Ich feierte Geburtstag, und ich werde mich mit dir zusammen betrinken ... was danach mit dir passiert, wirst du schon sehen.»

«Du bist wohl total verrückt, Liebling! Heute ist doch gar nicht dein Geburtstag.»

«Doch, meine Schöne. Heute bin ich geboren, neu geboren ...»

«Also, du bist total voll. Na gut, komm in die Bar, ich warte auf dich.»

Wir kamen alle drei. Die Mädchen begrüßten uns herzlich und kümmerten sich um meine beiden Freunde. Sarah setzte sich mit mir an einen Tisch ein bißchen abseits von den anderen. Ich bestellte für uns beide Champagner. Meine Freunde tranken auch Champagner und amüsierten sich bestens.

Sarah sah mich ganz erstaunt an. Sie wußte, daß ich mir so einen Luxus nicht leisten konnte, sie hatte mich immer total abgebrannt erlebt.

«Hast du das Große Los gewonnen oder eine Erbschaft gemacht?» fragte sie ironisch.

Ich streichelte ihr über den Nacken und flüsterte ihr zu:

«Noch viel besser, Kleine. Ich habe mir das Große Los selber abgeholt.»

Sie tat so, als verstünde sie überhaupt nichts, hob dann den Kopf und sah mich mit einem verschmitzten Lächeln an.

«Das kannst du doch nicht gemacht haben?»

Und dann schaute sie mich genau an:

«Doch, das hast du tatsächlich gemacht!»

«Ja, meine Süße ... Ich habe heute die erste Bourgeoiswohnung geknackt, und es hat ganz schön Spaß gemacht. Heute nacht bleiben wir zusammen ... Du bist das Ruhekissen des großen Kriegers», lachte ich.

Auch meine Freunde schienen sich zu amüsieren. Ich holte sie zu uns an den Tisch. Wir brauchten uns nicht lange vorzustellen, die beiden Mädchen kannten mich schon von früher mit Sarah. Zur Freude des Wirts tranken wir stundenlang. Dann machte er sich aber wohl doch etwas Sorgen um die Rechnung. Wie ich aber, ohne mit der Wimper zu zucken, alles bezahlte, war seine gute Laune gleich wieder da.

Sarah und ich verließen die Bar. In unserem Hotelzimmer fiel sie mir um den Hals und küßte mich stürmischer, als ich es je bei ihr erlebt hatte.

«Danke, Liebling, daß du an deinem ersten Abend als Ganove an mich gedacht hast. Ich bedeute dir also ein bißchen was?»

«Ich mag dich, du bist immer anständig zu mir gewesen. Und heute abend war es für mich wichtig, dich in meiner Nähe zu haben; das ist alles.»

Wir liebten uns. In dieser Nacht gehörte Sarah, die sonst allen gehörte, mir ganz allein. Ich fühlte, daß sie sich wie eine Verliebte und nicht wie eine Nutte hingab. Befriedigt und erschöpft legte sie ihren Kopf auf meine Schulter und meinte:

«Weißt du, Liebling, ich liebe dich; das ist doch wirklich wahnsinnig. Vor sieben Jahren leistet sich so ein kleiner Dreikäsehoch zum erstenmal eine Nutte; und derselbe ist heute ein Mann geworden, ein richtiger, harter Mann und liegt immer noch in meinem Bett ... Warum, Jacques?»

«Ich bin nicht in deinem Bett, meine Süße, du liegst in meinem», sagte ich mit einem verschmitzten Lächeln.

«Mach dich nicht lustig, Liebling, hör mal zu! Du weißt, daß mein Typ seit zwei Jahren im Knast ist. Es klappte zum Schluß nicht sehr gut zwischen uns, aber ich schicke ihm regelmäßig Geld als Unterstützung. Wenn du willst, kann ich frei sein. Ich kaufe mich frei, und dann arbeite ich für dich. So brauchst du dir nicht die Hände schmutzig zu machen mit deinen riskanten Geschäften. Ich verdiene gut. Laß uns zusammen leben, Liebling. Ich möchte nicht, daß du im Knast landest, aber wenn du so weitermachst, dann kann dir das blühen.»

Ihre Aufforderung war für mich wie eine Beleidigung.

«Sag mal, was hältst du eigentlich von mir? Wer bin ich überhaupt, etwa ein Loddel? Du würdest dann mit Männern ins Bett gehen, und ich würde nur die Hand aufhalten, um das Geld zu kassieren, daß du ranschaffst. Ich brauche keine Sozialhilfe, Sarah. Ich mag dich gerne, das weißt du. Du bist meine Freundin. Aber ich würde nie Geld von einer Frau annehmen. Lach mich ruhig aus, wenn du willst, aber ich bin groß genug, um mir mein Geld allein zu besorgen. Ich finde die Zuhälter zum Kotzen ... Sag nie wieder so was, denn du bist für mich eine Freundin. Ich schlafe gern mit dir. Deine Arbeit ist mir scheißegal, du hast dein Leben und ich meins. Ich hab dich gerne, aber ich liebe dich nicht, das weißt du.»

Sie hatte Tränen in den Augen, und das machte mich traurig.

«Weine doch nicht, Mädchen; ich bin offen, das kannst du mir doch nicht vorwerfen. Wenn du magst, fahren wir ein paar Tage ans Meer; aber abgesehen davon, vergiß deine Pläne, okay?»

Sie schniefte etwas.

«Du hast ja recht. Ich bin so dumm. Verzeih mir, ich wollte dich nicht verärgern. Du bist mir nicht böse, nein?»

«Nein, natürlich nicht, Sarah. Wir verstehen uns gut, laß alles so, wie es ist. Ich möchte viel Geld machen, und wenn ich dafür eines Tages in den Knast muß, dann ist mir das scheißegal. Also, vergessen wir das alles, ja?»

Sie schmiegte sich an mich. Ich merkte, wie verletzlich sie doch war, trotz ihres sicheren Auftretens. Bis zum frühen Morgen gaben wir uns den Genüssen der Liebe hin. Dann verbrachten wir einige Tage am Meer. Ich nahm sie mit ins Casino, wo ich eine ganze Menge Geld verlor; aber das war mir egal. Von diesem Tag an existierten Geldprobleme für mich einfach nicht mehr.

Als wir wieder in Paris waren, bedankte sie sich für alles, sagte «Bis bald, Liebling» und ging traurig fort. Wir mußten beide unseren Weg gehen, das wußte sie genau. Unsere Wege konnten sich kreuzen, aber wir konnten sie nicht gemeinsam gehen.

Paul war verrückt vor Freude, als ich zurückkam.

«Also, du bist ja vielleicht einer! Du solltest vielleicht auch mal an die Arbeit denken.»

«Was glaubst du denn! Ich denke an nichts anderes. Außerdem

ist das Geld schnell weg. Wir machen uns jetzt wieder an die Arbeit, einverstanden?»

Er stimmte zu.

In den nächsten Monaten räumten wir munter Pariser Wohnungen aus, brachen Türen auf, als sei es das Normalste von der Welt und paßten kaum noch auf. Wir hatten gutes Werkzeug gekauft, denn wir wollten etwas höher hinauf und Panzerschränke knacken. Im Laufe der Zeit hatten wir eine ganze Menge Schmuck und anderen Kram von unseren Ausflügen mitgebracht. Unsere Wohnung sah aus wie die Höhle von Ali Baba. Außerdem hatten wir mehrere Waffen gefunden, von einer Pistole bis zum Jagdgewehr.

Ich hatte eine schöne Wohnung gemietet, die ich ganz für mich allein hatte. Ein Auto kaufte ich nicht, Leihwagen waren mir lieber. Meinen Eltern gegenüber kam mir meine finanzielle Situation wie eine Art Revanche vor. Am Steuer eines tollen Impala und in galanter Begleitung, so besuchte ich eines Sonntags meinen Vater in seinem Landhäuschen. Er war überrascht, denn er hatte seit sechs Monaten nichts mehr von mir gehört. Von unserem letzten Streit sprachen wir nicht. Aber mein neureiches Auftreten beeindruckte ihn ganz und gar nicht, er nahm mich zur Seite.

«Wie ich sehe, laufen die Geschäfte gut. Du brauchst mir nichts zu erzählen, ich hab verstanden.»

Es kam für mich überhaupt nicht in Frage, ihn aufzuklären. So sagte ich nur zu seiner Beruhigung:

«Nein, Papa, du hast gar nichts verstanden. Was ich mache, ist nicht so ganz legal. Ich kungel ein bißchen mit der Schweiz, nichts Schlimmes, aber es zahlt sich aus.»

«Ach so», meinte er erleichtert, «ich glaubte schon … Denn bei dir bin ich auf alles gefaßt.»

«Nein, das mußt du nicht. Ich mache Geld, aber ich mache nichts Schlimmes. Okay?»

Vielleicht glaubte er mir wirklich, vielleicht tat er nur so, weil er mich nicht rausschmeißen wollte, was er sicher gemacht hätte, wenn er über meine Aktivitäten Bescheid gewußt hätte. Beim Abschied fühlte ich mich in Form. Ich nahm mich sehr wichtig. Dabei war ich doch eigentlich nur ein kleiner Dieb, der nur einfach Glück gehabt hatte. Das Glück schien mich bald darauf zu verlassen, aber im Moment war ich eben Al Capone mit meinen vollen Taschen und zwei flotten Mädchen an meiner Seite.

Ich sollte bald die harten Gesetze des Milieus kennenlernen, und meine Antwort würde grausam und unerbittlich sein. Ich glaubte an die Treue, an absolute Freundschaft, an gewisse Prinzipien, an die Ehre des Milieus. Die Wirklichkeit sah ganz anders aus. Wo ich jetzt in die Schule ging, herrschten Laster, Gemeinheiten, krumme Touren.

‹Wenn du alt werden willst, mußt du als erster reagieren.› Das sollte bald meine Faustregel werden und sollte mich zu einem unberechenbaren Mann machen.

Ich hatte Sarah schon sehr lange nicht mehr gesehen. Ich ging oft in eine kleine Ganovenkneipe in der Rue de la Montagne–Sainte Genevieve. Nächtelang pokerten wir wie die Irren. Ich hatte mir angewöhnt, immer meine 45er bei mir zu haben, wenn ich ausging. Bei den Frauen in der Bar hatte ich schon ein gewisses Prestige. Es waren ein paar verirrte Studentinnen darunter, die es schon für einen Kaffee oder sogar nur für ein warmes Bett und ein bißchen Zuneigung machten. Ich fühlte mich in dem verräucherten, etwas verruchten Milieu ganz zu Hause. Ich lernte dort Typen kennen, die wie ich vom Klauen lebten. Mit einigen drehte ich ein paar Dinger. Wir waren eine Bande von zehn Typen geworden, in der einer dem anderen helfen konnte, wenn's drauf ankam.

Ein ganz alter Hengst, der die Hälfte seines Lebens hinter Gittern verbracht hatte, wurde mein Freund. Ich hatte ziemlichen Respekt vor ihm. Aus Jacques war inzwischen M. Jacques geworden, und ich war ganz schön stolz auf diesen feinen Unterschied.

Die Wirtin, eine ehemalige Kupplerin, wandte sich immer mit einer gewissen Hochachtung an mich. Ein paarmal hatte ich für sie eine Schlägerei angefangen, wofür sie mir dankbar war. In ihrem Bett wäre sicher ein Platz für mich gewesen, denn sie lebte allein. Aber auch wenn ich total besoffen war, war ich immer noch so klar genug, mich nicht mit diesen 110 Kilo Fett abzugeben. Ich stellte mir vor, wie sie da auf dem Rücken liegen würde, ekelhaft geschminkt, die Flossen auseinander, die riesigen, schlaffen Brüste an den Seiten runterhängend. Da hätte ich schon total ausgehungert sein müssen, um so ein Häppchen zu bekommen. Aber es gab doch ein paar Schätzchen, die mit ihr für ein paar Scheine ins Bett stiegen. Ihr Herz war für alle offen, und alle mochten sie. Es sollte niemandem einfallen, ihr auch nur ein Haar zu krümmen. Alle, die ihr irgendwelche Schwierigkeiten machten, bekamen es mit mir zu tun, und so war es kein Wunder, daß ich für ‹Mutter Lulu› regelrecht heilig war.

Eines Abends beschloß ich, Sarah zu besuchen. Das sollte schlimme Folgen für mich haben, denn es sollte zu meinem ersten Mord kommen. Bald merkte ich, daß ich ganz instinktiv morden konnte, fast wie ein Raubtier im Dschungel. Noch aber wußte ich nicht, daß ich zu so etwas fähig sein und mich noch dazu wie ein richtiger Profi verhalten würde.

Ich war ganz schön überrascht, als ich erfuhr, daß Sarah nicht mehr in der Bar arbeitete, wo ich sie normalerweise immer traf. Das ärgerte mich, obwohl ich sie schon ziemlich lange nicht mehr angerufen hatte. Ihre Freundinnen sagten mir ihre Adresse, und Suzon, Sarahs beste Freundin, gab mir den Rat, gut aufzupassen. Als ich wissen wollte, worauf ich aufpassen solle, schwieg sie. Ich hatte verstanden. Ihr Macker war wohl aus dem Gefängnis entlassen worden. Vielleicht wußte er über meine Romanze mit Sarah Bescheid. Seine Meinung dazu war mir egal. Wenn er sich nicht zufriedengab, würde ich ihm schon zu begegnen wissen.

Ich kam einigermaßen geladen in die Bar. Paul begleitete mich, unbewaffnet. Es war mir noch nicht gelungen, ihn davon zu überzeugen, daß Waffen in unserem Beruf einfach dazugehörten.

Wir kamen zur Tür hinein. Das Licht war gedämpft. Im ganzen Raum gab es nur etwa zehn Tische und in der Mitte eine winzige Tanzfläche. Es war ziemlich leer. An der Theke standen ein paar Mädchen, aber Sarah sah ich nicht. Ich wandte mich an den Barkeeper:

«Hallo, ist Sarah da?»

«Im Moment nicht. Sie ist gerade beschäftigt, aber sie wird gleich kommen. Wollen Sie solange was trinken?»

Paul und ich bestellten zwei Whisky. Hinten in einer Ecke saßen drei Männer an einem Tisch. Als ich den Namen Sarah ausgesprochen hatte, hatte einer der drei ein Mädchen zu sich gewinkt und leise mit ihr gesprochen. Der Mann war so um die Vierzig, braungebrannt und gut gekleidet. Er war mir nicht besonders aufgefallen. Jetzt ließ er das Mädchen zu uns rübergehen. Sie kam auf mich zu.

«Schönen guten Abend. Ich bin Cathy, gebt ihr mir einen aus, ihr Schätzchen?»

Das Mädchen gefiel mir überhaupt nicht. Sie wirkte ganz schön vulgär in ihrer Art, uns anzusprechen. Ich weiß nicht, warum ich ihr so schroff antwortete. Vielleicht war es noch der Ärger, daß Sarah die Bar gewechselt hatte und ich nichts davon wußte, oder es war einfach deshalb, weil Sarah nicht da war.

«Nein, ich erwarte jemanden!»

«Ja, aber dein Freund! Vielleicht gibt er mir einen aus.»

«Hau bloß ab. Siehst du nicht, daß er auch nicht will?»

Sie war wütend über diese Ablehnung und wandte sich an den Barkeeper.

«Sind die nicht bescheuert, diese Typen?»

Sofort haute ich ihr eine runter. Sie schwankte, vollkommen überrascht und sprachlos. Einer der drei Männer stand auf und kam auf mich zu. Es war der Vierzigjährige. Er roch förmlich nach Zuhälter. Er war Araber.

«He, so geht's nicht hier!» schrie er mich an.

Bei seiner Drohung war er mir etwas zu nahe gekommen. Das tat ihm nicht gut. Blitzschnell zog ich meine 45er und versetzte ihm mit dem Kolben einen kräftigen Schlag mitten ins Gesicht. Blutüberströmt sank er in sich zusammen. Seine beiden Freunde wollten eingreifen. Ich richtete meine Waffe auf sie.

«Hier wird nicht mehr gespielt. Wenn einer von euch auch nur den kleinen Finger rührt, dann knall ich ihn ab. Also, alle Mann die Hände auf den Tisch und keine dummen Gedanken, sonst schieß ich in die Menge.»

Ich war völlig außer mir. Paul hatte dem Barkeeper ein Zeichen gemacht, daß er sich nicht rühren sollte. Die Mädchen sahen mich an, ohne zu verstehen, was los war. Aber ich mußte so furchtbar aussehen, daß niemand sich zu rühren wagte. Der Macker lag immer noch am Boden, sein Hemd war rot von dem Blut, das aus einer großen Wunde über dem linken Backenknochen floß. Auch er wagte nicht, sich zu rühren. Er fragte sich, warum ich so heftig reagiert hatte. In seinen Augen stand Angst geschrieben. Meine 45er war ein solides Argument, und sein Schrecken machte mir ganz einfach Spaß, es war ein gefährlicher Spaß. Gerade schrie ich ihn an:

«Also, Ratte, willst du mal meine Knarre kosten?» als die Eingangstür aufging. Sarah sah Paul, dann mich, und dann das ganze Schauspiel. Sie stieß einen Schrei aus, fast wie eine Bitte:

«Jacques! Nein, laß das!»

Vielleicht hatte sie geglaubt, ich würde in die Menge schießen. Sie kam näher und sah den Mann am Boden liegen.

«Nein, das ist nicht möglich!»

Ich hatte keine Sekunde in meiner Aufmerksamkeit nachgelassen. Ich fühlte mich glänzend, voller Kampfeslust. Wütend wandte sie sich zu mir. So hatte ich sie noch nie gesehen.

«Ja, bist du denn total verrückt? Guck mal, was du da getan hast ... Ach, du lieber Gott ...»

Ironisch antwortete ich ihr:

«Tag, mein schönes Kind, wie du siehst, fresse ich jetzt Macker und noch dazu schön blutig!»

Der Mann am Boden wollte sich aufrichten.

«Und du, Ratte, du bleibst, wo du bist ...»

Sarah war total entgeistert und explodierte:

«Aber das ist doch Ahmed! Du hast meinen Ahmed geschlagen ... Sieh nur, was du angerichtet hast!»

Ja, ich hatte richtig gehört. Der Typ, der da am Boden lag, war ihr Macker. Ein Araber war der Macker von meiner Sarah. Es stimmte, ich hatte sie nie danach gefragt. Zorn und Wut waren mir wohl anzusehen, denn Sarah sah sehr erschrocken aus. Ich hatte eine Wahnsinnslust, noch weiter zu machen.

«Sag mal, dieser Scheißhaufen da unten ist dein Geldeintreiber? Einem Araber gibst du dein Geld, das ist ja wohl das Allerletzte, so einem Hundesohn von Araber, du ekelst mich an ...»

Haßerfüllt blickte ich sie an. Ich sah die Angst in ihren Augen. Schüchtern sagte sie:

«Ich bitte dich, Jacques, geh fort, laß ihn in Ruhe.»

«Ja, ich gehe, okay; und ihr Dreckskerle, keine falsche Bewegung, oder ich bring euch um.»

Dann sah ich zu Ahmed hinunter:

«Und du, reg dich nicht auf, mein Kleiner, Madame ist sicher eine gute Krankenschwester.»

Mein Blick fiel auf Sarah; sie weinte. Mein Revolver war immer noch auf die Menge gerichtet, als ich mit harter Stimme rief:

«Auf Wiedersehen, wann und wo ihr wollt.»

Dann haute ich Ahmed meinen Fuß voll ins Gesicht. Er war zu überrascht, als daß er hätte reagieren können. Diesmal blieb er am Boden liegen. Sarah stieß einen kurzen, schmerzerfüllten Schrei aus; das war ihre einzige Reaktion. Ich hatte etwas in ihr getötet. Paul und ich gingen rückwärts zum Ausgang. Als wir draußen waren, verschwanden wir schnell in einer der kleinen Nebenstraßen, wo wir das Auto geparkt hatten. Paul war mit dem Abend sehr zufrieden.

«Du hast ja ganz schön zugeschlagen. Ich frag mich, was bloß mit dir los war.»

«Ich weiß auch nicht! Das kam einfach so ... wie ein Reflex!»

«Na gut, mein Alter, du mußt jetzt aufpassen, denn er wird die Angelegenheit nicht auf sich beruhen lassen. Hast du Sarahs Gesicht gesehen? Dabei hast du sie doch gern, die Kleine!»

«Ja, aber stell dir doch das bloß mal vor! Für einen Araber geht sie auf den Strich. Das hab ich nicht gewußt!»

Wir fuhren zu meiner Wohnung, und Paul beschloß, die Nacht über bei mir zu bleiben. Am nächsten Morgen würden wir weitersehen. Ich konnte auf eine brutale Antwort von Ahmed gefaßt sein. Er mußte einfach reagieren, wenn er nicht sein Gesicht verlieren wollte. Paul bewaffnete sich jetzt auch, denn wir waren in einer Kriegssituation. Ich holte zwei weitere Freunde dazu, den Sizilianer Guido und Jacky, einen vernünftigen Burschen, mit dem ich schon mal zusammengearbeitet hatte. Guido machte mir klar, wie schwerwiegend mein Verhalten am Abend gewesen war. Es gab nur eine Lösung: als erster angreifen! Beide wollten mir zur Seite stehen, wenn Not am Mann war.

«Am besten erkundigst du dich erst mal nach seinen Gewohnheiten. Dann werden wir ihn schnappen, und du klärst deine Angelegenheit mit ihm. Du kannst Suzon, die Freundin von Sarah, anrufen. Über sie können wir vielleicht mehr erfahren.»

Ich mußte bis zum Abend warten, denn ich hatte nur die Nummer von ihrer Bar. Abends um zehn hatte ich sie schließlich am Apparat. Sie sagte mir, daß mein Verhalten am Vorabend viel Aufsehen erregt hatte. Jeder fragte sich, wer ich sei. Was Ahmed betraf, so riet sie mir, gut aufzupassen; er sei ein zäher Bursche, habe aber nur wenig Freunde, denn seine Geschäfte seien wohl nicht immer so ganz in Ordnung. Ja, natürlich suchte er mich und hatte geschworen, mich umzulegen. Als ich sie nach Sarah fragte, versagte ihre Stimme beinahe. Ja, sie habe sie gesehen, aber ...

«Aber was, Suzon?»

«Ach, Jacques, Ahmed hat seine Wut an ihr ausgetobt. Er hat geglaubt, daß sie weiß, wo du wohnst. Also hat er sie geschlagen,

geschlagen und noch mal geschlagen. Sie sieht schlimm aus. Wenn du sie sehen würdest! Es ist entsetzlich ... Sie ist am ganzen Körper von den Schlägen gezeichnet.»

«Suzon, ich möchte sie sehen! Ich muß sie unbedingt sehen; bitte, ich flehe dich an, arrangier das irgendwie. Ich muß ihr unbedingt alles erklären.»

Suzon versprach mir zu tun, was sie könnte und vorsichtig dabei zu sein. Ich wollte Auskünfte über Ahmed. Ja, die könne sie mir besorgen. Sie hatte den Typ nie ausstehen können.

Am nächsten Morgen um 10 Uhr sah ich Sarah in der Wohnung einer Freundin von Suzon. Wir hatten höllisch aufgepaßt, weil wir keine Lust hatten, in eine Falle zu laufen, und das, obwohl ich Suzon vertraute. Guido und Paul kamen mit mir mit. Wir waren alle drei bewaffnet.

Was ich nun zu sehen bekam, gab mir einen Stich. Sarahs Gesicht war verschwollen, ihre Lippen ganz dick angeschwollen und aufgerissen, ihre Augen sahen auch nicht besser aus. Weinend warf sie sich in meine Arme. Angesichts dieses Massakers spürte ich eine mörderische Wut in mir aufsteigen. Nie zuvor hatte ich eine Frau so übel zugerichtet gesehen. Ich wollte die Haut von diesem Schweinehund Ahmed, und ich wollte ihn lebendig, denn er sollte das hier büßen, bevor ich ihn umbringen würde.

Sarah erklärte mir alles: wie sie die Wut auf mich nur vorgetäuscht hatte, um Ahmed auf eine falsche Fährte zu locken, wie sich Ahmed außer Rand und Band an ihr gerächt hatte, um die Demütigungen loszuwerden, die er vor so vielen Augen erlitten hatte.

«Er hat geschworen, dir an den Kragen zu gehen, Jacques. Paß auf, er ist ein Dreckskerl, er hat schon mal getötet.»

Ein Lächeln stand auf meinen Lippen. Ich brauchte nicht zu schwören, denn ich war sicher, daß ich ihm zuvorkommen würde. Wir beschlossen, Sarah zu Freunden zu bringen. Dann würden wir weitersehen.

«Was willst du machen?» fragte sie mich schüchtern.

«Das einzige, was in diesem Fall zu machen ist. Verzeih mir wegen gestern abend. Ich hatte kein Recht, über dich zu urteilen. Wenn diese Angelegenheit erledigt ist, dann sehen wir uns wieder, Sarah. Das wird besser für uns beide sein, denn die Bullen könnten sich für die Geschichte interessieren, wenn Ahmed in der Hölle der Zuhälter schmort.»

Sie antwortete nicht, sondern schmiegte den Kopf an meine Schulter. Sie wußte, daß einer von uns beiden sterben mußte. Ihre Reaktion zeigte mir, daß sie wünschte, es würde Ahmed sein. Mein Gesicht war hart, meine Züge waren von Haß, der in mir brodelte, gezeichnet. Ich strich ihr über die Haare, und ich streichelte sie mit der Hand, die denjenigen töten sollte, der es gewagt hatte, das schöne Gesicht meiner kleinen Nutte zu zerstören. Kaltblütig plante ich diesen Mord, ohne jede Gefühlsregung. Dabei wußte ich ganz genau, daß er mir lebenslang Knast, wenn nicht sogar die Todesstrafe einbringen konnte, falls man mich schnappen würde.

«Wir werden das alles schon schaukeln. Du brauchst dir keine Sorgen zu machen. Dieser Hundesohn wird dir nie mehr zu nahe kommen. Dafür sorge ich.»

Als wir wieder in unserer Wohnung waren, besprachen wir mit Guido meine Pläne. Ich bestand darauf, daß der Tod von Ahmed absolut keine Spuren hinterlassen dürfte. Wir fuhren zum Haus meiner Eltern. Die Woche über war das Haus ganz leer. Ich wußte, wo die Schlüssel waren. Aus dem Kartoffelkeller holte ich eine Schaufel, eine Hacke und ein gutes Dutzend Stoffsäcke, die dort herumlagen. Das ganze Zeug brachten wir in den Wald, der direkt hinterm Haus anfing. Von meiner Kinderzeit her kannte ich im Wald jede Ecke und wußte, daß es hier, bis auf einige Jäger im Herbst, ganz einsam war. Wir kamen zu der Stelle, die ich als Grab für Ahmed ausgesucht hatte. Guido sah mich lachend an:

«Also, das muß ich wirklich sagen, du denkst an alles!»

Ich schaufelte die erste Schicht Erde in den ersten Sack. Dann die nächsten 30 Zentimeter in den zweiten Sack. Wir brauchten eine gute Stunde, bis wir ein Loch ausgehoben hatten, das bis in Gürtelhöhe reichte. Fast alle Säcke waren voll. Die letzten zwei wollte ich mitnehmen. Sie entsprachen ungefähr Ahmeds Größe. Ich wollte absolut keine Spuren hinterlassen, wenn ich ihn verscharrt hätte. Deshalb hatte ich die Erdschichten nacheinander abgehoben, und wollte sie später in derselben Reihenfolge wieder einfüllen, damit keinerlei Farbunterschiede der Erde zu sehen wären. Die Natur wäre dann hinterher wie vorher, nur gäbe es zusätzlich guten Dung für die Baumwurzeln. Ich sammelte einige Zweige, legte die Säcke ins Loch und bedeckte es mit den Zweigen. Man sah absolut nichts. Dann fuhren wir nach Paris zurück. Die beiden zusätzlichen Säcke ließen wir in einem Straßengraben, ziemlich weit von der Stelle im Wald entfernt, stehen. Guido konnte nicht umhin, festzustellen:

«Wenn irgendwas dazwischenkommt, dann kannst du mit gutem Gewissen behaupten, nicht vorsätzlich gehandelt zu haben!»

Er schüttelte sich vor Lachen. Guido war ein richtig harter Brokken. Er war viel älter als ich, und es war nicht der erste Mord, mit dem er was zu tun hatte. Er war nicht so leicht zu erschüttern.

Gegen 20 Uhr waren wir in Paris. Paul schien zufrieden, als er uns empfing:

«Ich habe alle notwendigen Informationen über Ahmed: Automarke, Stammkneipe. Ich hab auch die Namen und Adressen von seinen Freunden von neulich. Nichts Aufregendes. Der einzige schwere Brocken ist Ahmed. Nun, was hast du beschlossen, was mit ihm passiert?»

Ich sah Guido an und meinte: «Ich hab sein Bett schon gemacht! Jetzt brauch ich ihn nur noch zuzudecken.»

Paul sah mich mißtrauisch und etwas erschrocken an:

«Ja, sag mal! Du wirst ihn doch nicht ...»

«Doch, ich werde ihn umlegen. Besonders wegen dem, was er mit Sarah gemacht hat. Aber du hast mit der Sache nichts zu tun. Ich will nicht, daß du irgendwelche Schwierigkeiten wegen einem Mord kriegst. Wir brauchen dich nicht. Guido und ich können alles erledigen.»

«Aber ich kann dir gern helfen, ihn zu schnappen. Danach ziehe ich mich zurück ...»

«Gut, okay, Junge, wenn du darauf bestehst. Das hilft uns natürlich.»

Gegen Mitternacht ging die Jagd los. Es war lächerlich einfach. Ahmed war tatsächlich in der angegebenen Bar. Guido schlich sich hinein und entdeckte ihn an Hand meiner Beschreibung. Da er auch noch ein Pflaster im Gesicht hatte, konnte es gar keinen Zweifel geben. Guido trank etwas und kam dann wieder zu uns raus.

«Ja, er ist da und redet mit einem Typ, der der Wirt sein könnte. Ich glaube, er ist nicht sehr mißtrauisch, denn er hat nur mal kurz hochgeblickt, als ich reingekommen bin. Was machen wir, wenn sie zusammen rauskommen?»

«Dann schleichen wir uns hinterher. Ich will Ahmed allein und lebendig. Die anderen sind mir egal. Ich will unbedingt, daß er allein ist, wenn wir ihn abfangen.»

Wir brauchten nicht lange zu warten. Ahmed kam allein aus der Bar und schien nicht argwöhnisch. Dachte er vielleicht, mit seinen vierzig Jahren hätte er nichts von so einem kleinen Gauner wie mir zu befürchten, oder war er so rachelüstern, daß er alle Vorsicht vergaß und nicht bedachte, daß der Jäger der Gejagte werden kann? Bevor er in sein Auto stieg, blickte er sich noch einmal kurz um und schien beruhigt, denn er startete in aller Seelenruhe. Ich war so haßerfüllt, daß ich mich stark zurückhalten mußte, sonst wäre ich zu seinem Auto gelaufen und hätte ihm die gesamte Ladung Munition in den Bauch geschossen.

Wir fuhren hinter ihm her. Wir hatten zwei Autos. Ich fuhr mit Paul, Guido fuhr mit Jacky. Wir hatten unser genaues Vorgehen besprochen. Würde er in eine ruhige Seitenstraße abbiegen, dann konnten wir ihn anhalten. Sonst würden wir warten, bis er nach Hause fuhr. Das Auto mit Jacky am Steuer folgte ihm. Ich war ungefähr 30 Meter dahinter. Er fuhr Richtung Place de Clichy, von wo er, nach einigem Hin und Her, in eine kleine Seitenstraße bog. Auf meine Anweisung hin gab Paul ein Scheinwerfersignal an Jacky. Das sollte soviel heißen wie ‹so jetzt treib ihn in die Enge›. Alles weitere spielte sich innerhalb von wenigen Sekunden ab. Jacky überholte Ahmed und versperrte ihm den Weg; Ahmed war so überrascht, daß er nicht auf die Idee kam, sich umzudrehen. Ich sprang aus dem Wagen. Als Ahmed sich schließlich umdrehte, schaute er in die Mündung einer 45er. Ich öffnete die Fahrertür. Er war leichenblaß.

«Hallo, Macker! Sei schön brav, mein Lieber ... wir wollen uns nur unterhalten, also keine falschen Bewegungen.»

Guido hatte mich begleitet und setzte sich jetzt hinten ins Auto. Auch er hielt seine Waffe in der Hand. Ich sagte zu Ahmed:

«Rück mal ein bißchen, ich geh jetzt ans Steuer. Und ein guter Rat: bleib ganz ruhig. Ich möchte die Sache mit dir klären. Wenn du nicht verrückt spielst, gibt es auch keine Probleme.»

Ich wußte, daß es wichtig war, einem Typ, den man in den Fingern hat, nicht zu sagen, daß man gekommen ist, um ihn zu töten, weil er dann alles riskieren würde. Wenn man ihm den Hoffnungsschimmer läßt, daß er sich ja auch getäuscht haben könnte, besänftigt man seinen Selbstverteidigungstrieb. Nur bei einem richtigen Profi ist das anders. Ahmed war keiner.

«Was hast du vor? Ich hab dir nichts getan! Und wo willst du mich hinbringen?» fragte er.

«Das wirst du schon noch sehen. Wir haben die Zügel in der Hand, glaubst du nicht? Mein Freund legt dir Handschellen an und sucht dich nach Waffen ab. Wenn wir angekommen sind, mach ich dich wieder los. Aber wenn du den Helden spielen willst, knalle ich dich ab, und das wäre ganz schön dumm, denn ich will ja bloß die Angelegenheit mit dir bereinigen. Aber vorerst hast du keine Chance, denn ich kenne dich und weiß, daß du einer von der zähen und rachsüchtigen Sorte bist.»

Ich mußte über meine Bemerkung selbst lachen, denn bezüglich der Rache, da kannte ich mich aus. Das würde er bald merken. Er ließ alles mit sich geschehen. Glaubte er mir? Oder war er so feige, daß er ins Schlachthaus ging, ohne sich zu wehren? Ahmed hatte sich vornüber gebeugt. Guido hatte ihm die Handschellen angelegt und ihm die 7.65er abgenommen, die er am Gürtel trug. Die Waffe war noch nicht einmal entsichert; diese Nachlässigkeit machte mir klar, daß ich es mit einem kleinen Schurken zu tun hatte, der gerade nur in der Lage war, eine Frau zusammenzuschlagen und sie zu zwingen, ihm ihr Geld zu geben.

Alles war so schnell gegangen. Meine Freunde in unseren Autos gaben mir durch Zeichen zu verstehen, daß alles ruhig war. Niemand hatte was mitbekommen. Obwohl das auch nicht weiter schlimm gewesen wäre, denn wir hatten falsche Nummernschilder. Wir fuhren in Richtung Autobahn, ich zwischen den beiden anderen Autos. Im Tank war genug Benzin für die 100 Kilometer bis zum Landhaus. Ahmed begann, sich Sorgen zu machen. Ich redete beruhigend auf ihn ein:

«Hör mal, gestern, das war nicht richtig von mir. Aber ich habe Sarah gern, und ich möchte sie dir abkaufen, damit sie frei ist. Jetzt fahren wir zu Freunden. Wenn es dir recht ist, vermitteln die das Geschäft zwischen uns.»

«Ja, aber warum läßt du mich festgebunden?»

«Das hab ich dir gesagt, ich will kein Risiko eingehen.»

Innerlich mußte ich lachen. War er wirklich so naiv zu glauben, dies sei eine Reise mit Rückfahrkarte? Ich wollte einfach sehen, wie weit er gehen würde. Es hatte ihm noch nicht die Sprache verschlagen, denn er fragte: «Wieviel willst du denn bezahlen?»

«Das hängt von dir ab», sagte ich.

«Ja, weißt du, Sarah bringt viel ein; ich möchte mich nicht gerade gerne von ihr trennen, sie verdient viel, und wir haben uns gern.»

Ich hatte wahnsinnige Lust, ihm meine Faust ins Gesicht zu jagen. Aber ich wußte, daß ich in aller Ruhe abwarten mußte.

«Also, du setzt den Preis fest, Ahmed. Ich vertraue dir.»

«Ja, wenn du bereit bist zu zahlen, dann können wir miteinander reden. Ist es noch weit bis zu deinen Freunden?»

«Insgesamt ungefähr 100 Kilometer. Aber reg dich nicht auf, guck mal, wie ruhig es hier ist; wenn ich dich wirklich hätte umlegen wollen, dann wäre das ja wohl hier am besten gewesen. Also ruhig Blut, mein Junge. Sobald du dein Geld hast, fährst du mit deinem Wagen zurück, und die ganze Geschichte ist vergessen.»

Er schien mir zu glauben.

«Sag mal, wie geht's eigentlich Sarah?»

Ich merkte, daß er zögerte.

«Gut, gut, es geht ihr gut.»

Ich dachte bei mir: alter Dreckshaufen, dir wird es auch bald gutgehen, wart nur noch ein Weilchen! Guido zündete ihm eine Zigarette an und gab sie ihm. Jetzt war ich sicher, daß er die Geschichte glaubte.

Nach knapp einer Stunde kamen wir an. Das Haus lag so einsam, daß die Nachbarn wohl nichts merken konnten. Wir öffneten das Tor, alle drei Autos fuhren zum Haus. Jetzt bekam Ahmed plötzlich einen anderen Gesichtsausdruck. Er hatte natürlich gemerkt, daß in dem Haus überhaupt kein Licht brannte. Angsterfüllt sagte er:

«Ja, aber hier ist ja niemand ...»

«Doch, Dummerchen, wir sind hier. Also los, steig aus. Wir müssen uns mal ernsthaft über die Kleine unterhalten und natürlich über das, was du mit ihr angestellt hast.»

Ihm stand die Angst im Gesicht geschrieben.

Guido zog seine Waffe und warf Ahmed brutal aus dem Auto. Wir gingen ins Haus. Ich bot meinen Freunden einen Drink an. Dann machten Paul und Jacky sich auf den Rückweg. Sie wollten das Weitere nicht miterleben; darüber hatten wir uns geeinigt. Ein Auto ließen sie da. Jacky nahm das Auto von Ahmed und fuhr es in einen Tümpel, den ich ihm beschrieben hatte und den er kannte, weil er dort schon mit mir gefischt hatte. Nach getaner Arbeit würde er mit Paul in dem anderen Auto zurückfahren.

Sobald sie weg waren, schloß ich alle Türen und machte das Radio an. Ich grinste furchterregend, als ich das verzerrte Gesicht von Ahmed vor mir sah. Er würde sterben, aber vorher würde er sich vor Schmerz krümmen. Ich fixierte ihn und sagte:

«Ich habe Sarah gesehen. Das wirst du büßen, du Scheißkerl.»

Er wollte mir antworten, aber da traf ihn schon meine Faust mitten ins Gesicht. Er schwankte und brach am Boden zusammen. Guido holte eine Kordel und einen Knüppel aus der Tasche. Er schlug ihm damit auf den Kopf, aber erst beim drittenmal verlor Ahmed das Bewußtsein. Über den Kachelboden floß Blut.

«Es wird dreckig», meinte er.

«Macht nichts, wir putzen hinterher», sagte ich mit einem boshaften Grinsen auf den Lippen. «So, jetzt ziehen wir ihn aus!»

Als Ahmed wieder erwachte, war er ganz nackt. Kleider, Papiere, Schmuck, alles lag auf dem Tisch. Statt der Handschellen war er jetzt mit der Kordel festgebunden. Seine Füße waren gefesselt. Die Kälte des Kachelbodens stieg in ihm hoch. Er war nicht wiederzuerkennen. Panische Angst erfüllte ihn. Dieser Schweinehund hatte Sarah bis zur Unkenntlichkeit geschlagen und jetzt sah er aus wie ein Häufchen Elend.

Ich hatte ihn eigentlich foltern wollen, jetzt hatte ich nur noch Lust, ihn umzulegen und mich schlafen zu legen.

Guido zwang ihn aufzustehen und betrachtete ihn genüßlich.

«Ja, du siehst ja süß aus!»

Er knüppelte ihn zwischen die Rippen.

Ahmed schrie auf vor Schmerzen.

«Mit Frauen geht's dir wohl besser, was, Dreckskerl?»

Ahmed antwortete nicht. Er stöhnte wie ein verwundetes Tier. Guido sagte zu mir:

«Wenn du dich amüsieren willst, dann los.»

Ich sah Ahmed an, dann Guido.

«Also los, gehen wir, was sollen wir noch viel Zeit mit diesem Kerl verlieren. Bind ihm die Füße los, und dann ab die Post.»

Wir zwangen ihn, den Hang zum Wald hinaufzugehen. Ich hatte eine Taschenlampe und meinen italienischen Dolch dabei, den ich während des ganzen Algerien-Krieges nie abgelegt hatte. Die Klinge war 15 Zentimeter lang, an den beiden Enden war er scharf wie ein Rasiermesser und konnte einen schon das Fürchten lehren. Guido hatte Ahmed geknebelt und nahm eine Schaufel. Ahmed reagierte überhaupt nicht, er war wie ein Schaf, das ins Schlachthaus gebracht wird; er wußte, daß an seinem Schicksal nichts mehr zu ändern war.

Wir brauchten zehn Minuten, um zu dem Loch zu kommen, das ich gebuddelt hatte. Guido fragte mich ständig:

«Bist du sicher, daß es hier lang geht?»

Ich kannte jede Ecke und jeden Winkel in diesem Wald und hätte sogar mit verbundenen Augen noch den Weg gefunden. Als wir am Ziel ankamen, schlug ich Ahmed ganz plötzlich in den Magen. Er fiel dumpf auf den mit Blättern bedeckten Boden. Mit dem Knebel im Mund stöhnte er vor sich hin.

Guido machte das Loch frei und band Ahmeds Füße wieder zusammen. Meine eiskalte Entschlossenheit entsprach dem Haß, den ich gegenüber diesem Hund, der Sarah übel zugerichtet hatte, empfand. Ich zwang ihn, wieder aufzustehen. Dann deutete ich mit der Taschenlampe auf das Loch:

«Das ist dein Grab, Mistkerl. Da hört die Reise auf. Aber vorher hör noch mal gut zu. Sarah war es, die mir Tips gegeben hat, dich aufzuspüren. Ja, stell dir vor, ich habe Sarah gesehen, deshalb werde ich dich mit dem Messer umlegen. Eine Kugel in den Kopf, das ist nur etwas für richtige Männer. Du wirst spüren, wie der Tod langsam in dich eindringt. Ich will, daß du fühlst, wie der Tod kommt. Du bist doch nur ein feiger Bastard.»

Er grummelte etwas, denn mit dem Knebel konnte er nicht sprechen. Ich schlug ihn mit der Faust. Er brach zu meinen Füßen zusammen. Ich hielt Guido die Lampe hin.

«Leuchte mal ein bißchen in seine Scheißaraberfresse; ich möchte sehen, wie er stirbt.»

Dann zog ich das Stilett und löste die Sicherung. Die Schneide klang wie das Fallbeil der Guillotine. Das war genau der Preis, den ich vielleicht auch eines Tages zu bezahlen hätte. Aber das war mir total egal. Das einzige, was jetzt zählte, war Sarah und meine Rache. Guido leuchtete Ahmed ins Gesicht. Die Stahlklinge drang unterhalb seines linken Knies in ihn ein. Er zuckte zusammen und schrie, trotz seines Knebels.

«Das war für Sarah», sagte ich ihm.

Guido setzte ihm seinen Fuß an den Hals, so daß er sich nicht mehr bewegen konnte. Meine Klinge berührte seinen Bauch in der Höhe der Leber. Ich führte sie langsam ein. Er zuckte so stark zusammen, daß die Klinge ganz eindrang. Er war noch nicht tot, denn er wand sich vor Schmerzen. Guido machte mir ein Zeichen.

«Mach mit dem Dreckskerl Schluß, Jacques, es reicht.»

Ich empfand überhaupt nichts, weder Skrupel noch Mitleid. Ich setzte die Klinge noch einmal an und stieß sie in den Körper. Er machte noch ein paar reflexartige Bewegungen.

Entweder war er tot oder im Koma; es war mir scheißegal! Ich stand auf. Guido leuchtete mir mit der Taschenlampe ins Gesicht und sagte:

«Ich hab selten so jemanden wie dich gesehen, mein Freund, und dabei hab ich schon 'ne Menge Leute erlebt!»

Ich schob Ahmeds Körper in das Loch.

«Adieu, Schweinehund», das waren meine letzten Worte: sein Grabgesang.

Wir schütteten das Loch genau in der Reihenfolge der Erdschichten, die wir in den Säcken gesammelt hatten, wieder zu. Anschließend glätteten wir die Oberfläche und verstreuten Laub und Zweige aus dem letzten Sack auf dem Erdboden, so daß absolut keine Spur übrigblieb. Dann sammelten wir unser Material zusammen und konnten uns wieder auf den Weg machen.

«Los geht's, alter Bursche. Die Sachen können wir morgen noch verschwinden lassen. Jetzt unter die Dusche, dann wird noch geputzt und ab ins Bett. Morgen früh komme ich noch mal hier vorbei, um nachzuschauen, ob alles in Ordnung ist. Wir schlafen wie geplant im Haus.»

Dann drehte ich mich noch einmal zur Stelle um, wo Ahmed unter der Erde lag, spuckte einmal in die Richtung und meinte:

«Die Strafe ist bezahlt, Dreckskerl.»

Als wir wieder im Haus waren, untersuchten wir unsere Kleidung und Schuhe und entfernten alle verdächtigen Spuren. Die Klamotten und Papiere von Ahmed legte ich auf einen Haufen; ich wollte alles zusammen mit den Stoffsäcken am nächsten Morgen verbrennen und dann die Asche, mein Messer, den Schmuck von Ahmed und seine Wohnungsschlüssel in den Fluß werfen.

Am nächsten Morgen ging ich noch mal in den Wald; alles war in Ordnung. Nur die kleinen Zweige, die ich gesammelt hatte, um das Loch zu verdecken, lagen zu dicht beieinander; ich verstreute sie ein bißchen mehr. Die Natur kam wieder zu ihrem Recht.

Unter der Erde verweste der Schuft. In den Bäumen zwitscherten die Vögel voller Lebensfreude. Die Grausamkeiten, zu denen nur Menschen fähig sein können, waren ihnen gleichgültig. Dem Mann auf der Straße mochte mein Verbrechen schrecklich vorkommen, aber es gehörte zu den Gesetzen des Milieus. Für wirkliche Männer, eine Kugel durch den Kopf. Für solche Dreckskerle wie Ahmed ... ein dreckiger Tod. Ich empfand weder Reue noch Genugtuung. Aber ich hatte in mir den kaltblütigen Mörder entdeckt, der seinen Feinden gegenüber kein Mitleid verspürt. Und dabei achtete ich das Leben, aber eben nur das der Menschen, die außerhalb von meinem Milieu lebten. Der Mann auf der Straße hatte nichts von mir zu befürchten; wir gehörten zwei ganz verschiedenen Welten an. Seine Gesetze waren nicht meine und setzten mich deshalb überhaupt nicht unter Druck. Ich hatte weder Angst vorm Gefängnis noch vor der Todesstrafe.

Als wir mit allem fertig waren, fuhren wir nach Paris zurück. Ein paar Stunden später rief ich Sarah an.

«Hör zu, Kleine. Alles erledigt, du bist frei. Du kennst mich nicht, höchstens als einen Kunden. Erhol dich noch ein bißchen und wechsel mal das Klima. Ich glaub nicht, daß wir uns wiedersehen. Also viel Glück, und vergiß alles.»

«Aber Jacques ... ich möchte ...»

«Nein, Sarah, es geht nicht anders! Einen dicken Abschiedskuß!»

Sie kam nicht dazu zu antworten, denn ich hatte schon wieder aufgelegt. Sarah wurde nach Bordeaux gebracht. Ich habe sie nie mehr wiedergesehen. Sie war das Motiv für meinen ersten Mord. Vielleicht hatte ich dieses Motiv ergriffen, um mir die Rückkehr ins bürgerliche Leben selbst unmöglich zu machen.

Die Zeit verging; ich machte weiter, als ob nichts geschehen wäre. Ahmeds Verschwinden hatte seine wahren und seine angeblichen Freunde nicht gerade ermutigt. Man ließ mich wissen, daß man die Angelegenheit als erledigt betrachte. So begriff ich, daß in diesem Milieu nur das Gesetz der Gewalt gilt. Mein ganzes Leben lang habe ich mich dementsprechend verhalten und auf diese Weise schwierige Situationen gemeistert.

Die Urlaubszeit rückte näher, und wir beschlossen, nach Spanien zu fahren, wo 1960 der Tourismus noch ganz in den Anfängen steckte. Touristen, die die Taschen voller Geld hatten, waren dort Könige. Außerdem hatten wir dort garantiert Sonne. Wir waren kaum an der Costa Brava angekommen, da feierten wir auch schon ein Fest nach dem anderen. Mädchen gab es dort unten genug, und wir versuchten, so viel es eben ging, mit ihnen zu tun zu haben.

Aber die spanischen Frauen waren unnahbar und von einer Kette von Vorurteilen gefesselt.

Eines Abends gingen wir alle drei in eine neue Bar. Das Orchester spielte Jazz und Rock and Roll. Wir hatten bereits einiges getrunken. Ich tanzte sehr gut, und so forderte ich ganz selbstsicher eine junge Spanierin auf. Ihre typisch spanische Schönheit war mir schon aufgefallen, als wir in die Bar gekommen waren. Sie hatte ganz dunkle Augen, und mit ihren langen Haaren, die bis zu den Hüften reichten, wirkte sie sehr sinnlich. Als ich sie zum Tanzen aufforderte, lehnte sie ab. Konnte sie vielleicht nicht Rock tanzen oder war sie in Begleitung? Ich war nicht sauer, sondern nahm eine andere Tänzerin. Dann gab es einen Rockwettbewerb. Die Atmosphäre war angeheizt, alle klatschten zum Rhythmus in die Hände. Ich suchte mir eine gute Partnerin. An der Bar sah ich eine hübsche Frau, die so aussah, als könne sie tanzen. Als ich auf sie zuging, stellte ich fest, daß sie verheiratet war. Ich bat ihren Ehemann um Erlaubnis, mit ihr am Wettbewerb teilzunehmen und nahm sie mit auf die Tanzfläche.

Sie tanzte ausgezeichnet und ließ sich hervorragend führen. Sie kannte den Rockrhythmus ganz genau. Wir kamen ohne jede Schwierigkeit ins Finale. Ich war wie entfesselt. Unser Gegner war ein Paar aus Deutschland. Da ich schließlich die Keller von Saint-Germain-des-Prés oft besucht hatte, war ich nun ganz siegessicher, und tatsächlich wurden wir unter allgemeinem Beifall zu Siegern gekürt. Ich lud das Paar und die Deutschen zu uns an den Tisch. Wir tranken den Champagner, den ich gewonnen hatte. Ich bestellte noch zwei Flaschen. In dem Augenblick fiel mein Blick auf die schöne Spanierin. Sie lächelte zurück. Natürlich, vorhin war ich noch anonym gewesen. Jetzt hatte ich gewonnen, sie war wie alle Frauen. Ich hatte keine Lust, noch eine Ablehnung zu bekommen, und so winkte ich ihr nur von weitem, um ihr vorzuschlagen, einen Slow mit mir zu tanzen.

Sie erhob sich. Ich mußte vor Genugtuung grinsen, ging zu ihr hin und nahm ihre Hand, um sie auf die Tanzfläche zu führen. Schon diese flüchtige Bewegung verwirrte mich. Ich sprach nur ein Wort Spanisch und sie kein einziges Wort Französisch. Nichts sagen, sondern die Körper sprechen lassen. Sie verhielt sich sehr aufreizend und blieb doch in der Defensive. Wir verbrachten den ganzen Abend eng umschlungen auf der Tanzfläche. Aber jedesmal, wenn ich meine Lippen auf ihre legen wollte, schüttelte sie lachend mit einem ‹no, no, no› den Kopf. Alles was ich von ihr verstand, war ihr Vorname: Solédad.

Ich konnte es kaum noch aushalten, ihren festen Körper unter meinen Händen zu spüren, und so fragte ich sie, allerdings ohne große Hoffnung, ob wir nicht ein bißchen frische Luft schnappen wollten. Ich war ganz erstaunt, als sie einverstanden war.

Mein Auto stand vor der Tür. Als sei es das Normalste der Welt, stieg sie ein. Ich begann wieder zu hoffen. Also war sie doch nicht so unnahbar, wie sie bisher vorgegeben hatte. Meine Freunde und ich zelteten wild und hatten ein riesiges Zelt dabei mit allem möglichen Komfort. Wir hatten das Zelt in einem Pinienwald ganz in der Nähe vom Strand aufgebaut. Ich fuhr mit Solédad bis an den Waldrand und hielt dort an. Ich lächelte ihr zu, nahm sie bei der Hand und sagte: «Komm!» Sie stotterte irgend etwas, was ich nicht verstand; um sie zum Schweigen zu bringen, küßte ich sie. Leidenschaftlich erwiderte sie meinen Kuß ... Ich hatte sicher ihren Satz richtig beantwortet.

Sie guckte sich unseren Lagerplatz genau an und war ganz erstaunt, wie komfortabel alles mitten in der Natur sein konnte. Der Blick war phantastisch, wir sahen aufs Meer hinaus und berauschten uns am Duft der Pinien. Die Natur war ganz auf meiner Seite. Ich legte eine Platte auf und bot ihr etwas zu trinken an. Ich nahm sie in die Arme, sie schmiegte sich an mich. Wir küßten uns und tanzten eng umschlungen. Unser Tanz war wie eine Einladung zur Liebe. Es mußte ihr einfach klar sein, wie sehr sie mich erregte. Ich zog sie in das Zelt, in dem wir schliefen. Sie wich erst ein wenig zurück, kam dann aber doch mit. Weil ich genau wußte, daß sie mich nicht verstand, machte ich mir einen Scherz daraus, ihr alle möglichen Dummheiten zu sagen und dabei so freundlich zu lächeln wie schon die ganze Zeit über. Als sie neben mir lag, ließ sie sich von mir streicheln. Aber kaum berührte ich mit der Hand das Gummiband von ihrem Slip, da kam auch schon das berühmte ‹no, no›, auf das ich einfach ‹si, si, meine Schöne› erwiderte. Ich verstand sie einfach nicht mehr. Erst kam sie mit mir mit, und dann wollte sie nicht. Aber als ich sie küßte, war sie ganz zärtlich. Ich brauchte sehr lange, bis ich sie rumgekriegt hatte. Ich streichelte sie so lange, bis ihre Erregung immer stärker wurde, sie den Höhepunkt erreichte und sich hingab. Die Decken, auf denen wir lagen, waren durcheinander auf dem Boden verstreut. In dem Augenblick, als ich in sie eindrang, stöhnte sie. Ich fühlte, daß sie ganz eng war. Sie war Jungfrau! Ganz vorsichtig schlief ich mit ihr. Ich wußte zu gut, was ‹das erste Mal› für ein Mädchen bedeuten kann und benahm mich deshalb nicht wie ein alter Haudegen. Und außerdem war allein der Hautkontakt mit ihr schon ein wahrer Liebesgenuß, wie er in einem Gedicht nicht schöner beschrieben werden kann. Vollkommen erschöpft und erschlafft legte ich mich auf den Rücken. Sie schmiegte sich an mich und küßte mich, als wolle sie verhindern, daß ich redete. Ich spürte, daß ihr Tränen übers Gesicht liefen. Zärtlich nahm ich ihren Kopf in meine Hände und küßte ihre Wimpern.

Als sie mich ansah, verlor ich ganz die Fassung. Mir entrutschte ein leises ‹Dankeschön›. Es kam mir wirklich aus der Seele. Sie verstand es, denn sie lächelte und sagte: *«Te quiero franchouti.»*

Ich deckte uns mit mehreren Decken zu, um die Wärme, die uns verband, zu erhalten. Daß dieses Mädchen sich mir hingegeben hatte, verwirrte mich. Am Anfang hatte ich sie für eines dieser leichten Mädchen gehalten, die bei jeder erstbesten Gelegenheit die Beine breit machen. Das war ich in meinem Milieu gewöhnt. Aber jetzt verstand ich gar nichts mehr, denn das Mädchen, das da an meiner Seite lag, war mindestens 23 Jahre, und sicher waren schon eine Menge Männer hinter ihr hergelaufen und hatten mit ihr schlafen wollen. Warum gerade ich und warum so schnell? Ich war nicht schöner oder häßlicher als andere. Das ist das Unergründliche an den Frauen: sie verweigern sich lange Zeit einem Mann, den sie gut kennen, und geben sich dann einem Unbekannten hin, den sie vier Stunden vorher getroffen haben. Auf jeden Fall war ich glücklich über das, was sie mir geschenkt hatte. Sie war sehr schön, und ich war stolz, der Erste zu sein!

Gelächter weckte uns auf. Meine Freunde kamen total besoffen zum Schlafplatz zurück. Paul leuchtete uns mit der Taschenlampe an.

«O la là! Monsieur hat's mit der kleinen Ausreißerin getrieben! Ich hoffe doch sehr, daß noch ein kleines Plätzchen für die Freunde frei ist, die würden auch gern mal was abkriegen.»

Dann rief er Jean-Pierre.

«He, komm schnell her!»

Er war total besoffen. Ich war wütend, denn meine kleine Spanierin schien sehr erschrocken. Wenn sie irgendein Straßenmädchen gewesen wäre, dann hätte ich sie sicher ohne Gewissensbisse ausgeliehen, damit er auch was davon gehabt hätte. Das wäre nicht das erste Mal gewesen, daß wir uns ein Mädchen geteilt hätten. Aber in diesem Fall empfand ich seinen Vorschlag als Beleidigung und sagte:

«Kommt nicht in Frage, mein Lieber, hau ab! Und mach die verdammte Lampe aus. Ich bring sie nach Hause.»

Er war sauer und meinte:

«So ist das also, ist jetzt das treue Eheleben dran, oder was!»

Er griff nach den Decken, als wollte er sie wegnehmen, um Solédad nackt zu sehen. Brutal schrie ich ihn an:

«Läßt du das wohl bleiben!»

Als er wieder an den Decken zog, schlug ich ihn mit der Faust ins Gesicht. Er fiel hin, aus seinem Mund tropfte Blut. Erstaunt sah er mich an. Sofort war er nüchtern.

«Bist du denn total übergeschnappt?»

Es tat mir leid, denn schließlich waren wir Freunde. Ich gab ihm die Hand, um ihm beim Aufstehen zu helfen und erklärte:

«Sie war noch Jungfrau, deshalb!»

«Scheiße. Das konnte ich ja nicht wissen! Außerdem ist das kein Grund, mich zu schlagen.»

Dann lachte er plötzlich laut auf und zeigte auf mich.

«He, guck doch bloß mal ... du machst ja in Freistil und außerdem, ich mein, ich will dich ja nicht beleidigen, aber du hast 'nen Schlaffen. Außerdem drehst du Madame Exjungfrau den Rücken zu ... das ist ja auch nicht gerade die feine Art.»

Es stimmte. Ich war splitternackt. Ich drehte mich zu Solédad: sie lächelte. Wir lachten alle drei los. In dem Moment tauchte Jacky auf. Er konnte sich kaum auf den Beinen halten und sah uns aus glasigen Augen an. Mit schwankender Stimme sagte er:

«Was ist denn hier los? Ich hab den Weg nicht gefunden und hab mich einige Meter weiter hinten hingeknallt.»

Als er Solédad sah, winkte er ihr zu:

«Tag, du da!»

Paul meinte feierlich ironisch:

«Achtung! Abgegrenztes Jagdrevier! Dieser Scheißkerl hat mir eine runtergeknallt, nur weil ich einen Blick auf seine süße Taube riskiert habe. Also, sag ihm bloß nicht, daß du sie bumsen willst, wenn du deine Zähne behalten willst.»

Jacky antwortete mit schwerfälliger Stimme:

«Ich bin sowieso voll ... ich krieg keinen mehr hoch. Du kannst dein Mädchen behalten.»

Während ich mir eine Unterhose griff, zog sich Solédad wieder an. Ich nahm meine Freunde etwas beiseite. Wir tranken Portwein aus der Flasche, als Solédad zu uns kam. Ich gab ihr ein Glas. Ich wußte, daß sie nicht verstand, aber ich sagte trotzdem:

«Weißt du, meine Freunde sind in Ordnung ... sei ihnen bitte nicht böse.»

Sie setzte sich zu mir und gab mir zu verstehen, daß sie sehr wohl verstanden hatte. Sie setzte ihr schönstes Lächeln auf. Paul kam nicht umhin zu sagen:

«Guckt euch das bloß an! Da hat doch tatsächlich der häßlichste von uns dreien die schönste Frau aufgerissen ... es gibt keine Gerechtigkeit mehr auf der Welt. Morgen gehe ich ins Kloster.»

Dann lachte er los und tröstete sich mit seiner Flasche Porto.

Es wurde Tag, und ich brachte sie nach Hause. Sie erklärte mir, daß sie als Serviererin in einem Restaurant arbeitete. Jedenfalls verstand ich das so, denn sie zeigte immer wieder auf das Schild des Restaurants, wo ich sie absetzte, und gestikulierte dabei wild in der Gegend herum. Uns war klar, daß wir uns wiedersehen wollten.

Den Rest der Ferien war sie mir eine zärtliche Liebhaberin, für alle Liebesspiele begabt, dabei jedoch extrem besitzergreifend und eifersüchtig. Sie war ein sehr nettes Mädchen, immer fröhlich und guter Laune. Sie sang mir in ihrer Sprache Liebeslieder vor, und ich fing an, mich zu verlieben. Auch meine Freunde akzeptierten sie. Ich machte große Fortschritte in Spanisch und konnte mich schon bald mit ihr unterhalten. Der Tag unserer Abfahrt war dramatisch für sie; ich konnte ihr nicht beibringen, daß ich in mein Land zurück mußte.

Ich wollte sie nicht mitnehmen. Dafür war mir meine Freiheit zu wichtig. Ich gab ihr meine Adresse und sagte ihr, daß diese Trennung ein guter Test sei, um unsere Gefühle unter Beweis zu stellen. Ich merkte nicht, daß ich ihr das Herz brach. Sie hatte sich hingegeben, und ich fuhr ab und hinterließ nur eine schwache Hoffnung auf ein Wiedersehen.

Als unsere beiden Autos sich in Bewegung setzten, weinte sie. Ich hatte eine Wahnsinnslust, ihr einfach zu sagen ‹komm mit›, aber ich hatte ihr außer einem Leben am Rand der Gesellschaft, das sie sicher nicht akzeptiert hätte, nichts zu bieten. Sie blieb nur eine kleine

Silhouette in meinem Rückspiegel. Dann verschwand sie in einer Staubwolke.

In Paris nahmen wir unsere Aktivitäten wieder auf. Als wir gerade eine Wohnung in einem der guten Viertel von Paris ausräumten, standen uns plötzlich die Bewohner gegenüber. Gerade hatten wir uns davonmachen wollen. Statt durchzudrehen, sagte ich ganz cool:

«Sind Sie der Eigentümer? Ich hoffe, der Hausmeister hat Ihnen Bescheid gesagt?»

«Nein … was ist denn … wer sind Sie denn?»

«Inspektor Moreau. Bei Ihnen ist eingebrochen worden, kommen Sie und sehen Sie sich die Bescherung mal an!»

Dann wandte ich mich an Paul:

«Gehen Sie doch bitte zum Hausmeister, ich möchte ihn sofort verhören, und benachrichtigen Sie das Polizeipräsidium.»

Paul konnte nur mit Mühe sein Lachen zurückhalten und verzog sich in Richtung Treppe. Ich ließ den Bewohnern den Vortritt.

«Nach Ihnen, Messieurs, Dames. Fassen Sie bitte nichts an, wir müssen noch die Fingerabdrücke aufnehmen.» Ich folgte ihnen in die Wohnung. Angesichts des wahnsinnigen, unbeschreiblichen Durcheinanders seufzte die Frau:

«Ach du lieber Gott!»

Ich sagte ihr:

«Ja, das ist noch nicht alles! Gehen Sie mal in Ihr Schlafzimmer und sehen Sie sich dort die Bescherung an!»

Das machten die beiden denn auch. Ich nutzte die Gelegenheit aus, mich ganz schnell zu verziehen. Ich war schon im Erdgeschoß, als ich eine Stimme von oben hörte:

«Herr Inspektor, Herr Inspektor!»

Ich hob den Kopf und rief hinauf:

«Ich komme sofort wieder. Ich hole nur noch gerade etwas, berühren Sie bitte nichts.»

Dann verschwand ich auf die Straße, wo Paul mich schon erwartete. Die Tasche mit der Ausbeute hatte er in der Hand. Wir schüttelten uns vor Lachen.

«Die Dummköpfe», meinte ich, «die können lange warten!»

An einem der nächsten Tage bekam ich einen langen Brief von meiner Spanierin. Es war schon der fünfte seit meiner Abfahrt. Sie flehte mich an, ihr zu erlauben, nach Paris zu kommen. Sie fehlte mir auch, und ich konnte nicht verleugnen, daß ich in sie verliebt war. Also gab ich ihr eine positive Antwort, und zehn Tage drauf nahm ich sie am Bahnhof in Empfang. Sie kam mir noch genauso schön vor, als sie sich mir in die Arme warf. Wie ein Ertrinkender hing ich an ihren Lippen, sie war meine Liebesoase, sie war wie klares Wasser für mich, der ich nur im Trüben schwamm. Keine Frau hatte mich bisher so angeschaut wie sie. Sie strahlte Helligkeit aus, wie ich sie nicht kannte, weil ich immer im Dunkeln lebte.

In meiner Wohnung schaute sie sich alles genau an und war erstaunt, wie gut ich eingerichtet war. Sie nahm ein Bad und kam in meinem roten Morgenmantel wieder. Beim Anblick ihrer matten Haut bekam ich richtige Vergewaltigungsgelüste. Meine Hände mußten sie einfach berühren und erforschen. Wir verschlangen das Essen, das ich vorbereitet hatte. Dann gingen wir in mein Zimmer, und ich sagte ihr nicht ohne Ironie, daß sie sich nun ausruhen könnte. Ihr heißer Körper riß mich hin. Meine Lippen entdeckten ihre Haut von neuem. Ich liebte ihren Geruch, er war wie kein anderer. Wir erlebten die Liebe, wie man sie nicht vollkommener erleben kann. Sie gab sich voll Leidenschaft hin. Weil ich der Erste gewesen war, war es mir, als forme ich ihren Körper und als wandle ich meine Lust in ihre um. Als unsere Begierde befriedigt war, sah sie mich traurig an. Das Sprechen schien ihr schwer zu fallen.

«Ja, meine Schöne, was hast du denn?»

Schüchtern wie ein Kind, das etwas falsch gemacht hat, antwortete sie mir in ihrer Sprache, die ich mittlerweile perfekt verstand.

«Jacques, ich bin krank, du hast mich in Tossa d'el Mar krank gemacht.»

Ich hatte wohl doch irgend etwas falsch übersetzt, denn ich hatte doch keine Geschlechtskrankheit.

«Krank? Du machst dich lustig, oder was?»

«Nein, Jacques, ich bin krank ... ich erwarte ein Kind von dir.»

«Du willst sagen, du bist schwanger?»

Ganz ängstlich nickte sie mit dem Kopf und versuchte, in meinem Blick meine Reaktion zu erkennen.

Sie verstand nicht, wieso ich sie küßte. Diese Neuigkeit änderte alles. Ich liebte sie um des Kindes willen, das sie mir geben würde. Meine Freude überraschte sie.

«Bist du nicht böse?»

«Böse! Machst du Witze? Ich bin so glücklich, ich bin überglücklich ... Sag mal, du hättest es mir doch auch schreiben können! Stell dir vor, wenn ich dir nicht erlaubt hätte zu kommen, was hättest du denn dann gemacht?»

«Dann hätte ich es allein großgezogen. Was glaubst du, was ich für eine Angst hatte, daß du mich abweisen oder mir nicht glauben würdest!»

«Das ist mein Kind, in diesem Fall bin ich sicher!»

«Warum sagst du das?»

«Nichts, nichts, das ist eine andere Geschichte, das erkläre ich dir später.»

Wir beschlossen zusammen zu leben. Sie war enttäuscht, als ich ihr sagte, daß ich sie jetzt nicht heiraten wollte, da ich geschieden war, und daß wir nicht kirchlich heiraten durften. Das war eine Strafe für sie, denn Kirche und Religion waren in ihrem Land sehr wichtig.

In diesem Augenblick wurde mir klar, daß Solédad nichts über mich wußte. Für sie war ich ein anständiger Mann, und sie ahnte nicht, daß ich vom Klauen lebte. Ich hatte nicht die Absicht, meinen Lebensstil zu ändern. Ich wollte mich frei bewegen können. Als Liebhaber war ich wohl brauchbar, aber als Ehemann eher erbärmlich. Ich war nicht gerade treu, war brutal und sehr unabhängig. Außerdem wußte ich, daß ihre Eifersucht und ihre Rechtschaffenheit ihr den Zugang zu meinem Milieu versperrten. Über meine Aktivitäten wollte ich sie nicht auf dem laufenden halten, obwohl manche Frauen stärker als manche Männer sind, wenn es drauf ankommt. Sie sollte die Mutter meines Kindes sein. Eine wilde Blume kann nicht auf dem Misthaufen meines Milieus gedeihen. Also beschloß ich, ihr vorläufig nichts zu sagen.

So lebten wir einen Monat lang. Meine Freunde hatten sie akzeptiert, aber sie waren sehr zurückhaltend ihr gegenüber. Ich hatte ihr Paris gezeigt. Meine Kontakte schienen ihr nicht zu gefallen, besonders, wenn wir zusammen in eine Bar gingen und meine Freundinnen mich gleich umarmten. Sie machte mir fürchterliche Szenen. So gewöhnte ich mir an, sie nicht mehr mitzunehmen. Ich ging manchmal abends aus und kam erst am frühen Morgen zurück, wobei es auch schon mal vorkam, daß ich zuviel trank.

Ich liebte sie, aber ich wollte auf keinen Fall ihretwegen meine Unabhängigkeit aufgeben. Sie war die Chance überhaupt für mich, aus meinem Milieu herauszukommen, aber das sah ich nicht, oder ich wollte es nicht sehen. Sie begann, mir Fragen bezüglich meiner Arbeit zu stellen, denn meine Arbeitszeiten kamen ihr komisch vor. Meine Waffen waren ihr aufgefallen. Außerdem betrog ich sie ab und zu mit Mädchen, die ich nicht weiter kannte und die keinerlei Bedeutung für mich hatten. Dann bekam ich ständig zu hören: ‹Warum machst du dies, warum das? Wo kommst du her? Hast du wieder so eine Hure getroffen?› Das regte mich auf.

Als ich eines Abends etwas zuviel getrunken hatte, ohrfeigte ich sie. Sie war wie betäubt. In meiner Wut schrie ich in einer Mischung aus Argot und Spanisch.

«Du gehst mir ganz schön auf 'n Geist mit deinen Scheißfragen. Wenn du zu bekloppt bist zu kapieren, dann kapierst du's eben nie. Meinen Kies, den hole ich mir, kapiert … ich bin Dieb von Beruf! Da hast du's! Ich erleichtere die Bourgeoistypen ein bißchen. Ich mag Nutten und Kneipen und scheiß auf das, was du denkst!»

Ich war ekelhaft, aber ich merkte es nicht. Sie schaute mich schmerzerfüllt an. Mit ersterbender Stimme sagte sie:

«O nein, Jacques! Das darf nicht wahr sein. Du bist kein Dieb … Das sagst du nur, um mir weh zu tun!»

Mein Schweigen war Antwort genug.

«Ja, aber was soll ich denn bloß machen? … Und unser Kind, glaubst du, es kann einen Dieb als Vater gebrauchen? Kannst du dir das vorstellen?»

Sie vergrub ihren Kopf in den Händen. Anstatt zärtlich zu sein und sie zu trösten, blieb ich hart:

«Na und, das ist ein Beruf wie jeder andere! Und du gibst schließlich auch mein Geld aus! Deine Kleider gefallen dir schließlich auch ganz gut, und dabei sind sie alle von geklautem Geld gekauft. Alles, was du hier siehst, ist geklaut.»

Ihre Antwort brachte mich vollkommen in Rage:

«Nein, dein Kind ist Resultat der Liebe; du kannst es nicht aus meinem Bauch klauen!»

Meine Wut war mörderisch, aber ich zog sie dann doch an mich und nahm sie in meine Arme.

«Sag das nie wieder, Mädchen. Mein Kind brauche ich nicht zu klauen, es gehört mir.»

Sie weinte an meiner Schulter, wie so oft. Wir hatten noch viele Auseinandersetzungen, aber schließlich merkte sie, daß sie mich nicht ändern konnte und resignierte. Sie wurde langsam rund. Gern legte ich mein Ohr an ihren Bauch, um mein Kind zu hören. Ich hätte mich gern geändert, aber ich war schon zu tief im Verbrechen drin, als daß ich wieder zurück gekonnt hätte, und außerdem gefiel mir die zwielichtige, nächtliche Welt. Ich hatte nicht den Willen, mich zu ändern. Dazu war ich inzwischen zum Spieler geworden, so daß ein großer Teil von meinem schnell verdienten Geld ebenso schnell wieder im Casino verschwand. Das alles war wie eine Droge, von der ich nicht wirklich loskommen wollte.

So riß ich mich selbst immer tiefer hinein, und das Verbrechen wurde für mich das Normalste der Welt. Ich wurde immer abgehärteter und merkte nicht, wie ich mir selbst damit weh tat. Ich wurde ein richtiger Profi, und die Leute in meiner Umgebung behandelten mich auch so, denn sie kannten mich und wußten, daß ich sehr gewalttätig werden konnte, wenn ich meine Wutanfälle hatte. Sogar Mutter Lulu hatte mittlerweile Angst vor mir, seit sie dabei gewesen war, wie ich nach irgendeiner dummen Diskussion einen ihrer Gäste ziemlich übel zugerichtet hatte.

Guido und ich machten einen kleinen Ausflug in die Rue d'Isly. Es gab da bei einem Wirtschaftsberater zwei Geldschränke zu knacken. Am Wochenende sollte die Sache über die Bühne gehen. Die Tür, die dabei geöffnet werden mußte, war in der ersten Etage und hatte unzählige, verschiedene Schlösser. Ein Fenster der Wohnung jedoch lag zum Treppenhaus hin. Man brauchte nur ein bißchen hochzuklettern und die Scheibe, die in keinster Weise gesichert war, zu zerschlagen.

Wir fingen das Unternehmen nach 22 Uhr an, da vorher die Straße noch zu belebt war. Ich kroch durch ein Fenster ins Treppenhaus und kletterte dann hoch zu dem Wohnungsfenster. Zwei harte Schläge gegen die Scheibe, erst mit dem Diamanthammer, dann mit dem Ellbogen, ein Klirren, und schon war der Weg frei. Meine Freunde kamen nach. Im Erdgeschoß hörte man aus der Küche eines Restaurants Geschirrgeklapper. Sie würden also jeden Moment schließen.

Der Schein meiner Lampe erleuchtete ein Zimmer nach dem anderen. Es gab tatsächlich zwei Geldschränke. Einer war von mittlerer Größe, der andere riesig, und ich hatte keine Ahnung, wie wir ihn aufbekommen könnten. Wir beschlossen, erst alle Räume zu durchsuchen und die gesamte Alarmanlage zu überprüfen, ehe wir uns an die Arbeit machten. Paul war entmutigt.

«Hast du den Brocken gesehen! Den kriegen wir nie im Leben auf!»

«Fangen wir doch erst mal mit dem kleinen an. Und dann sehen wir weiter.»

Unser Werkzeug bestand aus einer guten Bohrmaschine, mehreren Bohrern, Meißeln, Hämmern und einem Satz Zangen. Dann hatten wir noch einen kleinen Transistor dabei, um die metallenen Geräusche durch Musik zu übertönen.

Nach dreißig Minuten Arbeit sah alles ganz gut aus, aber dann passierte eine Panne: die Bohrmaschine ratterte noch einmal kurz auf, dann war sie kaputt. Paul sah mich verzweifelt an. Guido blieb ganz ruhig. Er ergriff das Wort:

«Bist du sicher, daß da nichts zu machen ist?»

«Doch, wenn wir eine andere auftreiben können, die genauso stark ist. Ansonsten ist die ganze Geschichte im Eimer; und wenn du bedenkst, was da für ein Geld drin ist … also aufgeben kommt gar nicht in Frage. Ich kenne eine große Eisenwarenhandlung am Boulevard d'Ornano, ganz in meiner Nähe. Paul kommt mit mir mit, wir brechen dort ein, dann kommen wir mit allem, was wir hier brauchen, wieder. Am besten wartest du hier auf uns.»

Mitten in der Nacht zerschlugen wir also die Scheiben der Eisenhandlung, um hineingreifen und die Riegel öffnen zu können. Paul war ziemlich nervös, denn der Krach konnte das ganze Haus aufwecken. Ich bekam die Tür auf und ging ins Geschäft, als sei es das Normalste der Welt.

«Ja, bist du denn ganz verrückt! Wenn du so einen Blödsinn machst, werden wir sofort geschnappt!»

«Halt's Maul und paß lieber auf, was auf dem Boulevard los ist, während ich raushole, was wir brauchen.»

In kurzer Zeit hatte ich drei Bohrmaschinen eingesackt. Dabei nahm ich die Gelegenheit beim Schopf und leerte die Kasse, die nur sehr wenig Geld enthielt. Paul schreckte mich auf.

«Die Bullen kommen!»

Ich rannte zum Schaufenster, um nach draußen zu sehen. Tatsächlich kamen da zwei Bullen auf Motorrädern ganz langsam den Boulevard runter und guckten routinemäßig, was rechts und links der Straße vor sich ging. Ich hoffte inständig, daß ihnen die kaputte Scheibe nicht auffallen würde. Paul sah, daß ich meine 45er in der Hand hatte.

«Ja, aber du bist ja bewaffnet ... ich hatte dir doch gesagt ...»

«Halt die Schnauze, das ist ja wohl jetzt nicht der richtige Moment.»

«Du wirst doch wohl nicht auf sie schießen, oder ...?»

«Bleib ganz ruhig, sie fahren schon vorbei. Du bist ja ganz schön nervös heute abend. So hab ich dich ja noch nie erlebt.»

«Ich kann nichts dafür, aber heute abend hab ich Schiß. Aber ich bin ja trotzdem dabei.»

«Also los, laß uns jetzt abhauen.»

Wir waren schnell zurück. Ich hatte kein Wort mehr gesagt. Paul auch nicht. Als Guido am Fenster Lärm hörte, rief er:

«Seid ihr das?»

Er sah mich und grinste zufrieden.

«Mensch, toll! Das hast du gut hingekriegt.»

«Allerdings!»

Paul beeilte sich zu sagen:

«Wir wären beinahe geschnappt worden ... und außerdem ist Jacques bewaffnet.»

Guido sah ihn an und zog dabei seine 38er Spezial aus dem Gürtel.

«Ich auch! Du glaubst doch nicht im Ernst, daß ich nachts nackt rausgehe. Wir haben dir nichts davon gesagt, weil du uns dann ja doch nur die Strafprozeßordnung vorwärts und rückwärts aufgesagt hättest ... außerdem bin ich zu alt für zwanzig Jahre Knast, und Jacques war ganz meiner Meinung.»

Paul beharrte nicht darauf, denn es war nicht ganz der richtige Ort für so eine Diskussion. Er wechselte das Thema.

«Was anderes! Es ist jetzt schon ziemlich spät, wenn wir jetzt weitermachen, wecken wir womöglich alle Leute auf. Wir müssen bis morgen früh warten. Am besten ruhen wir uns ein bißchen aus. Ich hab hier was zu trinken gefunden, aber das lassen wir besser stehen, man weiß nie, ob es nicht vergiftet ist. So was passiert nämlich manchmal, das ist dann weniger lustig. Also begnügen wir uns lieber mit Wasser.»

Die Nacht war schnell vorbei. Wir hatten uns gemütlich im Salon hingelegt. Die Tür war nicht beschädigt, und so würde niemand etwas merken.

Am Morgen wurden wir von den Geräuschen aus der Küche im Erdgeschoß geweckt.

«Also los», sagte ich.

Wir brauchten eine Stunde, bis der Geldschrank geknackt war. Als ich die Tür schließlich aufmachte, konnte ich mir ein stolzes Grinsen nicht verkneifen. Der Anblick, der sich unseren Augen bot, war nicht schlecht. Da lagen mehrere Bündel Geldscheine, ein Platinbarren und Inhaberpapiere. Und außerdem noch ein Schlüsselbund.

«Wetten, daß das die Schlüssel von dem anderen Schrank sind», sagte ich zu Guido.

Wir gingen in den anderen Raum rüber, und meine Vermutung bestätigte sich. Ganz locker öffnete ich den Panzerschrank mit den passenden Schlüsseln. Wir waren ein bißchen enttäuscht, denn in dem Schrank lagen nur Namensaktien.

Das war natürlich nicht schlecht, aber eben kein Bargeld. Wir taten unsere gesamte Beute und unser Werkzeug in zwei Reisetaschen und verschwanden auf dem selben Weg, auf dem wir gekommen waren. Zu Hause stellten wir fest, daß die Beute ganz beachtlich war: Papiere, Geld und Platin für mehr als 350000 Francs. Guido bemerkte dazu:

«Mit den Papieren sehe ich keine Schwierigkeiten. Ich kenn da jemand Verläßlichen in der Schweiz. Da verlieren wir natürlich einiges, aber es kommt doch noch eine ganze Stange Geld dabei raus.»

Solédad wurde immer runder.

Manchmal machte ich auch allein einen Bruch. Das war dann tagsüber. Ich tat mein Werkzeug immer in ein kleines schwarzes Köfferchen. In dem Koffer hatte ich außerdem einen weißen Kittel, eine Schere, einen Friseurkamm und in einem Umschlag ein Büschel abgeschnittene Haare. Diese Vorsichtsmaßnahme rettete mich tatsächlich eines Tages, als ich um ein Haar geschnappt worden wäre. Ich hatte die Tür wie üblich ohne Schwierigkeiten aufbekommen und durchwühlte gerade die Wohnung, als ich eine Polizeisirene hörte. Sofort rannte ich zum Fenster. Mir blieb fast das Herz stehen. Eine Frau zeigte auf die Wohnung, in der ich war. Polizisten liefen ins Haus. Ich war nicht bewaffnet und konnte unmöglich die Vordertreppe nehmen. Es war eine meiner Vorsichtsmaßnahmen, vor jedem Bruch zu sehen, ob es eine Dienstbotentreppe gab. Ich erreichte sie ohne Schwierigkeiten, konnte aber nicht hinunter. Die einzige Lösung war, bis zum obersten Stockwerk zu laufen und durch eine Dachluke aufs Dach zu steigen. Aber als ich oben war, gab es keine Dachluke, sondern nur eine Tür mit der Aufschrift: ‹WC›; durchs Schlüsselloch sah ich ein kleines Fenster. Ohne zu zögern, brach ich die Tür auf. Ich dachte mir, daß die paar Polizisten sicher zögerten, in die Wohnung einzudringen, weil sie befürchteten, der Einbrecher könnte bewaffnet sein. Sie würden sicher Verstärkung anfordern.

Es gelang mir, durchs Fenster zu krabbeln und mich aufs Dach zu ziehen. Von der Straße hörte ich Lärm und aufgeregte Stimmen, aber hier oben konnte man mich nicht sehen. So schnell wie möglich kletterte ich über mehrere Dächer. Schließlich war ich mindestens drei Gebäude von meinem Ausgangspunkt entfernt. Da entdeckte ich die Dachluke von einem Dienstmädchenzimmer. Durchs Fenster sah ich, daß das Zimmer leer war. Mit dem Ellbogen zerschlug ich die Scheibe, machte das Fenster auf und quetschte mich ins Zimmer. Ich öffnete mein Köfferchen und zog den weißen Kittel über. In die obere Tasche steckte ich Schere und Kamm. Dann machte ich den Briefumschlag auf und verstreute die Haarschnipsel über die Ärmel meines Kittels. Es kam natürlich nicht in Frage, das Werkzeug zu behalten und auch nicht das Köfferchen. Ich schob alles unters Bett und legte auch noch meine Handschuhe dazu. Dann steckte ich mir eine Zigarette an und öffnete die Tür, ohne Fingerabdrücke zu hinterlassen. Ganz ruhig ging ich die Treppe runter. Mein Herz schlug wie wild, aber ich behielt Selbstvertrauen. Meinem Gesicht war nicht abzulesen, daß ich der von der Polizei Verfolgte war. Unten angekommen, sah ich, daß noch Polizeiwagen dazugekommen waren. Eine Menge Menschen schauten nach oben und gaben ihre Kommentare dazu ab. Ich verhielt mich ganz normal und sah auch nach oben. Ich war über 30 Meter von dem Haus, in dem man mich suchte, entfernt. Mir fiel aber gleich auf, daß die Straße an beiden Seiten von Polizisten abgesperrt war und alle Leute, die vorbeigehen wollten, kontrolliert wurden. Ich ging auf die Polizisten zu. Jetzt hieß es ruhig bleiben. Als ich bei ihnen angekommen war, fragte ich ganz harmlos:

«Was ist denn da los? Ist da Feuer ausgebrochen?»

Freundlich war der Polizist nicht gerade. Streng fragte er mich:

«Wohnen Sie hier?»

«Ja, ich bin Friseur in dem Salon da vorn. Meine Kunden warten auf mich.»

Das war einigermaßen dreist. Ich wußte noch nicht einmal, ob es in der Straße einen Friseursalon gab. Er auch nicht. «Sie können weitergehen!»

Das ließ ich mir nicht zweimal sagen. Nach 40 Metern bog ich in eine Seitenstraße. Noch etwas weiter weg, zog ich meinen Kittel aus und machte ein kleines Bündel daraus. Ich nahm ein Taxi und fuhr nach Hause. Den ganzen Weg über mußte ich grinsen. Da hatte ich wirklich Glück gehabt. Als meine Freunde von meinem Abenteuer hörten, meinten sie alle:

«Was sind die Bullen doch bescheuert!»

Ich hingegen dachte mir, daß ich verdammtes Glück gehabt hatte, nicht meine Kaltblütigkeit zu verlieren.

Wir machten eine ganze Reihe mehr oder weniger günstige Geschäfte.

Eines Abends kam Guido. Solédad konnte ihn gut leiden, fragte aber gleich etwas ängstlich, ob er zum Essen bleiben wolle, da sie wieder einmal einen nächtlichen Ausflug befürchtete, was sie gar nicht gerne sah. Guido schien etwas traurig. Müde und erschöpft sagte er: «Ich hab ein ernstes Problem, und ich brauch dich, mein Alter!»

Solédad wußte, daß sie bei unseren Gesprächen nichts zu suchen hatte, also ging sie ins Schlafzimmer. Guido fing an zu erzählen:

«Mein Vetter ist in Italien von einer gegnerischen Bande erledigt worden. Ich muß unbedingt nach Mailand, um die Angelegenheit zu regeln. Die da unten wissen, wer's gemacht hat und werden mir schon weiterhelfen, aber ich brauche einen Chauffeur und vor allem einen Freund.»

«Du weißt, daß ich immer dabei bin, also los, erzähl weiter! Sollen wir im Auto hinfahren?»

«Ja, mein Sohn, das ist das beste, besonders mit dem ganzen Zeug. Man weiß nie, was einem blühen kann. Wir sollen dort unten zwar alles bekommen, was wir brauchen, aber ich sorge lieber ein bißchen vor.»

Ich rief Solédad mit ihrem Kosenamen:

«Solé, pack meinen Koffer, ich verreise für ein paar Tage.»

Sie kam rüber. Mit Tränen in den Augen zeigte sie auf ihren Bauch und sagte traurig:

«Und der da? Zählt der überhaupt nicht für dich? Was soll denn aus ihm werden, wenn du im Gefängnis landest oder abgeknallt wirst? Und ich, bin ich denn überhaupt nichts für dich? Nein, Liebling, ich flehe dich an, fahre nicht weg ... ich habe solche Angst um dich. Ja, ich hab schon verstanden ... na los, schlag mich doch, wenn du willst, aber ich liebe dich und möchte dich nicht verlieren. Denk an uns, wenn du mich wirklich liebst und bleib aus Mitleid hier.»

Guido war aus dem Zimmer gegangen, weil er dem Streit, der sich anbahnte, nicht beiwohnen wollte. Er hatte das Taktgefühl echter Freunde.

Ich war nicht wütend auf Solé, aber ich wollte nicht zugeben, daß sie recht hatte. Ihr Kummer tat mir weh. «Pack bitte jetzt meinen Koffer; und bring mich nicht so weit, daß ich böse werde.»

«Wenn du mich liebst, Liebling, dann fahr nicht fort! Bitte, bitte!»

Ich nahm sie in die Arme und strich ihr übers Haar. «Solé, du bist gut, ich bin schlecht. Ich kann nicht anders, und so wird es mein ganzes Leben lang sein. Für meine Freunde bin ich immer da und jederzeit bereit, mich einzusetzen. Daran kannst du nichts ändern, meine Kleine, und er auch nicht.» Ich streichelte ihr dabei den Bauch. «Ihr beide, ihr seid ein Jahr zu spät gekommen. Bring bitte nicht unsere Liebe und meine Verpflichtungen durcheinander. Also, mach dir keine Sorgen, mir wird schon nichts passieren.»

Ich nahm meine Waffen, und wir fuhren los in Richtung Monaco. Ohne jede Schwierigkeit kamen wir über die Grenze. Wir mußten über Genua fahren, um dort Guidos Freunde zu treffen und von ihnen Informationen zu bekommen. Dort angekommen, stellte er mir zwei Typen vor, die aussahen, als seien sie gerade dem letzten Gangsterfilm entsprungen.

Wir waren müde von der Fahrt und übernachteten bei ihnen. Am nächsten Morgen hatten wir eine Besprechung. Guido und seine Freunde sprachen italienisch. Ich verstand nur sehr wenig. Aber schon allein ihren Blicken und Gesten entnahm ich, daß sie alle sehr entschlossen und äußerst hart waren. Als sie mehrere Fotos auf den Tisch legten und besonders ein Foto rumreichten, merkte ich, daß Guidos Freunde keine Amateure waren. Sie zeigten mir das Opfer. Guido erläuterte mir:

«Sieh ihn dir gut an, mein Sohn! Nur dieser eine hier interessiert mich. Die anderen sind vermutlich mit ihm zusammen, denn es sind seine Freunde. Wenn wir sie verschonen können, ist es um so besser ... wenn nicht, dann ist es auch nicht zu ändern. Dieser Hundesohn hier hat meinen Vetter getötet ... ihn will ich haben. Wir haben alles hier: Adressen, Treffpunkte, Fotos, Autonummern etc. Er muß nur noch geschnappt werden. Wir kriegen ein Auto mit italienischer Nummer. Dein Auto läßt du hier. Meine Freunde werden uns damit für alle Fälle ein Alibi besorgen.

Sie freuen sich, dich kennengelernt zu haben, auch wenn du nicht Sizilianer bist wie wir. Wir werden in Mailand erwartet. Dort haben wir eine Wohnung, denn vielleicht brauchen wir mehrere Tage, um diesen Hund zu schnappen. Er ist ohne jeden Zweifel in Mailand. Aber ich warne dich, mein Sohn, dieser Typ ist nicht so einer wie Ahmed, er ist ein hartgesottener Kerl und ein Mörder. Das wird kein Zuckerlecken. Wir knallen ihn ab, sobald wir ihn sehen. Meine Freunde geben uns Waffen, also kannst du deine lassen, wo sie sind. Du hast freie Auswahl und ansonsten, bleib einfach immer in meiner Nähe. Und vergiß nicht, mein Sohn, ich muß ihn töten, man würde mir sonst nie verzeihen.»

Wir brachen nach Mailand auf. Ich hatte mir zwei automatische 45er ausgesucht. Guido hatte eine Lupara und eine 38er Spezial genommen. In Mailand wurden wir herzlichst empfangen, aber ich hatte das Gefühl, als wirke meine Anwesenheit irgendwie störend. Am Abend kam ein Mann mittleren Alters dazu. Wir sprachen Französisch miteinander. Er dankte mir für mein Kommen und sagte:

«Guido sagt, daß du mehr als nur ein Freund bist, daß du wie ein Bruder für ihn bist. Sei also willkommen in Mailand, denn du bist kein Fremder für uns.»

Dieser Mann beeindruckte mich und flößte mir Respekt ein. Er machte einen sehr ruhigen, dabei aber auch ganz abgehärteten Eindruck. Über den Mann, den Guido töten wollte, sagte er immer: der Verräter muß bezahlen. Seine Augen leuchteten seltsam. Einen Trauermarsch vor sich hin zu trällern: das hätte zu ihm gepaßt. Es war ganz offensichtlich, daß er statt Weihnachtslieder lieber Schauermusik hörte, seit er zum erstenmal einen Revolver in der Tasche hatte. Bevor er ging, kam er noch einmal auf Guido zu und küßte ihn auf die Stirn, die Brust, die Schultern. Dabei sagte er ihm:

«Ti do la vita del tradittore. Amen.» (Ich gebe dir das Leben des Verräters.)

Diese merkwürdige Zeremonie beeindruckte mich. Guido wirkte wie ein Kind, das den väterlichen Segen empfängt. Alle verließen den Raum. Als wir alleine waren, sagte Guido zu mir:

«Heute abend fängt die Jagd an.»

Er kannte Mailand ganz genau und wußte, wo es hinging. Ich saß am Steuer. Er hatte sein Schießeisen auf den Knien, geladen und entsichert. Darüber hatte er eine Zeitung gelegt, um es zu verdecken. Ich hatte meine 45er rechts und links am Gürtel. Wir fuhren zu mehreren Adressen. Wir suchten die ganze Nacht. Guido telefonierte mit allen möglichen Leuten. Nichts, immer noch kein Ergebnis. Ich wurde langsam müde. Erst am frühen Morgen bekam er die gewünschte Information.

«Jetzt klappt's, Alter. Jetzt weiß ich, wo er ist. Wir sind vorhin schon mal dran vorbeigefahren. Er ist in einer Kneipe, wir schnappen ihn uns am Ausgang.»

Während wir fuhren, wurde es langsam hell. Wir stiegen aus dem Auto und ließen den Motor laufen. Guido erklärte mir seinen Schlachtplan und erläuterte mir, wie ich ihn decken sollte. Noch einmal zeigte er mir das Bild von dem Typ und die Bilder der Freunde.

«Siehst du den Parkplatz da vorn. Ich werde mich dort in die Nischen stellen, dann habe ich den Ausgang im Blickfeld. Sobald er rauskommt und in meine Richtung geht, hupst du, um seine Aufmerksamkeit auf dich zu lenken. Dann habe ich ihn genau von der Seite. Sobald ich geschossen habe, setzt du dich ans Steuer, aber nur, wenn du sicher bist, daß niemand auf mich zielt, denn das Ganze ist eine ernste Angelegenheit, vergiß das nicht.»

Ich hatte seinen Plan ganz und gar begriffen. Er nahm vorsichtig seine Stellung ein. Mehrere Leute kamen aus der Kneipe. Jedesmal schlug mein Herz höher, und meine Hand verkrampfte sich am Hebel meines Schießeisens. Aber keiner hatte Ähnlichkeit mit unserem Kunden. Die Warterei und die Müdigkeit stellten meine Nerven ganz schön auf die Probe. Dann kam ein einzelner Mann heraus. Er sah sich um und ging auf den Parkplatz zu. Er sah keiner der Personen von den Fotos ähnlich. Guido war so gut versteckt, daß selbst ich ihn nicht mehr sah. Am Steuer eines schwarzen Wagens tauchte jetzt der Mann wieder am Eingang der Kneipe auf. Jetzt ging alles blitzschnell. Zwei Männer kamen aus der Tür. Einen der beiden erkannte ich vom Foto her wieder. In dem Augenblick, als sie in den Wagen einsteigen wollten, legte ich meine Hand auf die Hupe.

Ich hatte noch nicht einmal Zeit festzustellen, ob die beiden Männer nun in meine Richtung sahen, als ich schon zwei Schüsse hörte. Guido raste, so schnell er konnte, auf mich zu. Der Mann, der am Steuer gesessen hatte, warf sich aus dem Auto und versuchte, sich hinter einem parkenden Wagen zu verstecken, als ich auch schon das Feuer auf ihn eröffnete. Guido erreichte unser Auto. Blitzschnell war ich am Steuer.

«Schnell, Alter … fahr los!»

Er schob die rechte Hand mit der 38er Spezial durchs Fenster.

Die Reifen quietschten los, als ein bewaffneter Mann vor uns auftauchte, am Auto vorbeilief und dabei auf uns schoß. Ich hörte die Schüsse, aber die Windschutzscheibe ging nicht kaputt. Guido schoß, bis seine Trommel leer war. Als wir an ihm vorbei waren, spürte ich einen brennenden Schmerz in meinem rechten Schenkel; aber ich dachte nur daran, daß ich nach vorne sehen mußte.

Guido jubelte: «Gut gemacht, mein Sohn … gut gemacht!»

«Hast du ihn erwischt?»

«O ja, ohne jeden Zweifel. Ich hab ihm zwei Ladungen in die Eingeweide gejagt, danach steht er nicht wieder auf. Ich weiß nicht, ob seine Freunde auch getroffen worden sind, aber du hast jedenfalls gesehen, daß sie keine Amateure sind. So, jetzt fahren wir zurück. Das Auto lassen wir in der Tiefgarage. Für uns ist die Arbeit jetzt erledigt. Wir werden nach Genua zurückgebracht. Meine Güte, jetzt fühle ich mich aber besser!»

«He, Alter, weißt du was? Ich glaub, ich hab 'ne Ladung Blei abgekriegt. Ich fühl irgendwas warmes in meinen Schuh laufen.»

Ich legte eine Hand auf mein Bein und stellte fest, daß sich der Handschuh rot färbte.

«Scheiße», meinte Guido, «tut es sehr weh?»

«Nein, nein, nur das Bein läßt sich nicht richtig bewegen … Hab keine Angst, ich kann mich noch voll aufs Fahren konzentrieren. Deine Freunde haben doch sicher einen Arzt?»

«Ja, kein Problem. Aber es ist ganz schön dumm, daß du was abgekriegt hast.»

«Und noch nicht mal eine Medaille gibt's dafür! Wir Ganoven müßten auch so was wie eine Krankenkasse haben …» meinte ich lachend.

«Und du freust dich auch noch!»

«Was soll's, das mußte doch irgendwann mal passieren, und außerdem habe ich noch Glück gehabt.»

Von der Wohnung aus rief Guido verschiedene Leute an. Währenddessen sah ich mir meine Wunde genauer an. Die Kugel war nicht sehr tief in meinen Schenkel eingedrungen, denn sie hatte sich vorher schon durch das Autoblech gefressen und dabei einiges von ihrem Schwung verloren. Ich hatte keine großen Schmerzen. Nach knapp einer Stunde kam ein Arzt. Die Waffen und das Auto, Überbleibsel unseres Angriffs, waren bereits von Guidos Freunden weggebracht worden.

Guido war sehr unglücklich über meine Verletzung. Wir beide waren auf Leben und Tod verschworen. Ich verstand seine Traurigkeit, denn ich war schließlich so etwas wie ein Bruder für ihn.

«Mensch, Alter, guck doch nicht so traurig, das ist doch nur eine Schramme.»

Der Arzt beschloß, die Kugel an Ort und Stelle zu entfernen.

Er gab mir eine Spritze und zog die Kugel mit Pinzetten heraus, ohne daß ich große Schmerzen hatte. Es kam nicht in Frage, sie als Andenken zu behalten. Sie war ein zu kompromittierendes Beweisstück.

Der Doktor gab mir noch eine Tetanusspritze und einige Penicillintabletten. Ich kam in Form und konnte auch gleich wieder humpelnd laufen.

Das Telefon klingelte. Guido führte ein langes Gespräch. Er legte auf, drehte sich zu mir um und grinste voller Genugtuung.

«Alles klar, Junge. Mein Kunde hat seinen Teil abgekriegt ... von den anderen weiß ich nichts. Unsere Freunde kommen gleich und bringen uns nach Genua. Danke für deine Hilfe. Das werde ich dir nicht vergessen.»

«Nun laß mal gut sein; das war doch selbstverständlich.»

«Du hast mir noch nicht mal irgendwelche Fragen gestellt, etwa, warum ich es selbst machen mußte.»

«Das geht mich nichts an. Du bist mein Freund, und ich bin immer bereit, dir zu helfen ohne jede nähere Erklärung, das ist ganz einfach. Aber sag bitte kein Wort über meine Verwundung. Das geht Solédad nichts an. Wenn sie mich ausfragt, dann schick ich sie zum Teufel!»

Ohne Schwierigkeiten kamen wir nach Genua, verbrachten dort

die Nacht und machten uns am nächsten Morgen auf den Rückweg nach Frankreich. Ich konnte fahren, die Verwundung tat nicht weh. Vor der Grenze kauften wir ein paar Touristenandenken. Das konnte am Zoll nützlich sein. Aber alles verlief reibungslos. Von Nizza aus schickte ich Solédad ein Telegramm: «Alles in Ordnung ... Du bist sehr schön und ich liebe Dich.»

Ich wußte, daß so ein paar zärtliche Worte sie etwas beruhigen würden. Wir ruhten uns in Nizza einen Tag aus, dann ging's nach Paris. Als ich nach Hause kam, genügte ein Blick ins Gesicht von Solé, um zu wissen, daß sie in langen schlaflosen Nächten auf mich gewartet hatte. Sie warf sich mir in die Arme und drückte mich ganz fest an sich; ihre heftigen Küsse schmeckten salzig von den Tränen, die ihr übers Gesicht liefen. Innerlich machte ich mir Vorwürfe und fühlte mich beschissen, aber ich wußte nur zu gut, daß ich mich doch nicht ändern würde. Als wir zu Bett gingen, fiel ihr mein Verband am Bein auf. Traurig blickte sie mich an. Ich wollte ihr etwas sagen, aber sie legte mir nur zwei Finger auf den Mund, so als wollte sie mir verbieten zu reden. Sie stellte mir keine einzige Frage, worüber ich froh war, da ich sie leidenschaftlich liebte, ihr aber trotzdem kein ruhiges Leben bieten konnte. Sie hoffte, ich würde mich ändern und setzte dabei auf die Geburt unseres Kindes. Mittlerweile war sie hochschwanger und froh, daß ich jetzt öfter bei ihr zu Hause blieb. Ich freute mich unwahrscheinlich auf die Geburt des Kindes, weil ich mir davon etwas Neues erhoffte. Mein Lebensstil jedoch wies in keiner Weise auf irgendeine Änderung hin. Ich spielte immer mehr und verlor dabei riesige Geldsummen. Dies Laster war für mich so etwas wie eine Droge geworden. Es war ein Vergnügen, das mich kaputtmachte. Der grüne Teppich, die *bancos*, die gespannte Situation, wenn man auf die gute Karte wartet, das alles war in mir wie ein bösartiges zerstörerisches Geschwür verankert. Ich verbrachte meine Tage und oft auch die halben Nächte beim Spiel. Inzwischen hatte ich jeden Begriff vom Wert des Geldes verloren und verschwendete es, ohne je zu zählen, da ich sicher war, in meinem Beruf immer genug zu haben. Guido hatte mich schon einmal deshalb ermahnt, denn er konnte Geldspiele nicht leiden. Aber ich tat, was ich wollte und machte ihm klar, daß das mein Geld sei und nicht seins. Da er keinen Streit mit mir wollte, sagte er schließlich nichts mehr.

Am Morgen des 7. Juni 1961 bekam Solédad Wehen. Ich brachte sie in die Klinik. Eine Stunde später war sie im Kreißsaal. Ich bat den Arzt, bei der Geburt dabeisein zu dürfen, und er erlaubte es. Solédad litt schrecklich, aber sie sah mich andauernd an. Sie spürte meine Nähe, und mein Blick gab ihr die Kraft, noch mehr zu pressen. Dann kam das Kind. Ich sah, wie ein kleiner brauner Kopf herauskam, dann kam der Körper hinterher. Voller Begeisterung verfolgte ich dieses Schauspiel. Es war ein Mädchen; ich war glücklich, denn das Geschlecht meines Erstgeborenen spielte für mich keine Rolle. Ich betrachtete den kleinen feuchten und faltigen Körper. Sie schrie, als wolle sie mir zeigen, daß sie lebendig war. Ich war glücklich und stolz und stellte mir schon vor, wie sie laufen lernen würde, mit ihren langen braunen Haaren, und wie sie anfangen würde zu sprechen, natürlich zuerst ‹Papa›. Sie sollte meine kleine Prinzessin sein. Jetzt strampelte ihr kleiner Körper noch in den Händen des entbindenden Arztes. Ich kam nicht umhin zu sagen:

«Das ist schön, nicht wahr, Doktor!»

«Ja, es ist schön, Leben zu schenken.»

Solé wurde gewaschen. Sie ruhte sich aus. Zärtlich nahm ich ihre Hand und küßte sie auf die heißen Lippen.

«Bist du glücklich?»

«Überglücklich! Unsere Tochter ist großartig! Du wirst sehen, wie gut wir drei uns verstehen werden.»

In ihrem Blick stand Erschöpfung. Traurig fügte sie hinzu:

«Glaubst du wirklich, daß das geht?»

Ich hatte die Anspielung verstanden. Immer wies sie mich vorwurfsvoll auf meine Aktivitäten hin.

Beinahe böse antwortete ich:

«Ja, warum denn nicht?»

«Ja, warum nicht ...!»

Bevor sie in ihr Zimmer gebracht wurde, hatte sie noch eine letzte Bitte:

«Mach nichts, solange ich hier bin. Wenn dir jetzt etwas passiert, würde ich sterben. Versprich mir das!»

«Ich habe nichts zu versprechen. Mach dir doch keine Sorgen. Bis morgen.»

Sie antwortete mir nicht. Auf dem Heimweg hatte ich Lust umzukehren und ihr die wildesten Versprechungen zu machen. Aber dann siegte der Stolz, und ich ging statt dessen zu Mutter Lulu, um dort mit meinen Freunden die Geburt meiner Tochter zu begießen. Wir feierten, daß es nur so krachte. Der Champagner floß in Strömen. Mehrere Mädchen kamen an unseren Tisch. Ich flirtete mit meinen Nachbarinnen und dachte nicht eine Sekunde an meine Frau, die ich doch so innig liebte. Gegen Mitternacht sagte ich zu Paul:

«Komm, laß uns zu Hause weiterfeiern!»

Paul sah mich erstaunt an.

«Mit den Mädchen?» meinte er überrascht.

«Ja, mit den Mädchen.»

So landete ich halbbesoffen mit zwei hübschen Mädchen in meinem Bett. Ich bumste sie beide. Paul vergnügte sich im Gästezimmer mit einer großen Blondine. Er klopfte an meine Tür und kam rein, ohne auf Antwort zu warten. Da stand er nun, nackt, in der einen Hand eine Flasche Champagner, in der anderen ein Glas. Er sah mich an und sagte mit besoffener, etwas komisch klingender Stimme:

«Und dann noch gleich zwei! ... Soll ich dir mal was sagen? Du bist ein Saukerl. Deine Frau hat gerade ihr Kind gekriegt, und du nimmst diese beiden Nutten mit nach Hause, und dann bumst du sie auch noch in deinem eigenen Bett!»

Theatralisch schwenkte er die Flasche, legte sie dann in die weiße Wiege, die mitten im Zimmer stand und begann sie zu wiegen. Er tat so, als wende er sich an ein kleines Baby und sang vor sich hin:

«Dein Vater ist ein Saukerl ... ein ganz schöner Saukerl ... wir sind alle Saukerle.»

Dann war er plötzlich ganz ernst:

«Das war nicht richtig, was wir hier gemacht haben! Sag den beiden Mädchen, sie sollen verschwinden, sonst schmeiß ich sie raus.»

Ich war mit einem Schlag nüchtern und merkte, was ich angestellt hatte. Vorher waren noch nie Mädchen mit zu mir in die Wohnung gekommen. Ich fand noch nicht einmal eine Erklärung für das, was ich getan hatte. Das war eine ganz schön merkwürdige Art, meiner Frau für die hübsche kleine Tochter zu danken! Ich hatte überhaupt keine moralischen Grundsätze und respektierte nicht einmal die Frau, die ich liebte. Ich erlaubte mir einfach alles. Paul hatte recht ...

Ich bat die Mädchen freundlich, sich anzuziehen und wegzugehen, was sie ohne Widerstand taten.

Als wir allein waren, las Paul mir die Leviten: «Das war Scheiße, was wir da gemacht haben, und der Alkohol ist auch keine Entschuldigung. Das hier ist das Haus von Solé und deiner Tochter. Das ist kein Bordell … Was anderes, wie soll die Kleine eigentlich heißen?»

«Sabrina», sagte ich.

«Ja, das ist ein schöner Name. Sag mal, wo du jetzt ein Kind hast, ändert das irgendwas zwischen uns?»

«Nein, nichts, das weißt du sehr genau.»

«Ja, dann wirst du nicht erleben, wie dein Kind groß wird.»

«Warum sagst du das?»

«Weil wir früher oder später für lange Zeit im Knast verschwinden werden.»

«Das ist mir klar, aber das Risiko muß man eingehen.»

«Ja! Ja, ein Risiko für die Kleine, daß sie ihren Vater nicht kennenlernt. Na ja, das ganze ist dein Problem, und du mußt wissen, was du machst.»

Mittags ging er weg. Ich räumte auf, bis keine Spur mehr von dem Frauenbesuch übrig war.

In den folgenden fünf Tagen war ich die meiste Zeit über bei Solédad. Das war wohl meine Art, mich für die Nacht zu entschuldigen. Sie strahlte vor Glück. Nie zuvor hatte ich sie so umsorgt. Ich guckte bewundernd zu, wie sie die Kleine stillte. Das war ein so schönes Bild, daß ich es mir immer wieder anschauen konnte. Ja, ich war in meine Frau verliebt. Sexuell verstanden wir uns hervorragend. Also warum schlief ich mit anderen Mädchen, für die ich nichts weiter empfand, und die ich nur bumste, um eine mehr auf der Strichliste zu haben! Ich konnte mir das nicht erklären. Ich fand das einfach normal und dachte dabei nicht daran, wie sehr ich Solédad damit verletzte, wenn sie es erfuhr.

Ich sagte mir einfach, daß dieser Lebensstil zu meinem Milieu gehörte. Schießeisen, Nutten, Alkohol, Geldspiele, Brüche … das war eine schöne Erbschaft für meine Tochter!

Dann kam sie aus der Klinik wieder nach Hause. Ich trug die zerbrechliche kleine Sabrina. Ihretwegen hätte ich mein Leben verändern sollen, aber ich steckte zu tief im Verbrechen drin, um ernsthaft an eine solche Lösung zu denken.

Die Geburt meiner Tochter brachte mich meinen Eltern wieder sehr viel näher. Wir waren sehr oft bei ihnen zum Essen. Mit meiner Mutter verstand ich mich wieder besser. Aber über meine Aktivitäten wußten beide nicht Bescheid. Mein Vater machte keinen Hehl aus seiner Freude über die Enkeltochter. Beide hatten Solé gern und hofften, daß die Beziehung mich verändert hatte. Tatsächlich war ich durch die Geburt meiner Tochter ein bißchen reifer geworden, jedoch nur oberflächlich, innerlich war ich immer noch derselbe geblieben. Ich klaute weiter. Auf Guidos Rat hin machte ich einen unbedeutenden Einbruch außerhalb von Paris. Er hatte mir gesagt, wenn du bei einer Sache in Paris geschnappt wirst, dann kannst du immer noch darauf hoffen, in die Provinz überführt zu werden, und von dort ist das Ausreißen viel leichter. Der Bruch brachte nicht viel ein, aber der Tip erwies sich als nützlich. Dreizehn Jahre später gelang mir dank diesem Ratschlag eine spektakuläre Flucht.

Mehrmals mußte ich aus geschäftlichen Gründen ins Ausland fahren. Solés Protest nützte nichts. Manchmal fuhr ich mit Solé in ein Landhaus, das wir gemeinsam mit meinen Freunden gemietet hatten. In diesem Haus bewahrten wir unser Material auf. Ich hatte in dem riesengroßen Keller einen Schießstand eingerichtet. Dort trainierte ich eifrig und war mittlerweile ein sehr guter Schütze geworden. Solé und ich machten mit Sabrina lange Waldspaziergänge. Ich mochte die Ruhe und den Geruch vom Unterholz. Solange wir unter uns waren, war Solé glücklich, sobald aber einer meiner Freunde kam, wurde sie aggressiv und unleidlich, als wollte sie ihm zu verstehen geben, daß er unsere Ruhe störte.

Eines Tages kamen Paul und Jacky, denn wir planten, etwas in der Gegend zu unternehmen. Solé war wütend und vergaß diesmal alle Zurückhaltung. Sie hatte keine Ganovenmentalität und konnte deshalb nicht begreifen, wie schwerwiegend ihre Worte waren. Sie ging sogar so weit, die härtesten Konsequenzen anzudrohen:

«Wenn du jetzt gehst, hole ich die Polizei!»

Ich fragte mich, ob ich wohl richtig gehört hatte. Paul sah, wie ich weiß vor Wut wurde und schrie: «Jacques!»

Es war zu spät, ich schlug zweimal auf Solé ein. Sie brach zu meinen Füßen zusammen. An den Haaren zog ich sie die ganze Treppe hoch bis zum ersten Stock. Ich war vor Wut wie entfesselt, denn ihre Drohung war für mich die schlimmste Beleidigung und das besonders auch gegenüber meinen Freunden; sie setzte unsere Sicherheit aufs Spiel. Als ich meine Waffe zog, wurde Paul leichenblaß. Jacky kam auch hinzu und schaute schweigend zu. Solé blutete aus dem Mund und sah mich an, sie war über meine brutale Reaktion völlig entgeistert. Ich zog sie an den Haaren zu mir heran und legte die Pistole an ihren Mund:

«Hör zu, du Votze, wenn meine Freunde es wollen, erledige ich dich auf der Stelle.»

Paul und Jacky, die auf keinen Fall an so eine Strafe dachten, versuchten, mich zu beruhigen; aber ich machte weiter und hielt die Waffe immer noch auf ihren Kopf gerichtet: «Wenn du es noch einmal wagst, so eine Drohung auszusprechen, dann bringe ich dich um. Eigentlich müßte ich es sofort machen, aber du sollst noch eine Chance haben. Du darfst alles sagen, nur nicht das Wort ‹Polizei›.» Sie starrte mich an, ihre dunklen Augen blitzten vor Haß, und sie sagte:

«Los, mach's doch, töte mich ... Du kannst es machen, ich will sterben, ich kann so nicht mehr weiterleben ... also los, mach schon, schieß doch!»

Paul war entsetzt. Er legte mir die Hand auf die Schulter:

«Wir müssen jetzt gehen, wir haben keine Zeit mehr. Laß sie, sie wird sich schon wieder beruhigen.»

Ich gab ihr noch zwei Ohrfeigen und fügte hinzu: «Wenn du sterben willst, brauchst du bloß ins Badezimmer zu gehen, da findet du alles, was du brauchst. Bedien dich ... gute Reise ... aber sei nett und mach keine halben Sachen!» Dann drehte ich ihr den Rücken, überließ sie ihrem Schmerz und ihren Tränen; ich hätte sie tatsächlich beinahe umgebracht.

Jacky schätzte Solé sehr. Die Szene tat ihm weh, da er wußte, daß ich nicht geblufft hatte, sondern meinte, was ich gesagt hatte.

«Los, vergiß, was sie dir gesagt hat, sie hat halt mal die Nerven verloren. Du weißt ganz genau, daß sie so was nie machen würde.»

«Klar weiß ich das, aber ich bin eben wütend geworden. Wenn es ein Mann gewesen wäre, den hätte ich umgebracht.»

«Ich hab tatsächlich geglaubt, du würdest es tun ... Mein Gott, was hab ich eine Angst um sie gehabt!»

Die ganze Zeit über war ich nervös. Ich schlug Solé nicht gern, aber ich hatte jede Selbstkontrolle verloren.

Gegen Mitternacht waren wir zurück. Unvorhergesehene Umstände hatten unseren Plan durcheinandergebracht, wir verschoben ihn auf später. Im Haus war Licht. Die Wiege von Sabrina war leer. Mir zog sich das Herz zusammen. Ich durchsuchte die erste Etage. Im Badezimmer fand ich Solé; sie lag ausgestreckt am Boden, mehrere Röhrchen Tabletten lagen herum. Sie war ohne Bewußtsein, aber sie atmete. Auf den Spiegel hatte sie mit Lippenstift ‹Ich liebe dich› geschrieben. Ich machte mir Sorgen um meine Tochter.

Ich rief meine Freunde:

«Kommt schnell, sie hat Blödsinn gemacht, und jetzt finde ich meine Tochter nicht mehr!»

Paul und Jacky fluchten, als sie Solé da liegen sahen. Ich ging wieder ins Erdgeschoß, um dort meine Kleine zu suchen. Unter dem Eßzimmertisch entdeckte ich das kleine Körbchen, in dem wir Sabrina bei Autofahrten transportierten. Sie lag darin und schlief den Schlaf der Gerechten. Ich nahm sie sofort in die Arme und roch an ihrem Mund, um festzustellen, ob sie auch Medikamente bekommen hatte. Nein, alles normal. Sabrina sah mich aus ihren kleinen runden Augen an und schnitt eine Grimasse, die wohl ein Lächeln sein sollte. Ich küßte sie mehrmals auf die Stirn und legte sie wieder in ihr warmes Bett zurück. Ich hatte ernstlich Angst gehabt, Solé hätte die Kleine in ihre dumme Tat einbezogen. Ich glaube, wenn sie das getan hätte, dann hätte ich sie sofort und für immer erledigt, denn Sabrina war das Wertvollste, was ich besaß. Sie war rein und schön: sie war alles das, was ich nicht war.

Jacky blieb bei meiner Tochter. Paul und ich brachten Solé in der Stadt in eine Klinik. Dort wurde ihr der Magen ausgepumpt. Der Arzt kam zu mir:

«Es ist nicht weiter schlimm, sie kommt durch. Aber ich hätte gern eine Erklärung für all die Flecken, die sie am ganzen Körper hat ...»

Ich ließ ihn gar nicht erst ausreden:

«Das war ich, Doktor, wir haben uns gezankt, und ich habe sie geschlagen; ich bin nicht gerade stolz drauf, aber jetzt ist es zu spät.»

Er versprach mir, über die Angelegenheit zu schweigen; ich drückte ihm ein paar Scheine in die Hand, was sein Gewissen sehr schnell beruhigte.

«Geben Sie ihr das beste Zimmer. Ich komme morgen früh wieder, und lassen Sie sie auf keinen Fall weggehen.»

Am nächsten Morgen war ich bei ihr. Ich hatte etwas Mitleid mit ihr, blieb aber totzdem hart: «Herzlichen Glückwunsch, du versuchst, dich umzubringen und läßt die Kleine allein. Wenn ich an dem Abend festgenommen worden wäre, dann hätte kein Mensch gewußt, daß Sabrina in dem Haus zusammen mit dem Leichnam ihrer Mutter wäre. Ich glaube, dein Selbstmordversuch hatte nur zum Ziel, mich einzuschüchtern, denn der Arzt hat mir versichert, daß du nichts Gefährliches eingenommen hast. Du hättest ja bloß eine meiner Pistolen zu nehmen brauchen, dann hättest du dich nicht verfehlt. Ein nächstes Mal gibt es nicht, da kannst du sicher sein. Ich kann so ein falsches Selbstmordtheater nicht leiden.»

«Und was ist mit Sabrina?» fragte sie mich und schaute auf die Bettdecke.

«Ich habe sie jemandem Zuverlässigen anvertraut. Du kriegst sie erst wieder zu sehen, wenn deine Selbstmordideen weg sind. Erst bleibst du mal für ein paar Tage hier.»

Ich stand neben ihrem Bett und mußte mich zwingen, sie nicht in die Arme zu schließen. Ich war nicht eigentlich verdorben, aber ich war stolz und äußerst brutal. Sie tat genau das richtige. Sie legte ihre fiebrige Hand auf meine und sagte mit einer Stimme, die wie ein Hilferuf klang:

«Warum müssen wir uns gegenseitig so weh tun? ... Warum liebe ich dich? Laß mich nicht hier. Nimm mich mit und versteh mich bitte ... Die Nerven sind mit mir durchgegangen. Manchmal bist du so nett und feinfühlig, kaum bist du jedoch mit deinen Freunden zusammen, komme ich erst an zweiter Stelle, und du bist wie ausgewechselt. Jacques, ich bin so unglücklich, weil ich dich liebe.»

Ich saß auf ihrem Bett und ließ sie weinen. Sie lehnte ihren Kopf an meine Schulter. Es tat mir sehr weh, sie leiden zu sehen. Zärtlich nahm ich ihren Kopf in meine Hände. Ich wollte sie beruhigen, ich, der ich drei Minuten zuvor gekommen war, um sie zu beschimpfen.

«Einverstanden, meine Kleine, ich nehm dich mit, aber weißt du, was wir machen?»

Unter Schluchzen antwortete sie ‹nein›.

«Wir werden heiraten, wenn du dieses Tier hier als Ehemann akzeptierst. Du hast es immer gewollt, also machen wir's jetzt.»

Ihre Augen strahlten.

«Ist das wahr, wirklich? ... Du sagst das doch nicht bloß, um mir eine Freude zu machen? ... O ja, ich möchte dich heiraten!»

Als der Arzt zur Tür reinkam, waren wir in einen leidenschaftlichen Kuß vertieft.

«Oh, Verzeihung.»

Dann sah er, daß wir lachten:

«So gefallen Sie mir schon viel besser, Madame.»

«Darf ich meine Frau mitnehmen, Doktor? Oder haben Sie etwas einzuwenden?»

«Nein, das geht in Ordnung. Aber bevor Sie gehen, möchte ich noch einmal mit Ihnen allein reden.»

Er sagte mir, daß Solé sehr depressiv sei und daß ich sehr behutsam mit ihr umgehen müsse, damit sie sich wieder erhole. Ich versprach ihm, alles zu tun, damit es ihr besser ginge.

Wir verlebten mehrere Tage vollkommenen Glücks. Ich hatte meine Freunde gebeten, nicht zu kommen. Sabrina holte ich zu uns zurück. Wir beantragten die für die Hochzeit notwendigen Papiere. Da sie Spanierin war, gab es einige Schwierigkeiten mit der Bürokratie, und wir brauchten eine ganze Menge Zeit, um alle Papiere zusammenzukriegen. Solé dachte nur an den Tag unserer Hochzeit. Wenn ich abends mit meinen Freunden wegging, sagte sie nichts. Eines Nachts kam ich nach einer Schlägerei mit Blut auf den Kleidern nach Hause. Sie sagte kein Wort. Ich glaubte zu träumen. Wurde sie tatsächlich endlich eine richtige Ganovenfrau, die keine Fragen stellt, weil sie weiß, daß sie keine Antwort bekommt? Nein, Solé zwang sich dazu, nichts zu sagen. Sie litt noch genauso, und auch ihre Eifersucht blieb. Nie konnte sie sich an meinen Lebensstil gewöhnen. Sie war so besitzergreifend, daß sie mich nicht mit meinen Freunden, mit meinem Milieu oder mit was sonst auch immer teilen mochte.

Meine Eltern waren glücklich, daß ich wieder heiratete. Sie erhofften sich dadurch eine gewisse Stabilisierung meines Verhaltens. Wir unternahmen eine schöne Hochzeitsreise in die Berge. Danach nahm ich zum Kummer von Solé meine alten Gewohnheiten wieder auf.

Ich ging regelmäßig zu Mutter Lulu. Wir trafen uns immer in ihrer Bar. Als sie meinen Ehering sah, schaute sie mich fragend an:

«Die kleine Spanierin?»

Ich bejahte, sie schüttelte den Kopf.

«Die ist nichts für dich, die ist zu gut und zu schwach für einen

Typ wie dich. Du hängst zu sehr an deiner Freiheit, mein Junge ... Du hättest so eine Frau wie mich gebraucht ...»

Dann strich sie sich mit ihren Fingern, an denen lauter Ringe mit falschen Steinen steckten, über ihre enormen Rundungen:

«Ja, wenn du vor vierzig Jahren gekommen wärst! Ich war eine schöne Frau. Schau mal, was noch davon übrig ist!»

«Also Lulu, nun jammer mal nicht. Du weißt, daß du für uns alle hier immer noch die Schönste bist.»

Und dann fügte ich ironisch hinzu:

«Du hast nur ein paar Kilo zu viel, aber doch nur ein paar!»

Sie lachte, denn es machte ihr nichts aus, wenn ich über ihr Gewicht herzog.

Eines Abends kamen merkwürdige besoffene Typen in die Bar und fingen an, Lulu zu beschimpfen. Es kam zu einer schrecklichen Schlägerei, in deren Verlauf auch Messer gezogen wurden. Paul wurde von einem Hocker getroffen und trug einen gebrochenen Arm davon. Ich hatte einen Messerstich im Unterarm als Andenken. Bei Eintriffen der Polizei waren wir über alle Berge. Ein Typ aber war in der Bar liegengeblieben, er lebte zwar noch, aber sein Unterleib war ziemlich böse aufgerissen. Ich beschloß, zunächst mal nicht mehr zu Mutter Lulu zu gehen.

Meine Freunde und ich waren wirklich eine gute Gruppe; wir arbeiteten schon ein Jahr lang zusammen. Ich handelte ein bißchen mit goldenen Uhren aus der Schweiz und bekam auch falsche Dollars aus Mexiko in die Finger. Sie schienen mir jedoch nicht hundertprozentig gut gemacht, und so wollte ich nichts damit anfangen. Nach und nach wurde ich überall, wo ich hinkam, respektiert, denn ich hatte mittlerweile das Image, ein hartgesottener Kerl zu sein. Mehrmals hatte ich mich für Freunde oder für neue Bekanntschaften, mit denen ich was anleiern wollte, eingesetzt. Nachts ging ich nur noch mit meiner 45er aus. Guido war auf einer Reise in seine Heimat Sizilien. Deshalb erleichterte ich mit Jacky ein technisches Zeichenbüro, alles, ohne daß wir die Waffen ziehen mußten. Wir schlugen nur den Buchhalter in dem Moment zusammen, als er gerade dem Geschäftsführer das Geld für die Löhne überbringen wollte. Die Sache lief ganz glatt, und ich war nur erstaunt, mit welcher hartnäckigen Anstrengung der Buchhalter sich verteidigte. Ich erfuhr später, warum er um keinen Preis die Ledertasche mit dem Geld aus der Hand geben wollte. Die Polizei glaubte, daß jemand vom Personal Informationen weitergegeben hätte und stellte deshalb Nachforschungen über eine Reihe Angestellte an, darunter auch unser Opfer, der Buchhalter. Dabei stellte man fest, daß er mehrere Wohnungen besaß. Nach Überprüfung seiner Buchführung kam heraus, daß er seit über fünfzehn Jahren Geld unterschlug. Er wurde festgenommen und von der Polizei verprügelt, die überzeugt war, daß er selbst den Angriff auf sich inszeniert hatte. Wir wußten natürlich ganz genau, daß er nichts mit der Sache zu tun hatte. Es tat uns leid, daß nun unseretwegen seine Gaunerkarriere zu Ende war. Aber wir verstanden jetzt, warum er sich so heftig verteidigt hatte. Er wußte, daß es zu Nachforschungen kommen und er selbst das erste Opfer sein würde. Wenn wir an diese Geschichte dachten, mußten wir immer grinsen: der Chef des Unternehmens war uns gewiß dankbar, daß wir auf die gute Idee gekommen waren, seinen Buchhalter anzugreifen, denn das war für ihn eindeutig billiger als fünfzehn Jahre lang krumme Touren.

Weihnachten stand vor der Tür. Es war Ende 1961. Wir machten eine richtige Familienfeier für Sabrina. Ich hatte den ersten Weihnachtsbaum für sie geschmückt. Sie war gut sechs Monate alt, ich liebte sie abgöttisch. Ich schnitt alle möglichen Grimassen, um sie zum Lachen zu bringen. Ich war begeistert, wenn sie mit ihren kleinen Fingern meinen Zeigefinger fest umklammert hielt oder wenn sie am Ende ihrer Mahlzeit ein Bäuerchen machte. Solé beobachtete mich, und ich wußte genau, wie glücklich sie war, daß ich mich als Vater so wohl fühlte. Wir zankten uns etwas seltener, aber ihr Verhalten gegenüber meinen Freunden war noch feindseliger geworden. Da es kurz vor Jahresende war, fragte ich sie, was für ein Geschenk sie denn haben wolle.

«Ich möchte nur ein einziges, du weißt genau was», antwortete sie.

Ja, ich wußte allerdings, was sie wollte, aber das konnte ich ihr nicht schenken, ich dachte nicht einmal daran.

Eines Morgens holte Paul mich zu Hause ab. Solé bat mich darum, nicht fortzugehen; sie sagte, sie fühle, daß mir irgend etwas zustoßen werde. Ich beantwortete ihre Ängste mit einem Lachen, sagte zum Abschied ‹bis heute abend› und ging.

Paul machte mich mit Leuten bekannt, die er außerhalb unserer Gruppe kennengelernt hatte. Ich kannte sie ganz flüchtig. Er hatte einen Banküberfall mit ihnen geplant. Mit seinem gebrochenen Arm konnte er nun nicht mitmachen und bat mich deshalb, ihn zu vertreten. Ich war nicht gerade begeistert, aber ihm zuliebe sagte ich ja. Ich war mit dem Auto meines Vaters unterwegs, denn er hatte mich gebeten, es für ihn zu verkaufen. Einer meiner neuen Komplizen kam auf die dumme Idee, wir sollten das Auto nehmen und bloß die Nummernschilder mit Dreck verschmieren. Das hatte den Vorteil, daß wir nach der Tat vollkommen unverdächtig sein würden, da ja mein Vater ein ehrbarer Mann war. Ich war aber absolut dagegen. Ich gestand ihnen zu, das Auto zur Flucht einzusetzen, aber auf keinen Fall für einen Überfall selbst. So beschlossen wir schließlich, ein Fahrzeug in einer Kleinstadt in der Nähe der Bank zu klauen und meins nur nach dem Überfall zu nehmen. Die Idee, die Nummernschilder mit Dreck unkenntlich zu machen, behielten wir bei. Einer von Pauls Freunden gefiel mir überhaupt nicht; ich vertraute ihm nicht, er war ein typischer Aufschneider.

Er sagte mir, daß er am Steuer sitzen würde und daß er auch das Auto beibrächte. Er erklärte mir die Planung des Überfalls in allen Einzelheiten. Es handelte sich um eine Volksbank in Le Neubourg, einer Provinzstadt. Die Stadt lag ungefähr 20 Kilometer vom Landhaus meiner Eltern entfernt. Das bot den Vorteil, daß wir nach dem Überfall dort übernachten könnten. Wir beschlossen, kurz vor Ladenschluß loszuschlagen. Als erstes fuhren wir zum Landhaus. Dort angekommen machten wir die letzten Handgriffe und überprüften unsere Waffen. Eine Stunde vor der Abfahrt machte sich der Typ, der das Auto besorgen sollte, in die Stadt auf. Weil es Winter war, wurde es schnell dunkel.

Als er ohne Auto zu Fuß zurückkam, konnte ich mir nicht verkneifen zu rufen:

«Na, wo ist denn nun dein Karren?»

«Ich hab keinen gekriegt. Ich wär sogar beinahe geschnappt worden, als ich einen besorgen wollte. Der Parkplatz war einfach zu voll.»

«Machst du dumme Witze, oder was ist los? Welches Auto nehmen wir denn jetzt?»

«Wir könnten deins nehmen. Wenn wir's unkenntlich machen, gibt's überhaupt keine Probleme für dich.»

Ich war stinksauer und hatte nicht übel Lust, auf alles zu scheißen und nach Hause zu gehen. Aber dann dachte ich an Paul, und schließlich und endlich war das Risiko eigentlich wirklich nicht so groß. Wir beschlossen, das Auto etwas abseits der Bank zu parken. Wir sollten dann getrennt zu Fuß zur Bank gehen, während der Fahrer auf dem Kirchplatz Stellung bezog. Wir fuhren also los, kamen wie geplant an und trennten uns. Als ich ganz nah bei der Bank war, sah ich zwar unser Auto auf dem Platz, aber niemanden am Steuer oder in der Nähe. Dafür sah ich Polizisten, die die Runde machten. Meine beiden Komplicen, die ich an der Bank treffen sollte, entdeckte ich auch nicht. Ich wurde unruhig, denn es lief überhaupt nicht wie geplant, und die Polizisten schienen irgendwie auf der Suche nach jemandem. Als ich sah, daß sie Ausweiskontrollen machten, faßte ich rasch einen Entschluß und begab mich in ein Lebensmittelgeschäft. Mit Einkäufen beladen sah ich eher so aus, als ob ich in der Stadt wohnte und war von daher weniger auffällig. Ich kaufte Obst und Brot und ging wieder raus. Die Polizisten waren mittlerweile mehr geworden; ich sah, daß einer um mein Auto herumlief und die Nummernschilder studierte. Keiner meiner Komplicen war weit und breit zu entdecken. Ich ging in eine dunkle Nebenstraße und schob meine Pistole in die Obsttüte. Das hatte ich gerade gemacht, da rief eine Stimme:

«He, Sie da! Kommen Sie mal zu uns!»

Es waren zwei Polizisten. Ich ging ganz locker auf sie zu. Sie schienen argwöhnisch, aber nicht aggressiv.

«Haben Sie Ihre Papiere bei sich?»

«Selbstverständlich, wollen Sie sie sehen?»

«Nein, aber kommen Sie bitte mit zwecks einer Überprüfung.»

Ich war ganz zuversichtlich, folgte ihnen und, da sie vor mir gingen, nutzte ich die Chance und ließ meine Obsttüte in die Gosse gleiten. Ich hätte abhauen können, aber ich hatte mir nichts vorzuwerfen und hielt es für besser, zur Überprüfung mitzugehen, da ich mich ja meiner Waffe entledigt hatte.

Auf dem Platz stand ein Polizeiwagen. Ich mußte einsteigen. Es war eine böse Überraschung, daß drinnen einer meiner Komplicen saß. Ich tat, als kenne ich ihn nicht. Auf dem Polizeirevier mußte ich meine Taschen leeren. Ich legte alle Papiere auf den Tisch, sogar den Kraftfahrzeugschein. Dann ließ man mich ohne weitere Erklärungen in einem kleinen Zimmer warten. Auf meinen Protest hin schrie man mich an: «Halt die Schnauze!»; das konnte wohl nichts Gutes bedeuten. Nach zwanzig Minuten stürzten sich vier Polizisten wütend und nervös auf mich und legten mir Handschellen an. Sie brachten mich ins Büro ihres Chefs. Einer von ihnen richtete seine Maschinenpistole auf mich und beschimpfte mich wütend. Ihm stieg die Sache wohl zu Kopf. Ich fragte mich, woher denn bloß diese plötzliche Verhaltensänderung käme. Ich sollte es bald erfahren.

Mein Auto war gefunden und die verdreckten Nummernschilder mit dem Kraftfahrzeugschein verglichen worden. Dann war das Auto durchsucht worden. Meine Komplicen hatten nicht nur einfach das Auto stehen gelassen, sie hatten einfach ihre Waffen und sogar noch zwei Masken dringelassen. Da war mir klar, daß ich ganz schön in der Scheiße steckte und da wohl nur schwer wieder rauskäme. Ich mußte unbedingt eine Erklärung finden, denn jetzt erhob sich der Polizeichef und verlor die Kontrolle. Er schimpfte mich einen Gangster und Mörder. Er packte mich am Kragen und schüttelte mich, um mir ein Geständnis abzugewinnen. Ich meinerseits spielte den Unschuldigen und zog es vor zu schweigen, denn in dieser Situation, wo sie alle wie rasend vor Wut waren, etwas zu sagen, hätte nur bedeutet, daß ich zusammengeschlagen würde. Das war eine Möglichkeit: ich würde überhaupt nichts sagen, selbst wenn ich für diese beiden Saukerle büßen müßte, die einfach vor ihrer Flucht ihre Waffen im Wagen gelassen hatten und genau wußten, daß sie mich damit belastet hatten. Ich hatte keine Zeit, über diese Möglichkeit nachzudenken, denn die Tür ging auf und ein Polizist sagte triumphierend:

«Wir haben sie.»

Meine beiden Komplicen kamen bewacht und mit Handschellen an mir vorbei. Ich verstand gar nichts mehr. Wir waren alle vier ohne großes Aufheben verhaftet worden. Ich dachte plötzlich, daß ich in eine Sache geraten war, in der Polizeispitzel mitmischten. Ich sah überhaupt keine andere Erklärung mehr.

Aber die Erklärung war doch einfacher. Ein Polizist in Zivil war unserem Auto bereits zwei Kilometer außerhalb der Stadt gefolgt. Ihm war aufgefallen, daß die Nummernschilder dreckig und unleserlich waren. Dann war es ihm merkwürdig vorgekommen, daß vier Männer in dem Auto saßen, und er vermutete, daß es gestohlen sei. Er hatte beobachtet, wie wir ausstiegen, wie wir uns trennten und wie das Auto nicht weit von der Bank geparkt wurde. Sein Scharfsinn erlaubte ihm entsprechende Schlußfolgerungen. Er hatte seine Kollegen benachrichtigt, kurz darauf wurde in der ganzen Stadt Alarm gegeben. Einer meiner Komplicen hatte die Polizisten gesehen und war sofort zum Chauffeur zurückgegangen. Statt mit dem Auto abzuhauen und die Waffen irgendwo wegzuwerfen, hatten sie es an Ort und Stelle mit allen Waffen stehen lassen, waren zu Fuß abgehauen und wurden festgenommen, als sie beim Versuch, Anhalter zu machen, in ein Auto mit Zivilbullen einsteigen wollten.

Die Polizisten waren wahnsinnig aufgeregt. Alle redeten durcheinander. Ich hoffte nur eins, daß nämlich keiner meiner Komplicen den Mund aufmachen würde, denn dann könnten wir uns auf fünfzehn Jahre Knast gefaßt machen. Ich war bereit, für die Waffen geradezustehen, wenn nur die anderen nichts sagen würden. Es war nicht der rechte Moment für Vorwürfe, es ging eher darum, eine handfeste Verteidigung aufzubauen.

Mit Blicken versuchte ich, ihnen so gut es ging klarzumachen, daß sie den Mund halten und mich machen lassen sollten. Wir wurden getrennt. Ich war der Jüngste, deshalb wurde ich zuerst verhört. Jetzt sprach der Chef mit mir; er war weder aggressiv noch brutal, sondern versuchte es auf die sanfte Tour.

«Kennen Sie die drei Männer, die gleichzeitig mit Ihnen verhaftet wurden? Ich möchte Ihnen gleich mitteilen, daß einer von meinen Männern Sie zusammen in dem Auto, das wohl Ihrem Vater gehört, gesehen hat. Die Sache kann Sie teuer zu stehen kommen, denn die Masken deuten darauf hin, daß Sie einen Überfall vorhatten.»

«Monsieur Kommandant, ich habe nicht die Absicht, Ihnen zu antworten und ich weiß nicht, von welchen Männern Sie reden.»

«Aber das Auto gehört Ihrem Vater! Wir haben das überprüft. Ich habe sogar mit ihm telefoniert. Er hat mir gesagt, daß er Sie damit beauftragt hatte, es zu verkaufen. Also los! Haben Sie immer noch nichts zu sagen?»

«Nein, gar nichts, ich möchte nur mit einem Anwalt telefonieren.»

Ich hatte keine Zeit, meinen Satz zu Ende zu bringen, da bekam ich schon einen Schlag auf den Hinterkopf und taumelte nach vorn. Weil meine Hände auf dem Rücken gefesselt waren, landete ich kopfüber auf dem Schreibtisch des Kommandanten. An den Haaren wurde ich wieder zurückgezogen. Der Schlag hatte mich überrascht und mir sehr weh getan. Ich kochte vor Wut.

«Scheißkerle! Wenn ihr glaubt, so würde ich was sagen! Laß dich mal kräftig durchbumsen, Hundesohn ...»

Der Typ, der mich geschlagen hatte, wollte wieder zum Schlag ausholen. Aber sein Kommandant hielt ihn mit einem trockenen Befehl zurück:

«Bringen Sie ihn in die Zelle zurück und holen Sie die anderen. Die sind vielleicht gesprächiger.»

Mitten in der Nacht wurde ich abgeholt und nach Louviers gebracht, wo meine Eltern das Landhaus hatten. Ich war mittlerweile ganz schön unruhig. Hoffentlich hat keiner von den anderen drei geredet, dachte ich. Ich blieb die ganze Nacht in einer feuchten Zelle ohne Essen. Mein Hinterkopf tat mir weh. Wenn meine Komplicen nicht ihre Waffen im Auto gelassen hätten, dann wäre überhaupt nichts passiert, denn die Wagenpapiere waren in Ordnung, und der Dreck auf den Nummernschildern war ja nun schließlich kein Verbrechen! Auf diese Weise geschnappt zu werden, das war einfach zu dumm! Meine Zukunftsaussichten waren nicht gerade erfreulich. Ich dachte an Solé, die auf mich wartete. Hatte man sie bereits benachrichtigt? Diesmal kam ich nicht so schnell zurück. Ihretwegen war ich unglücklich. Ich begriff, daß wir sehr lange getrennt sein würden, diese Aussicht tat mir innerlich sehr weh. In der dunklen Zelle sagte ich zu mir selbst: «Mädchen, verzeih mir, verzeih mir alles, was ich dir noch antun werde, du hattest recht. Diesmal ist es zu Ende.» Wenn sie nur nicht festgenommen wird, wenn die Polizei nur nicht glaubt, sie sei meine Komplicin! Die ganze Nacht zermarterte ich mir den Kopf in Gedanken an meine Frau. Zu viele Fragen blieben ohne Antwort. Ich begriff, wie sehr sie mir fehlen würde. Unter der feuchten Decke fühlte ich mich so einsam und dachte an Solés warmen Körper, an ihre verliebten Zärtlichkeiten, an alles, was ich nun vermissen mußte, und es war alles meine Schuld. Wie ein Dummkopf hatte ich mich schnappen lassen, ich war sauer auf Paul, daß er mich an solche Partner vermittelt hatte.

Am Morgen wurde ich wieder zum Verhör abgeholt. Angesichts meines Schweigens teilte der Chef mir mit, daß sie eine Durchsuchung des Landhauses meiner Eltern vorhätten und daß ich dabei sein sollte. Er zeigte mir auch die Pistole, die ich in die Gosse geworfen hatte.

«Diese Waffe ist an der Stelle gefunden worden, wo meine Männer Sie festgenommen haben. Das sagt genug über Ihre Pläne aus, denn sie war geladen. Sie sagen mir vielleicht jetzt, daß es nicht Ihre ist...»

Ich antwortete überhaupt nichts. Er gab den Befehl zum Aufbruch. Mit nur zwei Polizisten zur Bewachung und dem Chef saß ich im Polizeiwagen. An Ort und Stelle angekommen, ließ der Chef das Auto an der Straße abstellen und ging mit mir und einem Polizisten zum Landhaus. Sofort beschloß ich, mein Glück zu versuchen, wenn es nur irgendeine Möglichkeit geben würde abzuhauen. Er machte den Fehler, daß er mir die Handschellen abnehmen ließ. Ich tat ganz unterwürfig und brav, um ihr Vertrauen zu erwecken. In Wirklichkeit waren meine Nerven zum Zerreißen gespannt.

Nach einer kurzen Durchsuchung im Erdgeschoß befahl er mir, in den ersten Stock zu gehen. Ich sah, daß der Schlüssel von meinem Zimmer von außen im Schloß steckte. Das brachte mich auf eine verrückte Idee. Ich mußte einfach mein Glück versuchen.

«Monsieur Kommandant, ich weiß, daß Sie alles finden, also sag ich es Ihnen lieber gleich; in meinem Schlafzimmerschrank sind die Waffen.»

Er lächelte siegesbewußt.

«Na also, nun werden Sie ja endlich vernünftig!»

«Ich glaube, das ist besser für mich ... Kommen Sie, hier ist das Zimmer.»

Sie betraten das Zimmer. Der Schrank stand ganz hinten. Der Chef öffnete ihn und fand tatsächlich einen Karabiner. Sein Kollege beugte sich über ihn, um auch was zu sehen.

«Und unter den Pappkartons ... da habe ich zwei Revolver ... Achtung, Monsieur Kommandant, sie sind geladen.» (Das stimmte nicht, da ich dort überhaupt nichts versteckt hatte.)

Er kniete sich hin und begann zu wühlen. Während sie beide mit Suchen beschäftigt waren, machte ich einen Satz zur Tür, warf sie von außen zu und drehte den Schlüssel herum. Dann raste ich die Treppe runter, immer drei Stufen auf einmal. Hinter mir hörte ich sie wütend brüllen. Der Polizist, der draußen wartete, raste zum Eingang, während ich zur Hintertür hinausschlüpfte. Das Grundstück war von einer hohen Mauer umgeben. Schnell kletterte ich hoch und sprang auf der anderen Seite wieder herunter. Ich kam unglücklich auf und knickte mit einem Fuß um. Trotz des heftigen Schmerzes raste ich weiter. Ich stürzte auf das leere Polizeiauto zu, um damit abzuhauen. Aber die Schlüssel steckten nicht. Ich hatte keine Sekunde mehr zu verlieren und rannte über die Felder auf den Wald zu. Nach 200 Metern streikte mein Fuß. Ich fiel der Länge nach hin, lag mit dem Gesicht auf der Erde, keuchte und war vollkommen außer Atem. Als ich mich wieder aufrichtete, hörte ich ein Motorengeräusch und Türenschlagen. Ich humpelte, kam aber immerhin vorwärts. Als ich mich umsah, waren sechzig Meter hinter mir drei Polizisten. Ich war naßgeschwitzt, vollkommen erledigt und mein Fuß schmerzte gräßlich. Ich hörte den Kommandanten brüllen:

«Stehenbleiben, Kleiner ... Zwing mich nicht, dich zu erschießen ... Bleib doch endlich stehen, du meine Güte!» Ich konnte nicht mehr laufen, aber ich schleppte mich weiter in Richtung Wald. Drei Schüsse zerrissen die Stille. Ich spürte die Kugeln dicht an meinem Kopf vorbeisausen. Jetzt gab ich auf.

Die drei Polizisten erreichten mich keuchend.

Ich machte mich auf Schläge gefaßt. Aber nichts dergleichen geschah. Im Gegenteil, der Chef legte mir wieder die Handschellen an und sagte dann ohne eine Spur von Bissigkeit:

«Ja bist du denn total verrückt, Kleiner, warum hast du das denn gemacht? Ich hätte dich erledigen können.»

«Ich hab keine Lust, in den Knast zu wandern», sagte ich, weil ich kein anderes Argument fand.

«Na, das wirst du aber, und zwar nicht zu kurz.»

Ich wurde wieder zur Polizeistation gebracht. Sie hatten mir nichts getan. Als mich jedoch der Schläger vom Vortag sah, konnte er seine Wut nicht verstecken.

«Wenn ich dabei gewesen wäre, Schweinehund, dann hättest du jetzt ein paar Kugeln im Kopf.»

Ich wurde wütend:

«Dann geh doch schon endlich mal richtig bumsen, alter verdammter Hund!»

Er erstickte fast vor Wut, wurde krebsrot im Gesicht und spuckte mich an:

«Was sagst du da zu mir, du Scheißkerl?»

Seine Faust zielte auf mein Gesicht, traf aber die Handschellen. Ich vergaß meinen verletzten Fuß und wollte ihm einen Tritt in den Unterleib versetzen. Ich stützte mich auf das kaputte Bein auf und verlor das Gleichgewicht. Die anderen Polizisten hielten den Tobenden zurück und ersparten mir so einiges, da ich nicht gerade in der Lage war, mich zu verteidigen. Auf den Lärm hin kam der Kommandant. Er besah sich das Schauspiel, erteilte trocken seine Befehle und ließ mich in ein anderes Zimmer bringen.

Am Abend wurde ich dem Untersuchungsrichter vorgeführt. Ich weigerte mich, ohne Anwalt auszusagen. Auf Grund meines Fluchtversuchs, so teilte er mir mit, käme ich in Untersuchungshaft, genau wie meine Kumpanen.

Als ich hinter den hohen Mauern des Gefängnisses von Evreux verschwand, gefror mir fast das Blut in den Adern. Alles war kalt und feindselig, und sogar der Blick der Aufseher kam mir leblos vor. Zur Durchsuchung mußte ich mich nackt ausziehen. Dann befahl mir der Aufseher, mich vorzubeugen und ihm den Hintern zu zeigen. Anschließend mußte ich die Beine breit machen, und schließlich befahl er mir zu husten. Ich hatte nicht übel Lust zu protestieren, aber ich fühlte mich schlaff, und ich begriff sehr schnell, daß ich mich wohl lieber nicht auflehnte. Diese Durchsuchung war so demütigend, daß ich mich in meinem Stolz sehr gekränkt fühlte. Ich glaube, wenn ich bewaffnet gewesen wäre, hätte ich das Spiel umgedreht, ich hätte ihnen befohlen, sich nackt auszuziehen, und ich hätte einfach drauflosgeschossen, um mich für die Beleidigungen zu rächen. Seit dem Morgen hatte ich überhaupt nichts gegessen und bekam bloß ein Stückchen Käse und ein bißchen Brot. Mein Fuß war angeschwollen und hatte eine merkwürdige Farbe bekommen. Als ich dem Aufseher sagte, daß ich kaum laufen könne, sagte er ungerührt und trocken:

«Das hat Zeit bis morgen.»

Man gab mir zwei Decken und Laken und brachte mich in eine große Halle. Es war dort still wie in der Kirche. Diese geschlossenen durchnumerierten Türen, eine neben der anderen wie in einem Leichenschauhaus, und die Vorstellung, daß hinter allen Türen Menschen saßen. Diesen Menschen blieb nichts als die bedrückenden vier Wände der Zelle und ihre Einsamkeit, sie überlebten hier, denn Leben konnte man das wohl nicht nennen. Die Erkenntnis, daß das alles mich nun erwartete, machte mir deutlich, was es heißt, die Freiheit zu verlieren.

Wir blieben stehen. Der Aufseher nahm einen Schlüssel und öffnete eine Tür. Ich kam in das, was meine Zelle sein sollte. Kalte und feuchte sechs Quadratmeter. Die dicken Mauern, die mich umgaben, rochen nach Elend, Schmerz und Tränen. Als die Tür hinter mir ins

Schloß fiel, kam ich mir vor wie in einem Grab. In diesen Mauern wurde etwas in mir getötet, das spürte ich. In meiner Traurigkeit dachte ich an meine Frau. Würde ich doch nur ihre Liebe nicht verlieren! Erst wenn man getrennt ist, begreift man, wie wichtig es ist, zusammen zu sein.

Nein, ich hatte keine Gewissensbisse wegen meiner Vergangenheit. Gewissensbisse sind doch nur ein Schreckgespenst, das die herrschende Moral an die Grenze des Bösen heftet. Bedauern, das heißt zugeben, daß man sich geirrt hat. Ich hatte zu lange über meine Art zu leben nachgedacht, ich konnte nicht jetzt, da ich geschnappt worden war, zugeben, daß ich mich geirrt hatte. Dies Ende war unvermeidlich; seit über zwei Jahren waren Einbrüche mein Beruf, ich hatte sogar schon getötet, um alte Rechnungen zu begleichen.

Jetzt war es nicht an der Zeit zu bedauern, sondern dafür geradezustehen.

Die ganze Nacht konnte ich nicht schlafen. Am Morgen wurde die Tür kurz zur Kaffeeverteilung geöffnet; der Kaffee war nur schwarzes Wasser ohne jeden Duft oder Geschmack. Beim Tageslicht sah ich, wie dreckig die Zelle war mit ihren verwaschenen Mauern und all den Kritzeleien darauf. Ich las, ‹Pierrot liebt Nina!›, ‹Bébert ist schwul›, ‹Nanard ist schon sechs Monate hier drin› und andere belanglose Botschaften von Männern, die sich nur noch den Mauern anvertrauen konnten. Aus meinem Fenster konnte ich auf die runde Mauer sehen, die mich von der Freiheit trennte. Meine Gedanken schweiften zu Solé und Sabrina. Paul hatte recht behalten mit seiner Voraussage, ich werde nicht erleben, wie sie aufwächst.

Ich wußte, daß meine Freunde sich um einen Anwalt kümmern würden, sobald sie von meiner Verhaftung erfuhren, und zwar mit Hilfe meines Vaters, wie wir es immer vorbesprochen hatten.

Ich konnte mit meinem Fuß überhaupt nicht mehr auftreten. Man machte mir nur einen Verband und kümmerte sich nicht weiter darum, ob der Fuß verstaucht oder gebrochen war. Ich stellte entsetzt fest, daß der Mensch hinter Gittern gar kein Mensch mehr ist. Er verliert viel mehr als seine Freiheit, er verliert das Recht, er selbst zu sein. Dann bekam ich meinen Anwalt zu sehen. Er sagte mir, daß mein Vater ihn gebeten habe, meine Verteidigung zu übernehmen. Wir entwickelten gemeinsam einen Verteidigungsplan, der sich als sehr einfach erwies. Ich wollte die Waffen alle auf meine Kappe nehmen und behaupten, daß die anderen gar nicht wußten, was ich da transportierte. Auch wenn diese Erklärung ein wenig simpel war, so konnte doch eventuell dadurch erreicht werden, daß sich meine Anklage auf verbotenen Waffentransport beschränkte und daß meine Partner sofort freigelassen würden. Mein Anwalt wollte genaueres wissen. Ich gab ihm zu verstehen, daß er sich an meine Anweisungen zu halten habe und etwas weniger neugierig sein sollte.

Die ganze Woche wartete ich auf einen Brief von meiner Frau. Ich fragte mich dauernd, wie sie die Angelegenheit wohl aufgenommen hatte. Ich meinerseits fand mich so langsam mit meiner Situation ab. Die Aufseher, die mittlerweile meinen Fall aus der Lokalpresse kannten, behandelten mich ohne Feindseligkeit. Einen Monat mußte ich auf den ersten Brief warten. Solé schrieb ihren Kummer und ihre Vorwürfe, aber so, als sei meine Verhaftung ganz überraschend für sie gekommen. Sie schloß ihren Brief mit der Versicherung, daß sie auf mich warten werde; darüber mußte ich bitter lächeln, denn ich war nicht mehr Herr über mein Schicksal und deshalb auch nicht über die Dauer meiner Abwesenheit. Das Wort ‹Treue› machte mich nachdenklich, denn zärtliche Liebesbriefe können keine zu lange Abwesenheit ersetzen. Ich verspürte ein Gefühl der Eifersucht bei dem Gedanken, Solé könne eines Tages in den Armen eines anderen liegen. Ich träumte, daß ich sie mit einem anderen überraschte, daß ich daraufhin beide erschlug und daß ich mit blutverschmierten Händen meine Tochter aus ihrer Wiege nahm und mit ihr einen endlosen Flur entlanglief. Auf der Flucht verfolgte mich das Lachen von Solé, als wolle sie sich über die Dummheit meiner Handlung lustig machen. Morgens erwachte ich mit einem unguten Gefühl, das mich den ganzen Tag nicht verließ; ich begriff, wie es Solé während all meiner Touren ergangen sein mußte.

Ihr erster Besuch bei mir verlief dramatisch. Sie weinte ununterbrochen und sagte mir, wie sehr sie mich liebte. Die Polizei hatte sie verhört, um etwas über mich und meinen Umgang herauszubekommen. Sie aber hatte sich ganz hervorragend verhalten und so getan, als sei sie total überrascht und habe gar nichts von meinen Aktivitäten gewußt.

Ich reagierte abweisend auf ihre Verzweiflung, denn meine Träume überschatteten die Wirklichkeit. Ich sah sie mit anderen Augen.

«Warte nicht auf mich, fang ein neues Leben an», sagte ich. Aber ich dachte: Ich liebe dich so sehr, warte auf mich.

Selbst im Gefängnis wollte ich noch Herr der Situation bleiben und meinen Einfluß auf Solé behalten. Ich saß hinter dem trennenden Gitter und hatte Lust herauszuschreien, wie sehr ich sie liebte und daß der Schmerz über die Trennung von ihr mich beinahe umbrachte, aber mein Stolz verbot mir diese Schwäche. Ich wollte meinen Schmerz hinter Härte verbergen. Sie sagte mir, daß sie zu meinen Eltern ziehen werde. «Halte mich doch nicht für so dumm. Im Inneren deines Herzens leidest du, das weiß ich, das fühle ich. Vielleicht verstehst du nun besser, wie ich gelitten habe, wenn ich nächtelang auf dich gewartet habe, als du mit deinen Freunden unterwegs warst.»

Der Aufseher sagte, daß die Gesprächszeit um sei. Diese brutale plötzliche Trennung tat mir weh. Ich hatte ihr so viel zu sagen, so viel zu erklären, und man ließ mir keine Zeit dafür. Als ich wieder in meine Zelle kam, stiegen mir die Tränen in die Augen. Ich weinte nicht über mein eigenes Schicksal, sondern über die Verzweiflung, die ich in den Augen meiner Frau gesehen hatte. Dann riß ich mich zusammen, damit der Aufseher nichts merkte. Er war solche Besuchsszenen gewöhnt, und ich hätte mich geärgert, ihm meine Schwäche zu zeigen.

Einige Tage später verlegte man mich in eine Zelle, in der ich zwei Mithäftlinge hatte. Ich brauchte nicht lange, um zu merken, daß einer der beiden mit mir zusammengelegt worden war, um mein Vertrauen zu gewinnen und mich zum Reden zu bringen. Er stellte mir ununterbrochen alle möglichen Fragen. Das Spiel machte mir Spaß. Ich ließ nach und nach absichtlich ein paar falsche Informationen heraus und spielte den unvorsichtigen, unbedarften Anfänger. Um meine Vermutung zu bestätigen, erzählte ich ihm von meinem Einbruch bei Beaumont-le-Roger. Ich erklärte ihm alle Einzelheiten und tat so, als sei das mein erster Einbruch gewesen. Das Ergebnis ließ nicht lange auf sich warten, denn bereits sechs Tage später verhörte mich ein Kommissar zu dieser Geschichte. Ich wußte genau, daß er keinerlei Beweise gegen mich hatte, aber ich wollte in dieser Sache verurteilt werden, da ich dann sicher sein konnte, mit weniger davonzukommen, als im Fall eines großen Urteils in der Waffenaffäre. Es wäre für mich auf jeden Fall leichter, mit Hilfe meiner Freunde aus dem kleinen Gericht von Beaumont-le-Roger abzuhauen. Ich gab also die Sache ohne große Umschweife zu. Der Kommissar, der mich verhörte, war darüber recht verwundert und meinte, einen kleinen Dieb, der weiter nichts Besonderes war, vor sich zu haben. Ich hätte gern sein Gesicht gesehen, wenn er meine ganze Liste gekannt hätte. Zu meiner großen Genugtuung war er am Ende überzeugt, daß ich ein kleiner Taugenichts war, der für die Gesellschaft nicht besonders gefährlich ist und gleich bei seinem ersten Delikt geschnappt wird.

In der Zelle wartete der Spitzel schon mit seinem katzenfreundlichen Lächeln auf mich.

«Also, was gab's? Hoffentlich nichts Schlimmes?» Ich verpaßte ihm einen Leberhaken, daß er zusammenbrach. Sehr zum Erstaunen des anderen Mithäftlings, der meinen plötzlichen Ausbruch überhaupt nicht verstand. Ich verpaßte ihm eine Serie Ohrfeigen, als wolle ich ihm den Kopf abhauen. Bösartig grinsend sagte ich:

«Ich hab gehört, du kommst in eine andere Zelle, Saukerl ... also mach schnell und hau ab!»

Er fragte nichts mehr, sondern rief nach dem Aufseher, sobald ich ihn hatte aufstehen lassen. Tatsächlich wurde er nach diesem Zwischenfall aus unserer Zelle verlegt. Ein Aufseher bestätigte mir, daß ich mich nicht getäuscht hatte. Er war tatsächlich ein Spitzel. Ich bekam einen Verweis.

Der Richter akzeptierte meine Erklärung zu den Waffen.

«Alles gehörte mir. Die anderen wußten nicht, was ich da transportierte. Ja, ich habe am Steuer gesessen.»

Das Ergebnis ließ nicht lange auf sich warten. Zwei meiner Partner wurden freigelassen, einer blieb in Haft, denn man hatte ein Stilett bei ihm gefunden. Ich war mit dem Ergebnis zufrieden, auch wenn die beiden kurzfristigen Partner für meine ganzen Probleme verantwortlich waren.

Eintönig vergingen die Tage in dieser winzigen Zelle, in der wir zu dritt hausen mußten. Statt des Spitzels saß jetzt ein kleiner Mofadieb bei uns. Es gab nur ein einziges Bett. Die anderen hatten es mir gelassen und schliefen mit Matratzen auf dem Boden. Wir hatten absolut nichts zu tun. Karten spielen war verboten. Einmal pro Woche wurden ein paar Bücher ausgeteilt. Eine Stunde pro Tag gingen wir in Sechsergruppen zum Hofgang hinaus. Unsere Gespräche waren vollkommen belanglos. Wie lebende Hampelmänner liefen wir ziellos herum, auf nichts anderes wartend als auf den nächsten Tag, der genauso ablaufen würde wie auch die folgenden Tage, Monate und Jahre, bis sich die Türen in die lang ersehnte Freiheit wieder öffnen würden. Für unsere Wiedereingliederung in die Gesellschaft wurde absolut nichts getan. Wer tatsächlich sein Leben ändern wollte, hatte nicht die materiellen Möglichkeiten dazu. Das bißchen Arbeit, das verteilt wurde, reichte gerade für ein Päckchen Zigaretten aus. Die Männer wurden ausgebeutet, und das mit Einverständnis der Gefängnisleitung.

Wer ohne Geld hier reingekommen war, kam genauso wieder raus und war zum Überleben einfach gezwungen, ein neues Delikt zu begehen. Auch psychologisch waren die Haftbedingungen zerstörerisch; es gab keine Ausbilder für die, die einen Beruf hätten erlernen wollen, keinerlei soziale Betreuung und so gut wie keine medizinische Versorgung. Die Gesellschaft sperrte uns ein. Unsere Haft war eine reine Bestrafungsaktion, nicht etwa die Begleichung einer Schuld mit der Hoffnung auf ein neues Leben. Es herrschte strenge Disziplin; bei den unsinnigen Befehlen, die man uns erteilte, hatte ich große Mühe, ruhig zu bleiben und mich zurückzuhalten. Glücklicherweise hatte ich Geld, so daß ich alles mögliche kaufen und unser Alltagsleben etwas aufbessern konnte. Meine beiden Mithäftlinge profitierten davon.

Solé besuchte mich regelmäßig. Ich reagierte bei jedem Besuch anders. Als sei ich wie ausgewechselt, war ich mal lieb und zärtlich, dann wieder brutal und aggressiv. Die beiden Jungen, die auf Grund meiner Aussage entlassen worden waren, bedankten sich bei mir. Ich wußte nicht warum, denn für mich war es das Normalste von der Welt, sich anständig zu verhalten und den Mund zu halten; das Gegenteil wäre unnormal gewesen.

Meine Eltern reagierten ganz vorbildlich. Eine große Sorge war mir dank der Hilfe, die sie Solé zuteil werden ließen, genommen. Keine Vorwürfe, sondern sehr viel Verständnis. Meine Mutter besuchte mich sehr oft und versuchte, mir das Versprechen zu entlokken, daß ich nach meiner Entlassung ein anderes Leben anfangen würde. Da ich nicht anwortete, meinte sie traurig:

«Also hast du immer noch nichts begriffen. Und was ist mit deiner Tochter? Denkst du auch an sie?»

«Solange ich hier bin, kann ich dir nichts versprechen, Mama, ich warte mit den Entscheidungen lieber, bis ich draußen bin.»

Enttäuscht ging sie fort, aber doch mit der Hoffnung, ich würde mich ändern. Ich fand es bewundernswert, wie meine Eltern mir in dem Moment, in dem ich es am meisten brauchte, die Hand reichten und mir nicht den Rücken zukehrten. Das war eine Chance für mich, aus allem rauszukommen. Ich brauchte es nur wirklich zu wollen.

Eines Tages bestellte mich der Oberaufseher zu sich, um mir die Stelle als Verantwortlicher für die Gefängnisarbeit vorzuschlagen, da der, der diese Aufgabe bisher übernommen hatte, einen Selbstmordversuch unternommen hatte. Die Aufgabe bestand darin, die Arbeit zu planen und zu verteilen und die Buchhaltung zu machen. Ich war einverstanden. Dadurch änderten sich meine Lebensbedingungen. Ich lebte jetzt in einem riesigen Raum, in dem die Arbeitsmaterialien gelagert wurden. Wir hatten auch unsere Betten in dem Raum. Wir, das waren außer mir noch drei andere Häftlinge, die mir bei der Arbeit halfen. Ich konnte mich nun freier bewegen und vermittelte Informationen von einer Zelle zur nächsten, wobei ich mir die Häftlinge, denen ich diesen Dienst erwies, genau aussuchte. Ich kungelte ein bißchen mit ein paar Aufsehern, die mir Alkohol, Zigarren und Fleisch besorgten, und da ich meine Arbeit ordentlich machte, hatte ich meine Ruhe.

Nach einem Besuch von Solé, bei dem wir uns nur zankten, hätte ich beinahe mit ihr gebrochen. Jetzt fühlte sie sich stark und konnte mich zur Weißglut bringen. Ich war so wütend, daß ich den Besuchsraum schon vor Ablauf der Besuchszeit verließ und sie im Weggehen anschrie:

«Hau bloß ab hier. Wenn du glaubst, du könntest jetzt mein Leben in die Hand nehmen, dann hast du dich aber gründlich getäuscht!»

Ich zerriß daraufhin alle Fotos, die ich von ihr hatte – der Dummheit dieser Tat durchaus bewußt. Die Vergangenheit kann man nicht zerstören, indem man Erinnerungsstücke an glückliche Stunden zerstört. Einen Monat lang bekam ich keine Post und schrieb selbst auch nicht. Sie besuchte mich nicht mehr, und ich war verwundert, wie schnell ich vergessen konnte. Ohne den Kontakt zu meiner Frau gelang es mir tatsächlich, nicht mehr an sie zu denken. Von meiner Mutter erfuhr ich, daß sie schlimme Depressionen hatte. Dann machte sie mit einem schüchternen Brief wieder Annäherungsversuche. Diese Liebesbotschaft brachte alles wieder in Ordnung … unsere Liebe entflammte erneut. Sie schickte mir neue Fotos von sich und vor allen Dingen Fotos von meiner Tochter. Stundenlang schaute ich mir meine Tochter an. Ihretwegen wäre ich in der Lage, meinen Lebensstil zu ändern, denn ich fühlte mich durch meine Abwesenheit schuldig.

Mein Anwalt teilte mir mit, daß der Einbruch vor dem Waffenbesitz verhandelt werden würde. Das paßte mir gar nicht, denn deswegen hatte ich den Einbruch nicht zugegeben. Ich wurde zu einem Jahr Gefängnis verurteilt. Zwei Monate später war dann der Waffentransport dran.

Das kleine provinzielle Gerichtsgebäude war kaum bewacht, es standen nur ein paar Polizisten davor. Als ich aus dem Polizeiwagen stieg, sah ich meine Freunde, was mir Mut machte. An Händen und Füßen gefesselt, bewegte ich mich mit kleinen Schritten vorwärts. Paul kam auf mich zugestürzt, umarmte mich freundschaftlich und flüsterte mir zu:

«Wir sind alle hier! Wenn du willst, machen wir was!» Er kam nicht dazu, mehr zu sagen, denn Polizisten rissen uns auseinander. Offensichtlich waren sie von seinem Auftreten überrascht.

«Los, weitergehen!»

«Das ist mein Vetter, regen Sie sich doch bitte nicht auf!» Damit war der Zwischenfall erledigt.

Mein Anwalt hatte mir zugesichert, daß ich nicht mehr als ein Jahr bekommen würde, da ich nicht vorbestraft war. Deshalb lohnte es sich nicht, groß was zu riskieren. Guido hatte ich nicht gesehen. Ich erfuhr später, daß er am Steuer eines schnellen Autos auf mich wartete und einen Koffer Waffen für mich dabeihatte.

Der Prozeß war ziemlich langweilig. Eine schlechte Komödie mit schlechten Schauspielern. Wie soll man die Justiz ernst nehmen können, wenn sie von solch untalentierten Hampelmännern vertreten wird? Das Urteil wurde verkündet: eineinhalb Jahre, das war die Höchststrafe. Wobei mir das eine Jahr, das ich schon bekommen hatte, angerechnet wurde. Ich fand, daß ich dabei ganz gut weg kam, und so ließ ich angesichts der kurzen Zeitspanne, die ich noch vor mir hatte, alle Fluchtgedanken fallen. Mein Partner mit dem Stilett bekam sechs Monate. In dem Augenblick, als ich wieder in den Polizeiwagen stieg, winkten meine Freunde mir zum Abschied zu. Ich hoffte nur, daß diese sympathische Unvorsichtigkeit keine Folgen für ihre künftige Sicherheit haben würde.

Die Zeit verging. Optimistisch, wie ich von Natur aus war, blieb ich guter Laune. Solé schlug mir vor, mich mit meiner Tochter zu besuchen. Der Besuch fand eine Woche danach statt. Es tat mir sehr weh, Sabrina da hinter den trennenden Gitterstäben zu sehen und ihr erstes ‹Papa› zu hören. Es war strikt verboten, Kinder zu umarmen. Aber der diensthabende Aufseher tat etwas sehr Menschliches. Er holte meine Tochter und legte sie mir in die Arme.

«Machen Sie schnell, denn ich krieg sonst Ärger.»

Tief bewegt spürte ich den kleinen lebhaften Körper, der die Frucht meiner Liebe war. Sabrina sah mich aus ihren kleinen dunkel leuchtenden Augen an. Dann legte sie ihre Hand auf meine Lippen, drehte sich zu ihrer Mutter um, die auf der anderen Seite des Gitters geblieben war und fragte:

«Papa?»

Solé antwortete ihr traurig:

«Ja, mein Engel ... das ist Papa.»

Als ich sie zärtlich küßte und umarmte, wurde mir klar, was ich verloren hatte und was sie verlor: all die Liebe und Zärtlichkeit, die ich für sie empfand, war allein durch meine Schuld in eine kleine Gefängniszelle eingesperrt. Ich glaube, das war der Augenblick, in dem ich beschloß, nach meiner Entlassung ein neues Leben anzufangen. Um meiner Tochter willen würde ich dazu in der Lage sein. Ich umarmte sie noch einmal und übergab sie dem Aufseher.

«Danke. Das war toll, was Sie da eben gemacht haben.»

«Ich kann das, Mesrine. Ich hab auch Kinder, aber Sie wissen ja, die Vorschriften ...!»

Das Jahresende rückte näher. Im Winter war es im Gefängnis noch trauriger: die Hofgänge bei Regen, Schlamm und Kälte, die feuchten Zellen und die melancholische Vorweihnachtsstimmung. Weihnachten saßen wir um ein kleines Bäumchen herum, das ich aus bunter Pappe selbst gebastelt und geschmückt hatte, so gut es eben ging. Ich hatte eine ganze Menge Alkohol organisiert, der uns in Stimmung brachte.

Am 2. Januar wurde ich in ein Pariser Gefängnis gebracht, nach Fresnes. In großer Begleitung stieg ich in den Zug. Weil ich an Händen und Füßen gefesselt war, starrten mich alle Leute neugierig an. Nur eine alte Frau lächelte mir feundlich zu. Ansonsten von allen Seiten feindselige Blicke. In Fresnes wurde ich elf Tage lang in eine Zelle gesteckt, die eigentlich für einen einzigen Gefangenen vorgesehen war. Außer mir lagen noch fünf unrasierte, abstoßende Männer auf ekelhaften Matratzen am Boden herum. Der Gestank nach

Urin und Dreck war zum Kotzen, das Essen war entsetzlich. Hygiene gab es überhaupt nicht. Wir sollten alle in ein anderes Gefängnis kommen. Hier waren wir nur vorübergehend. Es regte mich wahnsinnig auf, daß die Gesellschaft uns seelenruhig unter solch erbärmlichen Bedingungen vegetieren ließ. Selbst Hunde hatten es in ihren Hundehütten besser. Ich begann diese Gesellschaft zu hassen, die meiner Ansicht nach zwar das Recht hat zu bestrafen, aber nicht das Recht, mir meine Menschenwürde zu nehmen.

Und dann kam ich ins nächste Gefängnis, diesmal nach Orléans. Ich hatte noch sechs Monate abzusitzen. Kein einziger Tag wurde mir erlassen, und ich saß meine vollen achtzehn Monate ab. Versprechen der Verwaltungsbürokratie sind so viel wert wie ungedeckte Schecks, das jedenfalls hatte ich jetzt gelernt, und daraus würde ich meine Lehren ziehen ... eine ganze Reihe von Jahren später.

In Orléans lernte ich einen alten Häftling kennen. 1946 war er Staatsfeind Nummer eins gewesen. Er hieß Pierre Carot, war einer, der immer die Knarre dabeigehabt und auch kräftig davon Gebrauch gemacht hatte. Ich wurde sein Freund. Als ich ihm erzählte, daß ich ins bürgerliche Leben zurückkehren wollte, lächelte er.

«Früher oder später fängst du wieder an», sagte er, «denn du bist aus demselben Holz geschnitzt wie ich. Du hast in der Gesellschaft keinen Platz und wirst dein Leben im Knast beenden, es sei denn, du gehst vorher drauf.»

Er war schon siebzehn Jahre eingesperrt. Ich fragte mich, wie man ein Urteil hinnehmen kann, das meiner Meinung nach schlimmer ist als der Tod. Wie war es möglich, siebzehn Jahre lang nicht den Körper einer Frau zu spüren? Wie konnten die Augen es ertragen, siebzehn Jahre lang nur die kalten Zellenmauern zu sehen und nicht mehr den herbstlichen Wald oder ein Kind auf einer blühenden Wiese? Und wie ertrugen es die Ohren, siebzehn Jahre lang kein liebes Wort zu hören, keine Lebensgeräusche, keine glücklichen Kinderstimmen? Wie konnte man so ein totes Leben akzeptieren? In siebzehn Jahren wird alles abgetötet, was noch irgendwie zum Leben gehört. So ein Mensch muß ertragen, was kein Tier ertragen könnte, ohne den Verstand zu verlieren. So ein Mensch ist gezwungen, sich eine Scheinwelt aufzubauen, um überhaupt zu überleben. Tief in meinem Innern wußte ich, sollte ich eines Tages in so eine Situation hineingeraten, daß ich sie nicht hinnehmen könnte, lieber würde ich mein Leben aufs Spiel setzen, um die Freiheit zurückzugewinnen, als Monat für Monat immer mehr abzustumpfen. Ich ahnte nicht, daß sechs Jahre später meine Situation schlimmer sein würde als die von Carot.

Durch Solé erfuhr ich, daß Jacky und Paul nach einer Schießerei mit der Polizei geschnappt worden waren. Sie waren in La Santé eingelocht. Lange, schreckliche Jahre erwarteten sie. Aber das gehörte nun mal zu unserem Berufsrisiko. Wollte das Schicksal mich wieder einmal zur Vernunft bringen, indem es mir kurz vor meiner Entlassung zwei meiner Freunde entriß? Eins jedenfalls war sicher: diese Warnung machte mich nachdenklich.

Und dann kam der Tag meiner Entlassung; es war im Juli 1963. Die letzte Nacht war sehr lang, ich dachte viel nach. Anderthalb Jahre meines Lebens hatte ich verloren. Diese Zeit war nicht spurlos an mir vorübergegangen. Ich hatte zu viele Typen gesehen, die lange Strafen abzusitzen hatten, als daß ich meine Zukunft nicht ernst nehmen würde. Solé hatte auf mich gewartet. Ich wollte durch ehrliche Arbeit aus meiner Außenseitersituation herauskommen, zumindest wollte ich es versuchen. Ich fühlte mich in der Lage, meinen Lebensunterhalt auf ehrliche Weise zu verdienen, wenn ich es nur ernsthaft wollte. Tief im Innern hatte ich mich nicht geändert, und ich konnte mir vorstellen, daß eine Menge Schwierigkeiten auf mich zukommen würden. Es kam für mich nicht in Frage, meine Freunde oder meine Vergangenheit einfach zu verleugnen, aber es kam mir darauf an, nicht mehr zu klauen, Geld zu verspielen und zwielichtige Kneipen oder Nutten zu besuchen. Ich wußte noch nicht, ob es mir gelingen würde, aber gegenüber meiner Frau und meiner Tochter hatte ich eine große Schuld ... und vor allem hatte ich die feste Absicht, ein glückliches Familienleben zu führen.

Als sich an diesem sonnigen Morgen die schweren Gefängnistore für mich öffneten, waren alle meine Qualen verschwunden. Solé wartete auf mich und fiel mir um den Hals. Wir küßten uns eine Ewigkeit. Ihr Kuß schmeckte irgendwie anders als früher. Ich sah sie mit anderen Augen. Ich war im Gefängnis reifer geworden, wenn auch nicht gerade ruhiger, denn meine innere Unruhe war noch größer als vorher. Ich sah blaß aus und hatte Ringe unter den Augen. Man sah, daß ich aus dem Knast kam.

Im Auto warteten meine Eltern. Sie lächelten. Wir umarmten uns und fuhren Richtung Paris. Als Sabrina mich sah, rannte sie auf mich zu. Wie schön war es, frei zu sein!

Wir machten in Spanien Urlaub. So lernte ich ihre Familie kennen, die nichts von meiner Vergangenheit wußte.

Als wir wieder in Paris waren, erklärte mir mein Vater, daß er eine Wohnung gekauft habe. Er bot mir an, darin zu wohnen, wenn ich wirklich die feste Absicht hätte, wieder von vorn anzufangen.

Solé, Sabrina und ich zogen also dort ein. Jetzt mußte ich eine Arbeit finden. Ich kannte mich ein bißchen in Architektur aus: deshalb wollte ich in der Richtung etwas unternehmen. Ich schrieb auf eine Anzeige hin und stellte mich bei einem kleinen Architekturbüro vor. Ich wurde vom Direktor empfangen. Er war jung und wirkte aufgeschlossen. Ich faßte sofort Vertrauen zu ihm. Er fragte mich nach meinen Kenntnissen in der Branche. Ich gab ihm zu verstehen, daß ich was lernen wollte und keine Angst hätte, mit dem niedrigsten Gehalt anzufangen.

«Ihre Art gefällt mir», sagte er. «In welchen Unternehmen haben Sie die letzten Jahre gearbeitet?» Ich hatte zwei Möglichkeiten: entweder ihn anzulügen oder aber weiter ganz offen zu sein. Ich wählte die zweite Möglichkeit.

«Monsieur, ich will Ihnen nichts verheimlichen ... ich komme gerade aus dem Gefängnis, ich habe wegen Waffengeschichten und Diebstahl gesessen. Ich kann Ihnen keine Empfehlungsschreiben vorlegen aus dem einfachen Grund, weil ich seit dem Militärdienst nicht richtig gearbeitet habe. Aber ich möchte von vorn anfangen. Der Wunsch, ein ehrliches Leben zu führen, ist meine einzige Referenz. An Ihnen liegt es zu entscheiden, ob meine Vergangenheit meiner Zukunft im Wege steht.»

Er lächelte, zog an seiner Pfeife und meinte:

«Nein, das soll kein Hindernis sein. Ich gebe Ihnen eine Chance. Ich danke Ihnen für Ihre Offenheit. Es steht mir nicht zu, über Sie den Stab zu brechen. Wenn Sie wollen, können Sie morgen anfangen.»

Ich war halb verrückt vor Freude, als ich sein Büro verließ. Ich glaube, wenn dieser Mann mir die Stelle nicht gegeben hätte, wäre ich vielleicht schon am selben Abend rückfällig geworden.

Mit einem Rosenstrauß kam ich nach Hause, wo ich von Solé strahlend begrüßt wurde. Sabrina kam in meine Arme. Ganz feierlich reichte ich Solé meine Blumen:

«Werte Schönheit ... eine gute Neuigkeit für Sie ... Ihr Ex-Ganove hat Arbeit gefunden.»

«Ist das wahr, Liebster? Kein Witz?»

«Hundertprozentig wahr, und mein Chef weiß, daß ich aus dem Knast komme, denn ich hab's ihm selbst gesagt.»

«Oh, Jacques, wenn du wüßtest, wie stolz ich auf dich bin und wie glücklich ich bin! Oh, das ist wunderbar für uns drei. Wir werden jetzt leben wie alle anderen!»

Eins verunsicherte mich innerlich. Ich, der ich ohne große Gewissensbisse ein verrücktes Leben geführt hatte, verspürte jetzt eine persönliche Befriedigung bei dem Gedanken, zu einem ordentlichen Leben in der Lage zu sein. Ein Leben ohne Überraschungen und Abenteuer, wo ich doch bisher von einem Abenteuer ins nächste gestürzt war. Ich wußte, daß ich bei dem geringen Gehalt lernen müßte, mit Geld umzugehen und es nicht mehr wie früher beim Spiel verschleudern konnte. Dies Laster machte mir angst. Ich wußte, daß es genauso gefährlich war wie eine Droge. Ich verbot mir also selbst den Zutritt zu allen Spielhöllen und Spielkasinos Frankreichs.

Mein erster Arbeitstag war für Solé eine richtige Zeremonie. Ich hätte ihr kein schöneres Geschenk machen können. Angst und Kummer waren für sie der Freude und Heiterkeit gewichen. Die Liebe hatte über das Laster gesiegt. Ihr war nicht klar, daß alles nur auf der Liebe basierte und daß ich, sobald die Liebe ihren Einfluß verlieren würde, schon wieder auf dem falschen Weg wäre. Ich war nicht bieder und angepaßt, sondern zwang mich wegen meiner Gefühle für Solé, es zu sein, aber das war damals noch nicht klar.

«Diesmal weiß ich, daß du heute abend nach Hause kommst.» Hatte ich mich auch nie gefürchtet, wenn es um einen Diebstahl, einen bewaffneten Einbruch oder einen Mord ging, jetzt hatte ich plötzlich ein ungutes Gefühl. Wie ein Wolf in eine Schafsherde, so geriet ich in eine Welt, die nicht die meine war. Wie würden sich meine Kollegen verhalten, wie würde ich selbst reagieren, wenn jemand eine Bemerkung über meine Vergangenheit machen würde? ... Denn ich hatte Angst vor meiner eigenen Brutalität. War es richtig, ein neues Leben zu beginnen? Log ich mir nicht selbst was vor? War ich wirklich ernsthaft überzeugt? Vor der Tür hätte ich beinahe kehrt gemacht. Aber ich ging doch hinein. Ein einziger Schritt kann über das Schicksal eines Menschen entscheiden ... diesmal machte ich den richtigen Schritt.

Ich hatte nur ein paar Kollegen. Unsere Arbeit erforderte einiges an künstlerischem Geschmack, aber auch Kenntnisse in Architektur.

Der Chef stellte mich vor und entschied, daß ich mit einem sehr guten Spezialisten zusammenarbeiten sollte, der mich anleiten würde. Das Arbeitsklima im Büro war ausgezeichnet, was zu einem großen Teil auf die leichte, sympathische Art des Chefs zurückzuführen war, den alle mit Boris anredeten.

Mein erster Arbeitstag war zufriedenstellend. Ich konnte die Pläne lesen und verstehen. Boris stellte fest, daß ich auch das künstlerische Gespür mitbrachte. Mit Lob machte er mir Mut. Er war wie ein Arzt, der seinen Patienten genau beobachtet, um bei der geringsten Schwäche helfend eingreifen zu können. Der Arbeitstag ging zu Ende. Ich mußte innerlich lachen, als ich wie alle anderen mit der Métro nach Hause fuhr.

Ich, der ich die Leute, die arbeiten gingen, immer für bekloppt gehalten hatte, sah sie jetzt mit anderen Augen. Sie sahen aus, als ob sie froh wären, nach einem harten Arbeitstag endlich nach Hause zu kommen. Und mir ging es nicht anders. Jetzt war Schluß mit dem Taxifahren und mit den Luxuswagen! Mit meinem Lohn konnte ich mir das nicht mehr leisten. Aber das alles war jetzt nicht mehr wichtig. Ich war auf dem Heimweg zu meiner Frau, die ich liebte … Solé empfing mich wie den verlorenen Sohn. Sie erkundigte sich tausendmal nach meinem Arbeitstag. Jedes Wort von mir kostete sie aus. Nie hätte ich mir vorstellen können, daß ein so banaler Arbeitstag meiner Umwelt so viel Freude bringen könnte.

Ein Monat verging. Ich bekam meinen ersten Lohn. Mein Chef gab mir eine Prämie dazu. Er ließ mich in sein Büro rufen.

«Ich bin mit Ihrer Arbeit sehr zufrieden. Sie können stolz auf sich sein. Machen Sie so weiter, dann haben Sie bald das Gehalt eines gelernten Modellbauers.»

Um bessere Erfolge bei meiner Arbeit zu erzielen, hatte ich zusätzliche Fernkurse belegt. Das zahlte sich jetzt bereits aus. Dieses Geld, das im Vergleich zu den Summen, die ich früher in der Hand gehabt hatte, eigentlich lächerlich war, war der greifbare Beweis der Veränderung, die mit mir vorgegangen war. Ich hatte es mit meiner Arbeit verdient; ich war mit mir zufrieden. Für Solé war es wie ein Vermögen; sie hatte das geklaute Geld nie ruhigen Gewissens akzeptiert. Ein Schatten huschte über ihr Gesicht, als ich sagte:

«Morgen muß ich bei Guido vorbeischauen. Er ist mein Freund, ich muß mit ihm reden. Weiter nichts, das kannst du mir glauben.»

Ich traf also Guido, der mich sehr gut verstand. Ich war niemandem etwas schuldig und fühlte mich vollkommen frei, den Weg einzuschlagen, den ich für richtig hielt. Guido äußerte Zweifel über meine guten Absichten. Er war ganz sicher, daß ich rückfällig werden würde, da er genau wußte, daß er und die anderen Freunde trotz meines neuen Lebens im Ernstfall auf mich rechnen konnten. Als ich mich nach Jacky und Paul erkundigte, sagte er, er würde sich drum kümmern. Der Prozeß war noch nicht gelaufen, aber die Anwälte glaubten, daß es besser gehen könnte, als sie zuerst gedacht hatten. Ich gab Guido zu verstehen, daß ich jederzeit bereit wäre, mich für sie einzusetzen. Bevor ich ging, sagte er:

«Übrigens, mein Sohn, ich hab all deine Waffen hier. Ich hab sie nach deiner Verhaftung bekommen. Ich hab auch deine geliebte 45er ... willst du sie mitnehmen?»

«Kannst du nicht alles aufheben? Auf der Arbeit brauch ich keine Schießeisen.»

«Ist okay, Junge, ich heb sie auf! ... Wer weiß, vielleicht holst du sie ja bald wieder selbst!»

«Hör zu, Alter! Ich hab dir gesagt, daß ich versuche, ein neues Leben anzufangen, das heißt für mich nicht, daß ich meine Vergangenheit und meine Freunde verleugne. Also, bitte, laß die bekloppten Witze! ... Wenn ich sie wirklich eines Tages wiederhole, dann wird das schon seine Gründe haben, und ich werd keine Sekunde zögern. Das weißt gerade du am besten.»

Wir verabschiedeten uns und hatten keine gemeinsamen Pläne, außer, daß wir uns wiedersehen wollten.

Solé war glücklich, daß ich recht früh nach Hause kam. Mir war klar, sie hatte Angst, daß ich sofort Lust hätte, wieder ins Verbrecherleben abzusinken, wenn ich nur meinen besten Freund wiedersehen würde.

Monate vergingen. Mein Chef bezahlte mich gut, denn ich machte meine Arbeit immer besser. Ich strengte mich sehr an und war ehrgeizig. Manchmal arbeitete ich bis spät in die Nacht hinein, wenn ich unbedingt noch eine Sache fertig machen wollte. Es kam vor, daß ich dreißig Stunden arbeitete, ohne zwischendurch zu schlafen. Solé war über meinen Ehrgeiz sehr glücklich. Manchmal sah sie mir mit Sabrina bei der Arbeit zu und war glücklich, weil wir endlich so lebten, wie sie es sich vorgestellt und gewünscht hatte. Natürlich gab es manchmal Streit, aber es ging immer nur um Kleinigkeiten; im allgemeinen verstanden wir uns gut.

Unsere Wohnung war geschmackvoll eingerichtet. Ich hatte alles selbst gemacht und war mit mir zufrieden. Meine Eltern kamen oft zu Besuch. Seit ich ein bürgerliches Leben führte, verstanden mein Vater und ich uns wie zwei gute Freunde. Hatte ich mich in meiner Jugend über sein mangelndes Verständnis beschwert, so entschädigte mich jetzt die tiefe Freundschaft zwischen uns dafür.

Als ich eines Abends nach Hause kam, machte Sabrina mir die Tür auf. Im Wohnzimmer war der Tisch festlich gedeckt und Kerzen brannten. Sabrina zog mich zu meinem Platz. Ich mußte mich hinsetzen und sie setzte sich auf meinen Schoß. Ich war gespannt, was für eine Überraschung es geben würde ... Ich spielte mit:

«Ja, was ist denn los? Wo ist denn die Mutti?»

Sabrina legte ihren Finger auf den Mund. Ich hörte meine Lieblingsmelodie ... und Solé kam herein; ich mußte laut loslachen. Sie hatte sich mit einem dicken Kopfkissen als Schwangere verkleidet. Sie war mit allen Puppen meiner Tochter beladen, als hätte sie so viele Kinder ... und auf einem Schild, das sie sich umgebunden hatte, stand: wir nehmen zu.

Lachend kam sie zu uns, aber als ich sie gerade küssen wollte, zog mich Sabrina am Hosenbein, sie wollte nicht vergessen werden. Ich hob die Kleine hoch, und wir umarmten und küßten uns alle drei. Auf diese originelle Art hatte Solé mir gesagt, daß sie schwanger war.

Ich arbeitete intensiv. Abends saß ich über meinen Architekturbüchern. Ich sah optimistisch in die Zukunft. Guido kam manchmal zum Abendessen zu uns, und Solé gewöhnte sich daran.

Er erzählte mir, was er von Paul und Jacky Neues wußte. Durch ihn erfuhr ich, daß noch andere Leute aus unserer Gruppe geschnappt worden waren; als sie in Spanien ein Ding drehen wollten. Guido glaubte immer noch nicht an mein neues Leben. Manchmal meinte er ironisch:

«Na, Junge, wie lange hältst du noch durch?»

Ich kam nicht umhin, ihm zu sagen, was ich wirklich dachte. Mein früheres Leben fehlte mir, ich sehnte mich oft nach dem Reiz des Abenteuers. Aber andererseits hatte ich in meinem jetzigen Leben mit Solé wieder mehr Probleme als kurz nach meiner Entlassung. Sie machte mir wieder Eifersuchtsszenen, grundlos und nur aus Freude an der Auseinandersetzung. Ich schlug sie wieder. Jede andere Frau war für sie eine Rivalin, ob im Restaurant, auf der Straße oder sonstwo. Sobald ich nur ein anderes Mädchen ansah, bekam sie schon Zustände. Sie merkte nicht, wie sehr sie damit unsere Verbindung auf die Probe stellte und so lange an meinen Nerven nagte, bis ich früher oder später ihrer überdrüssig werden würde. Ich wurde bei meiner Arbeit manchmal auf Dienstreisen geschickt. Als einziges Überbleibsel meiner früheren Freiheit hatte ich dabei schon mal Bekanntschaften für eine Nacht, die ohne jede weitere Bedeutung für mich waren. Damit kompensierte ich die Szenen, die Solé mir machte und die anfangs völlig unbegründet waren. Ich ging auch ab und zu wieder in Nachtklubs. Dort traf ich alte Bekannte. Es machte mir Spaß, wieder in diese Atmosphäre einzutauchen und ein bißchen vom Nachtleben zu kosten, das doch einmal meine Welt gewesen war. Dabei aber blieb ich doch bei meinem Entschluß, und einige zweifelhafte Angebote, die man mir machte, lehnte ich ab.

Mein Chef machte sich seit einiger Zeit Sorgen, da die Geschäfte nicht so gut liefen. Er hatte vor, entweder das Unternehmen dichtzumachen oder Personal zu entlassen. Das schaffte eine gespannte Atmosphäre unter den Kollegen, denn jeder fragte sich, von wem er sich wohl trennen würde.

Ende November bekam Solé einen niedlichen Jungen. Ich wollte ihre Freude nicht mit meinen beruflichen Sorgen trüben, obwohl ich jetzt drei ernähren mußte und die Zukunft nicht unbedingt rosig aussah.

Mitte Dezember kam die schlechte Nachricht. Von sieben Angestellten mußte Boris fünf entlassen. Er war darüber todunglücklich, aber er hatte keine andere Wahl. Ich gehörte zu den Entlassenen. Als ich meinen letzten Lohn bekam, fragte ich mich, ob das nun die Belohnung des Schicksals für sechzehn Monate ehrliche Arbeit war. Ich war arbeitslos; das war für mich schlimmer als für andere, denn ich hatte eine Vergangenheit, die durch sechzehn Monate Arbeit nicht unbedingt für jedermann ausgelöscht war.

Trotzdem beschloß ich, Arbeit zu suchen. Ich wollte mir keine billige Ausrede suchen, um schnell wieder in mein früheres Leben zurückzufallen. Solé nahm die Neuigkeit sehr traurig auf und fürchtete, ich würde von einem Tag zum andern rückfällig.

Weihnachten hatte ich immer noch keine Arbeit. Alle Arbeitgeber, die in Frage kamen, hatten nach meinem polizeilichen Führungszeugnis gefragt. Ich wollte offen sein und hatte deshalb meine Vergangenheit nicht verheimlicht. Das Ergebnis war katastrophal. Immer wieder hatte ich zu hören bekommen: «Wir lassen von uns hören.» Die Ablehnungen machten mich verzweifelt und wütend.

Anfang 1965 fand ich schließlich wieder eine Stelle als Modellbauer, hatte aber nichts von meiner Vergangenheit gesagt. Der Chef war kurz angebunden und unsympathisch. Nach zwei Wochen rief er mich in sein Büro. Er erläuterte mir, daß er sich zu seinem großen Bedauern von mir trennen müsse, da er durch eine Indiskretion erfahren habe, daß ich eine Gefängnisstrafe hinter mir habe ... ich müsse ihn verstehen ... Ich sagte, daß ich durch meine Arbeit meinen ernsthaften Wunsch, mich zu ändern, bewiesen hätte. Er tat honigsüß, schob die Verantwortung auf seine Geschäftspartner, die ihn bedrängten und und und ...

Ich hörte nicht mehr zu. Diesmal brach alles zusammen. Wie eine schmutzige chronische Krankheit warf man mir meine Vergangenheit an den Kopf. Diese rachsüchtige Gesellschaft weigerte sich, meine Schuld, für die ich bezahlt hatte, zu vergessen. Die ganze versteckte innere Revolte kam in mir wieder hoch. Ich schnappte meinen Chef am Kragen und bekam wieder meinen mörderischen Blick:

«Mensch, was bin ich doch bescheuert gewesen, daß ich solchen Hurensöhnen wie dir geglaubt habe!»

Vor ihm auf dem Schreibtisch lag mein Lohn, ich nahm ihn, warf ihm die Scheine und Münzen ins Gesicht und spuckte ihn an. Dann schleuderte ich ihn durchs Zimmer und ging zur Tür.

Über eine Stunde irrte ich ziellos umher; in mir kochte der Haß, der nichts anderes war als eine grausame Enttäuschung über das Ergebnis all meiner Bemühungen. Mein Entschluß stand fest. Die Gesellschaft verwehrte mir das Recht, mein Leben ehrlich zu verdienen, also würde ich ihr wieder den Kampf ansagen. Ich mußte innerlich grinsen, denn meine Rache würde brutal sein.

Ich sagte zu mir selbst:

Das werdet ihr büßen!

Ich ging in eine Kneipe und rief Guido an.

«Hallo, bist du's, Alter?»

«Grüß dich, mein Sohn, wie geht's?»

«Genau wie vor drei Jahren.»

Schweigen. Verstand er nicht, was ich sagen wollte? Dann plötzlich:

«Meinst du, daß ...!»

«Ja, ganz genau, ich steig wieder aus. Ich komme sofort. Du kannst schon den Pastis eingießen. Wir essen zusammen, und ich erklär dir alles.»

Warum wollte ich alles zerstören, was ich in Monaten harter Arbeit aufgebaut hatte? Warum wollte ich es nicht noch einmal versuchen? ... Noch einmal bei einem anderen Chef? Die Antwort war einfach. Tief im Inneren war ich ein professioneller Verbrecher. Nur aus Liebe zu meiner Frau hatte ich mich geändert, einzig und allein aus Liebe. Nun war diese Liebe nicht mehr stark genug, um mich zurückzuhalten. Nur die Liebe kann einen professionellen Verbrecher verändern. Ich hatte mir selbst was vorgemacht, jetzt kam die harte Realität wieder zu ihrem Recht.

Guido verbarg seine Freude nicht:

«Na endlich! Hast du dein Reinigungsbad beendet, Junge ...»

«Hör auf, bitte. Ich fang wieder da an, wo ich aufgehört habe. Du weißt sehr wohl, daß ich alles andere für Solé und die Kleine getan habe.»

«Ich verstehe dich, mein Sohn. Ich habe dich immer verstanden. Aber hab keine Angst, deine Freunde haben dich nicht vergessen, das wirst du merken. Wir wußten alle, daß du eines Tages wiederkommen würdest. Gerade haben wir einige interessante Geschäfte an der Hand, du bist bei uns willkommen.»

Und mein Leben begann zu kippen. Nach der großen Enttäuschung kam ich mir jetzt noch gefährlicher vor, und das war ich auch. Ich drehte mehrere Dinger, um meine Finanzen aufzubessern. Ich fuhr nach Nizza und half dort einem Freund, der eine Rechnung zu begleichen hatte. Ich wollte wieder dieselbe Rolle in meinem Milieu spielen, wie früher und eindeutig zu verstehen geben, daß ich nicht zimperlich geworden war. Im Gegenteil, ich war extrem abgehärtet und brutal und übte schon wieder auf manche meiner Partner erheblichen Einfluß aus. Wie sollte ich mich Solé gegenüber verhalten? Sollte ich ihr die Wahrheit sagen oder sie verheimlichen? Ich gestand ihr das Recht zu, die Wahrheit zu erfahren.

Wir hatten eine entsetzliche Szene. Sie erinnerte mich an mein

Versprechen, zählte mir auf, was ich alles verlieren würde und erstarrte, als sie mich sagen hörte:

«Früher habe ich dich angehimmelt! Heute sieht die Sache so aus: entweder du akzeptierst meine Entscheidung, oder du gehst.»

«Du liebst mich also nicht mehr! Deshalb hast du wieder angefangen!»

«Ich weiß nicht, ob ich dich noch liebe, das ist das Schlimmste. Wenn du weggehen würdest, würde ich sehr darunter leiden. Abgesehen davon bin ich niemandem irgendwelche Erklärungen schuldig, weder dir noch sonst jemandem. Mach, was du willst, aber ich bleibe diesmal eisern. Ich hab alles versucht und bin gescheitert. Das wär's!»

Sie akzeptierte alles ... einfach alles. Aber nichts war mehr so wie vorher. Ich hatte unsere Liebe umgebracht. Solé hatte aufgegeben und mich verloren.

Guido und ich drehten ein Ding mit falschen Devisen. Ich machte mehrere Reisen nach Spanien und in die Schweiz. Alles lief wie geschmiert. Ich mietete ein kleines Appartement, in dem ich mein Material aufbewahrte. Ich besaß zwei falsche Pässe, die ganz neu waren und direkt von der Polizei kamen; damit konnte ich allen Kontrollen seelenruhig entgegensehen, sogar im Ausland. Zu Guidos großer Freude hatten wir um mich herum wieder eine richtige Gruppe aufgebaut. Wir entwickelten ein System, wie man Ein-Dollar-Scheine ausbleicht, ohne daß sich das Papier verändert. Das Papier verliert dabei nur ein bißchen von seiner Patina; die Widerstandsfähigkeit und die Faserung bleiben erhalten.

Man braucht dann nur noch Druckpressen für Zehn-, Zwanzig-, Fünfzig- oder Hundert-Dollar-Scheine und kann die gebleichten Scheine bedrucken, denn die Größe war die gleiche. Man müßte schon Röntgenstrahlen nehmen, um alte Spuren der Ein-Dollar-Scheine zu entdecken, und noch nicht einmal das war sicher. Wir nahmen Kontakt mit Freunden von Guido auf, die so etwas machten. Sie lebten in Mexiko. Einer von ihnen kam nach Paris und war von unseren Proben begeistert. Wir faßten eine Zusammenarbeit ins Auge.

In der Zwischenzeit hatte mein Vater gehört, daß ich nicht mehr arbeitete und hatte mich eines Abends zu sich bestellt. Er schlug mir vor, als Designer in sein Unternehmen einzusteigen. Sein Vorschlag kam zu spät und überraschte mich, denn hatte mein Vater mir nicht wiederholt gesagt, daß er nie mit mir zusammenarbeiten würde. Ich nahm seinen Vorschlag an, denn ich sah einen großen Vorteil darin, eine feste Arbeit zu haben, wenn ich mal in eine Polizeikontrolle kommen würde. Jedoch würde mich diese Arbeit in keiner Weise von meinen Aktivitäten abhalten. Natürlich hätte ich die Gelegenheit beim Schopfe greifen können, um wieder ein normales Leben zu führen, aber ich vergaß nicht, daß diese Gesellschaft, oder zumindest ein Teil der Gesellschaft, mich wie einen räudigen Hund zurückgestoßen hatte. Nur mein Vater hatte mir die Hand gereicht, eben nur mein Vater! Er war glücklich, daß ich sein Angebot annahm.

Solé erwartete ihr drittes Kind. Ich war ein bißchen netter zu ihr, denn sie schien mich mittlerweile zu verstehen und meine Aktivitäten zu akzeptieren. Sie vermied die schrecklichen Szenen von früher, wo sie nur konnte. Ich glaube, sie war fix und fertig und nicht mehr in der Lage zu kämpfen. Sie liebte mich und wußte, daß sie mich verlieren würde, wenn sie mich weiterhin auf den rechten Weg bringen wollte.

Ende November rief Guido mich an. Ich war sofort bei ihm.

«So, mein Junge. Ich hab Arbeit für uns. Das ist 'ne ernste Sache, aber auch 'ne gefährliche; gefährlich für den, der geschnappt wird, wenn tatsächlich was passieren sollte. Es geht darum, sich in eine Villa einzuschleichen, dort ein Adreßbüchlein zu suchen, ihm verschiedene Informationen zu entnehmen, die zu einem Namen passen müssen, den wir vorher bekommen. Am besten wäre es, man könnte alle Informationen im Kopf behalten, das werden wir sehen ... erst mal das weitere. Das Adreßbüchlein muß dann wieder an seinen Platz zurückgelegt werden. Dann müssen einige Wertgegenstände mitgenommen werden, auch Geld, wenn was da ist und alles in Unordnung gebracht werden, damit es nach einem Einbruch aussieht. Wenn du mitmachst, darf ich dir trotzdem nicht sagen, für wen und warum wir die Sache machen. Aber eins ist sicher, wir können einiges dabei rausholen.»

Ich sah überhaupt nicht, wo die Schwierigkeiten und Risiken der Angelegenheit lagen. Und deshalb antwortete ich grinsend:

«Ja, aber das ist doch eine ziemlich banale Geschichte.»

«O nein, mein Junge, absolut nicht ... hör erst mal weiter zu, und du wirst deine Meinung ändern. Denn die Villa, um die es geht, ist die des Militärgouverneurs von Palma de Mallorca in Spanien.»

Ich pfiff durch die Zähne.

«Weiter nichts ... ein Militärgouverneur! Jetzt verstehe ich, warum du sagst, daß die Sache gefährlich ist. Die Villa muß doch wohl wahnsinnig bewacht sein, ganz zu schweigen von allen möglichen Alarmanlagen!»

«Ganz und gar nicht, Junge. Ich bekomme Informationen über einen Tag und eine genaue Uhrzeit, zu der die Villa ganz leer ist. Denn die Frau und die Haushälterin fahren mit dem Chauffeur in die Stadt zum Einkaufen. Das einzige ist dann noch ein Auto von der Guardia Civil, das im Umkreis herumfährt.»

«Na gut, das wird man sehen. Aber bei so einer Sache möchte ich doch feste Garantien. Ist doch wohl klar, daß der, der bei so einer Sache geschnappt wird, Kopf und Kragen riskiert. Die spanischen Bullen verstehen keinen Spaß, wenn man es auf ihren Chef abgesehen hat.»

«Noch was ...» meinte Guido. «Ich bin an Ort und Stelle, aber du machst die Sache allein, natürlich vorausgesetzt, du machst mit.»

«Ja, sag mal, Alter, warum denn nicht?»

«Weil ich dich kenne und weiß, daß du, wenn's drauf ankommt, schweigen kannst. Außerdem hast du deine Fähigkeiten unter Beweis gestellt.»

«Und wenn das Adreßbuch nicht da ist?»

«Es ist da.»

«Wieso? ... Ach so, ist ja wahr, keine Fragen, hast du ja gesagt.»

«Ganz richtig, Junge, keine Fragen.»

«Also gut, ich mache mit.»

«Prima, das war mir klar. Wir haben drei Tage Zeit, uns vorzubereiten. Wir fahren getrennt hin. Wir gehen ins selbe Hotel, aber wir tun so, als ob wir uns nicht kennen. Ich hab alle Pläne hier. Die Villa liegt fünfzehn Kilometer außerhalb der Stadt. Ich habe mehrere Fotos. Normalerweise gibt es keine Alarmanlage. Unsere Aufgabe ist es, einen handfesten Aktionsplan auszuarbeiten. Das Adreßbuch liegt in einer Kommode mit Geheimfach; du kennst so was ... wir haben alle Einzelheiten, eine genaue Beschreibung und sogar die Farbe des Büchleins.»

«Weißt du, Alter, daß mich diese Geschichte an einen Groschenroman erinnert?»

«Wenn ich dir sage, daß die Sache dir 100000 Francs einbringt, ist es dann für dich immer noch ein Groschenroman? Hier, Junge, du kriegst jetzt gleich die Hälfte.» Er reichte mir einen Umschlag.

Wir erarbeiteten alle Einzelheiten und überlegten, ob ich eine Waffe tragen sollte. Die Risiken waren sehr groß. Wir beschlossen, sogar durchzuspielen, was im Falle meiner Verhaftung zu geschehen hätte. Die Informationen aus dem Adreßbuch wollte ich nicht nur auswendig lernen. Wir kamen überein, daß ich Notizen auf Zigarettenpapier schreiben sollte und es dann in meinem Uhrgehäuse verstecken würde.

Als ich Solé sagte, daß ich auf Geschäftsreisen gehen müßte, sagte sie:

«Aber in drei Tagen hat dein Sohn Geburtstag!»

«Ich weiß, aber ich muß weg ... also, besteh nicht drauf, bitte, es hat keinen Zweck.» Sie drückte sich an mich und legte ihre Lippen auf meine. Dann sah sie mir in die Augen:

«Aber keine Dummheiten ... *querido!*»

«Keine Dummheiten», sagte ich.

Allerdings hatte ich plötzlich ein ungutes Gefühl im Magen, als ob es eine Reise ohne Rückkehr würde.

Nachdem Guido und ich die letzten Einzelheiten besprochen hatten, begab ich mich zum Flughafen ... Ich kam morgens in Palma de Mallorca an und nahm ein Taxi zum Hotel Phoenix. Ich hatte das Zimmer telefonisch vorbestellt. Offizieller Zweck meiner Reise: Suche eine Villa zwecks Kauf. Das Hotel war großartig. Es lag direkt am Meer. Mein Zimmer war sehr geschmackvoll eingerichtet. Wegen der Zollkontrollen hatte ich keine Waffen mitgenommen, vor meiner Abfahrt aber einen Gipsbrocken gebastelt, der innen hohl war. Dort hatte ich eine automatische Pistole hineingelegt. Das Ganze sah dekorativ aus und konnte per Post an meine Hoteladresse geschickt werden. Aufschrift: Probeexemplar, Baumaterial.

Ich machte einen auf Tourist und bat den Hoteldirektor um Adressen von Maklern, weil ich gern auf der Insel etwas kaufen wollte. Alles sollte so glaubwürdig wie möglich sein, falls die Polizei sich irgendwann nach kürzlich zugereisten Ausländern erkundigen sollte. Denn ein Einbruch beim Militärgouverneur konnte schon einigen Wirbel auslösen. Nachdem ich mit Muscheln und Schnekken meinen Hunger gestillt hatte, beschloß ich, mit den Vorbereitungen zu beginnen.

Bei Hertz mietete ich mir einen Leihwagen. Ich hatte einen

Strandbeutel dabei, in dem ich ein Fernglas, einen Fotoapparat und eine detaillierte Karte der Insel verstaut hatte und fuhr in Richtung Villa. Ich brauchte zwanzig Minuten, bis ich sie gefunden hatte. Es war nicht so einfach, sie wiederzuerkennen, denn die meisten Villen hier sahen sich ähnlich. Ich entdeckte in der Nähe einen kleinen Pinienhügel. Da ging ich hin. Ich stellte fest, daß es ein sehr guter Beobachtungsposten war, holte mein Fernglas raus und sah mir die Villa genauer an.

Sämtliche Fenster waren vergittert, so daß man überhaupt nicht durchkommen konnte. Ich holte die Fotos aus der Tasche. Es gab keinen Zweifel, das war die Villa des Gouverneurs. Ich guckte mir alles durchs Fernglas an und stellte fest, daß ich tatsächlich keine leichte Aufgabe vor mir hatte. An einem offenen Fenster stand eine Frau, aber ansonsten schien das ganze Haus wie ausgestorben. Erst nach einer Stunde kam ein Auto der Guardia Civil vorbei. Es machte eine Runde ums Haus, hielt aber nicht an. Drei Männer saßen im Wagen. Ich betrachtete mir die Nachbarhäuser genauer. Es war nichts Auffälliges oder Störendes festzustellen. So wartete ich bis 17 Uhr, als plötzlich das Polizeiauto wieder auftauchte, ihm folgten zwei andere Wagen. Der erste Wagen hielt vor dem Portal. Ein Mann, der mir sehr groß vorkam, stieg aus und öffnete die beiden Flügel. Es war vermutlich der Leibwächter. Dann fuhren die Autos bis vors Haus. Der Chauffeur der Limousine sprang auf und öffnete den hinteren Wagenschlag. Ein kleiner eleganter Herr stieg aus, es war der Gouverneur. Ich mußte unwillkürlich denken, daß das Leben des Gouverneurs an einem seidenen Faden hängen würde, wenn mein Fernglas ein Miniaturgewehr wäre. Die beiden Begleitwagen machten kehrt, aber nur einer fuhr fort, während der andere vor dem Portal stehenblieb. Ich schaute noch ungefähr zwanzig Minuten länger rüber. Dann glaubte ich, genug Informationen zu haben und fuhr nach Palma zurück. Am folgenden Tag um 15 Uhr sollte ich in Aktion treten. Wenn Guidos Informationen stimmten, dann mußte die Villa ganz leer sein. Meinen Aktionsplan hatte ich im Kopf. Ich mußte nur noch ein paar Werkzeuge zum Aufbrechen der Tür kaufen, was nichts Besonderes war.

In Palma ging ich in ein Maklerbüro und besichtigte in Begleitung des Maklers zwei Villen. Ich sagte ihm, es sei noch nicht ganz das, was ich mir vorgestellt hätte und ging wieder zum Hotel zurück. In der Hotelhalle stand Guido an der Bar und trank einen Scotch. Ich ging zur Bar, tat aber so, als kenne ich ihn nicht. Sein Zimmerschlüssel lag gut sichtbar auf der Theke. Während ich mir selbst einen Drink bestellte, merkte ich mir die Zimmernummer. Wir hatten alles in Paris abgesprochen. Ich sollte ihn nach dem Abendessen um 22 Uhr in seinem Zimmer aufsuchen. Danach würde ich mich wie ein vergnügungssüchtiger Junggeselle in der Hoteldiskothek amüsieren. Ich aß also zu Abend. Guido sah ich im Speisesaal nicht. Zur festgesetzten Stunde klopfte ich an seine Tür. Er öffnete mir, strahlte übers ganze Gesicht und bot mir was zu trinken an. Dann sagte er:

«Also von mir aus ist alles in Ordnung. Der Gouverneur verläßt den Palast in Begleitschutz um 16 Uhr 40.»

«Genau. Er war gegen 17 Uhr zu Hause.»

«Berichte mal von deinen Beobachtungen!»

Ich beschrieb ihm alles, was ich gesehen hatte. Er interessierte sich besonders für den kleinen bewaldeten Hügel als Beobachtungsposten.

«Ist alles bestens, mein Junge. Ich hab noch eine Zusatzinformation. Rechts von der Eingangstür befindet sich ein elektrischer Zähler in einem Holzkasten. Da drin sind immer die Schlüssel der Villa, das hat man mir versichert. Du brauchst nur den Holzkasten aufzubrechen, und schon hast du die Schlüssel. Das ist ein ganz schöner Zeitgewinn, denn die Tür soll solide Wertarbeit sein.»

«Glaubst du nicht, daß es besser ist, wenn ich die Tür aufbreche?»

«Nein, mein Junge. Es sieht dann nämlich so aus, als ob das Personal nicht dichtgehalten hätte. Das kann hinterher nur günstig sein. Ich hab zwei Walkie-talkies mitgebracht. Deine Idee, die Informationen zu notieren, haben wir fallenlassen. Denn wenn es Schwierigkeiten gibt, dann sind mit deiner Freiheit auch die Informationen verloren. Entschuldige, daß ich so schonungslos offen mit dir rede, aber du kennst die Risiken. Ich habe die Absicht, auf den kleinen Hügel zu gehen. Von dort kann ich dich warnen, wenn's gefährlich wird. Wir sind in ständigem Kontakt. Du gibst mir dann die Informationen durch. Ich glaub, das ist die beste Lösung.»

Ich war ganz seiner Meinung. Wir verabredeten auch, daß ich mir Notizen machen sollte, falls unsere Geräte ausfallen sollten. Nachdem alles bis ins letzte geklärt war, ließ ich Guido allein und nahm ein Walkie-talkie mit, das nicht größer als eine Zigarettenschachtel war. Nach unseren Informationen war die Villa schon vom Morgen an leer, aber wir sollten vor 14 Uhr 30 nichts unternehmen ... ich wußte nicht, warum, wollte mich aber dran halten.

Ich ging noch einen Augenblick in die Diskothek, aber zog mich schon bald in mein Zimmer zurück, und zwar zum sehr großen Erstaunen meiner Tänzerin, die sich schon auf eine heiße Nacht gefreut hatte. Am nächsten Morgen fragte ich im Hotel nach, ob ein Päckchen für mich angekommen sei. Die Antwort war negativ. Diese Verzögerung ging mir gegen den Strich, denn so würde ich bei der Arbeit keine Waffe haben. Ich hatte zwar noch mein Stilett, aber das war eben doch reichlich wenig angesichts so einer schwierigen Aufgabe. Am Vormittag kaufte ich zwei Montiereisen; zusammen mit einem einfachen Schraubenzieher reichte mir das als Werkzeug völlig aus. Guido schaute sich seinen Beobachtungsposten genauer an. Ich verfolgte, wie der Gouverneur sich in die Stadt begab; dazu postierte ich mich an der einzigen Straße, die zum Palast führte. Im Wagen sah ich zwei Frauen. So wußte ich, daß unsere Informationen richtig gewesen waren.

Gegen 14 Uhr verließ ich das Hotel. Entsprechend unserem Plan war Guido schon an Ort und Stelle. Um 14 Uhr 20 war ich 300 Meter von der Villa entfernt. Ich hielt an. Ich konnte Guido nicht sehen, aber ich wußte, daß er da oben sein mußte. Ich nahm mein Walkie-talkie, um die Verbindung auszuprobieren.

«Hallo, Alter. Hörst du mich?»

«Ja, bestens, mein Junge. Es kann losgehen, alles okay.»

Ich fuhr an der Villa vorbei, parkte mein Auto in einem Seitenweg im Schatten und öffnete die Haube, so daß es nach einer Panne aussah. So könnte ich gegebenenfalls immer noch sagen, daß ich ein Telefon gesucht hätte. Ich sah mich um. Alles war ruhig. Ich war 50 Meter von der Villa entfernt und hatte noch zwei andere Grundstücke im Blick. Schnell kletterte ich über die Mauer und versteckte mich unter einer Veranda. Hier konnte mich niemand sehen, noch nicht einmal Guido. Ich meldete mich bei ihm.

«Ich bin an Ort und Stelle ... Ende.»

«Alles okay, mein Junge ... Ende.»

Als erstes entdeckte ich zu meiner Rechten den Zählerkasten. Ich zog meine Handschuhe an und brach den Kasten mit meinem Montiereisen ohne Schwierigkeiten auf. Auf einer kleinen Leiste lag der Schlüsselbund. Das kam mir alles viel zu einfach vor. Ich fühlte mich irgendwie beklommen, es war mir, als warnten meine Sinne mich vor einer Gefahr, derer ich mir nicht bewußt war. Aber ich kümmerte mich nicht weiter drum und machte mich an die Arbeit und schloß die Tür auf, als sei es das Normalste der Welt. Ich kam in ein riesiges Wohnzimmer, das spanisch-rustikal eingerichtet war, und schloß hinter mir die Tür. Dann machte ich schnell eine Runde durch die anderen Räume und suchte einen anderen Ausgang, falls was schiefgehen würde.

Nur in der Küche gab es eine andere Tür, und zwar zur Terrasse hin, aber es war ein bewegliches Gitter davor, so wie man es oft bei Schaufenstern hat. Es blieb also nur die Eingangstür, um wieder hier rauszukommen. Das begeisterte mich nicht gerade. Als ich vor der Tür stand, die nach allen Informationen zum Schlafzimmer des Gouverneurs führen sollte, stelle ich fest, daß sie abgeschlossen war. Die Schlüssel des Schlüsselbundes paßten alle nicht. Ich suchte nach, ob es eine Alarmanlage gäbe ... es war nichts zu sehen. Dann brach ich die Tür auf. Ich kam in ein üppig eingerichtetes Zimmer. Mein Blick fiel sofort auf das Möbelstück, das mich interessierte. Es war ein Louis XV. Sekretär mit einer hochklappbaren Schreibplatte. Er war mit vier schmalen Holzsäulen verziert, die in der Mitte von Goldringen eingefaßt waren. Ich wußte, daß ich an der oberen linken Säule zu ziehen hätte, um das Geheimfach zu öffnen. Aber ich machte zunächst einen Rundgang durchs Zimmer und sah mir auch das Badezimmer und die Toilette an.

Dann meldete ich mich bei Guido:

«Ich fang an ... Ende.»

«Alles okay. Du kannst in Ruhe arbeiten ... Ende.»

Ich sah mir den Sekretär nochmal genau an, um zu überprüfen, ob es nicht irgendeine Falle gäbe. Alles schien normal. Ich faßte die Säule an und wollte sie zu mir hin ziehen. Aber sie ließ sich nicht ziehen. Ich versuchte dasselbe mit den anderen Säulen. Auch nichts. Ich machte mich noch mal an die erste Säule und drehte an dem goldenen Metallring. Aber ich kam auch so nicht weiter. Ich begriff, daß vermutlich gleichzeitig eine Schublade auf sein müßte, um das Haltesystem zu entsichern. So eine doppelte Sicherheitsvorkehrung hatte ich schon mal gesehen. Ich mußte die Schreibplatte durchschlagen, um an die Schubladen heranzukommen. Nichts ließ darauf schließen, daß der Dieb das Versteck entdeckt hatte.

Ich öffnete nacheinander alle Schubladen. Als ich die untere herauszog, hörte ich ein kleines Klicken, und die Säule, an der ich mit der linken Hand zog, gab nach. Ich zog sie vorsichtig heraus, als eine ganz winzige Schublade, nicht mehr als vier mal zehn Zentimeter groß, zum Vorschein kam. Ich fand sofort mehrere Papiere drinnen, darunter auch das Büchlein. Ich war voller Bewunderung für die Genauigkeit der Angaben, die wir bekommen hatten, legte alles auf die Schreibplatte, paßte dabei genau auf die Reihenfolge auf und meldete mich bei Guido:

«Ich hab das Kind. Ich fang an ... Ende.»

«Gut gemacht, Junge ... ich bleib auf Empfang.»

Ich blätterte das Heftchen durch und stellte fest, daß es sehr viele Namen enthielt, manchmal nur Anfangsbuchstaben und Chiffre und Adresse. Seite für Seite blätterte ich es durch. Kein Name oder Anfangsbuchstabe stimmte mit dem überein, was Guido mir gegeben hatte. Ich las alles noch einmal durch. Nichts. Ich meldete mich bei Guido:

«Hör mal, Alter. Das Kind hat nicht den Namen, den wir suchen. Absolut nichts zu finden.»

«Scheiße! Das ist doch unmöglich ... bist du sicher?»

«Ja, ganz sicher. Vielleicht ist die Information ja drinnen, aber dann in irgendeiner anderen Form. Ich warte auf deine Entscheidung.»

«Lies mir das ganze Heftchen vor, wir haben keine andere Wahl. Ich schreib mit ... Ende.»

«Das dauert; es sind mindestens fünfzehn Seiten ... Ende.»

«Fang an, Junge, und sprich deutlich. Ende.»

«Okay, wie du willst.»

Ich begann ihm alle Seiten durchzugeben. Manchmal hielt ich inne, um sicherzugehen, daß er mir folgte. Am Ende der letzten Seite angelangt, sagte ich:

«Fertig, Alter. Hoffentlich hast du alles verstanden. Soll ich noch mal lesen? Ende.»

«Wir haben keine Zeit mehr. Mach dir keine Sorgen, ich hab alles aufgeschrieben. So, und jetzt kannst du dein Spektakel veranstalten, und mach schnell. Ende.»

Ich legte das Büchlein ins Versteck zurück. Während des Vorlesens hatte ich festgestellt, daß mehrere Zahlen Kontonummern in der Schweiz entsprachen. Vielleicht war das von Interesse für unseren mysteriösen Kunden. Nachdem ich die kleine Säule wieder befestigt hatte, machte ich mich dran, alle Schubladen des Sekretärs auszuräumen, damit der Aufbruch der Klappe sinnvoll erschien. Dann räumte ich die anderen Schränke und Kommoden aus. Um bei der Wühlerei freie Hand zu haben, hatte ich den Fehler begangen, das Walkie-talkie aufs Bett zu legen und in die anderen Zimmer zu gehen und da auch ein wenig rumzuwühlen. Ich öffnete auch im Wohnzimmer alle möglichen Schubladen und leerte den Inhalt auf dem Boden aus. Einigen Krimskrams legte ich zur Seite und ging wieder in die erste Etage, um dort mein Walkie-talkie zu holen. Ich begriff sofort, daß Guido mich dringend sprechen wollte.

«Ja, Alter ... Ich höre ... Ende.»

«Hau ab, Junge ... schnell ... drei Bullenautos stehen vor dem Portal ... Mein Gott, wo warst du denn? Ende.»

Es war ein Schock wie ein Faustschlag mitten ins Gesicht; die Angst, die ich am Anfang gehabt hatte, war wie weggeblasen. Ich raste in ein Zimmer, von dem aus ich das Tor sehen konnte. Da standen drei Wagen, genau wie am Vortag. Aber sie schienen von meiner Anwesenheit in der Villa nichts zu wissen. Der Leibwächter war schon ausgestiegen und war dabei, das Tor zu öffnen. Es gab für mich keine Möglichkeit, abzuhauen, wir würden uns automatisch in die Arme laufen.

«Keine Zeit mehr ... ich bin erledigt ... Ende.»

«Junge! ... Mein Gott, kannst du nichts versuchen? Ende.»

«Nein, nichts. Ich hab keine Waffe dabei ... Ende.»

«Mensch, das Walkie-talkie! Mach es kaputt, sonst ... Achtung, die Wagen fahren in die Allee! Ich kümmere mich um dich, Junge. Du kannst auf mich rechnen ... Ende.»

«Ich mach es kaputt ... Tschüs, mein Freund, und hau ab ... Ende.»

Ich wartete keine Antwort mehr ab. Ich konnte das Walkie-talkie nicht verstecken, früher oder später würde man es finden und gleich begreifen, daß das nicht zum üblichen Handwerkszeug eines kleinen Einbrechers gehörte. Ich stellte fest, daß es im Klo verschwinden könnte, weil es so klein war. Ich stürzte zur Toilette, zertrat mit dem Fuß das kleine Gerät, warf die Stücke in die Kloschüssel und zog die Spülung. Alles verschwand, und ich war einigermaßen erleichtert. Das war schon mal eine Sorge weniger.

Noch wenige Sekunden, und ich würde mich wieder einmal in einer katastrophalen Lage befinden. Ich ging runter ins Erdgeschoß. Als ich die Eingangstür aufmachte, stieß ich fast mit dem Leibwächter zusammen, der einen Moment lang überraschter war als ich. Er reagierte schnell, warf mich an die Wand und rief nach Verstärkung. Ich wurde schlicht und einfach zusammengeschlagen. Als ich wieder zu Bewußtsein kam, verspürte ich einen heftigen Schmerz im ganzen Körper. Meine Hände waren auf dem Rücken gefesselt. Mehrere uniformierte Männer standen um mich herum und sahen mich rachsüchtig an; ihre gezogenen Waffen beruhigten mich nicht gerade. Sie merkten, daß ich zu Bewußtsein kam und schüttelten mich brutal. Ein Leutnant von der Guardia Civil schnauzte mich auf spanisch an:

«Wer bist du? Was hast du hier gesucht, alter Bastard?»

Mir war sofort klar, daß es sicher besser für mich wäre, wenn ich so tun würde, als verstünde ich kein Spanisch, und so antwortete ich auf französisch:

«Ich verstehe Sie nicht! Ich bin Ausländer ... ich bin Franzose.»

Er war einen Augenblick lang erstaunt. Dann wandte er sich an den Leibwächter und sagte ihm auf spanisch:

«Das ist ein Ausländer! Ein Franzose ... Sprechen Sie Französisch?»

Er verneinte und fügte hinzu, daß der Gouverneur perfekt Französisch spreche. Er ging in die Villa und kam kurz darauf zurück:

«Bringen Sie ihn rein. Der Gouverneur wird ihn verhören.»

Man brachte mich in den Salon. Das Durcheinander dort war mir peinlich. Der Gouverneur sah mich belustigt an. Er war klein, sah schwächlich aus und hätte vom Alter her mein Großvater sein können. Aber ich merkte, daß sich hinter seiner scheinbar gutmütigen Art eine große Entschlossenheit verbarg. Ganz freundlich fragte er mich auf französisch aus:

«Also Sie sind Franzose?»

Mir kam plötzlich der Gedanke, daß ich so tun könnte, als hätte ich mich einfach in der Villa geirrt. Selbst wenn das nicht klappen sollte, hätte ich schon mal Zeit gewonnen. Ich antwortete:

«Ja, Monsieur Martinez, ich bin Franzose.»

Er verzog keine Miene und sagte auf spanisch zum Lieutenant:

«Warum nennt er mich Martinez? Weiß er denn nicht, daß ich der Gouverneur der Insel bin?»

«Keine Ahnung, Señor Gouverneur. Aber machen Sie sich keine Sorgen, er wird schon reden!»

Ich reagierte äußerlich gar nicht auf diese Drohung, aber innerlich zog sich mir alles zusammen.

Der Gouverneur sah mich erneut an.

«Was haben Sie hier in diesem Haus gesucht?»

«...»

«Antworten Sie, Junge! Was wollten Sie hier?»

«Geld.»

«Aber es ist gar nichts geklaut worden.»

«Ich hab keine Zeit mehr gehabt.»

«Gut möglich ... ja, das ist gut möglich. Wissen Sie, wer ich bin?»

«Ja ... der Industrielle Martinez», sagte ich, als sei das das Selbstverständlichste der Welt.

Er lächelte vielsagend. Dann redete er plötzlich auf spanisch auf mich ein ... glücklicherweise reagierte ich richtig, ich verriet mich durch kein Wort und verzog keine Miene. Ich tat so, als redete er nicht mit mir. Er befahl den Wachen, ihm zu folgen. Ich mußte in den ersten Stock gehen. Als wir in seinem Zimmer waren, fragte er streng:

«Was haben Sie in diesem Zimmer gesucht?»

«Geld, Schmuck ...»

«Und in dem Schreibtisch?» fragte er und zeigte auf den aufgebrochenen Sekretär.

«Das gleiche, Monsieur.»

Und wieder wandte er sich auf spanisch an den Lieutenant:

«Ziehen Sie ihn aus und durchsuchen Sie ihn von Kopf bis Fuß!»

Man brachte mich in ein anderes Zimmer. Ich wurde ganz ausgezogen. Kleider und Schuhe wurden genau untersucht, dann mußte ich mich wieder anziehen, und man legte mir wieder die Handschellen an.

Die Lage machte ihnen anscheinend Sorgen. Sie behandelten mich jetzt anders als vorhin. Sie waren schon beinahe rücksichtsvoll. Der Gouverneur beendete die Unterredung.

«Ich weiß nicht, was Sie hier bei mir gesucht haben, aber wir kriegen das schon raus, mein Junge. Es sei denn, Sie sind vernünftig.»

Dann wandte er sich an den Lieutenant und befahl ihm auf spanisch:

«Führen Sie ihn ab! Ich will die Wahrheit wissen; dieser Mann hier lügt, er ist zu ruhig. Übergeben Sie ihn dem Kommissar Francisco Rossello; er soll mich auf dem laufenden halten.»

Ich wurde ins Revier der Guardia Civil gebracht. Dort mußte ich in einen Keller und mußte meine Hose und meine Schuhe ausziehen.

Man ließ mich in einer dunklen, feuchten Zelle; die Hände waren mir immer noch auf dem Rücken gefesselt.

Als ich allein war, hatte ich keine Angst mehr, obwohl ich mir vorstellen konnte, was mich erwartete. Ich hatte keine Angst vor Schlägen, aber würde das alles sein? Methoden und Ruf der spanischen Polizei waren mir durchaus bekannt. Das war bestimmt kein Honigschlecken. Ich war verloren. Ich dachte an Guido ... Hatte er rechtzeitig abhauen können? Stundenlang saß ich da am Boden auf einer Strohmatte und überlegte. Ich mußte eine handfeste Erklärung finden. Nur so konnten ihnen Zweifel kommen. Dann mußte ich mich wieder anziehen, die Handschellen wurden mir abgenommen, und ich wurde in einen riesigen Raum gebracht, wo mich mehrere Männer in Zivil erwarteten. In der Mitte saß ein etwa fünfzigjähriger Mann.

«Setzen Sie sich, Monsieur Mesrine», sagte er auf französisch. Ich nahm auf dem einzigen leeren Stuhl Platz.

«Zunächst mal möchte ich Ihnen mitteilen, daß wir Ihren Leihwagen gefunden haben. Wir waren auch im Hotel Phoenix und haben Ihr Zimmer durchsucht. Wir haben nichts gefunden, aber an der Rezeption lag ein Päckchen für Sie. Der Inhalt ist hochinteressant ... ja, wirklich hochinteressant. Ich hoffe, Sie sind sich der Schwere Ihres Delikts bewußt. Den Militärgouverneur kann man nicht ungestraft angreifen! Aber eins beschäftigt uns, das heißt, die hier anwesenden Herren vom Geheimdienst und mich, nämlich das Motiv.»

Die ganze Zeit über suchte ich nach einer vernünftigen Möglichkeit, mich zu verteidigen. Nun war also das Päckchen mit der Pistole angekommen! Aus der Verspätung konnte ich vielleicht Nutzen für mich ziehen, wenn ich nur einigermaßen geheimnisvoll tun würde. Je schlechter die Rolle war, die ich hier spielte, desto eher würde ich ernst genommen werden. Ich tat also erstaunt:

«Der Gouverneur ... ja, welcher Gouverneur denn, Monsieur?»

«Also los, Mesrine, seien Sie doch vernünftig und machen Sie mir nicht weis, Sie hätten nicht gewußt, daß Sie im Haus des Militärgouverneurs waren. Sagen Sie uns lieber Ihre Motive. Frankreich ist ein befreundetes Land, wenn Sie uns die Wahrheit sagen, dann können wir diese kleine Angelegenheit sofort mit Ihren Chefs klären.»

«Einen Augenblick bitte, Monsieur! Ich folge Ihnen nicht so ganz ... was meinen Sie, welcher Gouverneur? ... Und was für Chefs? Ich verstehe Ihre Fragen ganz und gar nicht, und Ihre Behauptungen sind mir auch nicht klar.»

Er sprach eine Zeitlang mit den anwesenden Männern. Allmählich verlor er die Geduld. Einer der Männer sagte:

«Überlassen Sie ihn nur mir! Ich garantiere Ihnen, er wird reden!»

Ich tat, als verstünde ich nichts. Er wandte sich wieder mir zu und führte die Unterredung in schärferem Ton weiter:

«Sie irren sich, wenn Sie glauben, Ihr Status als Ausländer könne Ihnen irgendwelche Sicherheiten bieten. Sie machen sich an den Militärgouverneur ran. In Ihrem Hotel kommt ein Päckchen für Sie an ... Was enthält es? Eine Waffe. Nein, Mesrine, spielen Sie doch nicht den Naiven! Die ganze Geschichte riecht gewaltig nach Geheimdienst, und ich bin sicher, Sie werden uns die Wahrheit sagen.»

Ich begriff, daß ich unbedingt den Verdacht, den er da geäußert hatte, zu meinem Vorteil nutzen mußte. Denn selbst wenn er alle möglichen Informationen über mich bei den französischen Behörden einholen würde, hätte er keine Antwort auf seine Frage. Er würde lediglich daraus schließen, daß die Behörden meine Aktion nicht decken wollten. Daß ich außerdem vorgab, keinem Geheimdienst anzugehören, ließ im Gegenteil darauf schließen, daß ich dazugehörte und Weisung hatte, nichts zu sagen, falls mein Auftrag scheiterte.

Ich sagte ihm also seelenruhig:

«Monsieur, ich sage Ihnen nichts als die Wahrheit. Ich bin nur ein einfacher Einbrecher. Die Waffe in meinem Hotel ... nun, das ist eine kleine Verbrecherangelegenheit. Möglich, daß ich mich in der Villa geirrt habe. Aber ich bekräftige noch mal, daß ich nichts mit Ihrem Gouverneur zu tun habe.»

Da war seine Geduld am Ende. Er befahl den Wachen, die hinter mir standen:

«Bringen Sie ihn in den Keller zurück!»

Und dann, noch mal zu mir gewandt:

«Sie haben es so gewollt, es ist sehr bedauerlich ... jetzt wird die Sache für Sie unangenehm werden.»

Ich wurde innerlich unruhig, aber man konnte mir meine Angst in keiner Weise anmerken. Ich reagierte so, daß ich ihre Zweifel noch verstärkte:

«Sie machen Ihre Arbeit, Monsieur ... ich mache meine.»

Er ergriff die Gelegenheit beim Schopfe:

«Ja, aber was für eine Arbeit, Mesrine? So antworten Sie doch!»

Ich schwieg, als ob mir der letzte Satz so herausgerutscht sei. Er sah mich ein letztes Mal an, als warte er immer noch auf irgendeine Reaktion. Da ich beharrlich schwieg, gab er den Wachen ein Zeichen.

«Nehmen Sie ihn mit.»

Ich wurde ins Untergeschoß gebracht. Diesmal bekam ich es mit der Angst zu tun. Die Atmosphäre hier unten verhieß nichts Gutes. Unglück und Elend lagen in der Luft. Das war absichtlich so gemacht, um den Leuten Angst einzujagen. In der Mitte des Raumes stand ein harter Holzstuhl, sonst nichts. Ich mußte meine Jacke ausziehen. Keiner von den Wärtern sprach Französisch. Trotz meiner Proteste mußte ich mich hinsetzen.

Ich überlegte blitzschnell. Es gab zwei Möglichkeiten: entweder man wollte mich auf die Probe stellen, dann war es erträglich, oder man wollte wirklich die Wahrheit wissen, dann waren meine tatsächlichen Sorgen begründet. Einer von den Männern in Zivil, die ich vorhin im Büro gesehen hatte, kam mit einem anderen Mann, der sagte, er sei Dolmetscher, und mich fragte, ob ich bereit sei, die Wahrheit zu sagen. Da ich schwieg, befahl der Mann den Wachen, mir Hände und Füße am Stuhl festzubinden. Ich wehrte mich nicht. Der Dolmetscher pflanzte sich vor mir auf:

«Ja oder nein, wollen Sie uns die Wahrheit sagen?»

«...»

Ich hatte mehrere Sekunden lang geschwiegen. Der Wärter, der hinter mir stand, zog mich an den Haaren und schlug mir mit aller Kraft ins Gesicht. Ich war darauf gefaßt, aber der Schlag tat weh. Er hatte mich an der Nase getroffen, Tränen stiegen mir in die Augen. Er schlug noch einmal, aber diesmal mit beiden Händen, mein Kopf wackelte hin und her. Größer als der Schmerz war die Wut darüber, daß ich mich nicht verteidigen konnte. Man stellte wieder dieselbe Frage. Ich antwortete nicht. Der Wärter schlug mich mit einem kleinen Gummiknüppel und traf mich an den Schultersehnen. Diesmal war der Schmerz entsetzlich, und ich konnte nicht umhin, aufzuschreien. Der Dolmetscher beugte sich zu mir hinunter:

«Also, Monsieur Mesrine, die Wahrheit, nichts als die Wahrheit, das ist alles, was wir wollen.»

Ich schwieg, und das Verhör ging weiter.

Ich hörte hinter mir Geräusche. Ein Mann fragte auf spanisch, wie die Dinge stünden. Der andere antwortete, daß ich immer noch nichts gesagt hätte. Er fügte hinzu, ich sei ganz schön zäh. Trotz meiner miesen Lage machte mir diese Bemerkung Mut. Ich wußte nicht, wie spät es war. Vielleicht zwei Uhr morgens ... Die Nacht könnte noch lange dauern. Wenn sie es bei Schlägen belassen würden, dann würde ich durchhalten. Augenblicklich vermieden sie es, mein Gesicht zu malträtieren. Der Mann, den ich hinter mir hatte sprechen hören, kam näher. Es war derselbe, der mich vor ein paar Stunden verhört hatte. Er fragte mich wieder auf französisch:

«Warum sind Sie so hartnäckig? ... Glauben Sie nur nicht, uns würde es gefallen, daß wir uns gezwungen sehen ...»

Ich ließ ihn nicht ausreden, sondern unterbrach ihn auf spanisch, wobei ich mir der Wirkung meiner Worte durchaus sicher war:

«Das macht doch nichts, Monsieur, Sie machen eben Ihre Arbeit, aber ich hab immer noch nichts zu sagen.»

Er war platt.

«Ja, aber Sie sprechen ja unsere Sprache!»

«Ja, Monsieur, und zwar perfekt.»

Damit hatte ich selbst mein Verhör beendet. Denn er gab den Befehl, mich loszubinden. Beinahe freundschaftlich meinte er:

«Sie sind ein komischer Bursche! Haben Sie Hunger?»

Ich bejahte das. Er befahl:

«Bringen Sie diesen Mann ins Foyer und geben Sie ihm was zu essen. Danach bringen Sie ihn in mein Büro ... Nein, nein, die Handschellen brauchen Sie ihm nicht mehr anzulegen.»

Und zu mir gewandt:

«Sie werden morgen früh nach Madrid gebracht. Ihr Botschafter ist von Ihrer Verhaftung unterrichtet worden. Er möchte sich mit Ihnen unterhalten. Ich hoffe, Sie vergessen diesen kleinen Zwischenfall.»

Grinsend antwortete ich:
«Ja, was denn für einen Zwischenfall?»
Er sah mich erstaunt an und rang sich ebenfalls ein Lächeln ab:
«Sie haben recht, was für ein Zwischenfall?»
Nachdem ich gegessen hatte, brachte man mich erneut zu ihm. Er gab mir zu verstehen, daß der Gouverneur persönlich angeordnet habe, ich sei gut zu behandeln. Ich wurde zum Schlafen in eine Zelle ohne Matratze gebracht, aber es gab zwei Wolldecken. Ich schlief ein, ohne auch nur eine Sekunde an Solé gedacht zu haben. Ich glaubte, ich sei verloren und hatte deshalb alle, die ich liebte, aus dem Gedächtnis verdrängt, um mein Schicksal besser zu ertragen.
Am frühen Nachmittag flogen wir los. Am Flughafen von Madrid warteten mehrere Polizeiautos auf uns. Ich wurde sofort zur Plaza del Sol zum Verfassungsschutz gebracht. Dort wartete ich einige Zeit in einer Zelle, bis mich Kommissar Francisco Rossello holte.
«Folgen Sie mir bitte! Ihr Botschafter ist hier. Vielleicht sind Sie ihm gegenüber endlich vernünftig.»
Ich wurde in den zweiten Stock in ein luxuriöses Büro gebracht. Dort war der Botschafter. Er sah offenherzig aus. Er kam auf mich zu, gab mir die Hand und stellte mir die beiden anderen anwesenden Männer vor. Einer der beiden war der stellvertretende Innenminister. Er erhob sich und gab mir ebenfalls die Hand. Die Sache sah gut aus. Ich hätte gern ihr Gesicht gesehen, wenn sie gewußt hätten, daß ich nichts anderes war als das, was ich die ganze Zeit vorgab zu sein: ein Einbrecher, ein ganz normaler Einbrecher! Sie hielten mich alle für einen Agenten oder einen Spion der Regierung. Ich würde ihnen ihren Glauben lassen! Der Botschafter sprach als erster:
«So, Mesrine, mir können Sie alles sagen. Wir haben sehr gute Beziehungen zu Spanien. Der kleine Zwischenfall läßt sich schnellstens beilegen. Sagen Sie mir, für wen Sie in Paris arbeiten, und ich werde bei den spanischen Behörden veranlassen, daß Sie schnellstens wieder nach Hause können.»
War es möglich, daß mein Bluff dermaßen gut funktioniert hatte? Sogar der Botschafter spielte das Spiel mit. Ich war jetzt sicher, daß sogar mein Schweigen noch in diese Richtung interpretiert würde und mir von daher nützlich wäre.
«Monsieur, ich danke Ihnen für Ihre Aufmerksamkeit, aber ich arbeite für niemanden und brauche Ihre Dienste nicht. Ich habe ein

Verbrechen begangen und bin bereit, die Konsequenzen zu tragen. Ich bin nur ein ertappter Dieb, weiter nichts.»

In keinster Weise von meiner Erklärung überzeugt, hob der Botschafter beschwörend die Hände hoch:

«Aber nein! Sie sind kein Dieb! Natürlich steht was in Ihrer Polizeiakte, das habe ich über Telex erfahren, aber andererseits, Ihre Vergangenheit bei der Armee ... Passen Sie auf, Mesrine, machen Sie mir doch keine Schwierigkeiten! Ich habe Sie hierherbestellt, um Ihnen zu helfen und Ihnen viele Jahre Gefängnis zu ersparen ... Also los, sagen Sie mir die Wahrheit. Es bleibt alles unter uns.»

Die Situation war wirklich komisch. Obwohl ich mich eigentlich in einer tragischen Lage befand, amüsierte ich mich köstlich. Ich antwortete mit fester Stimme, aber nicht ohne einen leichten Unterton:

«Ich kann Ihnen absolut nichts sagen, Monsieur ... es tut mir schrecklich leid, bitte bohren Sie nicht noch weiter nach ... ich bin ein Risiko eingegangen ... Sie können da nichts ändern. Lassen Sie die spanische Justiz machen, was sie für richtig hält, aber ich habe nichts weiter zu sagen, weder heute noch morgen.»

Der stellvertretende Innenminister ergriff das Wort:

«Was soll dies Verhalten, Monsieur Mesrine? Ihr Botschafter will Ihnen doch nur helfen.»

«Ich kann da nichts weiter machen, verehrter Monsieur Minister, ich bin sicher, Sie verstehen mich. Jeder muß eben seine Arbeit machen.»

Das war schon fast melodramatisch; ich war sicher, auch er würde in die Falle gehen. Er antwortete nachdenklich:

«Ja, es ist gut möglich, daß ich Sie verstehe! ... Vielleicht besser, als Sie denken.»

Die Unterredung dauerte noch ein paar Minuten. Weil ich mich weigerte, irgendeine Erklärung abzugeben, beschloß man, mich in die Zelle zurückbringen zu lassen, war dabei aber in einer Weise um mich besorgt, die mir Hoffnung machte. Der Botschafter schüttelte mir die Hand und betonte, daß er trotz meines Schweigens alles tun würde, was in seiner Macht läge, um mich aus meiner mißlichen Lage zu befreien.

Ich verbrachte die Nacht in der Zelle. Ein ausgezeichnetes Mahl mit Wein, Cognac und Zigarre wurde mir serviert. Der Aufseher verhielt sich gegenüber dem besonderen Gefangenen, der ich nun einmal war, äußerst zuvorkommend … er hatte wohl seine Befehle bekommen.

Am nächsten Morgen ging's wieder zum Flughafen; wir kehrten nach Palma de Mallorca zurück. Nach meiner Ankunft wurde ich sofort ins Stadtgefängnis gebracht.

Das erste, was mir auffiel, waren die großen Fluchtmöglichkeiten. Das Gefängnis lag mitten in der Stadt. Die Gefängnisgebäude grenzten direkt an Wohnhäuser an. Keine besondere Schutzmauer. Es gab einen großen Hof, auf dem die Gefangenen den Tag in der Sonne verbringen durften. Ich wurde anständig und korrekt in Empfang genommen. Sofort kümmerte ich mich darum, herauszubekommen, ob noch andere Franzosen da waren. Ich fand keine, dafür kam ein Spanier auf mich zu, der fließend Französisch sprach. Er saß wegen Rauschgifthandels und erfüllte für den Gefängnisdirektor Sekretariatsaufgaben. Er schien genau Bescheid zu wissen, warum ich im Gefängnis war.

«Wissen Sie schon, Monsieur, daß der Direktor in Ihrem Fall besondere Anweisungen bekommen hat? Ich hatte Gelegenheit, Ihre Akte zu lesen. Sie werden nicht wie ein normaler Häftling behandelt.»

Ich mißtraute dem Typ. Konnte er nicht ein Bulle sein, dessen Aufgabe darin bestand, mich zum Sprechen zu bringen? Also verhielt ich mich zwar höflich, aber zurückhaltend. Ehe ich mich mit ihm anfreundete, wollte ich wissen, woran ich war. Er wußte noch nicht, daß er in mir ‹den Tod› getroffen hatte. Er sollte durch mich sein Leben lassen … Einem Scheißkerl verzeiht man nicht.

Aber jetzt waren wir noch im Beobachtungsstadium, und ich dachte nicht im entferntesten daran, daß das Schicksal schon die Karten verteilt hatte.

Mehrere Tage lang erfuhr ich nichts Neues über meinen Fall. Ich erhielt die Erlaubnis, meiner Frau zu schreiben. Mir war klar, daß mein erster Brief genau unter die Lupe genommen werden würde. Ich machte also absichtlich ein paar Andeutungen bezüglich der Motive meiner Tat. Ihre Reaktion kümmerte mich nicht. Ich hatte mich verändert. Ich hatte keine Angst mehr davor, lange Zeit im Gefängnis zu verbringen. Mit stoischer Ruhe nahm ich mein Schicksal an … das war eben ein Arbeitsunfall. Von dem Augenblick an, in dem das Gefühl der Liebe nicht mehr da ist, ändert sich das Verhalten. Bei meiner ersten Verhaftung hatte ich nicht um meiner selbst willen gelitten, sondern um die, die mir nahestanden, die ich liebte. Jetzt war ich gleichgültig geworden ... der Mensch wird erst dann ernsthaft gefährlich, wenn er vor den Gesetzen und ihren Folgen keine Angst mehr hat. Ich sah allem, was kommen würde, ruhig entgegen und fühlte mich stark, denn das Glück hatte mich noch nie verlassen.

Ich bekam Besuch von einem Rechtsanwalt. Er stellte sich sehr feierlich vor:

«Ihre Familie hat mich mit Ihrer Verteidigung beauftragt. Ich habe eine ansehnliche Geldsumme für Sie erhalten. Ich hoffe, Monsieur, Sie nehmen meine Dienste an.»

Dahinter mußte Guido stecken. Ich zweifelte auch nicht daran, daß der Anwalt einen direkten Draht zum Gouverneur hatte und ihm brühwarm von unseren Unterredungen berichten würde. Das wollte ich zu meinem Vorteil nutzen.

Wir hatten ein ausführliches Gespräch, in dem ich mich bewußt zweideutig äußerte. Am Ende hielt mich der Anwalt gewiß für einen Geheimagenten. Er gab mir zu verstehen, daß sich die Dinge eventuell schon schnell klären ließen, und verließ mich, zufrieden mit den Informationen, die er mir entlockt zu haben glaubte.

Zu meinem neuen Kumpel faßte ich allmählich etwas Vertrauen. Während des Hofgangs fragte er mich:

«Wärst du zu einem Ausbruch bereit?»

«Warum fragst du das, David?»

«Deine Affäre ist ganz schön schwerwiegend. Ich meinerseits habe erfahren, daß ich am Anfang des Jahres nach Barcelona verlegt werde wegen eines Prozesses, der mich einiges kosten kann. Ich habe Sägeblätter hier. Aber du mußt alles organisieren, denn ich habe niemand, der mir helfen kann ... das dürfte bei dir wohl anders sein!» Er grinste vielsagend.

«Ja, das könnte man ins Auge fassen ... ich weiß nicht, wie meine Angelegenheit sich entwickeln wird, und in diesem Gefängnis wäre die Sache natürlich äußerst unproblematisch, aber andererseits sind wir auf einer Insel, und die Möglichkeiten, wegzukommen, sind entsprechend begrenzt. Trotzdem lohnt es sich immer, über die Sache nachzudenken. Wenn du eine Möglichkeit hast, Post nach draußen zu schmuggeln, dann könnte ich jemand erreichen. Aber eins, David: ich kenne dich nicht, wir haben keinerlei gemeinsame Bekannte

... also, ich warne dich, wenn du mein Vertrauen mißbrauchst oder mich in eine Falle lockst, dann leg ich dich um.»

«Du riskierst gar nichts, Jacques ... ich bin anständig.»

«Also gut, okay ... dann arbeiten wir zusammen.»

Die Zeit verging. Ich bekam Post von Solé. Ich merkte sofort, daß der Brief von Guido diktiert war. Als ich den Satz las: Trotz allem, was Dir passiert, ist Dein Kind stolz darauf, Deinen Namen zu tragen, da kapierte ich, daß mein Freund alle erwünschten Informationen bekommen hatte.

Trotz meiner Lage empfand ich darüber eine gewisse Genugtuung. Ich wußte, egal was mir passiert, auf Guido konnte ich immer rechnen.

Über David schickte ich eine Nachricht an eine Geheimadresse in Paris. Ich erwartete die Antwort auch über David.

Der zuständige Untersuchungsrichter bestellte mich zu sich. Unser Gespräch verlief in angenehmer Atmosphäre. Er informierte mich darüber, daß er vorhabe, mich gegen eine Kaution aus der Haft zu entlassen, unter der Bedingung, daß ich auf der Insel bliebe und mich jeden Tag beim Kommissar Francisco Rossello meldete. Die Insel zu verlassen, war absolut verboten. Mein Anwalt hatte genug Geld für mich bekommen, um die Kaution zu bezahlen. Ich hoffte, noch vor Weihnachten frei zu sein.

Als ich David davon erzählte, glaubte er, damit sei unser Fluchtplan begraben.

«Hör mal gut zu, auch wenn ich mich auf der Insel frei bewegen darf, ändert das gar nichts. Ich habe mein Wort gegeben. Ich helfe dir. Wenn ich frei bin, kann ich alles für dich vorbereiten, Versteck, Papiere, Möglichkeiten, die Insel zu verlassen ... und vor allem kann ich Leute organisieren.»

Wir arbeiteten also seinen Fluchtplan aus. Da er jederzeit ins Büro des Direktors gehen konnte, wenn er noch eine Arbeit zu erledigen hatte, und zwar sogar feiertags, könnte er von dort abhauen. Wenn ich vor Weihnachten frei wäre, sollte er am 1. Januar 1966 gegen 20 Uhr abhauen. Alles würde bis dahin vorbereitet sein, er könnte sich auf mich verlassen.

Über David bekam ich einen Brief von Guido. Er wartete auf meine Instruktionen. Ich brauchte ihm noch nicht einmal zu schreiben. Denn einen Tag vor Weihnachten kam mein Anwalt freudestrahlend und zog die Papiere für meine vorläufige Entlassung aus der Tasche. David nannte mir ein Hotel und schaute mich so fragend an, daß ich ihn noch einmal beruhigte:

«Bis bald, Junge, es wird alles so laufen, wie geplant ... an dem Ort, den du mir angegeben hast, wirst du von einem Auto abgeholt. Es wird alles fertig sein, der Rest liegt dann bei dir ...»

Ich ging ins Hotel *Jaime III* und rief als erstes in Paris an. Ich gab nur meine Adresse an und sagte, daß ich frei sei. Selbstverständlich würde sofort Guido oder einer unserer Freunde unter einem falschen Namen hier anreisen und mich kontaktieren. Ich hingegen würde erst einmal brav jeden Tag meine Unterschrift machen. Meine Frau benachrichtigte ich absichtlich nicht, denn es war mir zu ungewiß, wie die ganze Affäre weiterlaufen würde.

Weihnachten verlebte ich in der Nachtbar vom Hotel, wo ich eine tolle Frau namens Josy Aranda kennenlernte. Sie war Französin und verbrachte die Feiertage mit ihrer Tochter in Palma. Sie wohnte in Lyon; dort besaß sie eine Bar. Wir mochten uns sofort. Sie war eine Frau, die sich im Leben und mit den Männern auskannte; sie hatte sofort gemerkt, daß ich ein Ganove war.

Erst nach Tagen wurde ich angerufen.

«Wer ist denn da, bitte?»

«Der Alte ... Grüß dich, mein Sohn. Ich bin in Palma. Komm um 14 Uhr ins Restaurant am Hafen!»

«Schön, daß du da bist, alter Freund!»

«Ich bin vielleicht froh, kleiner Bruder ... bis gleich.»

Ich fragte Josy, ob sie und ihre Tochter mit mir essen gehen wollten. Sie war einverstanden.

Kaum war ich im Restaurant, da hatte ich auch schon Guido entdeckt. Er war in Begleitung eines Mannes, den ich nicht kannte. Ich sah, daß er in Richtung Toiletten verschwand ... also tat ich dasselbe unter dem Vorwand, mal schnell telefonieren zu müssen.

Er strahlte.

«Ist dir niemand gefolgt?»

Ich schüttelte den Kopf.

«Unglaublich, Junge! ... Wie hast du es geschafft, aus der Scheiße rauszukommen?»

«Das ist jetzt zu kompliziert ... In welchem Hotel bist du abgestiegen?»

«Ich bin nicht im Hotel. Ich bin bei einem verläßlichen Freund ... ja, der Typ, den du mit mir am Tisch gesehen hast. Übrigens haben wir alle gewünschten Informationen bekommen. Du hast ganze Arbeit geleistet, Junge. Das wirst du bei deiner Rückkehr schon noch merken, wir haben dich nicht vergessen.»

«Wir haben jetzt keine Zeit zum Reden. Gib mir die Adresse von deinem Freund, ich bin um achtzehn Uhr bei ihm ... wir müssen ernsthaft miteinander reden.»

«Wer ist die Frau mit dem Kind?»

«Eine Bekanntschaft ... da ist nichts zu befürchten.»

«Abwarten!»

«Nein, ich hab Informationen über sie ... Du kannst in Lyon nachfragen, wenn du feststellen willst, wer sie ist ... Jedenfalls ist sie nur 'ne Bekannte, nichts weiter.»

«Okay, Junge ... bis gleich.»

Er gab mir die Adresse seines Freundes.

Ich aß sehr gut. Josy war eine angenehme Begleitung. Nicht einen Moment lang sah ich zu Guido rüber.

Ich war pünktlich bei unserer Verabredung. Der Freund von Guido war Belgier. Er besaß ein großartiges Haus ungefähr zehn Kilometer von Palma entfernt. Guido gab mir zu verstehen, daß ich offen reden konnte. Ich erzählte ihnen also die ganze Geschichte in allen Einzelheiten. Ich erklärte Guido auch meinen Fluchtplan für David.

«Das ist alles schön und gut, aber du kennst den Typ nicht. Hast du mal daran gedacht, daß er genausogut Bulle sein kann?»

«Nein, ich hab ihn getestet ... Außerdem hab ich ihm meine Hilfe versprochen und ...»

«Ist in Ordnung, Junge ... Du brauchst weiter nichts zu sagen. Wenn du die Sache für richtig hältst, dann helfen wir.»

Guido sagte, warum er mir letztes Mal seinen belgischen Freund nicht vorgestellt hatte, als wir zusammen wegen der Gouverneurssache hier waren. Sein Freund war zu dem Zeitpunkt nicht dagewesen. Außerdem wollte er ihn nicht kompromittieren. Der Freund hatte den Anwalt für mich besorgt. Unauffällig wie ich gekommen war, ging ich wieder. Die Flucht hatten wir in allen Einzelheiten besprochen.

Wie vereinbart, sah ich Guido in den folgenden Tagen nicht. Jeden Tag leistete ich brav bei der Polizei meine Unterschrift. Dabei traf ich manchmal den Chef der Guardia Civil, der mich verhört hatte. Er lud mich in der Polizeikantine zu einem Gläschen ein. Für ihn war ich ein anständiger Typ, fast schon ein Kollege. Wie er so hartnäckig bei seinem Irrtum blieb, das fand ich schon lustig, aber ich ließ ihn natürlich in seinem Glauben.

Für Davids Flucht war alles vorbereitet. Guido hatte einen weiteren Freund von Paris runterkommen lassen, der David am Steuer eines geklauten Wagens erwarten sollte. Der Belgier hatte ein Versteck bereitgestellt. Bis auf ein Foto waren die Papiere auch fertig. Sicherheitshalber sollte er die Insel erst einen Monat nach dem Ausbruch verlassen. Ich konnte Silvester also in aller Seelenruhe mit Josy verbringen. Sie teilte mir mit, daß sie am nächsten Tag mit dem Schiff in Richtung Marseille abreisen würde. Gegen 20 Uhr sollte das Schiff ablegen. Die Übereinstimmung entging mir nicht ... zum gleichen Zeitpunkt würde David die Flucht versuchen. Es gab überhaupt kein besseres Alibi, als wenn ich sie zum Schiff begleiten würde und mich am Zoll auf irgendeine Art bemerkbar machen würde. Wieder einmal war das Schicksal mir wohlgesonnen; ich bekam durch eine regelrecht komische Sache ein unangreifbares Alibi.

Am 1. Januar 1966 begleitete ich gegen 19 Uhr Josy und ihre Tochter zum Passagierhafen von Palma de Mallorca. Der Dampfer lag am Kai. Ich ging mit den Koffern zum Zoll und traf dort den Chef der Guardia Civil. Er sah mich überrascht an. Vielleicht glaubte er, ich wolle abfahren. Er kam auf mich zu.

«Also, Señor Mesrine ... Sie wollen uns verlassen ... und was ist mit dem Verbot?»

«O nein, Señor Major ... ich begleite nur eine Bekannte und ihre Tochter. Sie wissen sehr gut, daß ich Ihnen das nicht antun würde!» meinte ich ironisch.

Sein Blick blieb an Josy hängen. Ich stellte ihn vor. Er wollte sich als Gentleman zeigen und küßte ihr die Hand, wobei er den Kuß etwas länger dauern ließ als üblich. Seine Anwesenheit hier am Hafen war mir äußerst recht. Er setzte gleich alles daran, Josy die Zollformalitäten zu erleichtern. Ihr fiel es nicht schwer, sich von ihrer charmantesten Seite zu zeigen; sie strahlte eine solch natürliche Schönheit aus, daß man sie einfach liebenswert finden mußte.

Er lud uns ein, mit ihm an Bord zu gehen und einen Champagner mit ihm zu trinken.

«Das ist eine hervorragende Idee, Señor Major, aber ich weiß nicht, ob ich mir das in meiner Situation erlauben darf.»

«Wenn Sie mit mir zusammen sind, Mesrine, dann ist alles möglich», sagte er, nicht ohne Selbstgefälligkeit und Stolz. Er war überglücklich, Josy gegenüber seine Autorität beweisen zu können. Sie belohnte ihn mit schmachtenden Blicken.

Wir gingen also an Bord. Zunächst brachten wir Josys Gepäck in ihre Kabine, dann begaben wir uns an die Bar. Die erste Flasche Champagner gab ich aus. Wir waren so ins Gespräch vertieft, daß wir noch nicht einmal die Durchsage hörten. Der Major bestellte die nächste Flasche. Ganz unverfroren machte er vor meinen Augen Josy den Hof. Die Zeit verging. Wir tranken so munter, daß wir überhaupt nichts bemerkten. Da ertönte die Dampfersirene. Ich wandte mich an den Major:

«Es ist jetzt vielleicht Zeit, an Land zu gehen.»

Der Barkeeper, der Spanisch verstand, hatte meine Worte aufgeschnappt, sah mich an und meinte erstaunt:

«An Land gehen, Monsieur? Da hab ich meine Zweifel ... Die Anker sind gelöst, wir verlassen gleich den Hafen.»

Der Major explodierte:

«Was ist los? Ja, aber wieso haben Sie die Abfahrt denn nicht durchgesagt? Wissen Sie überhaupt, mit wem Sie es zu tun haben? Ich bin der Chef der Guardia Civil. Bringen Sie mich umgehend zum Kapitän!»

«Ja, aber alle Durchsagen sind gemacht worden, Señor Major. Vielleicht haben Sie sie überhört und ...»

«Bringen Sie mich zum Kapitän!» schrie er grün vor Wut.

Ich hätte mich über diese komische Situation totlachen können. Ich sah auf meine Uhr und rechnete aus, daß David jetzt schon draußen war, wenn alles wie geplant gelaufen war. Und ich meinerseits hatte nun ein Alibi, das einfach kein Mensch anzweifeln konnte.

Der Kapitän veranlaßte, daß ein Zollbötchen uns abholte. Unter Hochrufen kletterten wir eine Leiter am Schiffsrumpf herunter und erreichten das Zollboot. Josy winkte ein letztes Mal. Als das Zollboot an Land ging, war der Major wieder guter Laune.

«Eine ganz schön verwirrende Frau, diese Josy!» meinte er.

«Sie kommt bald wieder nach Palma, Señor Major.»

«Ich würde sie gern wiedersehen. Glauben Sie, daß sie meine Einladung annehmen wird?»

«Ohne Zweifel, Señor Major», sagte ich, um ihm Freude zu machen.

Er schlug mir vor, den Rest des Abends in einer Bar zu verbringen. Sein Chauffeur brachte uns hin.

Ich blieb bis 23 Uhr mit ihm zusammen. Er war vollkommen betrunken und erzählte den beiden Nutten, die bei uns am Tisch saßen, ich sei «sein Freund, der Franzose». Ich gab ihm zu verstehen, daß ich nach Hause müsse. Er wollte unbedingt bleiben. Er beauftragte also seinen Chauffeur damit, mich im Dienstwagen zum Hotel zu bringen.

Als der Hotelportier mich auf diese Art und Weise ankommen sah, öffnete er mir respektvoll die Tür und sagte mir dabei, daß zwei Polizisten in der Halle schon seit zwei Stunden auf mich warteten. Dieser Besuch überraschte mich gar nicht weiter, wenn David die Flucht gelungen war ... aber war sie ihm gelungen?

Die Polizisten wiesen sich aus und baten mich, Platz zu nehmen. Einer der beiden ergriff das Wort:

«Wo sind Sie gewesen, Señor Mesrine?»

«Was soll die Frage, Señor?»

«Die Fragen stelle ich hier ... ich bitte Sie um Auskunft, wo Sie zwischen 19 Uhr und jetzt gewesen sind.»

Leicht grinsend sagte ich:

«Wenn ich es Ihnen sagen würde, dann würden Sie mir nur schwerlich glauben ... aber ich sehe mich überhaupt nicht gezwungen, Ihnen zu antworten.»

«Jetzt hören Sie mal gut zu, Mesrine», sagte der andere Polizist, «wir machen nur unsere Arbeit. Kennen Sie einen Häftling mit Vornamen David?»

Ich tat so, als müßte ich scharf nachdenken.

«David ... Ah, ja, das ist doch der Junge, mit dem ich im Gefängnis Schach gespielt habe ... Ja, ich kenne ihn – aber nicht besonders gut. Warum?»

«Er ist ausgebrochen!»

«Was, der und ausbrechen ... Sie machen wohl Witze!»

«Er hat die Gitterstäbe im Büro des Direktors durchgesägt, ist über mehrere Dächer geklettert und hat sich dann in die Markthallen fallen lassen. Zwei Nachtwächter haben ihn dort überrascht. Sie wären nie auf die Idee gekommen, daß sie es mit einem Häftling zu tun hatten. Sie dachten, er wäre besoffen. Er hat so getan, als ob er vor Ladenschluß in der Halle eingeschlafen wäre und als ob er gerade den Ausgang suchen würde, als die beiden Nachtwächter auftauchten. Die Nachtwächter haben daraufhin ohne jeden Argwohn im nächsten Polizeirevier angerufen. Dort sagte man ihnen, sie sollten den Mann aufs Revier bringen. Als dann gerade der eine Nachtwächter das Türgitter aufgemacht hat, hat David den anderen umgeworfen und ist abgehauen. Die beiden sind hinterhergelaufen. Sie haben noch gerade gesehen, wie er in eine kleine Seitenstraße raste und dort in ein Auto sprang. Dann war er verschwunden. Sie hatten sich mit dem Häftling angefreundet, wir glauben, daß Sie am Steuer des Wagens gesessen haben. Wenn Sie uns nicht genauestens angeben können, was Sie zu der Zeit gemacht haben, dann haben wir den Befehl, Sie zum Kommissar Francisco Rossello zu bringen.»

«Am besten bringen Sie mich sofort zu ihm hin, denn ich kann Ihnen nicht sagen, mit wem ich zusammen war, bevor ich nicht mit dem Kommissar gesprochen habe. Aber er wird ganz schön überrascht sein, denn ich habe mit der Sache absolut nichts zu tun: die Person, mit der ich zusammen war, wird den Verdacht sicher schnell entkräften. Sie werden ihr aufs Wort glauben», fügte ich noch ironisch hinzu.

Ich wurde aufs Revier gebracht, wo eine furchtbare Aufregung herrschte. Der Kommissar kam auf mich zu. Er hatte entsetzlich schlechte Laune.

«Das ist aber nicht gut, was Sie da gemacht haben, Mesrine.»

«Sie irren sich total, Señor Kommissar ... ich hab mit der Sache ganz und gar nichts zu tun.»

Ich erläuterte ihm in allen Einzelheiten, wie ich die Zeit verbracht hatte. Er glaubte, ich wolle mich über ihn lustig machen. Es dauerte einige Zeit, bis er den Major erreichte, denn ich hatte keine Ahnung, wo ich mit ihm gesoffen hatte. Schließlich kam er mit der Bestätigung meines Alibis zurück.

«Tatsächlich, die unglaubliche Geschichte, die Sie mir da erzählt haben, stimmt! Bei Ihnen ist aber auch nichts normal, sogar Ihre Alibis tanzen aus der Reihe. Sie sind also entlassen ... aber ich kann mir nicht helfen, ich denke doch, daß Sie was mit der Sache zu tun haben.»

«Nein, Señor Kommissar, denn ich hatte keinerlei Grund, jemandem wie David zur Flucht zu verhelfen.»

«Nun ja, nicht wahr, so wie Sie ohne besonderen Grund ins Haus des Gouverneurs geraten sind. Sie machen wohl einiges ohne besondere Gründe, Señor Mesrine ... Passen Sie gut auf sich auf, das rate ich Ihnen ganz persönlich. Jedenfalls werden wir ihn schon wiederfinden. Wir sind schließlich auf einer Insel. Da kommt man nicht so schnell weg, Señor Mesrine.»

Da konnte ich nicht umhin, ihm zu widersprechen:

«Ja, das habe ich gestern abend festgestellt ... Wenn ich gewollt hätte, wäre ich jetzt nach Frankreich unterwegs, und Sie hätten keine Möglichkeit gehabt, mich wieder einzufangen ... ein weiterer Beweis dafür, wie anständig ich bin. Ich halte mich an meine Abmachungen, Señor Kommissar, also machen Sie mir das Leben nicht unnötig schwer. Ich bin nicht für die Überwachung Ihrer Gefängnisse verantwortlich. Mit Ihrem David habe ich nichts zu tun. Wenn Sie es mir gestatten, würde ich jetzt gerne wieder in mein Hotel zurückgehen und Sie hier Ihren Ermittlungen überlassen. Entschuldigen Sie bitte, daß ich Ihnen nicht viel Erfolg dabei wünsche.»

«Alles klar, Mesrine, Sie sind wieder frei. Wir bringen Sie zurück.»

Als ich endlich im Hotel war, ließ ich mir eine Flasche Whisky aufs Zimmer kommen. Ich füllte mein Glas und tat so, als würde ich mit David anstoßen: «Gut gemacht, mein Junge, die hast du richtig übers Ohr gehauen.»

Mir war klar, daß ich jetzt stärker überwacht werden würde. Wir hatten schon vorher verabredet, daß ich keinerlei Kontakt mehr mit David aufnehmen würde, solange ich noch auf der Insel war. Guido informierte mich, daß alles okay sei und daß er nach Paris zurückfahren würde.

Am 10. Januar 1966 kam mein Anwalt zu mir ins Hotel. Er teilte mir mit, daß ich in Abwesenheit verurteilt worden war. Ich hatte sechs Monate zur Bewährung bekommen, da nur die Anklage wegen versuchten Diebstahls aufrechterhalten worden war. Von der Pistole war noch nicht einmal mehr die Rede gewesen. Er händigte mir ein Papier aus, in dem mir die Erlaubnis erteilt wurde, nach Frankreich zurückzukehren. Ich wurde noch nicht einmal ausgewiesen ... Der Bluff hatte tatsächlich besser funktioniert, als ich zu hoffen gewagt hatte. Am selben Nachmittag flog ich nach Paris.

Solé erkannte mich an meiner Art anzuklopfen wieder, jauchzte vor Freude laut auf und warf sich in meine Arme. Ihr erster Satz überraschte mich:

«Ist das wahr, Liebling, arbeitest du jetzt für den Geheimdienst? Das hat der Anwalt deinem Vater geschrieben.»

Ich merkte sofort, wie vorteilhaft mir diese Vermutung für künftige Reisen sein könnte und antwortete deshalb undeutlich:

«Stell mir bitte keine Fragen ...»

Daraus würde sie schließen, daß ich nicht antworten durfte. Alles weitere blieb dann ihrer Phantasie überlassen. Sie sah mich voll Bewunderung an und meinte nur: «Ich verstehe schon.» Sie glaubte, sie sei mit James Bond höchstpersönlich verheiratet. Wenn das ihr Gewissen beruhigen würde, dann wollte ich ihr die Illusion nicht nehmen.

Ich kontaktierte sofort Guido. Bezüglich David konnte er mich beruhigen.

«Während du im Knast warst, hab ich ein tolles Ding gedreht, nämlich mit falschen Dollars ... Ich hab's für uns beide gemacht, wenn du nichts dagegen hast.»

Er holte einen Karton aus einem großen Koffer. Der Karton war bis zum Rand mit Hundert-Dollar-Scheinen gefüllt. Ich holte einen Schein raus und betrachtete ihn genau.

«Und?»

«Gute Ware ... Na ja, ziemlich gut.»

«Findest du sie wirklich gut?»

«Nicht perfekt, aber brauchbar ... wie viele hast du?»

«150000 Dollar ... Die Geschichte hat allerdings einen Haken. Die Scheine sind aus mehreren Serien, die 1961 von American Express markiert worden sind.»

«Zu welchem Tarif hast du sie gekauft?»

«Fünfzehn Prozent vom Nennwert.»

«Gut. Wir werden sehen, was sich machen läßt. Wir werden sie schon wieder loswerden. Wir müssen uns nur Zeit lassen.»

Ein Monat verging. Ich ruhte mich zu Hause bei Solé ein wenig aus, aber auch wenn ich nachts unterwegs war, sagte sie jetzt nichts mehr, weil sie sich ich weiß nicht was für wichtige Geheimaufträge vorstellte!

Es wurde langsam Zeit, David nach Paris kommen zu lassen. Er stieg mit seinen falschen Papieren unbehelligt ins Flugzeug. Als zusätzliche Sicherheit begleiteten ihn die Frau und das Kind von einem meiner Freunde.

David kam zu mir. Er strahlte nur so vor Freude, erzählte mir alle

Einzelheiten und wußte gar nicht, wie er mir für alles, was ich für ihn getan hatte, danken sollte. Ich hatte auch in Paris alles für ihn vorbereitet, auf seinen falschen Namen hatte ich ein Appartement gemietet, hatte ihm Kleidung und Geld besorgt. Es war für mich ganz normal, daß man einem Typ, der den Mut gehabt hat, aus dem Knast auszubrechen, helfen muß. Manchmal erkennt man den Wolf im Schafspelz nicht.

In der folgenden Woche wurde David allen Freunden vorgestellt. Und dann kam eines Tages die Geschichte mit den falschen Dollars zur Sprache. David war sofort Feuer und Flamme, als er das ganze Geld sah.

«Hör mal zu, Jacques. Ich kenne da einen Bankier in Barcelona, der solche Ware annimmt, wenn sie gut gemacht ist. Er verlangt eine Kommission von zwanzig Prozent. Er nimmt dir problemlos alles ab. Wenn du willst, werd ich ihn kontaktieren.»

Ich besprach die Sache mit Guido. Wir stimmten dem Vorschlag zu, denn wir waren der Ansicht, daß David seiner Sache ziemlich sicher sein müsse, wenn er das Risiko auf sich nehmen wollte, nach Spanien zurückzufahren. Meiner Meinung nach war das seine Art, die Schuld, die er uns gegenüber hatte, abzuzahlen. Aber da irrte ich. Ich beschloß also, die Fahrt mit ihm zu machen, und begann mit den Reisevorbereitungen.

Ein paar Tage vor der Abfahrt bat Guido mich, bei ihm vorbeizuschauen.

«Hör zu, mein Junge, der Typ gefällt mir irgendwie nicht ... nimm dich vor dem in acht. Es gibt da so einiges, was mich stutzig macht. Er hat mich gebeten, ihm für die Reise eine automatische Pistole zu besorgen ... Hat er mit dir darüber gesprochen?»

«Ja ... nichts logischer als das ... schließlich muß man bei so einer Fahrt bewaffnet sein.»

«Wir kennen den Burschen nicht besonders gut und dürfen ihm nicht voll vertrauen ... Ich sag's dir noch einmal, paß auf ... ich hab da ein ungutes Gefühl.»

«Na, jedenfalls behalte ich die Dollars bei mir. Außerdem kannst du dir ja wohl denken, daß ich nicht mit leeren Händen losfahre. Und dann können wir ja noch Vorsichtsmaßnahmen treffen. Es reicht doch schon, wenn du ihm das Schießeisen erst bei der Abfahrt gibst, aber den Bolzen angesägt hast. Er kennt sich mit Waffen nicht besonders gut aus. Ich nehme zwei Pistolen mit, damit er, wenn wir wirklich was mit der spanischen Polizei zu tun haben sollten, nicht mit leeren Händen dasteht … Wenn dich das beruhigt, dann machen wir's so.»

Guido fand die Idee gut.

David lieh unter einem falschen Namen bei Hertz einen Mercedes. Die Dollarscheine wurden gut im Auto versteckt. Am Morgen der Abfahrt gab ich ihm eine Neun-Millimeter-Parabellum und zwei Magazine. Wir sahen uns an, und ich merkte, wie zufrieden er mit der Pistole war.

«Damit fühlst du dich nicht so allein», sagte ich.

«Ja, so was ist immer nützlich.»

«Sag mal, David … es geht alles klar, mit dem Bankier, ist das sicher, ja?»

«Ja, du kannst dich auf mich verlassen.»

Wir wechselten uns am Steuer ab und fuhren an einem Tag durch bis Perpignan. Am nächsten Morgen schlug David vor:

«Weißt du, es ist für dich ganz schön gefährlich, mit mir zusammen über die Grenze zu gehen. Das beste wird wohl sein, ich fahr allein im Mercedes rüber, und du nimmst einen Bus. Nach der Grenze treffen wir uns dann wieder.»

Meinte er das ernst? Oder hatte er dumme Gedanken dabei? Die ganze Fahrt über war er lustig gewesen, und ich hatte nichts Verdächtiges an seinem Verhalten entdecken können. Ich wollte ihn auf die Probe stellen, denn irgendwie mußte ich ja feststellen, ob er wirklich so fürsorglich war.

«Ja, da hast du recht, aber ich fahr mit dem Mercedes rüber und du mit 'nem Bus … das ist noch ungefährlicher, was meinst du?»

Er schien ein bißchen verstimmt, antwortete aber:

«Wie du willst, du hast hier zu bestimmen!»

Ich fuhr also ohne jede Schwierigkeit allein über die Grenze. Dabei mußte ich an Guidos Warnung denken.

Der Bus kam zwei Stunden nach mir an. Wir machten gleich eine Mittagspause. Und da kam er mit einem neuen Vorschlag:

«Hör mal, Jacques, wir brauchen doch erst heute abend in Barcelona zu sein. Ich hab da einen guten Freund, der ungefähr 40 Kilometer von hier entfernt wohnt … Ich würde ihn dir gerne vorstellen. Wenn du einverstanden bist, könnten wir vorbeifahren.»

Von dem Freund hatte er noch nie ein Wort gesagt. In dem Moment begriff ich, daß er mich wohl in eine Falle locken wollte, denn mit unserer Ware war es eigentlich weniger sinnvoll, große touristische Touren zu machen. Das Spielchen gefiel mir. Ich wünschte nur eins, nämlich, daß ich mich irrte. Ich antwortete gleichgültig:

«Ja, wir haben noch Zeit. Okay, fahren wir also bei deinem Freund vorbei.»

Er setzte sich ans Steuer, und wir fuhren eine Allee am Rande der Pyrenäen entlang. Es gab so gut wie keinen Verkehr.

«Was hast du gesagt, wie das Dorf hieß?»

Er hatte gar keinen Namen genannt.

Er zögerte und sagte dann einen Namen, den ich nicht kannte. Ich spürte, daß er nervös war. Jetzt war ich sicher: David hatte was vor. Ich paßte scharf auf. Meine 38er Spezial, die ich am Gürtel trug, garantierte mir ein langes Leben. Ich tat, als würde ich einschlafen.

Solange er die Hände am Lenkrad hatte, sah ich keine Gefahr für mich. Das Spielchen machte mir Spaß. Nach ein paar Kilometern bog er in eine kleine Straße ein. Es war kein einziges Auto entgegengekommen. Er fuhr langsamer. Ich tat, als wachte ich auf.

«Ich muß mal pinkeln», sagte er.

Das war's also, er hatte mich an der Nase rumgeführt. Es gab keinen Zweifel mehr. Ich war angewidert ... ich hatte ihm meine Freundschaft angeboten, und er tauschte sie gegen Falschgeld. Das war mir unverständlich, denn ich war in meinen Freundschaften ehrlich. Es mag noch angehen, daß man von einer Frau betrogen wird. Aber daß man von einem Freund verraten wird, das war so unfaßbar für mich, daß im selben Moment das Gefühl der ewigen Freundschaft in zerstörerischen Haß umschlug. Ich hatte fast Lust, ihn anzuschreien: «Siehst du nicht, daß du krepieren wirst?» Aber ich spielte das Spielchen mit und blieb dabei so ruhig wie möglich.

«Das trifft sich gut, ich auch.»

Er parkte den Mercedes an einem schattigen Fleckchen. Er stieg als erster aus. Ich nahm unbemerkt den Zündschlüssel an mich und stieg auf meiner Seite aus. Er hatte sich ein paar Meter vom Wagen entfernt. Das tat ich auch und drehte ihm den Rücken zu, so als würde ich urinieren. Ich hörte, wie er zum Wagen zurückging und die Tür aufmachte. Als ich mich umdrehte, war ich nicht einmal überrascht, daß er zehn Meter von mir entfernt stand und die Waffe auf mich richtete. Man sah ihm die Unsicherheit an. Er war ein paar Nummern zu klein für ein Unternehmen, das er nicht zu Ende bringen würde. Ich starrte auf seine Waffe und redete als erster. Ich wußte, daß er ohne den Bolzen vollkommen ungefährlich war. Einen Moment lang dachte ich an Guido.

«Was soll das heißen, David?»

«Gib mir die Autoschlüssel ... und keinen Schritt weiter ... Wirf deine Waffe weg!»

Da er mich grinsen sah, schrie er nervös:

«Die Schlüssel, oder ich schieße! Und keinen Schritt!» schrie er noch einmal.

«Armer Gauner!»

Der Abzugshahn klickte mit einem trockenen Geräusch auf den Aufschlagbolzen. Er sah mich entgeistert an, eine panische Angst ergriff ihn. Er machte eine Bewegung, als wolle er es noch einmal versuchen, aber da hatte ich schon meine Waffe in der Hand. Er ließ die Arme fallen. Sie schlenkerten herum wie bei einem Hampelmann. In mir stieg eine kalte Wut hoch. Ich ging auf ihn zu. Entsetzt starrte er auf das Ende meiner Pistole. Ich trat ihm mit meinem rechten Fuß in den Unterleib, und er stürzte jammernd gegen die Wagentür.

«Elender Hund du!»

Dann nahm ich ihm die Waffe ab. Die Gegend war einsam. Ich entdeckte einen Weg, der zu den Bergen führte. Ich schloß alle Türen ab und zog meine Handschuhe über. Dann zog ich ihn am Kragen hoch und sagte:

«Komm mit, Dreckskerl. Wir werden uns ein bißchen unterhalten.»

Ich ließ ihn vor mir hergehen. So legten wir hundert Meter zurück. Hier konnte man uns von der Straße aus nicht mehr sehen. David jammerte ununterbrochen:

«Was willst du machen ... laß mich doch wenigstens alles erklären ...!»

Dieser Hurensohn war wirklich großartig! Erklären ...! Obwohl ich ihn kaum kannte, hatte ich alles für ihn getan, und als Dank wollte er mich nicht nur beklauen, sondern auch noch erschießen.

«Mach dir keine Sorgen, mein Süßer ... Du wirst alles erklären können, wart's nur ab ... So, bleib stehen ... Zieh dich aus ...»

«Aber!»

Ich schlug ihn mit der Faust mitten ins Gesicht und befahl ihm:

«Zieh dich aus, Dreckskerl, aber ein bißchen plötzlich!»

Er zog sich, zitternd vor Angst und Kälte, aus ... Solche Hundesöhne können nicht wie richtige Männer sterben. Ich tat, als würde ich auf ihn zielen.

«Nein, tu das nicht, nein! Nein!»

In mir regten sich sadistische Gefühle. Ich schnauzte ihn an:

«Und das alles wegen dem Geld ... Der Bankier existiert wohl auch überhaupt nicht? Na? Scheißkerl! Du wolltest mich abknallen und dann mit den 150000 Dollar plus Auto, Waffen und Papiere abhauen.»

«Ich wollte dich nicht töten ... ich schwöre dir, ich wollte nur das Geld.»

«Das ist alles, was dir dazu einfällt! Guido hat mich gewarnt, daher auch die präparierte Waffe ... jetzt hast du keine Chance mehr, deine Dreckskarriere ist zu Ende ... Das hast du dir selbst zuzuschreiben.»

Da stand er nun, mit weit aufgerissenen Augen und verzerrtem Gesicht, und flehte:

«Nein, tu das bitte nicht ... ich tue alles, was du willst, ja ... alles, was du willst!»

Er gestand mir alles. Den Bankier hatte es nie gegeben. Er warf sich mir zu Füßen, weinte und jammerte. Wenn er mich doch wenigstens jetzt angegriffen hätte, das wäre mir noch lieber gewesen. Aber er war ein Feigling wie alle Typen, die Freundschaften verraten. Ich zögerte seinen Tod hinaus. Ich tat, als gäbe ich ihm noch eine Chance.

«Ich will dir noch eine Chance geben.»

Sein Gesichtsausdruck erhellte sich.

«Ja, ja, gib mir noch eine Chance ... Du wirst sehen, du wirst es nicht bereuen ...»

Wie konnte er meinen Worten glauben! War er wirklich so habgierig und naiv zugleich, daß er glaubte, Verrat wird nicht mit dem Tod bezahlt?

«Zieh dein Unterhemd an.»

Er nahm es zitternd in die Hand und zog es an. Als er wieder den Kopf hob, sah er die Waffe auf sich gerichtet. Jetzt hatte ich genug gespielt.

Die erste Kugel traf ihn ins linke Knie. Er brach kreischend zusammen. Schützend hielt er die Hände vors Gesicht.

«Steh auf, Scheißkerl ... Steh auf!»

«...»

Er erhob sich mühsam und starrte auf die Waffe. Er zitterte vor Angst, Urin und Kot liefen an seinen Beinen runter. Ich gab vier Schüsse ab, die ihn mitten in die Brust trafen. Sein Unterhemd war durchlöchert. Vier rote Blumen waren der Preis für seine Sauerei. Er röchelte. Ich zog ihm das Hemd aus, zerrte ihn an den Haaren hoch und feuerte ihm eine letzte Kugel in den Kopf, die seine Schädeldecke zertrümmerte. Dann kippte ich die Trommel aus, sammelte die Geschoßhülsen ein und lud meine Pistole wieder, falls ich bei der Rückkehr zum Wagen eine dumme Überraschung erleben würde. Ich nahm die Kleider vom Boden. Dann warf ich einen letzten Blick auf David und spuckte auf die Erde. Als Grabinschrift hätte ich ihm folgendes ausgesucht: in der eigenen Scheiße gestorben.

Jetzt mußte ich nachdenken und schnell handeln. Es war ganz still. Ich nahm die andere Waffe, die ich mitgenommen hatte; dann reinigte ich die, die ich benutzt hatte, leerte sie und warf sie weit fort ins Gebüsch. Dasselbe machte ich mit den Geschoßhülsen. Davids Pistole warf ich ebenfalls weg. Ich holte die Ausweispapiere aus seinen Kleidern und stopfte die Kleider in meinen Koffer. Die Papiere verbrannte ich sofort an Ort und Stelle. Jetzt blieb nur noch das Unterhemd. Ich machte etwas sehr Unvorsichtiges, aber das war mir egal: ich nahm es für Guido mit.

Ich fuhr den Mercedes bis zur Hauptstraße und ging noch mal zurück, um die Reifenspuren zu verwischen. Ich mußte mit der Ware nach Frankreich zurück. Ich wollte erst am Abend über die Grenze. Wenn nicht irgendwas Unvorhergesehenes passierte, würde Davids Leiche nicht vor dem Frühjahr gefunden werden … Bis dahin konnten sich die Aasgeier an ihm gütlich tun. Ich wünschte ihnen guten Appetit.

Auf dem Rückweg dachte ich an David … Er wäre besser im Gefängnis geblieben. Ich ärgerte mich über meine Fehleinschätzung. Meine Freunde könnten mir keine Vorwürfe machen, ich hatte getan, was getan werden mußte. Die Dollars waren nicht so wichtig. Da gab es noch genug Möglichkeiten.

Um 20 Uhr fuhr ich wieder über die Grenze. Auf die Frage des Zöllners, ob ich nichts zu verzollen hätte, antwortete ich gutgelaunt:

«Nein, absolut nichts, Monsieur.»

An einer einsamen Stelle hielt ich an und holte die Dollars aus ihrem Versteck; ich tat sie in meine Reisetasche. In Perpignan ließ ich den Mercedes samt Zündschlüssel stehen – so würde er schneller geklaut werden – und ging zum Bahnhof. Ich stieg in den Nachtzug nach Paris.

Die Nacht verbrachte ich im Liegewagen. Gleich nach der Ankunft in Paris ging ich zu Guido. Er machte die Tür auf und blickte mich erstaunt an:

«Du schon, mein Sohn?»

«Mit David hattest du recht.»

«Und?»

Ich stellte meine Reisetasche auf den Tisch. Dann holte ich das blutbefleckte Unterhemd raus und sagte zu Guido:

«Die Sache ist erledigt.»

Wir sprachen nie mehr darüber. Aber diese brutale Entschlossenheit, die ich immer, wenn es die Situation erforderte, an den Tag legte, verschaffte mir bei meinen Freunden ein gewisses Prestige.

Im April 1966 schenkte mir Solé einen Sohn, den ich Boris nannte. Trotz der Geburt des Kindes verdoppelte ich meine Verbrecheraktivitäten. Ich liebte die Tat. Gegen diese Geliebte konnte Solé nichts ausrichten. Ich lebte gern gefährlich. Aber dennoch liebte ich meine Tochter Sabrina abgöttisch. Ich nahm sie manchmal abends mit ins Restaurant. Mit ihren runden, schwarzen Augen schaute sie schelmisch in die Welt. Ich ging mit ihr zu den Malern und Händlern am Place du Tertre und ließ sie in der Art eines kleinen Pariser Straßenjungen porträtieren; die Maler gaben ihr den Spitznamen ‹Floh›. Wenn die Blumenverkäuferin mit ihrem Korb voller Rosen vorbeikam, kaufte ich regelmäßig eine für meine Kleine. Wir gingen dann müde wieder nach Hause, manchmal mußte ich sie tragen. Sie legte den Kopf auf meine Schulter und schlief ein, und ich war der glücklichste Mensch der Welt. Für den Widerspruch zwischen dem sensiblen Mann und dem Mörder hatte ich nur eine Erklärung: Ich lebte zwei verschiedene Leben gleichzeitig. Aber das letztere könnte das erste endgültig zerstören. Wenn ich mit Sabrina auf dem Arm nach Hause ging, dann kam mir nicht in den Sinn, daß ich dieses kleine Mädchen nicht aufwachsen sehen würde, diese Kleine, die sich bei mir geschützt und geborgen fühlte.

Guido bat mich, ihn nach Südfrankreich zu begleiten. Sein Freund Tino brauchte Hilfe. Es floß viel Blut. In dem Milieu kann es vorkommen, daß man einen Menschen tötet, den man nie zuvor gesehen hat und von dem man nichts weiter weiß, als daß er mit dem Freund eines Freundes auf Kriegsfuß steht. Man tötet ihn ohne Haß, ohne Gemeinheiten ... wie im Krieg, nur einfach so, weil es eben sein muß. Und dann kommst du wieder nach Hause; du denkst nicht daran, daß eine Mutter weint, daß eine Frau dich verflucht und gar nicht weiß, wer du bist. Und Jahre später liegt vielleicht dieselbe Frau mit dir im Bett und weiß immer noch nicht, daß du ihr Schicksal verändert hast. Aber eins ist sicher: Seine Freunde, die vergessen dich nie, wenn sie wirklich seine Freunde waren. Als ich wieder in Paris war, warnte Guido mich, die Angelegenheit sei nicht abgeschlossen. Das sollte ich schon bald merken.

Eines Abends hatte ich eine Verabredung mit Tino, der für ein paar Tage nach Paris gekommen war. Ich stellte mein Auto in der Nähe vom Place de Clichy ab. Es war dunkel. Als ich gerade aussteigen wollte, hörte ich ein Motorengeräusch und drehte mich blitzschnell um. Diese Bewegung rettete mir das Leben. Aus dem vorderen Wagenfenster zielte ein Mann auf mich. Ich warf mich genau in dem Moment zu Boden, als der Schuß losging. Das Auto fuhr an mir vorbei. Ich hatte im Fallen noch zu meiner 45er gegriffen, aber keine Zeit mehr gehabt, das Feuer zu erwidern. Als ich mich wieder erhoben hatte, merkte ich, daß mein linker Fuß mich nicht mehr trug. Da blieb ich also mit einer Kugel im Bein und vier Einschüssen an der Wagentür zurück. Trotz der späten Stunde schauten bereits Leute aus den Fenstern. Ich setzte mich schnell wieder ans Steuer und verschwand. Ich fuhr sofort zu Guido. Diesmal mußte ich zwei Tage in der Klinik eines Freundes bleiben, bis ich wieder laufen konnte. In meiner ganzen Verbrecherkarriere hatte ich immer dieses Glück, dem Tod so um ein Haar zu entkommen, trotz aller Schießereien, in die ich verwickelt war.

Ich begriff die Falle, in die ich bei meiner Verabredung mit Tino geraten war, zunächst überhaupt nicht. Die Erklärung kam von allein. Wir sahen Tino nie mehr lebend wieder. Man muß ihn abgefangen und in einem Keller über seine Freunde und ihre Verstecke ausgequetscht haben. Sie haben ihn wohl ganz schön gequält, bis er gesungen hat. Der Tod hat ihm Ruhe gebracht ... Er hat ihn vielleicht sogar herbeigesehnt. Seine Leiche würde vielleicht irgendwann mal gefunden werden ... oder sie vermodert in irgendeinem Wald unter der Erde. Tino war beliebt und geschätzt. Wir beschlossen, uns zu versammeln und schnell zu handeln.

Andere Männer starben und verschwanden. Auge um Auge, Zahn um Zahn. Man tötet manchmal einen Menschen, der ein Freund hätte sein können, wenn er nicht zufällig auf der anderen Seite gestanden hätte. Nichts ist dümmer als ein Bandenkrieg; die Polizei freut sich, sie braucht nur noch die Toten zu zählen.

Ich ging nicht mehr mit meiner Tochter weg, denn ich hatte Angst, es könnte ihr etwas passieren. Doch so, wie das Feuer ausbricht, so erlischt es wieder. Man zählt die Toten, es wird wieder ruhig, denn beide Seiten wollen wieder einmal aufatmen können.

Ich entschloß mich, Frankreich für ein paar Monate zu verlassen und auf die Kanarischen Inseln zu ziehen. Dort übernahm ich mit anderen die Geschäftsführung eines Restaurants. In dem Freihafen Santa Cruz auf Teneriffa gefiel es mir gut. Ich lernte schon bald einen französischen Ganoven kennen, der dort ohne jeglichen Ärger mit der spanischen Polizei lebte.

Guido kam mich mit ein paar anderen Freunden besuchen. Ich machte ein paar Geschäfte, was in dem Freihafen ziemlich einfach war, aber mir fehlte die Spannung.

Mit Solé verstand ich mich von Tag zu Tag schlechter. Sie machte mir ununterbrochen irgendwelche Eifersuchtsszenen, manchmal mitten im Restaurant, denn ich hatte es in meiner Position natürlich ständig mit hübschen Mädchen zu tun.

Eines Abends hatte sie einen Nervenzusammenbruch, der schlimmer war als alle vorigen. Sie verlor jegliche Kontrolle über sich. Sie drohte, sich selbst und meine Tochter umzubringen, und das einzig und allein, weil sie sich für ein paar eingebildete Geliebte rächen wollte. Sie glaubte, daß ich sie nicht mehr liebte und klammerte sich ganz ungeschickt an mich, drohte mir und flehte mich an, brach in Tränen aus und bekam Wutanfälle. Mir wurde klar, daß, wenn ich bei ihr bleiben würde, ich sie eines Tages umbringen würde.

Unbewußt hatte sie mit ihrem Verhalten mich zu einer Gefahr für sie gemacht. Unser Verhältnis erlitt endgültig Schiffbruch. Ich war dafür mitverantwortlich, doch ich wollte nichts mehr unternehmen, um noch etwas zu retten. Ich faßte also den Entschluß, sie ohne eine Erklärung zu verlassen und aus ihrem Leben zu verschwinden. Ich bat meine Mutter, daß sie kommen sollte. Sie holte meine Tochter Sabrina ab und fuhr mit ihr nach Frankreich.

Ich ging bei meiner Bank vorbei und nahm dann das nächste Flugzeug nach Rom. Ich hinterließ Solé keinen Abschiedsbrief und gab ihr keine Möglichkeit, mich wiederzufinden. Ich sah sie nie wieder. Sie schrieb mir mehrere Briefe, die sie an die Adresse meiner Eltern schickte und die ich nicht beantwortete. Ich habe niemals erfahren, was aus ihr geworden ist und wollte es auch nie wissen.

Von Rom aus telefonierte ich mit Guido. Er reagierte auf das, was zwischen Solé und mir abgelaufen war, mit der Bemerkung:

«Es ist besser so, mein Sohn, ja ... besser für sie ... und auch für dich.»

Er erzählte mir, daß er mittlerweile herausbekommen habe, wer vor ein paar Monaten auf mich geschossen hatte, und fragte mich weiter, ob ich Interesse an einer Sache in der Schweiz hätte. Er könnte mir am Telefon nichts Weiteres dazu sagen. Da ich gleich mein Interesse bekundete, verabredeten wir uns in Zürich in einem Hotel.

Ein paar Tage später trafen wir uns. Er sagte, daß er die Geschichte mit den falschen Dollars inzwischen abgewickelt habe und daß mein Anteil für mich bereitliege. Jetzt plante er einen Überfall auf einen Juwelierladen in Genf. Es gab da keinerlei Schwierigkeiten. Zwei Freunde erwarteten uns an Ort und Stelle. Bezüglich der Schießerei und meiner Verwundung sagte er bloß:

«Das mußt du vergessen, mein Junge.»

«Machst du Witze, oder was ist los?»

«Nein, ich meine das ganz ernst ... Für beide Seiten ist klar, daß jetzt Frieden herrscht. Jetzt müssen die Wunden heilen ... und wir müssen vergessen – auch den Stolz.»

«Ja, und vergessen wir auch die, die dabei draufgegangen sind? Deinen Freund Tino zum Beispiel?»

«Red doch keinen Blödsinn ... Du weißt so gut wie ich, daß sie dafür bezahlen mußten! Aber jetzt ist der Waffenstillstand beschlossen worden, und das heißt dann auch Waffenstillstand. Ich hab das auch in deinem Namen so abgemacht.»

Guido war mein Freund ... er war mehr als ein Bruder. Ich akzeptierte also den Beschluß. Aber ich erfuhr nie, wer auf mich geschossen hatte. Guido hatte zu große Angst vor meinen Rachegefühlen. Deshalb sagte er mir nicht, wer es war.

Wir fuhren getrennt nach Genf.

Der Einbruch fand an einem Freitagnachmittag, kurz vor Weihnachten 1966, statt. Wir hatten uns mit Kapuzen unkenntlich gemacht und gingen so mitten im Zentrum von Genf in den Juwelierladen. Innerhalb von drei Minuten klaubten wir Ringe, Ketten und Armbänder im Wert von zigtausend Dollar zusammen, ohne einen einzigen Schuß abzugeben, ohne jede Form von Gewalt ... Das war gute Arbeit. Guido fuhr sofort mit der Ware im Wagen über die Grenze. Ich wollte nach Zürich fahren und dort alle notwendigen Vorbereitungen für einen ähnlichen Einbruch starten. Ich kam nicht mehr dazu. Die Polizei von Genf ahnte, daß der Coup nur von Ausländern gemacht sein konnte und überprüfte alle Hotels. Am Montag klopfte es an meiner Tür. Auf meine Frage, wer da sei, bekam ich die Antwort: «Polizei.»

Sie machten eine Paßkontrolle, was mich nicht sonderlich beunruhigte. Als sie mir jedoch den Paß abnahmen und sagten, ich könne ihn bei der Ausländerbehörde wiederbekommen, hatte ich ein ungutes Gefühl.

Die Polizisten waren in den Morgenstunden gekommen. Kaum waren sie weg, wusch ich mich in aller Eile und packte meine Koffer. Ich wollte ihnen den Paß lassen und nur mit meinem Personalausweis über die Grenze. Eine Verhaftung wollte ich nicht riskieren. Ich bezahlte mein Zimmer und ging zu meinem Leihwagen. In dem Moment, als ich die Tür öffnen wollte, tauchten vier bewaffnete Polizisten auf und befahlen mir, mich nicht zu bewegen. Das tat ich denn auch. Ich spielte den Erstaunten. Sie brachten mich zum Polizeipräsidium. Ein Kommissar fragte seine Männer:

«Ist es der da?»

Auf ein Kopfnicken hin bat er mich höflich: «Setzen Sie sich doch bitte, Monsieur Mesrine. Sie scheinen nicht sehr überrascht!»

«Im Gegenteil, ich würde gern wissen, was hier vorgeht. Ich habe mein Hotel verlassen, um meinen Paß abzuholen, und da werde ich von vier bewaffneten Polizisten umzingelt.»

Er schüttelte grinsend den Kopf:

«Nun spielen Sie nicht den Beleidigten. Als wir Ihren Paß hatten, da haben unsere Informationsleute schnell gearbeitet. Sie sind bei der französischen und der spanischen Polizei ganz gut bekannt. Wenn ich Ihnen erzählen würde, daß am Freitag in einem Schmuckgeschäft eingebrochen wurde, dann sagt Ihnen das natürlich überhaupt nichts?»

«Ich sehe da keinen Zusammenhang mit meiner Anwesenheit hier bei Ihnen!»

Im selben Augenblick kam ein Polizist zur Tür herein; er brachte die beiden 38er Spezial mit, die ich in meinem Koffer hatte.

«Na so was ... jetzt wird die Sache aber interessant. Gehört dieses Werkzeug Ihnen?»

«Ja, Kommissar, und das viele Geld in meinem Koffer auch. Das stammt von meinem Bankkonto in Santa Cruz auf Teneriffa. Soviel ich weiß, sind Waffen in Ihrem Land nicht verboten.»

«Waffentransport, Mesrine ... Aber Sie scheinen die Waffen zu benutzen, und ich habe den starken Verdacht, daß Sie was mit dem Überfall zu tun haben.»

Ich stritt alles ab, während er nur in sich hineingrinste. Ich wurde in einen Raum gesperrt und blieb mehrere Stunden lang allein. In der Tür war eine Scheibe, die von meiner Seite aus undurchsichtig war. Ich fühlte mich beobachtet. Der Juwelier und seine Angestellten sahen mich durch die Scheibe an, aber ich blieb sitzen, so daß sie meine Silhouette schlecht erkennen konnten. Dann ging die Tür auf, und ich wurde dem Juwelier vorgeführt. Er erkannte mich nicht, was überhaupt kein Wunder war, denn ohne die Kapuze sah ich eher wie ein ordentlicher Bursche aus.

Der Kommissar teilte mir mit, daß er keine Anklage gegen mich erheben könne, aber daß ich auf Lebenszeit Schweizer Territorium nicht mehr betreten dürfe unter dem Vermerk «unerwünschter Ausländer, erhebliche Vorstrafen». Bezüglich der Waffen konnte man mir nichts vorwerfen.

«Ich gebe sie Ihnen also zurück.»

«Aber Kommissar! Wenn ich damit an der französischen Grenze auftauche, bedeutet das zwei Jahre Knast ... ich gebe sie Ihnen in Verwahrung ... und wenn ich in meinem Land eine Genehmigung für Waffenbesitz bekomme, dann bitte ich Sie wieder um Herausgabe der Waffen», sagte ich humorvoll.

«Das fehlte gerade noch! Sie sind ganz schön dreist. Aber für einen einfachen Touristen kennen Sie unsere Gesetze ziemlich genau, Also, alles klar, Mesrine. Jetzt bringen wir Sie wieder zur Grenze, aber ich habe immer noch meine Zweifel ... Zweifel sind leider keine Beweise.»

Er gab mir die Hand, was mich einigermaßen erstaunte. Ich wurde zur Grenze begleitet. Meinen Wagen hatte die Polizei bereits bei der Firma Hertz abgeliefert, die schon die Leihgebühr verlangt hatte.

Erst von Paris aus rief ich Guido an. Wir machten ab, daß wir uns einen Monat lang nicht sehen würden, denn es war nicht ausgeschlossen, daß wir beschattet wurden.

Mehrere Wochen lang ging ich nur noch in Kneipen, Nachtlokale und zum Pferderennen. Weil ich Solé los war, konnte ich jetzt ganz in meinem Milieu untertauchen. Ich wußte, daß ich für das Scheitern unseres Verhältnisses verantwortlich war, aber Reue war nicht gerade etwas für mich. Ich war im Lauf der Jahre brutal und gefährlich geworden. Ich war gefürchtet und empfand darüber eine gewisse Genugtuung. Sanft und mild war ich nur gegenüber Alten und Kindern. Mein Milieu ist wie ein Dschungel, in dem nur das Recht des Stärkeren gilt. Alle wußten, daß ich vor Mord nicht zurückschreckte und daß ich in meinen Freundschaften zuverlässig und treu war. Ich hatte wenig Freunde, aber wir waren eine Mannschaft, in der jeder dem anderen bei Schwierigkeiten solidarisch zur Seite stand.

In meiner alten Wohnung zu bleiben, kam nicht mehr in Frage. Ich übernahm zusammen mit dem Vorkaufsrecht die Geschäftsführung eines Hotels.

Als ich eines Abends in Richtung Place Blanche spazierte, ging ich aus reiner Neugierde in eine Bar, die ich bisher noch nie betreten hatte. Kaum war ich hereingekommen, als mir schon zwei hübsche Blondinen das übliche Theater vormachten, damit ich ihnen Champagner spendieren sollte. Sie hielten mich wohl für einen ihrer Freier ... Ich fand es lustig und lehnte ihr Angebot freundlich ab. Eine aber machte weiter, ganz ihres Reizes bewußt. Ich sah mir den Raum näher an: sie stand da und hob sich durch ihr Äußeres, das an eine Obersekretärin erinnerte, stark von den anderen ab. – Ein wenig Bardame, ein wenig Nutte, aber so sehr Frau! Ihre Brille verlieh ihr ein gewisses vornehmes Aussehen. Sie blickte ihre Kollegin an und sagte:

«Siehst du nicht, daß der Herr nur zusammen mit seinen Freunden etwas Champagner trinken will?»

Und lächelnd sagte sie zu ihrer Freundin:

«Wenn du Männer mit Freiern verwechselst, dann mußt du dir bald einen anderen Beruf suchen, meine Schöne.»

Ihr südlicher Akzent gefiel mir, und was ihr Äußeres betraf, so fand ich bei ihr eine Ähnlichkeit mit meiner Lieblingsschauspielerin: Annie Girardot. Ich fragte mich, was sie wohl an so einem Ort zu tun hatte.

«Darf ich mich setzen?»

«Du darfst.»

Ich lächelte sie an.

«Darf ich Ihnen ein Glas anbieten?» sagte sie zu mir.

«Es geht doch sonst umgekehrt, nicht wahr?»

«Man muß seine Gewohnheiten ändern können.»

Dieses Mädchen gefiel mir. Ich spürte, daß sie Witz hatte und dazu ein Benehmen, als ob sie sich über die ganze Welt lustig machen würde. Das alles verlieh ihr noch mehr Reiz.

«Wie heißt du mit Vornamen?» fragte ich sie.

«Jane ... meine Freunde nennen mich ‹Janou›. Und du?»

«Wenn ich Tarzan sage, dann glaubst du mir's nicht! Aber nein, ich heiße Jacques.»

Sie gab mir die Hand.

«Also, guten Tag, Jacques!»

«Tag, Janou.»

Und wir lachten beide schallend.

Als ich dann Champagner bestellte, lächelte sie mich an:

«Wir sind also Freunde geworden?»

«Sicher sind wir das.»

Diese Voraussage sollte zu einer Gewißheit werden. Ich war *der* Frau begegnet, derjenigen, die meine treue Gefährtin werden und mein Schicksal ganz und gar mit mir teilen sollte; derjenigen, die all das mitbringen sollte, was ich von der Frau eines Gauners erwartete. Sie würde gleichzeitig Freundin, Geliebte und Komplicin sein. Manchmal angelt man sein Glück aus der Gosse. Eine Frau wird an dem Tag geboren, an dem sie zu deiner Frau wird ... Man bittet sie nicht wie ein Zöllner darum, den Koffer ihrer Vergangenheit aufzumachen, indem man fragt: «Etwas zu verzollen?» An diesem Abend verließ Jane Schneider, genannt Janou, die Bar, in der sie gearbeitet hatte, und kehrte nie wieder dorthin zurück. Ich fing an, sie kennenzulernen. Sie besaß eine Unzahl guter Eigenschaften, war sanft und autoritär zugleich. Wie viele ihrer Kolleginnen war ihre Jugend durch einen vollkommenen Mangel an Liebe geprägt worden. Ihre Mutter starb, als sie sieben Jahre alt war. Ihr Vater war ein Industrieller aus La Reole, hatte gleich wieder geheiratet, und die Stiefmutter hatte Jane zu ihrem Prügelknaben gemacht.

Mit vierzehn Jahren wurde sie von ihrem Vater, trotz dessen Reichtums, als Dienstmädchen zu anderen Leuten gegeben. Sie hatte von ihm sowieso nie etwas anderes als Vorwürfe bekommen. Mit achtzehn Jahren war sie aus diesem Gefängnis ausgerissen, um ihr eigenes Leben zu leben. Dann hatte sie angefangen zu arbeiten. Der erste Liebhaber, die erste Liebe, der erste Kummer. Paris ist eine unbarmherzige Stadt, deren Lichter alles beleuchten, außer dem Herz der ratlosen Menschen, die zur Beute der Zuhälter werden. Für Jane war es nicht anders gewesen. Eines Tages war sie mit der Kasse des Restaurants davongelaufen, in dem sie arbeitete. Sie wurde festgenommen und mußte ein Jahr lang ins Gefängnis.

Ihr Vater hatte sie, genau wie zwei Jahre vorher, von sich gewiesen, als sie sich bei ihm mit einem Kind von ihrem Geliebten gemeldet hatte. Da sie als ehemalige Gefangene unmöglich eine Stelle kriegen konnte, hatte sie sich prostituiert, wie man sich ersäuft, ganz einfach deswegen, weil das Leben einem zum Kotzen ist. Dann gewöhnt man sich daran: Man ist «Nutte». Im Inneren aber sehnt man sich nur danach, eines Tages von einem Mann wie eine Frau behandelt zu werden. Er nimmt einen bei der Hand und sagt: «Komm!» – und zwar für mehr als eine Stunde. Gerade dieser Mann war Janou soeben begegnet.

Sie ließ sich mit mir zusammen in dem Gasthaus nieder. Ich übertrug ihr die Verantwortung für die Kasse und die Organisation der Instandsetzung. Sie führte das von mir angestellte Personal entschlossen und liebenswürdig zugleich. Ich konnte sehen, wie sie wieder aufblühte. Ich meinerseits hatte endlich die Gefährtin gefunden, die ich brauchte. Niemals stellte sie Fragen. Sie hatte gleich verstanden, womit ich meinen Unterhalt verdiente. Sie wußte, daß ich mich nicht mit Zuhälterei beschäftigte und die Zuhälter nicht mochte. Ihr «Mann» war anderthalb Jahre im Gefängnis; sie hatte ihm einen Brief geschrieben, in dem stand: «Lebewohl, mein Süßer! ... Ich glaube nicht, daß ich Dir was schuldig bin, deshalb gehe ich.» Sonst nichts.

Guido, der zu uns gekommen war, liebte und achtete Janou auf den ersten Blick.

«Da hast du die Frau, die du brauchst, mein Alter», sagte er zu mir.

Janou begann, sich in mich zu verlieben, und benahm sich manchmal wie ein keckes kleines Mädchen ... Sie war glücklich.

Allmählich wurde das Gasthaus bekannt. Die Geschäfte gingen nicht schlecht. Es stand mitten im Wald, so daß wir lange Spaziergänge mit unseren Hunden machen konnten. Ich hatte vier Stück – zwei hatte Janou aufgenommen, nachdem sie sie verlassen und ausgehungert aufgefunden hatte. Ab und zu mußte ich ein oder zwei Tage weggehen. Dann packte sie mir jedesmal meinen Koffer, ohne je Fragen zu stellen. Wenn ich zurückkam, warf sie sich in meine Arme und ließ ihren Kopf auf meiner Schulter. Als ich einmal eine Träne entdeckte, sagte sie nur:

«Das ist nichts. Ich bin nur glücklich und muß das Glück, bei dir zu sein, begießen.»

Ich hatte sie meinen Eltern vorgestellt, und sie hatte in meinem Vater den Vater gefunden, den sie nie gehabt hatte. Er war für sie zum «Papi» geworden. Sie entdeckte eine Familie, und ich entdeckte sie.

Alles ging zu glatt, und schon bald fingen die Scherereien an. In der Gegend um Compiègne übte eine Bande jugendlicher Rowdies Terror aus. An ihrer Spitze stand ein ehemaliger Fallschirmjäger, ein Randalierer und Alkoholiker. An einem Sonntagabend kamen sie bei mir acht Mann hoch zu Besuch. Zu ihrem Unglück wußten sie nicht, was für ein Haus sie betraten. Es fing so an:

«Wir trinken, bezahlen oder nicht ... und wie wär's mit deiner Kasse?»

An diesem Abend waren nur sehr wenige Kunden im Speiseraum. Als Janou sah, wie ich nach dem Ochsenziemer griff, langte sie vorsichtig nach meinem «38 Spezial»-Revolver im Kassenschubfach, wo er ständig lag. Dann ging alles sehr schnell. Der Fallschirmjäger bekam einen Ziemer direkt ins Maul und brach vor meinen Füßen zusammen ... Was die anderen anging, so waren sie vor Angst erstarrt – Janou bedrohte sie mit ihrer Waffe, während ich die Gelegenheit benutzte, um weiter mit dem Ziemer zu spielen, bis sich das ganze Pack davonmachte wie ein Schwarm Spatzen.

Ich hatte den Fallschirmjäger hinausgeschleppt und vor der Tür liegenlassen. Schon aus Prinzip war für mich keine Rede davon, die Gendarmen zu holen. Was für eine Überraschung, als ich zwei Tage später bei der Polizei vorgeladen wurde, und zwar wegen tätlichem Angriff in Tateinheit mit Körperverletzung gegen den Herrn Fallschirmjäger! Er hatte Klage eingereicht! Die Polizisten schätzten es nicht besonders, daß ich zur Selbsthilfe gegriffen hatte; sie erfuhren, daß ich im Gefängnis gewesen war, und von diesem Tage an ließen sie mich nicht mehr in Ruhe. Dieser Fallschirmjäger gefiel mir überhaupt nicht, und als ich hörte, daß er damit prahlte, mich mit einer Flinte zu erschießen, falls er mich im Wald treffen sollte, wurde ich noch verärgerter. Zwei Wochen später fand man ihn erhängt. Die Untersuchung ergab: Selbstmord. Die Bande jugendlicher Tölpel erschien nie wieder in meinem Gasthaus.

Wegen der polizeilichen Scherereien faßte ich den Entschluß wegzugehen. Wir ließen uns auf dem Familiengut nieder. Ich fing an, Janou zu lieben. Die Art und Weise, wie sie am Tag der Rauferei in dem Gasthaus reagiert hatte, hatte mir gefallen. Sie reagierte gut, und ich wußte, daß ich mich bei jeder Gelegenheit auf sie verlassen konnte.

Nachts gingen wir sehr oft in modische Lokale. Überall stellte ich sie als meine Frau vor, und ihr leuchtender Blick zeigte ihre ganze Zustimmung dabei. Es kam auch vor, daß ich allein wegging, wenn ich Lust dazu hatte. Seitdem ich zusammen mit ihr lebte, interessierten mich die anderen Frauen nicht – zum erstenmal war ich treu, und ich glaube, sie wußte das.

Als ich eines Abends in einer Bar, ganz in der Nähe von der, in der ich sie kennengelernt hatte, war, gingen zwei Männer auf mich zu. Der eine, ein langer, stämmiger Kerl mit dem Maul eines hartgesottenen Filmstars, sah arabisch aus. Der andere, ein etwa dreißigjähriger, schöner Typ, schien selbstsicher. Beide rochen nach Zuhältern. Der Araber legte mir eine Hand auf die Schulter.

«Wir wollen uns mit dir über die Frau eines unserer Freunde unterhalten!»

Keiner der beiden wußte genau, wer ich war. An diesem Abend hatte ich keine Waffe bei mir. Ich spürte, daß es vielleicht gefährlich werden könnte. Am besten würde ich also die Rolle des beeindruckten Kerls, der ein wenig Angst hat, spielen, mit der Hoffnung, daß sie aus übertriebenem Selbstvertrauen einen Fehler begingen. Ich reagierte wie ein Profi. Ich schaute sie an und sagte:

«Ich kenne euch aber nicht ...»

Sofort packte mich der Araber mit drohender Miene am Kragen.

«Du wirst uns gleich kennenlernen ... Komm mit nach hinten!»

Ich ahnte, daß beide bewaffnet waren. Also stand ich auf und folgte ihnen, unter den Blicken des Barbesitzers, nach hinten. Die beiden forderten mich auf, mich zu setzen. Der Araber nahm neben mir und der andere mir gegenüber Platz. Dann sagte er:

«Also, der Herr schäkert mit ‹Jane› ... Vielleicht weißt du nicht, daß sie nicht frei ist ... Das wird dich eine ganze Stange kosten, oder glaubst du, daß deine Romanze umsonst war?»

Was jetzt kommen würde, hatte ich schon verstanden. Man würde mir drohen und schließlich vorschlagen, eine Art Geldstrafe zu zahlen. Damit hatten sich beide, ohne es zu wissen, zum Tode verurteilt. Je mehr er von Janou sprach, desto härter wurde mein Blick, aber keiner der beiden schien das zu merken. Als sie dann sagten, daß sie Janou sehen wollten und daß ich es noch bereuen würde, falls ich sie nicht zu ihr führen wollte, und als der Araber, um das Ganze zu betonen, mir einen Revolver zwischen die Rippen steckte, war mein Entschluß gefaßt – diese beiden Schweine sollten nicht mit heiler Haut davonkommen. Ich spielte also weiter den Geängstigten und antwortete mit fast zitternder Stimme:

«Wir wohnen aber nicht in Paris, sondern in einem Landhaus, 100 Kilometer von hier. Ich gebe euch gern Geld, aber tut mir nichts ... Ihr könnt von mir haben, was ihr wollt, aber tut mir nichts.»

Meine Angst schien ihnen zu gefallen. Ich wollte unbedingt, daß sie mit mir rausfahren würden. Auf meinem Gut hatte ich überall ein paar Waffen versteckt. Ich mußte ihr Mißtrauen besänftigen. Auf dem Boden hatte ich mir eine Bar eingerichtet, wo ich immer etwas Geld versteckte. Dort war auch ein Kamin, der bloß zur Verzierung diente und zugemauert war. Im Innern hatte ich zwei lange Zimmermannsnägel eingeschlagen, auf denen ein Jagdgewehr mit abgesägtem Kolben und Lauf lag. In den beiden Läufen dieses «Lupara»-Gewehrs waren zwei Rehschrotpatronen. Keiner, der diesen Raum betrat, konnte das bemerken.

Der Araber fuhr fort:

«Hast du Geld bei dir zu Hause?»

«Ja ... und ...»

«Wieviel?»

«So ungefähr ... vielleicht zwei Millionen.»

Er blickte seinen Kumpan an:

«Fahren wir zu ihm ... Ist sie dort zur Zeit?»

Ich antwortete gleich mit «ja», obwohl es gar nicht stimmte. Janou war in Paris und wartete wahrscheinlich auf meine Rückkehr, ohne auch nur zu ahnen, daß ich wegen ihr in eine unangenehme Lage geraten war. Deshalb machte ich mir darüber keine Sorgen. Ich würde einfach so tun, als ob ich überrascht wäre ... Meine Absicht war, sie in dem Augenblick zu kriegen, in dem ich ihnen das Geld geben würde, das ich auf dem Boden versteckt hatte. Sie waren vielleicht gefährlich, aber ich konnte spüren, daß sie auch geldgierig waren. Ich war nicht einmal sicher, daß sie im Namen von Janous ehemaligem Beschützer handelten. Vielleicht hatte die Besitzerin der Bar, wo sie früher gearbeitet hatte, mich im Vorbeigehen gesehen und ihnen gesagt, ich sei derjenige, mit dem Janou weggegangen und nicht mehr wiedergekommen war. All das war nicht wichtig, wo ich es noch dazu bald erfahren würde.

Wir verließen die Bar. Der Araber stieg mit mir zusammen hinten in den Wagen, während sich der andere ans Steuer setzte. Die ganze Fahrt über bedrohte mich der Araber, doch ich wußte, daß sie mich nicht zu einer «Todesfahrt» mitgenommen hatten. Würden sie eine andere Richtung einschlagen, so war ich entschlossen, jedes Risiko auf mich zu nehmen. Der Araber richtete noch nicht einmal mehr seine Waffe auf mich, sondern steckte sie wieder zurück in seinen Gürtel. Wahrscheinlich hielten sie mich für den gutmütigen Tölpel, dem man leicht sein Geld wegnehmen kann ... Vielleicht hatten sie irgend etwas Gemeines mit Janou vor. Was mich anging, so war ich wie ein Tiger, der wartete. In meinem Herzen war nur noch Blutgier, und ich wünschte mir nur, schnell anzukommen.

Es war ungefähr Mitternacht, als das Haus in Sicht kam.

«Hier ist es.»

«Da sieht man aber gar kein Licht ... Wenn du uns einen Bären aufgebunden hast, kannst du was erleben!» sagte der Araber zu mir.

«Sie wird wohl schlafen ... oder vielleicht ist sie in die Stadt ins Kino gegangen. Auf jeden Fall kommt sie bald zurück ... Du wirst sehen, daß ich die Wahrheit gesagt habe ... Das Geld kannst du gleich haben ... und dann ...»

«Halt's Maul!»

Er hatte seine Waffe wieder in der Hand. Die Schlüssel des Hauses lagen hinter einem Fensterladen. Ich nahm sie von dort und sagte zu ihm:

«Ja, so ist es wohl ... sie ist bestimmt im Kino.»

Der Freund des Arabers ergriff das Wort:

«Macht nichts, wir warten auf sie, wir haben viel Zeit.»

Ich machte die Tür auf und schaltete das Licht an. Die Räume waren reichlich ausgestattet, und einer der beiden pfiff vor Bewunderung.

«Gehört dir das Haus?»

Als ich bejahte, meinte er:

«Na, dir geht's ja auch nicht gerade schlecht!»

Sie untersuchten ein Zimmer nach dem anderen, indem sie auf gut Glück hier ein Schubfach und dort eine Schranktür aufmachten. Dann gingen wir zum Boden hinauf. Meine Nerven waren zum Zerreißen gespannt. Beim Hineingehen zeigte ich ihnen die Bar.

«Hier ist das Geld, im Eiskübel!»

Der Araber ging um die Theke herum und hob den Kübeldeckel auf. Darin lag ein Briefumschlag. Er riß ihn auf, während sein Freund sich über ihn beugte, um zu sehen, was darin war. Keiner der beiden war mißtrauisch geworden, als ich zur Seite trat und zum Kamin ging. Warum auch? Sie schauten mir nicht einmal zu.

Schnell griff ich nach meiner «Lupara» ... Sie waren immer noch damit beschäftigt, die Banknoten zu zählen.

Schließlich sagte der Araber:

«Das wollen wir begießen!»

Erst dann schaute er in meine Richtung.

«Mit oder ohne Eis?» fragte ich.

Der Araber wollte zu seiner Waffe greifen.

«Mach nur weiter, du Scheißkerl. Es ist aus mit dir ... Los, kommt beide nach vorn und legt euch hin ... und zwar ein bißchen plötzlich!»

Der andere wollte etwas sagen, aber ich brüllte nur:

«Hinlegen! Auf den Bauch!»

Sie gehorchten. Mit dem Finger am Abzug hätte ich jeden auf der Stelle niedergeschossen, der auch nur die geringste Bewegung machen würde.

«Die Beine auseinander und die Hände auf den Kopf!»

Am gefährlichsten war der Araber. Ich drückte ihm den Lauf an den Kopf und bückte mich, um ihm seine Waffe abzunehmen. Das gleiche machte ich mit seinem Freund. Dann trat ich etwas zurück.

«Jetzt ausziehen! Ihr bleibt beide liegen, und zwar nackt.»

«Aber wir ...»

Ich ließ ihm keine Zeit weiterzusprechen:

«Los! Mach zu, schnell, Kleiner!»

Jetzt waren beide splitternackt. Aus einem Schubfach nahm ich ein Stück Kordel und warf es dem Kumpan des Arabers, zusammen mit einem Taschenmesser zum Zerschneiden von Zitronenscheiben, hin.

«Fessel damit die Füße von deinem Kumpel ... und dann die Hände auf den Rücken!»

Er wollte protestieren, aber sein Blick fiel auf das Ende der «Lupara» – also band er seinen Kumpan fest.

«Und jetzt deine Füße!»

Nachdem er auch damit fertig war, band ich ihm selbst die Hände auf den Rücken. Da lagen sie nun beide, die Angst im Gesicht geschrieben, und begriffen noch nicht ganz, was eigentlich passiert war. Ich bückte mich, um ihre Ausweise an mich zu nehmen.

«Jetzt wollen wir uns einmal vorstellen!»

Der Araber hieß Rachid mit Nachnamen – was er mir sagen mußte, da er keine Papiere bei sich hatte. Der andere hieß Alain Béran. Beide waren Zuhälter. Janou kannten sie nur vom Sehen. Sie waren von der Barbesitzerin benachrichtigt worden ... Auf die würde ich auch noch einmal zurückkommen.

Ich hatte mir einen Scotch eingeschenkt. Ich hatte Lust auf Mord.

Béran blickte mich an:

«Was hast du mit uns vor?»

Ich starrte ihn an und antwortete kühl:

«Euch töten.»

«Du wirst es doch nicht wagen ... Du bist wohl verrückt!»

Mein Fuß landete direkt in seinem Maul.

«Hört gut zu, ihr beiden! ... Nie wieder kommt ein Loddel zu mir und zieht mich zur Rechenschaft ... Wenn man nach seiner Waffe greift, dann nicht, um zu drohen, sondern um zu töten. Ihr seid zwei elende Hunde, und ihr werdet krepieren wie zwei Hunde.»

Ich hätte Guido anrufen können, wollte diese Arbeit aber lieber selbst erledigen. Die Jahre hatten aus mir einen unbarmherzigen Menschen gemacht, und das Schlimmste war, daß ich ein makabres Vergnügen dabei empfand. Ich liebte Janou ... was geschehen war, faßte ich als Angriff gegen sie auf. Vorsorglich prüfte ich nach, ob sie richtig festgebunden waren. Es gab nichts mehr, was wir uns hätten sagen können. Ich war ihr vor 32 Jahren zur Welt gekommenes Schicksal. Ich war ihr Tod. Ich knebelte die beiden. Wahrscheinlich war der Araber selbst ein Killer, denn er protestierte nicht. Béran jedoch wollte immer noch nicht daran glauben.

Es kam gar nicht in Frage, sie wie im Fall von «Ahmed Sau» zu begraben. Ich wollte, daß man eine der beiden Leichen wiederfand, damit sie als Warnung diente. Wenn noch dazu die zweite nicht mehr zu finden war, so könnte das die Polizei dazu veranlassen, ihn des Mordes zu verdächtigen. Meine Absicht war, Rachid verschwinden zu lassen und mich erst dann mit Béran zu beschäftigen. Im Keller hatte ich Ketten und zehn Kilo schwere Gußeisenwalzen, die ich als Hanteln benutzte. Nachdem ich mir ein Paar Handschuhe angezogen hatte, packte ich alles in den Kofferraum des Wagens. Die beiden lagen in der Garage auf dem Zementboden und wohnten den Vorbereitungen zu ihrem Tod bei. Hätte die Sache eine andere Wendung genommen, so hätte ich vielleicht jetzt dort gelegen. Ich wußte, was für ein Risiko ich auf mich nahm, falls ich Pech hatte und in eine Polizeikontrolle geriet. Allerdings kannte ich die Gegend aus dem Effeff, und eine Kontrolle war hier höchst unwahrscheinlich.

Als Béran sah, wie ich den Kofferraum aufmachte, ergriff ihn eine panische Angst. Ich zog Rachid an den Haaren hoch. Als er zurückweichen wollte, schlug ich ihm meine Rechte mit voller Wucht in den Magen, so daß er mir direkt vor die Füße fiel.

«Du hättest dein Glück etwas früher versuchen sollen. Jetzt bleibt dir nur noch die Wahl zwischen einem schnellen oder einem langsamen Tod.»

Ich hob ihn mit einem Schwung auf, warf ihn in den Kofferraum und schloß ab. Béran legte ich hinten auf den Wagenboden. Dann fuhr ich los. Ich kannte einen ungefähr zehn Kilometer entfernten See, mitten im Wald und vollkommen abgelegen. Dort hatte ich schon zusammen mit Jacky und Paul einige geknackte Geldschränke hineingeworfen, als wir ein Haus in der Gegend gemietet hatten. Dieser See war ziemlich tief, vor allem aber sehr sumpfig. Die Scheinwerfer beleuchteten den dunklen Weg dorthin.

Ich hielt den Wagen an und ließ Béran aussteigen. Er konnte sich zwar mit seinen zusammengebundenen Füßen kaum bewegen, aber ich wollte kein Risiko eingehen. Ich mußte Rachid liquidieren und Béran so lange allein lassen. Also steckte ich ihn an Stelle von Rachid in den Kofferraum.

Eine Pontonbrücke führt an dieser Stelle in den See hinein. Ich legte Rachid darauf und ging dann zweimal hin und her, um Ketten und Walzen zu holen. Rachid rührte sich nicht. Er hätte es trotz gefesselter Füße und Hände riskieren können, sich ins Wasser zu werfen ... selbst bei einer Chance von nur eins zu tausend, lebendig davonzukommen, wäre es immerhin eine Chance gewesen. In einigen Minuten würde er keine einzige mehr haben. Er reagierte aber wie die zum Tode Verurteilten, die zur Guillotine geführt werden ... sie fügen sich in ihr Schicksal, ohne zu murren. Ich hatte eine Kette durch die Löcher der sechs Walzen gezogen und diese zusammengeschnürt. Als ich die andere Kette Rachid um den Hals, die Taille und die Füße band, konnte ich spüren, wie er zusammenfuhr. Dann band ich die beiden Ketten zusammen. Wie war aus dem zwölfjährigen Kind, das wegen des Todes einer Meise geweint hatte, mit 32 Jahren so ein kaltblütiger Mörder geworden?

Vor dem Schwurgericht bedeutete dieser Doppelmord einen Fahrschein zum Schafott – aber das war mir vollkommen egal ... Für mich war die Abrechnung bloß das Gesetz eines Dschungels, der Milieu heißt. Ich hatte kein Mitleid, da ich wußte, daß sie genauso mitleidlos mit mir verfahren wären.

In unserem Milieu hat nur der Grausamste, der Schlaueste und Härteste eine Chance zu überleben. Läßt er eines Tages aus Mitleid einen Rivalen oder einen Feind am Leben, so verurteilt er sich selbst zum Tode, einem grausamen Tod, dem Preis für einen Augenblick des Mitleids. Ich war ein Tiger mitten unter Tigern, Schlangen, Wölfen, Skorpionen und Hyänen ... Und was war Rachid? Das war nicht mehr wichtig.

Ich ließ ihn aufstehen. Er stand am Rand der Pontonbrücke, mit den Gußeisenwalzen an seinen Füßen. Ich hatte die «Lupara» in den Händen. Der Mond spiegelte sich im Wasser des Sees und machte die ganze Szene irgendwie unwirklich. Ohne Warnung drückten meine zwei Finger auf den Abzug. Ich hatte in Bauchhöhe gezielt. Rachid verschwand in dem kalten Seewasser. Ich blieb am Rand stehen: Nur einige Blasen kamen an die Oberfläche. Rachids Körper versank im Schlamm.

Ich kehrte um und fuhr weiter, nachdem ich nachgeprüft hatte, ob der Kofferraum gut zugeschlossen war. Nach ungefähr fünfzehn Kilometern bog ich noch einmal in einen kleinen Weg ein, der gerade breit genug für einen Wagen war. Dort kannte ich ein verlassenes und vollkommen abgelegenes Haus. Bald konnte ich es im Licht meiner Scheinwerfer erkennen. Ich hielt und ließ die Lichter an. Ich befahl Béran auszusteigen, und befreite seine Füße, indem ich den Strick durchschnitt. Er zitterte und wimmerte trotz seines Knebels. Ich faßte ihn am Arm.

«Geh weiter bis zur Mauer!»

Er machte einige Schritte im Licht der Scheinwerfer. Die «Lupara» an die Hüfte gestemmt, drückte ich auf den Abzug. Die beiden gleichzeitigen Schüsse durchbrachen die nächtliche Stille, und Béran stürzte mit zerplatztem Kopf gegen die Mauer. Er und sein Freund wollten mich reinlegen ... Jetzt hatten sie den Preis dafür bezahlt.

Ohne mich umzudrehen, setzte ich mich ans Lenkrad und fuhr wieder in Richtung Landgut. Ich mußte die Kleider, die «Lupara» und die Stange von meinen Hanteln vernichten und verschwinden lassen.

Als ich zu Hause war, machte ich ein Paket aus alldem und warf es in den Fluß, der hundert Meter vom Haus entfernt war. Dann fuhr ich nach Paris zurück. Ich brauchte eine Stunde. Den Wagen ließ ich mit den Zündschlüsseln am Armaturenbrett stehen, wie damals in Perpignan: Mit etwas Glück würde er noch in derselben Nacht gestohlen werden. Ich winkte eine Taxe herbei und ließ mich nach Hause fahren.

In meinem Stockwerk brannte kein Licht – Janou schlief also. Ich machte die Tür leise auf. Als ich aber im Schlafzimmer war, wurde sie wach und lächelte mich an. Ich küßte sie zärtlich.

«Hattest du einen schönen Abend, Liebling?» fragte sie.

«Einen sehr schönen, mein Alles ... Jawohl, einen sehr schönen.»

Am folgenden Morgen rief ich Guido an und bat ihn darum, unsere ganze Bande zusammenzutrommeln. Als ich ihnen mein nächtliches Abenteuer erzählte, sagten alle, ich hätte recht gehabt: Wenn der Schakal den Tiger angreift, so wird er getötet, das ist das Gesetz. Ich bat meine Freunde, Erkundigungen einzuziehen, um zu erfahren, wer genau die beiden Männer waren, die ich vorige Nacht niedergeschossen hatte. Außerdem wollte ich vor allem dieser Barbesitzerin einen Besuch abstatten. Guido fragte mich nur:

«Ist Janou auf dem laufenden?»

«Nein ... Und sie braucht es auch nicht zu wissen.»

Er legte mir freundschaftlich die Hand auf die Schulter und sagte:

«Du weißt, mein Sohn, daß, wenn du nur einen Fehler gemacht

hättest, er dich das Leben hätte kosten können und wir nichts davon erfahren hätten. Wir sind eine Mannschaft, und du kannst dich drauf verlassen, daß wir diese Angelegenheit schon geregelt hätten.»

«Nein, mein Freund ... Es gibt Sachen, die ich gern allein erledige.»

«Hast du ihnen gesagt, wer du bist, bevor du sie niedergeschossen hast?»

«So ungefähr ...»

«Du weißt ganz genau, daß, wenn du ihnen in der Bar gesagt hättest, wer du bist, sie sich dann entschuldigt und ganz still davongemacht hätten. Warum hast du ihnen was vorgemacht, Alter? Hast du diese Typen oder Janous Vergangenheit töten wollen?»

Guido hatte es getroffen ... Unsere Freundschaft machte aus ihm mein zweites Ich. Er wußte all das, was ich empfinden konnte, und seine Fragen bezweckten nur, mich verstehen zu lassen, daß er den wahren Grund dieses Doppelmordes begriff. Jawohl, ich hatte diese beiden Männer getötet, weil sie der Frau, die ich liebte, eine Vergangenheit gegeben hatten. Diese Vergangenheit wollte ich so sehr vergessen, daß ich bereit war, jeden zu töten, der den Fehler beging, mich daran zu erinnern.

Ich blickte ihn lächelnd an:

«Schließlich, Alter, ist es fast ein Mord aus Leidenschaft.»

Er gab mir einen Klaps.

«Ja, mein Sohn, beinahe ... Aber du hast recht gehabt. Janou ist deine Frau, und mit dir kann sie sicher sein, geachtet zu werden, so wie sie es verdient. Du bist gefährlich, mein Sohn, jawohl, sehr gefährlich. Seit ich dich kenne, kann ich beobachten, daß du für deine Freunde und Lieben immer wieder bis zum Letzten gehst. Und wehe dem, der sich an jemandem aus deiner Nähe vergreift! Ja, mein Sohn, du bist gefährlich, weil du ein aufrichtiger Mensch bist.»

Guido mochte es manchmal, mich in diesem väterlichen Ton anzusprechen, und mir war es egal, da ich wußte, daß alles, was er sagte, stimmte.

Janou und ich waren zusammen zur Erholung an die Normandie-Küste gefahren. Aus einer Regionalzeitung erfuhr ich, daß Bérans Leiche von einem Spaziergänger, der nach Pilzen suchte, gefunden worden war. «Mord eines Fachmanns» schrieb die Zeitung. Verdächtigt sei ein Zuhälter, der Scherereien mit Béran gehabt haben sollte. Das alles entlockte mir nur ein müdes Lächeln.

Außer gewissen Reisen, die ich ohne Janou ins Ausland machte, verließ ich sie niemals. Unsere Lebenserfahrung bewahrte uns vor nutzlosen Streitereien, die immer dort auftauchen, wo Paare vergessen, daß ein Leben zu zweit voraussetzt, daß man sich gegenseitig akzeptiert. Ich war glücklich in ihrer Gesellschaft und tat alles, damit sie das begriff. Ich hatte volles Vertrauen zu ihr, denn sie gehörte zwar zu den Frauen, die weggehen, wenn nichts mehr klappt, aber nicht zu denen, die einen verraten. Ich hatte ihr das Schießen beigebracht, wobei wir am Anfang richtige Lachanfälle bekamen, da alles unter ihren Schüssen herunterfiel, nur nicht die Dose, auf die sie angeblich gezielt hatte. Jedesmal aber, wenn sie glücklich gut getroffen hatte, rief sie vor Freude «Hurra!».

Einmal fragte ich sie, warum sie so sehr darauf bestand, schießen zu können, worauf sie, ohne lange zu überlegen, sagte:

«Wenn du mich eines Tages brauchst, dann bin ich da ... Es ist besser, wenn ich es schon jetzt kann! ... Hinterher ist es zu spät, oder etwa nicht, Liebling?»

Sie nahm also die Gewohnheit an, so wie ich bewaffnet zu sein. Mit dem einzigen Unterschied, daß sie die «38 Spezial» in der Handtasche hatte. Für mich war sie der beste Leibwächter.

Sehr oft fuhr ich mit Wagen auf Reisen, die falsche Nummern hatten, wie ich mich auch in den Hotels, in denen ich nur eine Nacht blieb, unter falschem Namen einschrieb. Das tat ich aus Gewohnheit. Einmal waren wir in einem Luxushotel in Chamonix unter falschem Namen abgestiegen. Gerade hatten wir es uns im Speisesaal bequem gemacht, als ich sah, wie ein Kunde sich beim Empfang meldete. Er sah wie ein arabischer Prinz mit europäischer Bekleidung aus und wurde von einem Mann begleitet, der entweder sein Freund oder sein Sekretär war. Der Kellner, der uns bediente, beugte sich zu uns:

«Sehen Sie den Typ am Empfang? Das ist ein reicher Industrieller. Als er das letzte Mal kam, hatte er mehr als 30 Millionen im Handkoffer. Das hat mir der am Empfang gesagt. Könnte sein, daß er heute auch wieder so viel bei sich hat, weil er zum Spielkasino will.»

Erst sah ich Janou an, dann starrte ich auf den Handkoffer, den der Industrielle neben sich gestellt hatte.

Am selben Abend hielt ich dem Portier meine Waffe unter die Nase. Es war zwei Uhr nachts, und er sagte, der Industrielle würde bald vom Kasino zurückkommen. Ich fesselte ihn und ließ Janou im

Empfangsraum; sie war mit einer «38er» Gaspistole bewaffnet. Inzwischen durchsuchte ich gründlich das Zimmer des Industriellen. Ich fand zwar einen Handkoffer, in dem sich jedoch nichts befand. Dabei hatte der Kellner behauptet, daß er niemals sein Geld in den Hoteltresor gab. Ich war gerade im Begriff, wieder nach unten zu gehen, als der Fahrstuhl vor mir stehenblieb und ich hörte, wie Janou mir zurief:

«Hier sind sie!»

Dann stand ich vor den beiden Männern. Der Industrielle war ein stattlicher Kerl, der bei sechs Fuß Größe gut 240 Pfund Fleisch aufwies. Außerdem hatte er getrunken, was die meisten entweder mutig oder ahnungslos macht ... Dazu waren sie noch zu zweit. Ich richtete meine Waffe auf ihn und sagte:

«Wir fahren wieder nach unten, Dicker, und schön brav bleiben!»

Sein Kumpan bewegte sich nicht, er aber wollte sich auf mich stürzen. Ich wurde nur ungern gewalttätig bei meiner Arbeit, aber es blieb mir keine andere Wahl mehr. Mit dem Revolverkolben schlug ich ihm aufs Kinn, so daß er vor meinen Füßen zusammenbrach. Ich ließ ihn wieder zu sich kommen. Sein Kumpan half ihm beim Hinabfahren. Unten wartete Janou auf uns. Der Industrielle war perplex: Er hatte sie für die Empfangsdame gehalten. Als er sie um die Zimmerschlüssel gebeten hatte, hatte sie geantwortet, daß sie noch stecken würden. Dann hatte sie die beiden zum Aufzug geführt. Der Industrielle hatte sogar die Lage ausgenutzt und versucht, sie am linken Schenkel zu streicheln ... Hätte er es am rechten versucht, so hätte er den kalten Kontakt des ‹falschen 38er› gespürt, da Janou die Waffe an ihr Bein gebunden hatte, damit man sie nicht sehen konnte. Jetzt fragte sie ihn lächelnd:

«Soll ich ihm sagen, wie du mich betatscht hast?»

Es war eine komische Situation. Der Typ sah mich mit einem solchen Mißtrauen an, daß ich fast angefangen hätte zu lachen. Ich stieß sie beide zum Portier und fesselte sie. Trotz einer genauen Durchsuchung fand ich nur wenig Geld bei ihm. Er sagte mir, daß er ausnahmsweise keine größere Summe bei sich hatte. Das war mein Pech! Wenigstens hatte er einen wunderschönen Diamanten am Finger, den ich ihm wegnahm.

Warum nur hatte ich diesen Coup ohne genauere Ermittlungen unternommen? Ich wollte ganz einfach Janous Kaltblütigkeit auf die Probe stellen ... Ich hatte sehen wollen, wie sie sich dem Unerwarteten gegenüber verhielt. Jetzt mußten wir weg. Unsere Reisetaschen waren schon seit langem im Kofferraum, und ich mußte nur noch all diese vornehmen Leute knebeln. Der Industrielle sagte mir, er sei herzkrank. Da ich nicht herzlos bin, ließ ich ihn seine Tabletten herunterschlucken, bevor ich wegging. Als Alarm geschlagen wurde, waren wir schon über alle Berge. Es wurden zwar Sperren aufgestellt, aber ich kannte all die kleinen Straßen und konnte leicht den Verfolgungen entgehen. Als Guido von diesem Coup erfuhr, sagte er mir, ich sei verrückt und hätte mir wohl ein anderes Hobby zum Wochenanfang aussuchen können. Hocherfreut war er hingegen bei der Nachricht, Janou habe zum erstenmal mit dem Revolver in der Hand trainiert ... Der Sache mit den 30 Millionen im Handkoffer mußte man noch mal nachgehen.

Einen Monat später machte ich diesen Fehler wieder gut, indem ich mitten in Paris ein Geschäft der Haute Couture überfiel.

Ich hatte mich als Kunde angemeldet und gewartet, bis das ganze Personal die Geschäftsräume verlassen hatte, um die Besitzer zu überfallen. Die ganze Geschichte war ohne jede Gewalt verlaufen und brachte mir Juwelen und Wertsachen ungefähr im Wert von 12 Millionen Franc (24000 Dollar) ein. Nach diesem Überfall faßte ich den Entschluß, mir eine lange Reise zu gönnen und fuhr nach Italien, Spanien und Portugal. Diese ständigen Ferien machten Janou überglücklich. So lebten wir schon mehr als zwei Monate in der Sonne, nur damit beschäftigt, uns zu lieben, als Guido uns besuchte. Er brachte schlechte Nachrichten. In Frankreich wurde wegen Rachemord und bewaffnetem Überfall nach mir gefahndet. Diesmal mußte ich Europa eine Zeitlang verlassen. Ich hatte Freunde in Kanada, und Guido riet mir, solange dorthin zu gehen, bis man absehen konnte, welche Wendung diese Anklagen nehmen würden. Er versprach, dann nachzukommen.

Janou war über diese Abwechslung hocherfreut ... Neues Land, neues Leben, dachte sie. Auch ich konnte mir während des Fluges über den Atlantischen Ozean noch nicht vorstellen, daß ich wegen meiner folgenden Taten den Titel des «Kanadischen Staatsfeindes Nummer eins» bekommen würde ... Jahre bevor ich denselben Titel auch in meinem Heimatland bekommen sollte. Ich würde zu einem der schlimmsten Verbrecher werden, die es je in Quebec gegeben hatte. Ich würde dort einen Milliardär kidnappen; eines Mordes beschuldigt werden, den ich nicht begangen hatte; vom selben Mord freigesprochen werden; zu elf Jahren Zuchthaus wegen bewaffneten Überfalls verurteilt werden; ausbrechen, wieder festgenommen werden und es mit anderen Ausbrüchen versuchen, um schließlich die für unmöglich gehaltene Flucht aus dem härtesten kanadischen Zuchthaus erfolgreich durchzuführen. Dann würde ich weiter Banken überfallen, Schießereien mit der Polizei erleben, zwei Grenzschützer niederknallen, verschiedene Abrechnungen durchführen und, um alldem die Krone aufzusetzen, schließlich das Staatszuchthaus überfallen, um zu versuchen, meine Freunde zu befreien … Trotz alldem und des auf meinen Kopf ausgesetzten Preises würde es mir doch gelingen, das Land wieder zu verlassen.

Zunächst war ich erst einmal im Flugzeug der Alitalia eingeschlafen, während ich meinem neuen Schicksal entgegenflog – diesem Schicksal, das Janou zunächst mit mir teilen würde, bevor auch sie die schweren, einsamen Jahre der Gefangenschaft kennenlernen sollte. Jetzt schlief sie auch, und ihre Hand hielt meine … Diese Kette aus Fleisch, die unsere verschlungenen Finger bildeten, war ein Liebesschwur, der uns im Besten, aber vor allem im Schlimmsten verbinden sollte …

Kanada

Gleich nach unserer Ankunft in Kanada hatten wir uns in einem luxuriösen Appartement, mit Schwimmbad und Sauna auf der Etage, in der Sherbrooke-Straße niedergelassen. Janou war über diesen amerikanischen Komfort höchst erstaunt. Um sie einen Teil der Quebec-Provinz entdecken zu lassen, hatte ich ein Auto gemietet. Mitten unter den riesigen Wäldern, den schönen Seen und den liebenswürdigen Kanadiern fühlte sie sich wie neugeboren. Auch ich war von der Umgebung begeistert und wunderte mich nicht, als Janou eines Tages sagte:

«Sag mal, Liebling, wollen wir nicht wieder von vorn anfangen? ... Wie wär's, wenn wir ein neues Leben führen würden, wie andere Paare auch? ... Ich fühle mich so wohl hier!»

Ich lächelte:

«Wie meinst du das ... wieder von vorn anfangen – bei der Vergangenheit, die ich mit mir herumschleppe? Ich kann nicht all das vergessen, was ich gemacht habe, das weißt du ganz genau. Niemand kann wieder von vorn anfangen, alles, was man machen kann, ist, einen anderen Weg einschlagen.»

«Nun gut, schlagen wir einen anderen Weg ein! Du bist imstande, mit deinem Beruf deinen Lebensunterhalt zu bestreiten, und ich kann auch arbeiten. Schließlich sind wir zu zweit ... Ich liebe dich, und ich möchte so sehr ein normales Leben führen, ein Kind von dir haben, ohne befürchten zu müssen, daß wir eines Tages durch eine Kugel oder das Gefängnis getrennt werden!»

Ich hatte sie ausreden lassen. Sie hatte das Recht dazu, denn sie hatte sich bewährt. Ich wußte, daß sie annehmen würde, was immer es auch sein mochte und daß sie mir überallhin folgen würde. Ich wollte mich um die kanadische Staatsbürgerschaft bewerben. Dazu mußte ich sowieso eine Beschäftigung nachweisen. Außerdem brauchte ich etwas, um vergessen zu können. Seit meiner Ankunft hatte ich noch keinen Kontakt mit den Leuten, die ich kannte, gehabt. Ich hatte bloß Guido angerufen, der mir gesagt hatte, daß zwei unserer Freunde festgenommen worden waren ... Das Gesetz machte seine Rechte wieder geltend. So hörte ich mich zu Janou sagen:

«Tja, warum nicht?»

Sie fiel mir um den Hals, und schon am folgenden Tag sah sie sich nach Arbeit um. Ich entdeckte eine neue Janou, und ihre Begeisterung amüsierte mich. Ich mußte mich mit der Tatsache abfinden, daß sie aus mir einen anständigen Menschen machen wollte. Wir mußten zu den Einwanderungsbehörden, um Formulare auszufüllen. Das Ergebnis ließ nicht lange auf sich warten: Janou durfte bleiben, während ich innerhalb von zehn Tagen das Land verlassen sollte. Es lag zwar kein internationales Fahndungsgesuch gegen mich vor, doch sie kannten meine kriminelle Vergangenheit. So wurde mir klargemacht, daß ich unerwünscht war. Das bestätigte etwas, das ich schon wußte: Man fängt sein Leben nicht wieder an, es geht nur weiter mit einer Vergangenheit, die jede Zukunft verhindert. Janou war erschüttert, während ich nur lächelte, da ich entschlossen war, in Kanada zu bleiben und dort zu arbeiten. Auch wenn ich geschnappt werden sollte, würde das kein Grund zur sofortigen Ausweisung sein, da Arbeit kein Vergehen ist.

Janou hatte eine Stelle als Krankenpflegerin in einem Krankenhaus für alte Leute gefunden. Sie widmete sich auf bewunderswürdige Weise ihrer Arbeit. All diese kleinen Alten beteten sie an, und obwohl sie nur wenig verdiente, war sie zufrieden. Die ganze Liebe, die sie nicht gehabt hatte, übertrug sie auf ihre Kranken. Jeden Abend erzählte sie mir mit Stolz den Verlauf ihres Arbeitstages. Ich hatte meinerseits eine Stelle als Baukontrolleur gefunden und auf nicht ganz legale Art meine Papiere bekommen. Ich mußte illegal handeln – sogar um anständig zu sein. Allmählich fand ich, wenn zunächst auch nur, um Janou einen Gefallen zu tun, Vergnügen an der Arbeit. Ich hatte endlich Kontakt mit meinen kanadischen Freunden aufgenommen, wo jedoch auch eine Überraschung auf mich wartete. Einige von ihnen waren im Zuchthaus, um eine langjährige Strafe zu verbüßen. Ich hatte ihnen klargemacht, daß ich zur Zeit beschlossen hatte, mich ruhig zu verhalten, daß sie sich aber im Notfall weiter auf mich verlassen konnten, genau wie bei meinen früheren Reisen.

Einige Monate vergingen. Mein Leben hatte sich verändert, ohne daß ich es gemerkt hatte. Ich war zum Herrn Jedermann geworden, und ich dachte wie er am Abend nur daran, nach Hause zu gehen, um die geliebte Frau wiederzusehen. Ich hatte mich auf keine zweideutige Sache eingelassen, seit ich in Kanada war. Ich verdiente genug Geld, um gut leben zu können. Wir hatten ein prächtiges Auto gekauft und verbrachten unsere Wochenenden damit, durch die ganze Quebec-Provinz zu fahren. Lange Spaziergänge im Wald, das Angeln in den vielen Seen ... wir führten ein gesundes Leben. Janou allein genügte, um mein Leben auszufüllen. Ich spürte kein anderes Bedürfnis, als mit ihr zusammen zu sein ... Ja, ich hatte mich geändert, und zwar ohne daß ich es gemerkt hatte! Aber es wurde Winter, und ich mußte meine Stelle verlassen, da der Bau stillgelegt wurde. Das entmutigte mich noch nicht. Diesmal glaubte ich an mich, auch wenn ich mir eigentlich etwas vormachte. Niemals wird aus einem Tiger ein Haustier.

Durch eine Anzeige erfuhr ich, daß ein Milliardär nach einem Koch und einer Frau für die Organisation seiner Empfänge auf seinem Landgut suchte. Das war nicht mehr und nicht weniger als eine Art private Gasthausarbeit. Ich war ein sehr guter Koch und konnte die Stelle leicht kriegen. Ich sah dabei die Vorteile, die ich daraus ziehen konnte, um später das Recht zu erhalten, in Kanada zu bleiben, da mein Boss bestimmt gute Beziehungen hatte. Sehr schnell war ich ihm unentbehrlich geworden. Ich machte aus all seinen Empfängen Kochglanzleistungen und unterhielt auch seine Gäste, da ich gut mit Spielkarten umgehen konnte. Allmählich behandelte er uns beide, mich und Janou, fast wie Mitglieder seiner Familie. Oft durfte ich sogar am Black Jack-Spiel mit den Gästen teilnehmen. Irgendwie war mir dieser Mann, der fast alt genug war, um mein Vater zu sein, lieb geworden. Alles ging allzu gut ... Es mußte zu einer Auseinandersetzung zwischen Janou und dem alten Gärtner kommen, damit alles noch einmal umkippte ... damit ich wieder zum wilden Tier wurde.

Der Gärtner hatte ein Ultimatum gestellt: entweder er oder wir. Da er seit jeher bei dem Milliardär diente, mußten wir gehen. Ich empfand diese Entlassung als eine Ungerechtigkeit und fühlte mich um Jahre zurückgeworfen, als er sagte: «Du mußt mich verstehen, Jacques, ich kann nicht anders!» Nein, das konnte ich nicht verstehen – ich begriff nur, daß nur die Kraft zählt und daß ich jedesmal verhöhnt worden war, wenn ich meine Krallen eingezogen hatte.

Ich hatte Menschen getötet und Situationen durch Gewalt beherrscht. Ein einziges Wort dieses Mannes hatte genügt, um mich wieder die Herrscherbegierde spüren zu lassen. Ich antwortete einfach: «Ja, Georges, ich verstehe!» Aber im Grunde meines Herzens war die Rache unabwendbar beschlossen. Janou sah es mir mit einem einzigen Blick an.

Wir hatten uns wieder in Montreal niedergelassen. Da ich beschlossen hatte, Kanada zu verlassen und wieder nach Europa zu gehen, suchte ich nicht nach einer neuen Stelle. Vor meiner Abreise wollte ich jedoch noch meinen Milliardär entführen. Ein Entschluß, den ich mehr aus Rachsucht als aus Lust am Verbrechen faßte. Als ich meinen Plan Janou mitteilte, las ich ihr die Traurigkeit darüber von den Augen ab, doch ihre Liebe zu mir hinderte sie, irgendwelche Fragen zu stellen. Ich nahm mit einem meiner Freunde Kontakt auf, da ich ihn an diesem Projekt teilnehmen lassen wollte. Janou stellte mir eine einzige Bedingung – mitmachen zu dürfen.

Die Sache fand statt und scheiterte. Diese Art von Arbeit lag mir nicht. Die Erpressung mit menschlichem Leben war mir fremd. Obwohl der Coup selbst gut durchgeführt worden war, verschwand der Bewacher des Milliardärs einmal so lange, daß unser Opfer abhauen konnte. 200000 Dollar in den Wind geschrieben. Dafür waren jetzt alle Polizeieinheiten Kanadas hinter uns her. Man setzte eine Belohnung auf unsere Köpfe aus. Also faßte ich den Entschluß, die Gaspéküste bis zum Hafen von Perce entlangzufahren. Dort war ich sicher, an Bord eines Schiffes nach Europa gehen zu können.

Wir zogen unter falschem Namen ins Motel *Zu den drei Brüdern*. Da keine Überfahrtmöglichkeit auf fremden Schiffen zu finden war, verließen wir die Gegend am 26. Juni 1969. Am 30. desselben Jahres fand man die Besitzerin dieses Motels ermordet, und der Verdacht wurde auf uns gewälzt, obwohl wir von dem Ort des Verbrechens weit entfernt waren. Später wurde aus dem Verdacht eine Mordanschuldigung. Während wir an Bord eines in Windsor gemieteten Motorbootes über den Fluß Detroit fuhren, um heimlich in die USA zu gehen, dachten wir nicht im Traum daran, daß uns auch noch so eine Anklage belasten könnte. Ich wußte, daß ich auf die Hilfe von meinen amerikanischen Freunden in Dallas rechnen konnte. Also mietete ich einen Wagen in Detroit, um dorthin zu fahren. Ich wußte noch nicht, daß mein Kidnappingpartner festgenommen worden war und den Polizisten meine Absicht, nach Dallas zu gehen, gesteckt hatte.

Zu dieser Zeit stand «Apollo XI» kurz vor dem Start. Trotz unserer Flucht fuhren wir in die Richtung der Ostküste Floridas – wir wollten nach Kap Kennedy, um dem Start der Rakete beizuwohnen. Am Morgen des 16. Juli sahen wir mit großen Augen, wie sich der erste Mensch aufmachte, den Mond zu betreten ... Es sollte unser letzter Tag in Freiheit sein. Wir wurden auf einer Autobahn in Texas von einem Polizeiwagen angehalten und am selben Abend ins Gefängnis von Texarcana eingeliefert.

Der Polizeichef teilte mir mit, ich sei wegen eines internationalen Haftbefehls festgenommen worden. Seine Rolle sei es nicht, uns zu verhören, sondern nach New Orleans zu bringen. Janou und ich wurden mehr als zehn Tage im Gefängnis dieser Stadt in Haft gehalten. Dieses Gefängnis war abscheulich schmutzig und wimmelte überall von Ungeziefer. Wir waren zu dritt in einer winzigen Zelle, in der der einzige Lagerplatz aus einer Matratze und einer Decke bestand, die genauso schmutzig wie alles Übrige waren. Die große Mehrheit der Gefangenen waren Schwarze. Eine große Anzahl von ihnen stand unter Rauschgift, so daß es ständig zu Raufereien kam. Mir war es gelungen, mit Janou, die im Stockwerk über mir war, in Verbindung zu treten. Ihre Lebensbedingungen waren dieselben wie meine, aber sie hielt durch. Weder ein Vorwurf noch ein Bedauern kam über ihre Lippen. Ihre Nachrichten waren voller Zärtlichkeit und endeten immer wieder mit demselben Satz: «Bis zum Tod wird uns nichts trennen!»

Als der Sheriff uns in seinem Büro vorführen ließ und ich sie sehen konnte, schnürte sich mir das Herz zusammen. Sie hatte abgenommen und war nicht mehr zu erkennen. Allein die Bedingungen, unter denen sie ihre Haft durchstehen mußte, sprachen jedem Menschenrecht hohn, und ich wunderte mich darüber, daß ein Volk, das die individuellen Rechte so sehr achtet, es dulden kann, daß seine Gefängnisse reine Schuttabladeplätze sind.

Wir wurden zwei kanadischen Polizisten vorgestellt, die uns mitteilten, daß wir der Entführung beschuldigt seien. Sie beabsichtigten, unsere Auslieferung zu verlangen. Ich gab ihnen zu verstehen, daß ich damit einverstanden war, was ihnen die Arbeit erleichterte. Am selben Abend fuhren wir nach New York und flogen von dort nach Montreal weiter. Als wir ankamen, leuchteten die Blitzlichter einer Meute von Journalisten auf, und sogar das Fernsehen war da ... So erfuhren die Kanadier von unserer Existenz. Die Affäre hatte viel Staub aufgewirbelt, da wir auch eines Mordes beschuldigt waren, den ich nicht begangen hatte und von dem ich aus guten Gründen überhaupt nichts wußte!

Wir wurden ins Sainte-Hyacinthe-Gefängnis gebracht. Dort war alles musterhaft sauber. Die Wächter und Direktoren empfingen uns fast herzlich. Man erlaubte mir gleich, privat mit Janou zu reden und gab mir das Recht, einen Anwalt anzurufen. Ich glaubte, ich träumte und bekam nur noch mehr Respekt vor den Kanadiern.

Janou hatte wie die Frau eines Gauners reagiert. Keine einzige Träne, nur ein Kuß, der für sich allein ein Liebesschwur war, weil er sich für ewig ausgab. Als sie sich entfernte, rief sie:

«Ich habe das Beste gehabt, vor dem Schlimmsten fürchte ich mich nicht!»

Das Schlimmste sollte uns aber mitten ins Maul und auf die grausamste Weise treffen. Ich wurde zur Sicherheitspolizei der Provinz Quebec überführt. Als ich auf der Tür des Büros, das ich betreten sollte, «Kriminalbrigade» las, blieb ich noch kalt. Ich sollte es aber nicht lange bleiben.

Dort warteten zwei Männer auf mich – Lieutenant Parel und Sergeant Lincas. Nachdem sie mich aufgefordert hatten, Platz zu nehmen, sagten sie mehrere Minuten lang kein Wort. Also fing ich zu sprechen an:

«Soll das ein Spiel sein, oder was?»

Lieutenant Parel drehte sich zu mir um; aus seinen Augen war deutlich die Wut herauszulesen, als er mir mit bitterböser Stimme die Anklage unterbreitete:

«Sie sind beschuldigt, Fräulein Le Voutersy in der Nacht zum 30. Juni 1969 ermordet zu haben. Ihren Rechten gemäß steht es Ihnen frei, nicht zu antworten. Wir weisen Sie aber darauf hin, daß von nun an alles, was Sie sagen, gegen Sie verwendet werden kann.»

Ich war ruhig geblieben, da ich diese Beschuldigung absolut nicht verstand. Lächelnd antwortete ich:

«Sind Sie geisteskrank, oder was?»

Er wurde puterrot und schickte sich an, mich anzuspringen. Ich war aufgestanden, da ich bereit war zurückzuschlagen, falls er es sich einfallen ließ, auszuholen. Meine Reaktion hatte ihn überrascht. Er befahl:

«Setzen Sie sich!»

«Dann müssen Sie ruhig bleiben, da – ich warne Sie – ich sonst Front machen werde. Ich verstehe nicht einmal, warum Sie so wütend sind ... Wen soll ich ermordet haben?»

«Also bitte, halten Sie uns nicht für Schwachköpfe! Das Motel *Zu den drei Brüdern* kennen Sie wohl, nicht?»

«Natürlich kenne ich das, und warum?»

Er sah seinen Kollegen an:

«Der Schweinehund hält uns wohl für Idioten!»

Mir wurde es allmählich zuviel, so daß ich auf die Beschimpfung reagierte:

«Warum eigentlich Schweinehund?»

«Weil du diese arme Frau ermordet hast!» sagte er zu mir. «Den Beweis haben wir, also am besten antwortest du, sonst wirst du es noch bereuen! Ihre Juwelen hat man in deinem Koffer wiedergefunden ... und du willst immer noch leugnen?»

Die Sache wurde komplizierter. Ich verstand zwar immer noch nichts, aber mein Instinkt warnte mich: Ich war in einen verdammten Schlamassel geraten. Ich wußte, daß ich niemanden getötet hatte, aber diese Beschuldigung mußte irgendeinen Grund haben. Ich mußte also auf die Anwesenheit meines Anwaltes warten.

«Obwohl ich immer noch kein Wort verstehe, will ich auf meinen Verteidiger warten, um Ihre Fragen zu beantworten ... Ich kenne das Gesetz Ihres Landes nicht genügend, um allein meinen Rechten Geltung zu verschaffen.»

Man führte mich in den Keller hinab, wo sechs Zellen waren. Als einziges Kleidungsstück durfte ich die Unterhose anbehalten, sonst nichts. Die Zelle war winzig. Ich durfte absolut nichts und wurde neun Tage lang so festgehalten ... Meinen Anwalt hatte ich nicht benachrichtigen können ... Lieutenant Parel hatte das Gesetz mißachtet, um mich das Verbrechen gestehen zu lassen, wessen er mich für schuldig hielt. Mir war sogar ein Spitzel in eine Nachbarzelle gelegt worden, mit der Absicht, mich zu vertraulichen Mitteilungen zu bewegen. Da Janou keine Nachricht mehr von mir erhielt, hatte sie unseren Anwalt benachrichtigt. So sah ich ihn zum erstenmal.

Der Rechtsanwalt Raymond Daoust galt als der beste Anwalt Kanadas. Unser erster Kontakt war gut. Er versuchte, in meinen Augen die Wahrheit zu lesen, die er nicht glauben wollte. Er teilte mir mit, Janou würde ebenfalls des Mordes beschuldigt. Sie war mehr als zehn Stunden lang verhört worden. Lieutenant Parel hatte es mit allen möglichen Einschüchterungsmethoden versucht, bis ihm eine wütende Janou geantwortet hatte:

«Hör mal zu, Dicker, du fängst an, mir auf die Nerven zu gehen ... Du kannst mich mit deinem Schwulenmaul schon mal auf Vorschuß am Arsch lecken, okay?»

Parel hatte wortlos dagestanden und befohlen, diese Frau wegzuschaffen, bevor noch etwas passieren würde.

Daoust konnte sehen, wie ich bei seiner Erzählung lächelte.

«Ihre Angelegenheit ist trotzdem sehr ernst, Mesrine! Sie sagen, daß Sie beide unschuldig sind, und das will ich auch gerne glauben ... Den Beweis dafür aber müssen Sie liefern.»

«Was für einen Beweis, Herr Rechtsanwalt ... Wir waren nicht einmal in Perce zur Zeit des Mordes! Und wenn man auf der Flucht ist, kann man sich schlecht noch um Alibis kümmern, das können Sie sich denken!»

«Was ist aber mit den Juwelen, die in Ihrem Koffer gefunden wurden?»

«Unmöglich, das sage ich Ihnen, unmöglich!»

Eine verdammte Überraschung wartete auf mich während der Voruntersuchung. Man teilte mir mit, ich und Janou sollten in das Perce-Gefängnis verlegt werden.

Das geschah noch am selben Tag und in einem privaten Flugzeug. Endlich konnte ich Janou wiedersehen. In dem kleinen Flugzeug, das uns nach Perce überführte, saß sie mir gegenüber. Anwesend waren noch die beiden Bullen sowie eine Frau, die als Begleiterin meiner Frau fungierte. Wir unterhielten uns nur über Liebe. Genau wie ich war sie voller Vertrauen ... Diese Beschuldigung konnte nur ein bedauernswerter Irrtum sein. In dieser Hinsicht waren wir auch weit davon entfernt, uns die Wahrheit vorzustellen.

Im Perce-Gefängnis wurden wir gut empfangen. Die Untersuchung sollte am folgenden Tag stattfinden.

Auf der Anklagebank trauten wir unseren Augen nicht. Da war eine Zeugin, die auf die Bibel schwor, die ganze Wahrheit zu sagen. Dann nahm sie vollkommen wertlose Juwelen in die Hand und sagte immer wieder einen Satz, der für uns zum Alptraum wurde:

«Jawohl, Herr Richter, die gehören meiner armen Schwester!»

Dann legten noch drei weitere Frauen aus derselben Familie dasselbe Zeugnis ab. Ich saß da und starrte auf die Juwelen. Ich konnte das einfach nicht verstehen, denn diese Juwelen gehörten uns, und diese Frauen konnten sich unmöglich alle irren. Sie logen absichtlich. Ihre Aussage war ein Auftritt, den sie innerhalb der Familie einstudiert hatten. Ich bemerkte, daß sie von dem Wert der Juwelen ablenkten. Befürchteten sie etwa, eine Rechnung könnte den Beweis dafür bringen, daß sie wirklich uns gehörten? Mein Anwalt sah mich so an, als ob er sagen wollte: «Was nutzt es jetzt, noch weiter zu leugnen?» Janou sah aus, als wollte sie sich auf diese Lügnerinnen stürzen, während ich nach dem Grund für die Meineide suchte. Wenn sie uns beschuldigten, so doch nur, weil sie den wirklich Schuldigen schützen wollten. Mir war auch aufgefallen, daß kein Mann aus der Familie gekommen war, um auszusagen.

Rechtsanwalt Daoust kam zu mir:

«Nun, was sagen Sie dazu, Mesrine?»

«Halten Sie sich fest ... Diese ganzen Juwelen gehören uns, ohne Ausnahme!»

«Sie scherzen wohl?»

«Mein Ehrenwort. Sie haben doch gesehen, was das ist – lauter wertloser Modeschmuck, für den es also auch keine Rechnung gibt.»

«Sind Sie in der Lage, das zu beweisen?»

«Vielleicht, wenn ich Zeit genug dazu habe.»

Die Voruntersuchung war bald zu Ende. Als ich dem Richter sagte, daß diese Juwelen mir gehörten, lächelte er nur mild und meinte, daß er mir für den Prozeß eine andere Verteidigungsmethode wünsche. Jetzt hatte ich verstanden, denn damit war unsere Beschuldigung offiziell geworden. Ich konnte mich nicht weiter beherrschen und fing an, die Zeugen wüst zu beschimpfen. Die mich umringenden Polizisten wurden gezwungen, mich mit Gewalt hinauszubringen. Dasselbe geschah mit Janou, die ihre Unschuld und ihre Wut herausbrüllte. Bevor ich abgeführt wurde, besuchte uns mein Anwalt zum letztenmal, und ich konnte erraten, daß er mir nicht glaubte.

Allein in meiner Zelle ging ich im Kreis herum. Das Schicksal hatte mir ganz schön was eingebrockt. Ich, der Killer, der so viele Verbrechen in meinem Milieu begangen hatte, wurde des einzigen Verbrechens beschuldigt, das er nicht begangen hatte, und was für ein Verbrechen! ... Ich sollte eine biedere Frau ermordet haben, deren einzige Schuld es gewesen war, eine sehr komfortable Erbschaft denen zu hinterlassen, die meine Ankläger geworden waren. Mein Herz wurde von einem mörderischen Haß gequält. Was würden sie wohl denken? Nein, sie konnten unmöglich glauben, daß ich schuldig war!

Das Gefängnis, in dem wir eingekerkert waren, stand an der Spitze von Gaspé. Durch die Stadt führte eine einzige Straße zu anderen Ortschaften. Sonst gab es nur einen riesigen und an einigen Stellen sehr dichten Wald. Alle Wächter, die mit meiner Überwachung beauftragt worden waren, hatten die Ermordete früher gekannt. Ich sagte allen, daß ich unschuldig sei. Einige glaubten es mir oder taten so, als ob sie mir glauben würden. Alle aber waren völlig korrekt mir gegenüber. Einer von ihnen, der mit der Ermordeten vertraut gewesen war, hatte mir sogar gesagt:

«Wissen Sie, Mesrine ... ich kannte sie gut. Ich war am Tag der Untersuchung anwesend und habe die Juwelen gesehen. Bei ihr habe ich diese Sachen jedoch nie gesehen, soweit ich mich erinnern kann ... Ich und noch ein paar andere haben so unsere Vorstellungen über diesen Mord und sind gern bereit, Ihnen zu glauben, wenn Sie sagen, Sie seien es nicht gewesen.»

Ich erfuhr weiter, daß ein anderer Mann namens Gérard Fieffe noch vor uns dieses Verbrechens beschuldigt worden und daß er ausgebrochen war, kurz bevor wir aus den USA ankamen. Ich konnte nicht mehr schlafen, so sehr wurde ich durch diese falsche Beschuldigung gequält. Ich mußte ausbrechen, um diese vier Schlampen die Wahrheit gestehen zu lassen. Ich hatte zwar keine Möglichkeit, meine Freunde in Montreal zu kontaktieren, war aber trotzdem bereit, einen Coup zu versuchen.

Ich durfte jeden Tag in einem kleinen Hof spazierengehen. Dort war mir ein metallenes Tor aufgefallen, durch das im Winter der Schnee vom Hof geräumt wurde. Es führte also in die Freiheit, falls man den Schlüssel hatte.

Zu dieser Zeit gingen wir nur zu viert spazieren. Ich lernte einen gewissen Paul Rose kennen, der ein Jahr später berühmt werden sollte, weil er im Namen seiner politischen Überzeugung Pierre Laporte, den Arbeitsminister der Provinz Quebec, entführte und ermordete. Ich hatte mir amüsiert die Zeit damit vertrieben, ihm einige Selbstverteidigungsgriffe beizubringen, und so waren wir uns nähergekommen. Einige Tage später sollte ich ihm eine echte Darbietung zeigen. Die Wärter hatten uns vor einem Neuen gewarnt.

Es sei einer dieser Dorfstarken, die in allen Tanzkneipen der Gegend Terror ausübten. Der Typ war mit seinen 210 Pfund bei 6 Fuß Höhe eine stämmige Gestalt. Dazu hatte er ein widerwärtiges Maul, wenn er eindrucksvoll sein wollte. Kaum war er auf dem Hof, als er mich auch schon anredete:

«He du, komm mal her! Du bist wohl der Franzose, der die Alte umgebracht hat?»

Ich gab ihm nicht einmal genug Zeit weiterzureden. Mein Kopf traf ihn mitten ins Gesicht. Dann zog ich ihn an den Haaren wieder hoch und schlug meinen Ellbogen in seinen Magen. Er brach auf dem Boden zusammen, was ich ausnutzte, um ihn mit Fußtritten ins Maul zu erledigen. Die Wärter, die sich erst fassen mußten, kamen angelaufen. Blut floß auf dem Boden und bildete schon eine Lache. Ich sah meine Wärter an und sagte:

«Das passiert all denen, die mich fragen, ob ich diese arme Frau ermordet habe.»

Er wurde mit Nasen- und Kieferbruch ins Krankenhaus eingeliefert. Doch diese Vorführung sollte mir noch dienlich sein.

Ich hatte Umschluß mit Janou und teilte ihr meine Absicht mit, unsere Flucht vorzubereiten. Das Perce-Gefängnis, obwohl hochmodern mit seinen unzerbrechlichen Fensterscheiben und seinen Gittern aus speziellem Stahl, war bloß ein kleines Gefängnis, das am Abend nicht mehr als drei diensthabende Wärter hatte, um die wenigen Insassen zu überwachen. In einem Überwachungsbüro war mir ein Brett aufgefallen, an dem dann alle Schlüssel hängenblieben. Mein Plan war einfach: Ich mußte die Wächter während einer Nachtrunde lahmlegen, dann nach den Schlüsseln greifen, Janou aus dem Frauenblock befreien und durch das Tor des Hofs entlaufen. Ich benachrichtigte Janou, daß ich vorhatte, in drei Tagen zu handeln, und zwar gegen 22 Uhr. Auch sie sollte ihre Wärter lahmlegen, was weiter kein Problem sein sollte, da Janou die einzige Frau im Gefängnis war.

Die drei Tage waran vergangen. Ich hatte mir aus dem Henkel eines Aluminiumbechers ein Messer angefertigt. Wegen des weichen Metalls war es natürlich völlig harmlos, konnte aber in meinen Händen verwirren und wie eine furchtbare Waffe aussehen. Auf den Menschen, der die Waffe hält, kommt es an, und nicht auf die Waffe. Eine Stunde blieb mir noch, bevor ich zur Tat schritt. Der Wächter, den ich bewegungsunfähig machen wollte, war ein junger, kräftiger Kerl, der Eishockey spielte. Ich befand mich in einem großen, mit Gittern umgebenen Raum. Um 22 Uhr mußte er hereinkommen, um mich für die Nacht in meiner Zelle einzuschließen. Genau dann mußte ich handeln.

Der Augenblick der Aktion war nah. Ich konnte hören, wie er kam und die Tür aufmachte, die zu meinem Zimmer führte. Meine Nerven waren zum Zerreißen gespannt. Ich wollte keine Gewalt anwenden, um zu beweisen, daß einer, der dazu fähig war, ohne Blutvergießen ein ganzes Gefängnis lahmzulegen, das schreckliche Schwein nicht sein konnte, das eine wehrlose Frau ermordet hat. Wenigstens hoffte ich darauf, daß man aus meiner Handlung diesen Schluß ziehen würde.

«Es ist Zeit, Mesrine», sagte der Wärter.

Ich saß an einem Tisch und tat so, als ob ich lesen würde. Er kam näher. In der rechten Hand hielt ich das Messer, das er wegen des Buchs, das ich in der linken hielt, nicht sehen konnte. Noch einmal sagte er:

«Es ist Zeit, Mesrine!»

Mit einer schnellen Geste drehte ich mich um und stand auf. Ich fuhr mit der Klinge an seinen Augen vorbei und hielt sie ihm an den Hals. Mit der anderen Hand packte ich ihn an der Jacke. Mit harter Stimme befahl ich: «Eine einzige Bewegung und ich bringe dich um ... Also ganz ruhig, Schlüssel auf den Tisch!»

Zu meinem Erstaunen gehorchte er, ohne sich zu wehren. Ich griff nach den Schlüsseln, zwang ihn, sich auf den Boden zu legen und machte meine Zelle auf.

«Jetzt, geh rein! ... Nein, nicht aufstehen! Auf allen vieren kriechen!»

Er machte eine abwehrende Geste.

«Nee, das nicht, Kleiner! Du hast doch gesehen, was dem Häftling passiert ist. Also zwing mich nicht, gewalttätig zu werden.»

Er ging also rein, und ich machte das Gitter hinter ihm zu. Dann stand er wieder auf und schaute mich an, wobei er endlich verstand, daß er jetzt an meiner Stelle war.

«Warum das, Mesrine?» fragte er mich.

«Gib dir keine Mühe, es verstehen zu wollen! Und jetzt antworte. Wo sind die anderen Wächter? Nebenbei: Ich werde keine Gewalt anwenden, falls keiner Dummheiten macht.»

Er teilte mir mit, die anderen Wächter seien zur Zeit im Büro beim Eingangstor. Ich konnte also bis zum Brett mit den Schlüsseln, ohne auf sie zu stoßen. Wenn Janou alles genauso gemacht hatte, dann war sie jetzt auch Herr der Lage. Ich sagte ihm, daß ich ihn nicht schreien hören wollte, und drohte ihm dabei so sehr, daß er es schließlich versprach.

Ich ging schnell zu den Gängen. Mit seinem Schlüsselbund konnte ich ohne Schwierigkeiten alle Türen aufmachen, durch die ich mußte, ohne auf Widerstand zu stoßen. Als ich zu dem Schlüsselbrett kam, nahm ich alle Schlüssel ab und ging in den Hof. Vor dem großen metallenen Tor angekommen, mußte ich mehrere probieren, bevor ich den passenden fand. Endlich gelang es mir, das Tor leicht aufzumachen: Auf der anderen Seite war die Freiheit. Alles war in Ordnung, und ich konnte jetzt meine Frau holen. Ich ging in den Gang, der zu ihrem Block führte, als ich sie sah. Sie hatte die Schlüssel in der Hand.

«Keine Probleme, mein Engel?»

«Keine, Liebling.»

Nach einem schnellen Kuß, der nach Freiheit schmeckte, folgte sie mir. Ich nutzte die Gelegenheit aus, um in die Küche zu gehen und ein paar Lebensmittel zusammenzuraffen. Wieder im Hof, hörte ich, wie die anderen Wächter ihre Kollegen zusammenriefen. Wir gingen durch das Tor und waren frei. Jedoch blieb uns nichts anderes übrig, als in Richtung Wald zu gehen. Es war kalt, und wir wurden schnell vom Regen durchnäßt. Kaum waren wir durch das Unterholz gegangen, als Alarm geschlagen wurde. Wir hatten nicht mehr als zehn Minuten Vorsprung und mußten über einen Hügel. Als wir oben waren, konnte ich die Blinklichter der Polizeiwagen sehen: Die Treibjagd hatte begonnen. Sie würden uns in der Nacht nicht finden, aber unsere Schuhe hinterließen wegen des Regens Spuren im schlammigen Boden. Der Wald, in den wir eingedrungen waren, war mehr als hundert Kilometer breit. Ich hoffte, mich einige Tage dort verstecken zu können, um dann nach Montreal zurückzugehen, wo ich sicher war, Hilfe zu finden. Wir gingen die ganze Nacht weiter, wobei wir uns manchmal richtig durchschlagen mußten, da die Brombeersträucher oder Zweige den Weg versperrten.

Janou war erschöpft, aber sie sagte nichts. Je weiter wir gingen, desto steiler wurde es. Am Morgen stellte ich im ersten Tageslicht fest, daß wir nicht sehr weit gekommen waren. In der Ferne war das Meer zu sehen. Das Summen eines Hubschraubers ließ mich zusammenfahren. Die Suche hatte also wieder angefangen. Ich kannte die Gegend kein bißchen und hatte Leute auf den Fersen, die als Einheimische jeden Weg und jeden Schlupfwinkel kannten. Ich sah ein, wie verrückt ich gewesen war. Ich hatte keine Waffe, um mich zu wehren, und denen, die nach uns suchten, war vielleicht befohlen worden, uns niederzuschießen, sobald sie uns erblickten, schließlich waren es Mörder, die da entlaufen waren ... Wir waren als einzige von unserer Unschuld überzeugt.

Janou bat mich, sich ein wenig ausruhen zu dürfen. Sofort schlief sie auf dem nassen Boden ein. Ihre Beine und Hände waren blutig zerkratzt, und sie zitterte. Ich legte mich neben sie, um sie etwas aufzuwärmen. Seit einer Stunde hielt ich sie schon in meinen Armen, als in der Ferne Hunde bellten. Ich hörte, wie Zweige zertreten wurden und weckte Janou.

«Nein, sei still», sagte ich leise zu ihr. «Ich glaube, wir sind umzingelt, hör nur!»

Ich hatte mich nicht getäuscht, die Geräusche waren sehr nah. Ich konnte spüren, wie man mich beobachtete. Auf einmal sprangen mehrere Polizisten hervor und brüllten:

«Keine Bewegung, Mesrine, sonst bist du tot!»

Ich stand auf und wollte reflexartig flüchten. Einer schoß in meine Richtung. Janou war aufgesprungen, warf sich zwischen ihn und mich und schrie:

«Nein, nein, nicht schießen!»

Ich wollte sie zurückdrängen, aber schon hatten sich die Polizisten auf uns gestürzt.

«Hinlegen!» schrie mich einer von ihnen an.

Ich war von dieser Wut besessen, die manchmal unvorsichtig macht. Es war dieser Stolz oder einfacher die Lust, der ganzen Welt «Scheiße» entgegenzubrüllen. Janou hängte sich immer noch an mich und weinte. Ich sah den Bullen an und sagte ihm nur:

«Du kannst schießen, das ist mir scheißegal!»

Er schoß aber nicht. Sein Chef kam nach vorn und bat Janou ruhig, ihm die Hand zu reichen. Man band uns zusammen. Der Rückweg war mühsam, aber merklich kürzer. Am Ende warteten mehrere Polizeiwagen sowie Dorfbewohner mit der Waffe in der Hand auf uns. Niemand beschimpfte uns jedoch. Bis zum Gefängnis ging es dann schnell. Der Oberaufseher und mehrere Journalisten empfingen uns. Als er sah, wie Janou aussah, blickte er mich vorwurfsvoll an und schüttelte den Kopf, als ob er sagen wollte: «Was nützt's?»

Man ließ uns duschen und frische Kleider anziehen, und ich war wirklich verwundert, als der Wächter, den ich in meiner Zelle eingeschlossen hatte, mir ein warmes Essen brachte und sagte:

«Sie sind auf saubere Weise weggelaufen, und keiner hier nimmt es Ihnen übel. Nicht einmal der Chef, der deswegen seine Stelle verlieren kann. Die Polizei sollte bei Sichtkontakt schießen, und Sie können dem Bezirkschef dankbar sein, daß er es seinen Leuten verboten hatte, es sei denn, in Notwehr.»

Dann ging alles sehr schnell. Im Laufe desselben Tages brachte man uns in Richtung Quebec, was eine Fahrt von mehr als 600 Kilometern bedeutete. Mir wurden Hände und Füße so angekettet, daß die Kette für die Füße mit den Handschellen verbunden war und ich mich überhaupt nicht mehr bewegen konnte. Janou stand neben mir. Sie wurde von der Wärterin überwacht, die sie auch am Vorabend eingeschlossen hatte. Weit davon entfernt, es ihr übelzunehmen, sprach sie Janou beruhigend zu. Unsere Begleitmannschaft war eindrucksvoll: fünf Wagen voller bewaffneter Männer.

Während der ganzen Fahrt dachte ich nur an Janou. Die Art, wie sie sich in dem Augenblick, in dem sie geglaubt hatte, ich sei in Lebensgefahr, vor mich geworfen hatte, versetzte mich in Bewunderung. Ich hätte ihr gerne meine Liebe zugebrüllt, doch unser gemeinsames Schweigen verband uns noch stärker als Worte.

Die Begleitmannschaft hielt vor den Toren des Gefängnisses in Quebec. Wir mußten uns trennen. Meine Lippen trafen auf ihre, und ich wußte nichts anderes zu sagen als «Ich schreibe dir». Der Schmerz, der in ihrem Blick zu lesen war, tat mir weh. Doch diesmal hatte sich das Blatt gewendet, und ich mußte einen hohen Preis bezahlen.

Ich wurde von den Wärtern sehr schlecht empfangen, da sie im Rundfunk gehört hatten, ich hätte einen Wächter erschlagen, um entlaufen zu können. Einer von ihnen provozierte mich:

«Hier erschlägst du keinen, du Hund!»

Ich antwortete nicht einmal. Ich war zu müde, einen Kampf aufzunehmen, von dem ich wußte, daß er von Anfang an verloren war.

Man brachte mich in einen Keller, der als Kerker gebraucht wurde, und schloß mich völlig nackt in einer Zelle ein. Als einziges Essen bekam ich eine Schale Grütze. 21 Tage lang sollte ich nur ein Essen pro Tag und die Schale Grütze am Abend kriegen. Man gab mir immerhin Kleider, doch wurde ich ständig provoziert. Der Haß, den ich empfand, hätte mich zu nicht wiedergutzumachenden Handlungen treiben können. Dann ließ man mich nach oben in die Abteilung mit den anderen Häftlingen – und zwar in den Sicherheitsblock. Dort gab es nur zwölf Zellen. Von den anderen Gefangenen wurde ich gut empfangen. Allein die Tatsache, ich sei einmal entlaufen, war eine Art Visitenkarte der guten Gesinnung. Die Haftbedingungen waren gut. Wir lebten in einem großen Raum mit Fernsehen und wurden nur abends wieder in unsere Zellen eingeschlossen. Meine Kumpane teilten mir gleich mit, daß sie dabei seien auszubrechen, und luden mich ein mitzumachen. Bevor dieses Projekt durchgeführt werden konnte, wurden wir jedoch alle in andere Gefängnisse verlegt. Wir hätten nur noch eine einzige Gitterreihe durchsägen müssen, um so weit zu sein – nicht wir, sondern das Schicksal entscheidet.

Ich wurde zu einem Jahr Gefängnis wegen der Flucht verurteilt. Janou bekam sechs Monate. Das war aber für uns völlig unwichtig. Das einzige, was uns Sorgen machte, war diese Mordanklage. Ich hatte die Akten gründlich nach den Widersprüchen der Zeugen durchgearbeitet. Rechtsanwalt Daoust hatte ich sehr viele Fotos verschaffen können, die während der Ferien oder in französischen Nachtlokalen, zwei Jahre vor dem Mord, aufgenommen worden waren. Auf ihnen war Janou mit einigen der Modejuwelen zu sehen, die man nicht als unser Eigentum anerkannte. Diese ganzen Einzelheiten brachten meinen Anwalt in Verwirrung. Er beschloß, ein Schreiben um Rechtshilfe nach Frankreich zu schicken. Da ich außerdem von jeher ein außergewöhnlich gutes Gedächtnis gehabt habe, konnte ich einige Adressen von Geschäften mitteilen, in denen diese wertlosen Juwelen gekauft worden waren. Bei Überprüfung der Fotos, die am Ort des Verbrechens gemacht worden waren, gelang es mir, ihm zu beweisen, daß einer der Zeugen offensichtlich gelogen hatte. Rechtsanwalt Daoust beschäftigte sich leidenschaftlich mit dieser Angelegenheit und versicherte mir, daß er noch nie so etwas Ähnliches in seinem Leben als Kriminalist erlebt habe. Am meisten wunderte er sich aber an dem Tag, als ich ihm sagte:

«Hören Sie mal, Monsieur! Diese Sache macht mich verrückt. Ich habe diese Frau nicht ermordet und bin zu allem bereit, um es zu beweisen. Verlangen Sie, daß ich mit dem Lügendetektor oder dem Wahrheitsserum auf die Probe gestellt werde, aber um Gottes willen, glauben Sie mir!»

Er blickte mich an und sagte:

«Jetzt will ich Ihnen etwas sagen, was ich bisher keinem meiner Klienten gesagt habe, obwohl ich schon mehr als 98 Mordsachen verteidigt habe: Ich bin jetzt Ihrer Unschuld und der Schuldigkeit der Personen sicher, die Sie beschuldigen. Sie können sicher sein, daß ich alles tun werde, um Ihnen zu helfen. Den Test sollen Sie, Mesrine, öffentlich vor dem Schwurgericht und den Geschworenen verlangen, er wird zum besten Beweis Ihrer Unschuld werden.»

Die Briefe, die ich von meinen Eltern bekam, enthielten zwar keine Vorwürfe, waren aber voller Traurigkeit. Mein Vater war schwer erkrankt, und der Gedanke, ich würde ihn vielleicht nicht mehr lebendig wiedersehen, wurde mir unerträglich. Was war, wenn er sterben sollte, noch bevor unsere Unschuld bewiesen war? Ich wurde ständig von diesem Gedanken gequält. Manchmal versuchten mitgefangene Kumpane, Witze über den Mord zu machen, worauf ich immer sehr gewalttätig reagierte.

Ich wurde von einem Gefängnis ins andere verlegt, was mir möglich machte, Freunde wiederzusehen. Eines Morgens überraschte mich Rechtsanwalt Daoust mit einem seltsamen Vorschlag wegen der Entführungsangelegenheit. Wenn ich akzeptieren würde, vor einem einzigen Richter ohne Geschworene zu erscheinen und mich schuldig zu bekennen, ohne in eigener Sache als Zeuge auszusagen, so würde der Oberstaatsanwalt mich zu zehn und Janou zu fünf Jahren Zuchthaus verurteilen. Unser Milliardär hatte Angst, daß ich von bestimmten Sachen sprechen könnte und hatte seine Beziehungen spielen lassen. Jetzt verstand ich immer besser, warum die Polizei sich so sehr in die Mordaffäre verbiß. Wenn man mich wegen der Entführung nicht lebenslänglich verurteilen konnte, so war das immerhin noch wegen des Mordes möglich – dabei war die Tatsache, ob ich ihn begangen hatte oder nicht, absolut unwichtig.

Als ich hörte, daß Lieutenant Parel und Sergeant Lincas zu Gast bei meinem Milliardär gewesen waren, wurde mir alles klar, und ich sah deutlicher, warum sie sich so verbissen weigerten, meine Unschuld in der Mordaffäre, trotz all der Beweise, die ich ihnen zumindest für die krasse Lüge unserer Ankläger geliefert hatte, anzuerkennen.

Allmählich hatte mich dieser ganze Dreck zu einer ständigen Revolte geführt. Wäre ich schuldig gewesen, dann hätte ich mich in mein Schicksal gefügt. So aber nahm ich nichts hin. Jedesmal, wenn ich Parel gegenüberstand, putzte ich ihn, obwohl ich gefesselt war, ganz schön herunter, da ich an seine berufliche Redlichkeit nicht mehr glaubte. Ich ging einmal sogar so weit und sagte zu ihm:

«Du, Bulle, bist ein Schurke. Wenn ich einmal ausbreche, dann wirst du mir doch die verdammte Wahrheit sagen müssen! Ich mag es nicht, daß man mir die Leichen von anderen zuzuschieben versucht, meine eigenen genügen mir schon ... Dabei seid ihr aber zu dumm, um es beweisen zu können! Vielleicht bin ich in meinem Milieu ein Killer, aber kein Schurke, und das werde ich euch nie verzeihen. Weder dir noch dieser faulen Gesellschaft, die es duldet, daß Halunken wie du sie vertreten!»

Außer sich vor Wut begnügte er sich mit der Antwort:

«Warte nur bis zum Schwurgericht. Ich kriege dich schon!»

Bisher gab ich mich damit zufrieden, Gesetze und Ordnung zu verhöhnen. Jetzt aber haßte ich beide, und mein Haß den Bullen gegenüber wurde zur Zwangsvorstellung.

Ich und Janou nahmen den Vorschlag des Oberstaatsanwaltes an. Auf diese Weise wurden wir fast ohne Urteil zu den angebotenen Bedingungen verurteilt. Ich war also für elf Jahre Gast bei den kanadischen Zuchthäusern. Janou waren fünfeinhalb Jahre aufgebrummt worden.

Als man mich holte, um mich in ein anderes Gefängnis zu bringen, saß ich im Bordeaux-Gefängnis in Montreal. Dort hatte ich Kerkerhaft und die Provokationen der Wärter kennengelernt. Trotzdem hatte ich ihnen immer wieder die Stirn geboten. Diesmal aber hatte ich nicht einmal Zeit genug, um mich zur Wehr zu setzen. Die Tür ging auf, und ungefähr zehn Wärter überfielen mich und fesselten mich an Händen und Füßen. Man ließ mich nichts mitnehmen. Meine Zelle wurde buchstäblich von den Wärtern ausgeplündert, die dank meiner Verlegung sicher waren, mich nicht mehr wiederzusehen. Ich war wie ein wildes Tier, das man bändigen muß. Wenn ich einen meiner Angreifer hätte töten können, und wäre es nur mit den Zähnen gewesen, so hätte ich es getan. Warum eigentlich dieser Kraftaufwand, wo es doch so einfach gewesen wäre, uns die Verlegung anzukündigen, wenn man uns wie Menschen und nicht wie tollwütige Hunde aus unseren Zellen herausgebeten hätte?

Die Verwaltungsbehörden des Zuchthauses in Saint-Vincent-de-Paul warteten auf uns. Warum hatte man diesem Ort des Hasses und des Leidens den Namen eines Heiligen gegeben, der sein Leben lang nur Liebe und Barmherzigkeit übte? Wollte die Gesellschaft sich dadurch ein gutes Gewissen verschaffen? Das Zuchthaus war alt, schmutzig und die Zellen winzig. Das Leben dort aber war ziemlich gut organisiert.

Ich wurde mit der Instandsetzung von Postsäcken beschäftigt. Das war zwar die ermüdendste und schmutzigste Arbeit, hatte aber den Vorteil, daß dort alle Gefangenen zusammenkamen, die als schwere Fälle betrachtet wurden. Ich fand also dort Freunde wieder, die noch vor meiner Ankunft in Kanada inhaftiert worden waren. Wir vereinbarten, so zu tun, als würden wir uns zum erstenmal treffen. Dafür hatten wir gute Gründe, da ich nicht wollte, daß gewisse Spitzel mitteilen konnten, ich sei schon vor 1968 in Kanada gewesen. Ich hatte vor allem mit einem gewissen Pierre Vincent sympathisiert; wir beide hatten dieselben Ideen und dasselbe Projekt – den Ausbruch. Wir bildeten also eine Gruppe von Trotzigen, die sehr schnell von der Verwaltung aufs Korn genommen wurden.

Janou schrieb mir sehr regelmäßig, und die Direktion erlaubte mir, alle vierzehn Tage mit ihr zu telefonieren, da sie immer noch in Quebec im Gefängnis saß. Mein Anwalt war aus Frankreich zurückgekommen, und die Ergebnisse der kommissarischen Vernehmung hatten ihm einen neuen Beweis meiner Unschuld geliefert. Er teilte mir mit, unser Prozeß stünde nahe. Zwei Monate später wurden wir nach Perce verlegt, um dort abgeurteilt zu werden.

Der Gerichtssaal war mit Neugierigen vollgepfropft, die alle etwas sehen wollten. Sie wurden aber sehr schnell enttäuscht, denn kaum waren die Geschworenen ausgewählt worden, als Anatole Cauriveau, dem Oberstaatsanwalt und Hauptankläger, übel wurde und er mitten im Saal zusammenbrach. Das Lächeln, das dabei auf meinen Lippen sichtbar wurde, konnte keinem entgehen. Einen kurzen Augenblick glaubte ich an Gottes Gerechtigkeit und dankte ihm für dieses gute Vorzeichen. Es war nicht möglich, den Prozeß weiterzuführen, nachdem der Staatsanwalt in eine Klinik eingeliefert werden mußte. Man verschob also und beschloß, einen neuen Erscheinungstermin festzusetzen. Ich dachte sehr lange über diesen

Zwischenfall nach. Vor allem, nachdem ich zwei Jahre später von dem Tod des Richters erfuhr, der die Voruntersuchung geführt hatte. Diese durch die Justiz manipulierte Sache brachte dem Gericht kein Glück. Das Schicksal gönnte mir eine Rache, von der ich nur geträumt hatte.

Ich machte mich also wieder auf den Weg nach Saint-Vincent-de-Paul zurück. Seit sehr langer Zeit hatte ich keine Nachrichten mehr von Guido. Da mein Vater es vermied, meine Fragen zu beantworten, war ich gezwungen, durch Freunde die Wahrheit zu erfahren. Guido war an einem Herzanfall gestorben, während er die Treppe zu seiner Wohnung hinaufstieg. Der Tod eines ruhigen Mannes, der trotz seines kriminellen Lebens keinen einzigen Tag im Gefängnis verbracht hatte. Ich empfand eine unermeßliche Traurigkeit, konnte aber nicht umhin zu denken, daß er sie alle, sowohl die Polizisten als auch die Richter, bis zum Ende an der Nase herumgeführt hatte. Das Leben kennt kein anderes Ende als den Tod, das muß man hinnehmen können.

Gern verließen wir das alte Zuchthaus von Saint-Vincent-de-Paul. Nach unseren Auskünften sollte das neue besser sein. Wir waren sicher, dort saubere Zellen und eine akzeptable Kost zu finden. Andererseits wußten wir um die vielen Fluchtmöglichkeiten, die uns ein neuer Bau zu bieten hatte: Da man noch nicht alle Tricks kannte, gab es bestimmt irgendwo einen Fehler, den man ausnutzen konnte. Mein einziger Wunsch war, nicht von meinen Freunden getrennt und im selben Block wie sie untergebracht zu werden. Man sagte auch, daß die Sicherheit den maximalen Normen entsprach. Die aus dem Erdgeschoß und einem einzigen Stockwerk bestehenden Gebäude hatten kein sichtbares Gitterwerk an den Fenstern, sondern einen Rahmen mit kleinen Luken, die wir selbst öffnen durften. Der Rahmen selbst war im Innern aus einem speziellen Stahl, den man unmöglich durchsägen konnte. Alles wurde elektronisch gesteuert, und jeder Block hatte einen eigenen Kontrollposten. Die kahlen Mauern, die bei alten Bauten die Gebäude umschließen, waren durch zwei hohe Gitter aus Stahl und Stacheldraht ersetzt worden. Wachttürme machten es möglich, das gesamte Zuchthaus zu überwachen. Die Wächter hatten eine komplette Ausrüstung vom Scharfschützengewehr bis zum Kaliber 12, Repetiergewehr mit Rehschrotmunition, so daß sie jeder Lage begegnen konnten. Weiter gab es sehr starke Scheinwerfer, die in der Lage waren, alle Gebäude abzutasten, sowie eine große Anzahl von Leuchtraketen und eine laute Warnvorrichtung, die wir ausschalten mußten, um unsere Freiheit wiederzubekommen. Natürlich patroullierten auch bewaffnete Männer mit den eigens zur Jagd nach Gefangenen gedrillten Schäferhunden. Das alles schreckte uns jedoch nicht ab, und ich kam nicht umhin, meinen Freund Pierre mit einem Lächeln anzuschauen.

«Denkst du dasselbe wie ich?»

«Ja. Du wirst sehen, Franzose, wir finden schon was!»

«Hoffen wir nur, daß wir zusammenbleiben dürfen.»

«Kein Problem! Andernfalls wird sich schon was ergeben.»

Gerade war die Polizeieskorte langsamer gefahren, um links in eine geradlinige Straße einzubiegen, so daß wir endlich dieses berühmte moderne Zuchthaus, in dem all unsere Hoffnungen enthalten waren, sehen konnten. Von weitem sah es wie ein Krankenhaus oder eine Schule aus; je näher wir aber kamen, desto besser verstanden wir, warum es Sainte-Anne-des-Plaines genannt worden war. Rundherum war nur flaches Gelände und fast keine Bäume – unmöglich also, sich im Falle einer Flucht in einer Entfernung von mindestens 500 Metern zu verstecken, was den Wärtern reichlich Zeit ließ, um Entlaufene zu sichten und wie Kaninchen abzuknallen.

Im Unterbewußtsein registrierten wir alle Einzelheiten. Wir würden gewiß keine andere Gelegenheit haben, so eine Gesamtansicht zu bekommen. Noch ahnten wir nichts von der Überraschung, die uns von dem Direktor zugedacht worden war.

Die Polizeiwagen hielten vor dem Wachtturm am Eingang und meldeten sich an, dann stiegen die Polizisten mit Waffen in den Händen aus. Kein Wagen durfte über diese Linie. Unsere Transportwagen fuhren mitten in den Kreis, der von den Polizisten der Geleitwache gebildet wurde, und hielt an. Wir sahen einige Wärter, die unbewaffnet auf uns warteten.

Die Tür ging auf, und wir wurden einzeln beim Namen aufgerufen. Wir waren zu zweit gefesselt worden. Als wir an der Reihe waren, standen wir auf. Kaum hatten wir unsere Füße auf den Boden gesetzt, als zwei Wächter uns heranwinkten. Vor uns gingen zwei hohe Gittertore auf. Weiterhüpfend gingen wir bis zu einem Kontrollposten. Der Wärter schaute uns prüfend an. Andere, bewaffnete Wärter sahen uns aus dem Innern des Käfigs aus kugelsicherem und gepanzertem Glas an.

«Name, Vorname, Nummer?»

«Mesrine, Jacques, 5933.»

«Vincent, Pierre, 5921.»

«Okay, geht durch!»

Ein schweres Tor ließ uns hineingehen. Wir waren jetzt im Zuchthaus. Alles war tadellos sauber. Wir wurden in einen kleinen Raum gelassen, um unsere Ketten und Handschellen abgenommen zu bekommen.

«Kommen Sie mit, meine Herren!»

Durch einen langen, von einer Rampe getrennten Gang gingen wir zu einem anderen Kontrollposten. Wir waren jetzt im Mittelpunkt des Zuchthauses, von wo der Aufschluß der verschiedenen Blocks kontrolliert wurde. Der Wächter befahl uns, unsere Taschen auszuleeren und ließ uns durch einen Metalldetektor gehen. Dann bekamen wir unsere Sachen zurück. Drei Unteroffiziere fragten uns noch einmal nach Namen, Vornamen und Nummer.

«Mesrine, Sie gehen in die Zelle 12, Abteilung C, und Sie, Vincent, Zelle 34, Abteilung C!»

Pierre blickte mich an und las aus meinen Augen dieselbe Zufriedenheit: Wir waren im selben Block. Man führte uns in unsere Zellen. Auch hier dirigierte ein Kontrollposten den Aufschluß. Ich wurde ins Erdgeschoß gelegt und Pierre in den ersten Stock. Der Wächter kündigte die Nummer 12 an, und mit einem dumpfen Knallen öffnete sich die massive Tür.

«Das ist Ihre Zelle, Sir. Hier hängt die Vorschrift. In einer Stunde gehen Sie zur Dusche, und gleich danach bekommen Sie Ihre Sachen!»

Überall dieselben Vorschriften, ich war schon daran gewöhnt, antwortete jedoch: «Danke, Monsieur!»

Das gehörte zur Gefängnis-Reform. Jeder Wärter war dazu verpflichtet, den Gefangenen mit «Monsieur» anzusprechen, was sie wütend machte, da sie uns für dreckige Hunde hielten, die sie am liebsten krepieren sehen würden.

Meine Zelle war klein, aber sehr sauber. Die Sonne schien herein, was mir nach dem beschissenen Käfig im alten Zuchthaus, in dem Geziefer jeder Art und Ratten uns Gesellschaft leisteten, neu war. Dann ging die Tür zu.

Als erstes schaltete ich das Radio an, das die Wand schmückte. Bei der Musik, die herauskam, wurde mir wieder warm ums Herz; seit langer Zeit hatte ich keine so schöne Frauenstimme gehört. Ich stellte ein Inventar dessen auf, was mehr einem Zimmer als einer Zelle ähnelte.

Da gab es ein Bett mit einer Schaumgummimatratze, einen Tisch, einen großen metallenen Schrank, ein Waschbecken mit fließendem warmen Wasser und ein Klo. Der Boden war aus grau übermaltem Zement. Auf dem Tisch lagen zwei Nescafé-Beutel und Zucker. Aus dieser an sich unbedeutenden Einzelheit verstand ich, daß sich hier etwas verändert hatte. Es wurde versucht, die Haft menschlich zu machen. Sofort ließ ich mir einen Kaffee kochen.

Tja, all das war schön und gut, aber ein goldener Käfig ist immer noch ein Käfig. Ein Gefängnis kann nicht menschlich sein, auch wenn es so aussieht. Beim Ausblick aus meinem Fenster sah ich die beiden Gitter, die mich von der Freiheit trennten. Dabei war die Freiheit so nah! Ich wußte aber, daß diese Nähe nur scheinbar existierte, da es bei jedem Versuch, sie auszunutzen, große Schwierigkeiten geben würde. Das Zuchthaus in Sainte-Anne-des-Plaines war für hartgesottene Verbrecher bestimmt. Alle 400 Männer, die seine Bevölkerung bildeten, hatten lange Strafen zu verbüßen, von fünf Jahre bis lebenslang. Unter ihnen waren die Killer und Bankräuber die Mehrheit. Es war also bekannt, daß viele Gefangene nur eins im Kopf hatten – nämlich die Flucht. Hoffte man, ihre Meinung ändern zu können, indem man ihnen mehr Begünstigungen und Vorzüge gab? Ich sah die Falle sofort. Je mehr die Verwaltung einem Gefangenen gibt, desto mehr hat er auch zu verlieren, wenn er einen Fehler begeht. Man fesselte nicht mehr seine Füße, um ihn an der Flucht zu hindern, sondern zähmt seinen Geist durch den Komfort. Die Zukunft sollte mir beweisen, daß ich mich nicht getäuscht hatte.

Am Nachmittag wurden wir alle in einem großen Raum versammelt, der als Turnhalle gebraucht wurde. Dort stand die vollzählige Direktion. Der Direktor bat uns, uns zu setzen und hielt seine Willkommensrede.

«Wie es Ihnen bestimmt aufgefallen ist, meine Herren, haben wir uns wirklich bemüht, Ihnen die Haft erträglich zu machen. Wir haben hier ein Kulturzentrum und Sporteinrichtungen, damit Sie genügend Bewegung haben. Sie sind alle zur Arbeit in den Werkstätten verpflichtet, da wird keine Weigerung geduldet – oder nur unter schwersten Strafen. Im weiteren sind Sie auch verpflichtet, dem Personal mit Respekt zu begegnen ...»

Ich hörte nicht mehr zu, diese Art Theater kannte ich schon ... Gerade er war mit seiner Humanisierung zum Piepen, denn er war es, der vor einigen Jahren den Vetter eines meiner Freunde hatte niederschießen lassen, weil er sich mit einem Wärter als Geisel in seiner Zelle eingeschlossen hatte, um seine immer wieder verschobene Verlegung zu verlangen. Er hatte das Feuer trotz des inständigen Flehens des Wärters eröffnen lassen, der als Schild benutzt wurde. Genausogut hätten sie mit Gas angreifen können, da die drei in der Zelle nicht viel machen konnten. Aber nein, diese Sau hatte den Befehl zum Schießen gegeben! Der Wärter und der Vetter meines Freundes waren getötet worden, während mein Freund Michel Marcoux mit mehreren Kugeln im Körper für tot liegengelassen wurde. Erst nachdem man die Körper aus der Zelle gebracht hatte, merkte er, daß mein Freund immer noch lebte. Wenn einer seiner Gehilfen ihn nicht zurückgehalten hätte, hätte er ihm den Gnadenschuß gegeben ... Das war passiert, lange bevor ich in Kanada ankam. Ich wußte also, daß dieser Typ mit dem Aussehen eines netten Kerls ein Schwein war. Es gelang ihm jedoch, uns zu überraschen, indem er etwas Neues von sich gab:

«Ich weiß, einige unter Ihnen haben nur ein Ziel: auszubrechen. Wenn ich Ihnen das Recht einräume, daran zu denken, so bin ich doch hier, um Sie daran zu hindern. Lassen Sie also lieber diese Projekte sein! Die Sicherung ist hier absolut. Die Wärter sind bewaffnet und haben Befehl zu schießen. Für diejenigen aber, die sich weiterhin leidenschaftlich für diese Art Sport interessieren, steht bei mir der Plan des Zuchthauses zur Verfügung – so brauchen Sie keine Zeit damit zu verlieren, es zu vermessen.»

Sein ironischer Blick streifte durch den ganzen Raum und blieb eine Zeitlang auf meinen Freunden und mir haften.

«Geben Sie sich keinen Illusionen hin, Mesrine, von hier werden Sie nicht abhauen, dafür sorgen wir schon! Diejenigen, die sich dafür interessieren, sollen wissen, daß wir sie immer noch in die spezielle Strafabteilung schicken können – Sie wissen schon, was das heißt.»

Jawohl, das wußten wir ... Fensterlose Zellen und strenge Bewachung, in einem Betonblock, in dem die Menschen seelisch kaputtgemacht werden. Niemand hatte Lust, eine Probezeit in diesem

Strafhaus zu verbringen. Ich wußte noch nicht, daß ich selbst es kennenlernen und dort einen der spektakulärsten Ausbrüche der letzten Jahre vorbereiten und durchsetzen würde.

Der Direktor fuhr mit seiner Rede fort. Ich begnügte mich damit, lächelnd zu denken: Wir werden schon sehen, ob du mich hier behältst, du Arschloch!

Ich arbeitete mit Pierre zusammen in der Tischlerwerkstatt. Wir durften mehrere Stunden auf einem riesigen Gelände spazierengehen, wo man verschiedene Sportarten treiben konnte. Dort gab es vier Tennisplätze, ein Baseballfeld, eine Schlittschuhbahn für den Winter sowie viele andere Sachen. Ich konnte nicht umhin, das kanadische Volk zu bewundern, das sich vor seinen gemeinrechtlichen Verbrechern zu schützen wußte, ohne dabei eine repressive Art der Gefangenschaft anzuwenden, wie es immer noch in Frankreich der Fall war. Derjenige, der seine Haftzeit akzeptierte, war sicher, sie unter Bedingungen zu verbringen, unter denen er keine Gefahr laufen würde, körperlich oder seelisch zugrunde gerichtet zu werden. Mehrere unter meinen Freunden gaben jeden Fluchtplan auf und teilten es mir mit.

Von den 400 Gefangenen waren gut dreißig dazu bereit, alles aufs Spiel zu setzen, um die Freiheit wiederzuerlangen; die Drohungen des Direktors ließen uns kalt. Wir bildeten eine Gruppe von fünf Freunden, die nach der Lücke suchten. Ein Projekt keimte und schlug genauso schnell fehl, wie uns der Gedanke dazu gekommen war. Wir verstanden allmählich, daß die Sicherheitsvorkehrungen wirklich ernst waren. Verschiedene Versuche waren mißlungen, und diejenigen, die sie unternommen hatten, waren in die spezielle Strafabteilung versetzt worden. Bald würde es Winter sein, und wir hatten immer noch nichts Taugliches gefunden. In der Werkstatt drehte sich unsere ganze Unterhaltung nur um ein Thema. Ich trieb viel Sport, um in guter Form zu bleiben. Ab und zu gab es Abrechnungen. Mein Freund André Fillion war aus diesem Grund in die spezielle Strafabteilung geschickt worden, da man die Leiche eines Spitzels mit einem bis zum Griff ins Auge eingestochenen Schraubenzieher gefunden hatte.

Mein Prozeß wegen Mordes sollte Anfang Januar stattfinden. Wir hatten lange darüber mit Pierre gesprochen. Wenn ich ihm sagte, ich sei wirklich unschuldig in dieser Affäre, blickte er mich mit einem kleinen, ironischen Lächeln an. Nachdem er aber die Untersuchungsakten besser kannte, sah er ein, daß ich die Wahrheit sagte. Genauso wie ich empörte er sich über die Methoden, die die Polizei angewandt hatte, um mir die Tat eines anderen in die Schuhe zu schieben. Allzu viele Einzelheiten bewiesen tatsächlich, daß ich die Wahrheit sagte und die Polizisten sich weigerten, die Widersprüche der Zeugen der Anklage aufzuhellen. Eines Tages sagte Pierre zu mir:

«Warum eigentlich ereifern die sich so sehr gegen dich in dieser Affäre?»

«Da weiß ich auch nicht mehr als du, aber eins ist sicher: Das werden sie mir teuer bezahlen. Vorher aber werde ich dieser Schweinebande meine Unschuld beweisen.»

«Sag mal, könntest du mich nicht zusammen mit einem unserer Freunde als Zeuge zu diesem Prozeß vor Gericht laden lassen? Da könnten wir es doch riskieren. Dort ist nur ein kleines Gefängnis, und vielleicht haben wir Glück.»

«Du weißt doch, wenn ich es mit dem Ausbruch während des Prozesses versuche, dann wird man meinen, ich sei schuldig. Aber das ist mir jetzt scheißegal. Einverstanden, ich arrangiere das, dann sehen wir dort, was gemacht werden kann.»

Dann kam der Tag des Prozesses. Ich hatte Jane wiedergesehen und sie darum gebeten, weiter Vertrauen zu mir zu haben. Sie verhielt sich immer noch genauso bewundernswürdig. Trotz der Haft war sie ungebrochen. Sie behielt ihre Würde, mußte aber ihren Ärger ausdrücken:

«Es ist furchtbar zu wissen, daß man unschuldig ist, während uns alle um uns herum für schuldig halten. Und wenn wir verurteilt werden sollten, stell dir mal den Schmerz für deine Eltern vor! Manchmal kriege ich Angst, denn ich hab gar kein Vertrauen mehr zu der Justiz. Alles ist allzu gut vorbereitet worden. Wer kann uns denn so übel wollen, daß er uns auf diese ungerechte und beschissene Art zugrunde richten will? Wir erleben einen Alptraum.»

«Ich verstehe das genausowenig wie du, mein Engel! Aber ich habe Vertrauen. Mehrere Leute wissen, daß wir unschuldig sind. Daoust glaubt mir und wird sein ganzes Können vor dem Gericht beweisen. Der wirkliche Täter weiß, daß wir nicht getötet haben, und da er von denen geschützt wird, die gegen uns aussagen, so werde ich gerade die angreifen, da sie der Schlüssel zu diesem Raubmord sind. Ihr einziger Beweggrund, falsch zu schwören, ist, den

Mörder zu schützen. Sie haben durch falsche Aussagen Schuldige geschaffen. Wenn ich beweisen kann, daß sie falsch geschworen haben, dann genügt das, um unsere Unschuld zu belegen. Ich habe Vertrauen zu den Geschworenen, denn zwölf Leute können sich nicht irren. Wir können doch unmöglich für ein Verbrechen verurteilt werden, das wir nicht begangen haben! Seit achtzehn Monaten zerbreche ich mir den Kopf, um herauszufinden, warum gerade wir! Das ist eine Qual, eine Todesqual, ich werde noch verrückt davon ... Ich habe zwar allerhand in meinem Leben angestellt, aber daß man mich einer solchen Schweinerei für fähig hält, das kann ich nicht ertragen! Eines Tages werden sie mir diese verdammte Quälerei teuer bezahlen. Da soll mir keiner mehr mit Mitleid kommen. Diese ganze Gesellschaft ist faul. Gelingt es mir auszubrechen, so wird Blut für das fließen, was sie uns angetan haben ... Ich werde ausbrechen, das schwöre ich ... Ja, ich schwöre es!»

Mein Aufbegehren hatte Jane lächeln lassen, denn daran war sie gewöhnt. Sie warf mir einen letzten Kuß mit der Hand zu und ging in ihr Gefängnis zurück. Auf der Anklagebank sollten wir uns wiedersehen.

Im Montmagny-Gefängnis in der Provinz Quebec herrschte Ausnahmezustand. Unser Prozeß versprach, Staub aufzuwirbeln. Alles war fürs Melodrama fertig: zwei Angeklagte, die ihre Unschuld beteuern wollten, ein Haufen falscher Beweise gegen sie, gestützt durch das zweifelhafte Zeugnis von vier Frauen, die dem Opfer viel zu nahe standen, um weiße Westen zu haben, zwei von sich selbst und Vorurteilen eingenommene Oberstaatsanwälte, die, weit davon entfernt, nach der Wahrheit zu suchen, Komplicen der Lüge waren, indem sie diesen Prozeß als bloße Formalität betrachteten, da sie sicher waren, uns lebenslänglich verurteilen lassen zu können, ein trunksüchtiger Bulle und sein Gehilfe, die trotz der Widersprüche alles geschehen ließen, da sie nicht einsahen, wie wir aus der mit Sachkenntnis gestellten Falle entkommen konnten. Dazu der Anwalt, ein Meister im wahren Sinne des Wortes – die Mensch gewordene Intelligenz, Schlauheit und Scharfsichtigkeit. Der größte in Kanada: Rechtsanwalt Raymond Daoust! Er, der die Beweise in den Händen hatte, glaubte an unsere Unschuld und war jetzt sicher, daß ich die Wahrheit sagte. Er würde sich in einen Angeklagten verwandeln. Er würde «wir selbst» sein und uns damit so verteidigen, als ob seine eigene Freiheit auf dem Spiel stünde. Er würde mit uns leiden, unseren Zorn verstehen und so kämpfen, wie kein Anwalt es vor ihm für einen Klienten getan hatte. Mit ihm an meiner Seite war ich sicher, daß man uns Gerechtigkeit widerfahren lassen würde. Niemals in der Vergangenheit war mir ein solcher Mann mit so edlen Eigenschaften des Herzens begegnet. Er gehörte zur Gattung der Herren, zu den Männern, die all denen Ehrfurcht gebieten, die das Glück und die Ehre haben, ihnen zu begegnen.

Dann begann der Prozeß. Der Gerichtssaal war vollgepfropft. Wir mußten hinter die Schranken treten.

Würdevoll, aber innerlich bewegt, trat ich mit dieser Menge in Kontakt. Was war ich für diese Leute? Der Mörder, der Schurke, ein «verfluchter Schuft»? Alle Blicke richteten sich auf uns und blieben auf uns haften. Ich schaute wiederum diese Menge an: keine Feindseligkeit, sondern bloß eine große, mit einer sichtbar wirkenden Überraschung verbundene Neugier war aus ihr herauszulesen. Wir hatten nicht das «zum Verbrecherberuf passende Maul». Das genügte aber nicht zu unserer Verteidigung.

Wir setzten uns auf die Anklagebank. Jane hatte mich bei der Hand gefaßt. Sie zitterte, und ich konnte fühlen, wie nervös sie war. Ich strich ihr zart über die Wange und küßte sie liebevoll auf die Lippen, als ob wir allein wären. Sie blickte mich mit diesem Blick an, der ein Paar für das ganze Leben zusammenschließt – ein Liebesschwur gegen das gemeinsame Leid, die Kraft, zwei zu sein.

«Hab keine Angst, mein Engel. Ich bin bereit, uns zu verteidigen. Ich will kämpfen, wie noch kein Mensch vor einem Schwurgericht gekämpft hat. Ich liebe dich. Hab Vertrauen zu mir!»

Ich konnte sehen, wie ihr die Tränen in die Augen stiegen; mit einem Nicken stimmte sie mir zu. Dann hörte man den Gerichtsdiener:

«Das hohe Gericht!»

Der Vorsitzende stellte uns vor. Er allein war unsere größte Gefahr. Ich kannte ihn vom Hörensagen. Er war gefürchtet und wußte es. Vor dem Prozeß war er nach Paris gefahren, um die Zeugen zu verhören, die ich genannt hatte, damit sie die Herkunft der Juwelen, die in meinem Besitz waren, aufklärten – diese Juwelen, die der Anklage gemäß dem Opfer gehört hatten. Ich hatte nicht die Absicht, mich kleinkriegen zu lassen.

Mir war seine Meinung gleich, denn ich wollte viel mehr, als mich bloß verteidigen ... Ich war fest entschlossen, ohne Unterlaß und in alle Richtungen anzugreifen ... Ich hatte meinen Prozeß sorgfältig vorbereitet und kannte meine Akten von der ersten bis zur letzten Seite. Ich war bereit. Als mein Blick dem des Richters begegnete, wich ich ihm nicht aus, und ich glaube, daß er in diesem Augenblick begriff, daß dieser Prozeß voller Ereignisse steckte. Meine Augen strahlten Botschaften des Hasses und des Ekels gegen diese Menschen aus, die sich selbst mit Ehrentiteln beschenkten und in Wirklichkeit nichts als Erzgauner waren. Im ganzen Verlauf meines Prozesses sollten sie durch ihr Verhalten ihre Aufgabe verraten, die doch eigentlich darin besteht, die Wahrheit zu finden.

Man begann mit der Auswahl der Geschworenen. Ich durfte ablehnen, genauso wie der Oberstaatsanwalt meine Wahl ablehnen durfte.

Wir brauchten den ganzen Vormittag, um die zwölf Männer zusammenzubringen, die über unser Schicksal entscheiden sollten. Zwölf Männer, die mit ihren Antworten aus uns Schuldige oder Unschuldige im Namen des Gesetzes machen würden. Obwohl niemand außer uns die Gewißheit unserer Unschuld haben konnte.

Die erste Woche des Prozesses war langwierig, da man sich nur mit den Zeugnissen der Anklage beschäftigte. Meine beiden Freunde Pierre Vincent und Albert Thibault waren als Zeugen gekommen – so lautete zumindest meine Erklärung dafür. Da wir so streng überwacht wurden, daß jede Flucht unmöglich war, beschlossen wir ganz einfach, das Gefängnis mitten in der Nacht mit einem von mir hergestellten Zeitzündersystem in Brand zu stecken. Wir hofften, daß bei der dadurch entstehenden Verwirrung einer von uns sein Glück versuchen könnte. Das Feuer brach aus und verursachte eine solche Panik, daß die angeforderten Polizeiverstärkungen alle unsere Vorstellungen übertrafen. Ich wurde genau in dem Augenblick aus meiner Zelle gerissen, als ich begann, am Rauch zu ersticken. Vom Kopf bis Fuß gefesselt wurde ich in ein Polizeirevier der Stadt gebracht. Es gab dort nur drei Zellen. Janou wurde zu mir gelegt und blieb während des ganzen Prozesses, nur durch ein Gitter getrennt, neben mir. Die Polizisten, die uns in diesem Revier überwachten, verhielten sich so, daß ich trotz der Vorschriften, die uns jeden Kontakt verboten, meine Frau küssen konnte. Janou war über unseren Fluchtversuch bestürzt, da wir eventuell dafür vor den Geschworenen bezahlen müßten. Soweit kam es jedoch nicht, da man uns den Fluchtversuch nicht im geringsten nachweisen konnte. Nur meine Freunde wurden nach Quebec zurückgebracht.

In der zweiten Woche wurde der Beweis erbracht, daß die Juwelen tatsächlich mir gehörten. Ich nahm es an, zwei Tage lang in eigener Sache auszusagen und widersprach mir, trotz Kreuzverhör von Richter zu Staatsanwaltschaft, kein einziges Mal. Ich konnte bei einem Juwel nach dem andern den Beweis führen, daß sie uns gehörten. Der Richter war nicht daran gewöhnt, einem Angeklagten zu begegnen, der sich auf eine solche Art verteidigte. Jedesmal wenn er die Kontrolle über seine Nerven verlor, gewann ich einen Punkt. Die gesamte Anklage geriet durch ein Gegenverhör in Schwierigkeiten. Nun wurden wir zu den Anklägern. Die vier Frauen stotterten und widersprachen sich ständig. Als sie behaupteten, die Uhr, die vor ihnen lag, gehörte ihrer Schwester seit mehr als fünfzehn Jahren und mein Anwalt ihnen ein Papier von der Fabrik zeigte, das bewies, diese Uhr sei erst vor drei Jahren auf den Markt gekommen, ging ein Raunen durch die Reihen. Ich wußte, daß ich freigesprochen würde.

Alle waren mit ihren Nerven am Ende. Rechtsanwalt Daoust redete so, wie wahrscheinlich noch kein Anwalt vor ihm ... Sechs Stunden lang war dieser Vertreter der Anwaltschaft meine Stimme, meine Seele. Alles was ich sagte, war richtig, alles wahr. Als er dann erschöpft und mit Tränen in den Augen den Saal verließ, wußte ich, daß er alles gesagt hatte und ich ihm ewig dankbar sein würde, daß er vor den anderen an unsere Unschuld geglaubt hatte.

Das Urteil sollte am folgenden Morgen verkündet werden, nachdem die Geschworenen darum gebeten hatten, die Fotos und die Juwelen noch einmal zu sehen.

Als wir zum Gericht geführt wurden, waren die Gänge voller Journalisten. Diesmal waren die Polizisten brutal, und einer von ihnen rempelte Janou an. Bevor er Zeit genug hatte, um zu verstehen, was mit ihm geschah, bekam er meine Faust direkt ins Maul und brach mit blutiger und gebrochener Nase vor meinen Füßen zusammen. Seine Kollegen überwältigten mich, und der Richter befahl, daß man uns Handschellen anlegen sollte, um den Urteilsspruch zu hören.

Als die Geschworenen «Nicht schuldig» sagten, hörte ich, wie Janou murmelte: «Danke, mein Gott!»

Der Richter trieb die Gehässigkeit bis zum Ende. Er wurde durch das Urteil der zwölf Geschworenen, die ihre Entscheidung einstimmig getroffen hatten, zum Freispruch gezwungen. Öffentlich erklärte er, nicht mit dem Urteil einverstanden zu sein, sagte, daß er mich für schuldig hielt und gab mir den Rat, zum Grab meines Opfers beten zu gehen. Ich ließ ihm keine Zeit, zu Ende zu sprechen. Trotz der Handschellen war ich über die Anklagebank gesprungen, fest entschlossen, mich an ihm für mein Leid zu rächen. Leider hatte ich nicht genug Zeit dafür. Die Polizisten fielen erneut über mich her. Janou war mir gefolgt, und nun führte man uns mitten durch die allgemeine Verwirrung aus dem Saal.

Man ließ uns mit unserem Anwalt allein, dem ich als erstes sagte: «Rufen Sie bitte schnell meinen Vater an!»

Während der Rückfahrt zum Zuchthaus wurde mir klar, daß ich gerade die schlimmsten Momente meines Lebens hinter mir hatte. Ich war zwar freigesprochen worden, aber das uns zugefügte Böse hatte sich in mir festgesetzt. Ich wußte, daß das Wenige an Gutem in meinem Herzen für immer verlöscht war. Ich wußte, daß mein Rachegeist mich zu furchtbaren Handlungen treiben würde und daß, sobald ich die Gelegenheit dazu hätte, alles, was eine Bullenuniform trug, kein Mitleid mehr von mir zu erwarten hatte.

Den Winter verbrachten wir mit Fluchtprojekten. Pierre war immer noch mit mir zusammen. Am Anfang des Frühlings teilte er mir mit, daß er eine passende Idee gefunden habe, zu deren Verwirklichung man allerdings verdammt viel Material bräuchte.

Am Abend kamen wir immer in einem kleinen Raum neben den Zellen zusammen. Dort durften wir bis 23 Uhr Karten spielen. In diesen Raum paßten höchstens 40 Gefangene. Es gab noch zwei weitere Räume mit Fernsehapparaten, in denen die Gefangenen meiner Abteilung ihr Programm ansehen durften. Überwacht wurde das Ganze vom Kontrollposten und von drei durch Gitter geschützten Wächtern, die uns jede Stunde abzählten. Um halb elf wurden die Arzneien in einem Büro verteilt, das am Fuß der Kontrollstelle war. Zehn Minuten lang herrschte dann ein ständiges Hin und Her zwischen den drei Räumen und dem Büro.

In einem Winkel war eine gepanzerte Tür mit einem Sicherheitsschloß mit flachem Schlüssel. Sie führte auf einen geschlossenen Innenhof, der von den Gebäuden umgeben war, die als Werkstätten benutzt wurden. Dieser Hof stand fast immer unter Beobachtung der Kontrollstelle. Wir mußten einen Schlüssel herstellen, um diese Tür aufzumachen. Wären wir erst einmal so weit, dann würde es genügen, ein Ablenkungsmanöver in der der Tür entgegengesetzten Richtung zu inszenieren, um die Aufmerksamkeit der Kontrollstelle abzulenken. Dann würden wir in den Hof schleichen, mit einem Haken und einem Strick auf das Dach klettern, das Dach entlangkriechen, bei den Zäunen herunterspringen, das Gitter durchfeilen, die Patrouillen der bewaffneten Wächter mit ihren Hunden abpassen und hindurchkriechen.

Dafür brauchten wir den Abdruck des Schlüssels sowie das ganze andere Material. Am schwierigsten würde es sein, die Kontrollen abzupassen und durch den Metalldetektor zu gehen, wenn wir uns das nötige Material aus den Werkstätten beschaffen wollten. Außerdem waren die Dächer flach, beleuchtet und von vier Wachttürmen überragt. Nicht einmal eine Katze hätte da durchlaufen können, ohne bemerkt zu werden. Es gab womöglich auch eine Alarmanlage.

All diese Schwierigkeiten entmutigten uns jedoch nicht. Wir verließen uns auf einen Verbündeten, den uns der Herbst besorgen würde – den Nebel –, und begannen, alle Einzelheiten unseres Projektes durchzuarbeiten. Es blieben uns fünf Monate Vorbereitungszeit. Wir beschlossen, zu viert durchzubrechen, und konzentrierten uns alle vier mit ganzer Aufmerksamkeit auf den Schlüssel, denn er war zu unserem Ziel Nummer eins geworden. Wir hatten bemerkt, daß die betreffende Tür jedesmal, wenn wir zum Spaziergang in den Innenhof geführt wurden, aufgemacht wurde, ohne daß die Kontrollstelle dabei benötigt wurde. Es gab also kein elektrisches Warnsystem, um den Aufschluß der Tür zu signalisieren. Diese Beobachtung ermutigte uns. Bei der Rückkehr vom Spaziergang stand der Wächter vor der Tür und rief die Gefangenen auf, dabei hielt er den Schlüssel in der Hand. Wir mußten uns die Zähne mit ihren senk- und waagerechten Abständen merken. Also stellten wir uns bei der Rückkehr in die Zellen neben ihn und ließen die anderen vor uns hineingehen. Unsere Augen registrierten jede Einzelheit dieses Schlüssels. Manchmal war die Lage komisch, und ich konnte nicht umhin, Pierre so anzulächeln, als ob ich ihm sagen wollte: «Wenn der Tölpel nur wüßte!» Wir beschlossen weiter, daß jeder von uns den Schlüssel skizzieren sollte, und zwar in Originalgröße, damit wir unsere Skizzen in dem Augenblick vergleichen konnten, in dem wir glaubten, daß sie perfekt seien. Wir brauchten zwei Monate, bis die vier Zeichnungen des Schlüssels fertig waren. An dem Tag, als es soweit war, gaben wir Pierre unsere Skizzen. Es war uns eine Freude, ihn lächeln zu sehen.

«Guck mal, Franzose, guck mal!».

«Ach Scheiße, wie schön! Es hat nur an einigen Millimetern gefehlt, und wir hätten genau dieselbe Skizze gemacht!»

Wir beglückwünschten uns, da die übrige Arbeit jetzt nur noch aus Verbesserungen bestand. Pierre trat mit zuverlässigen Freunden aus der Metallwerkstatt in Kontakt, um zwei Messingstücke zu bekommen, die so dick und so lang wie der Schlüssel waren. Wir hingegen stellten hölzerne Abbildungen von kleinen Eisenfeilen her, die wir mit Bleistiftminen färbten. Darauf klebten wir zur weiteren Täuschung sehr feine Eisenspäne. Die Eisenwerkstatt sollte sie uns gegen echte Feilen austauschen.

Wir wußten, daß wir, wenn wir das Glück hatten, die Zäune zu erreichen, immer mit der Möglichkeit rechnen mußten, vor den bewaffneten Wärtern mit ihren Hunden zu stehen. Daher wurde beschlossen, drei Dolche herzustellen, da im Falle eines plötzlichen Zusammenstoßes bestimmt nicht nur Höflichkeiten ausgetauscht würden. Für den Schlüssel sorgte Pierre, die Messer, der Haken und der Strick waren meine Aufgabe. Bei unseren Freunden bestellten wir also wieder drei 20 Zentimeter lange Eisenstücke, wenn möglich geschliffen, damit ich die Klingen nur noch mit der Feile fertigzuschärfen brauchte. Sie gingen damit ein großes Risiko ein. Würden sie dabei ertappt, so bedeutete das 30 Tage Kerker und Rückversetzung in das alte Zuchthaus. Ich wußte aber, daß ich sowohl auf ihre Verschwiegenheit als auch auf das Material rechnen konnte. Auch brauchten wir noch eine Kneifzange für den Zaun. Es war nicht das Problem, uns alles Nötige zu verschaffen und durch Attrappen aus Holz zu ersetzen, sondern das Material aus den Werkstätten hinauszuschmuggeln und in die Zellen zu bringen. Dann mußte man es noch so verstecken, daß es bei den vierzehntägigen Durchsuchungen nicht entdeckt werden konnte.

Alles wurde durch Freunde gelöst, die mit der Müllabfuhr beauftragt waren und denen es gelang, alles in unseren Block zu schaffen, indem sie dabei das ständige Herumlaufen bei ihrer Arbeit ausnutzten. In dreizehn Arbeitsnächten hatte ich die drei Dolche fertiggestellt und den Strick geflochten, während Pierre mit dem Schlüssel fast fertig war. Er brauchte jetzt einige Versuche, um die notwendigen Verbesserungen machen zu können. Ich fühlte, wie die Freiheit dank unseres perfekten Plans näherrückte. Es war Anfang Herbst, als es zur Katastrophe kam. In einem anderen Block hatten andere Gefangene gleichfalls ihren Ausbruch vorbereitet, allerdings auf eine ganz andere Weise. Einer von ihnen nannte sich Jean-Paul Mercier. Ein solider Kerl, der sich vor nichts fürchtete. Sollte er in der Zukunft zu meinem Freund und unzertrennlichem Risikogefährten werden? Zur Zeit kannten wir uns nur vom Hörensagen und wußten nicht, daß jeder von uns seine Flucht vorbereitete. Seine Vorkehrungen sollten jedoch meine vereiteln. Genauso wie ich hatte er sein Material in der Einfassung der Leuchtröhren seiner Zelle versteckt. Es passierte mitten in der Nacht: Drei Insassen des B-Blocks gelang es auszubrechen, nachdem sie ihre Fensterrahmen mit einer in der Werkstatt hergestellten Hebelwinde gesprengt hatten. Die Sicherheitsleute hatten nichts gesehen, und wir erfuhren davon am folgenden Morgen. Wir freuten uns sehr für sie, machten uns aber Sorgen über die Auswirkungen auf unser Projekt, da die Wärter wütend waren.

Der Direktor hatte eine Liste der Männer, die er eines Fluchtversuchs für fähig hielt. Er befahl, alles gründlich zu durchsuchen. Ungefähr dreißig Zellen wurden auseinandergenommen, und ich war keineswegs überrascht, als ich geholt wurde, um in den Kerker gebracht zu werden. Mein Blick traf den des Abteilungsoffiziers, und ich fragte ihn mit harmloser Stimme:

«Warum bringen Sie mich in den Kerker?»

Er geriet in eine so schreckliche Wut, daß ich glaubte, er würde gleich über mich herfallen. Grimmig sagte er zu mir:

«Du Schuft mit deinen Dolchen, um meine Leute zu töten, das sollst du mir büßen! Los, weg mit ihm, und bearbeitet ihn mir nur gut mit dem Gas!»

Ich konnte mich nicht bewegen, da ich an den Händen gefesselt war und die zehn Wärter, die mich begleiteten, nur auf einen Befehl warteten, um mich niederzuschlagen. Als wir im Kerker waren, mußte ich mich nackt ausziehen und wurde dann in eine kleine, fensterlose Zelle gebracht. Als einzige Möbel hatte der kleine Raum nur ein Bett aus Brettern und ein Klo. Sobald die Tür zu war, ging das

Guckloch auf, und ich konnte die Gasflasche zischen hören: Tränengas drang in meine Zelle ein. Zum Schutz hatte ich absolut nichts, so daß meine Augen bald wie Feuer brannten. Ich glaubte, ich würde ersticken. Tränen flossen mein Gesicht herunter. Von Wut besessen wußte ich doch, daß ich total außerstande war, mich aufzulehnen. Im Innern hatte ich einen einzigen Gedanken: «Das werde ich euch heimzahlen, ihr Schweinehunde!» Sie ließen mich mehr als eine Stunde in diesem Zustand. Es war ein Gefühl, als ob man mir den Kopf gegen die Wand geschlagen hätte; dieses Gas enthielt bestimmt noch einen anderen Stoff, den ich nicht kannte. Dann ging die Tür auf, man warf mir ein Hemd und eine Unterhose hin und ließ mich die ganze Nacht so, ohne Essen und ohne Decke, auf meinem Bett aus rauhem Holz liegen. Die ganze Nacht dachte ich nur an meine Freunde. Wenn man den Schlüssel nicht gefunden hatte, war noch nicht alles für sie verloren. Ich war Mann genug, um mich von den Ereignissen nicht entmutigen zu lassen.

Am Morgen brachte man mir Kaffee und Brot. Der Offizier teilte mir mit, ich würde vor das Gefängnisgericht geführt werden.

Um neun Uhr wurde ich zur Amtsstube geführt. Gut zwanzig Wärter waren schon da. Meine Füße waren gefesselt, und ich hatte Handschellen an, als man mich in den Saal führte. Der Direktor und die beiden Vize-Direktoren sahen mich rachgierig an. Vor ihnen auf dem Tisch lagen drei Dolche, der Strick und der Haken.

Der Direktor ergriff das Wort:

«Gehören Ihnen diese Todeswerkzeuge? ... So ist es! Sie bereiteten sich vor, meine Wärter zu töten! Das sollen Sie mir büßen, Mesrine, und zwar nicht zu knapp. Und jetzt will ich eine Antwort haben, verflucht noch mal! Wozu die Messer? Es sind drei ... Für wen waren die beiden anderen?»

Ich konnte nicht umhin zu lächeln, und ich antwortete:

«Wenn ich Ihnen sage, daß ich die Messer fürs Picknick und den Strick für meine Schaukel brauchte, dann glauben Sie mir ja doch nicht ... Also ziehe ich es vor, Ihnen zu sagen, daß Sie mich am Arsch ...»

Er platzte vor Wut und wäre fast erstickt.

«Was? ... Was haben Sie gesagt?»

«Daß du mich am Arsch ...»

Er schlug wild auf den Tisch, wußte aber nicht, was er noch sagen sollte und richtete sich an seine Vize-Direktoren:

«In die spezielle Strafeinheit ... dort gehört er hin! Das sollen Sie mir büßen, Mesrine. Zuerst bekommen Sie von mir 30 Tage Kerker mit strenger Diät, und seien Sie sicher, ich werde Sie beim Chef der SE bestens empfehlen!»

Ich hatte richtig gehört. Der Kerker war mir scheißegal, aber die spezielle Strafeinheit war die reine Hölle, und außerdem war es nach dem allgemeinen Gerücht unmöglich, von dort auszubrechen.

Dreißig Tage lang versuchte man es mit allen möglichen Provokationen. Ich durfte nur einmal am Tag und nur ein Minimum an Brot essen. Abends bekam ich nur eine Scheibe Brot. Ich schlief auf einem Brett mit nur einer Decke. Doch dieses mehr seelische als körperliche Leid, weit davon entfernt, mich zu entmutigen, machte mich noch aggressiver.

Ein anderer Gefangener war der Durchsuchung zum Opfer gefallen: ein Freund namens Edgar Roussel, der ebenfalls seine Flucht für sich allein vorbereitet hatte. Er war zur selben Diät wie ich verurteilt worden und wartete auch auf die SE.

Als die dreißig Tage zu Ende waren, war ich abgemagert und äußerst aggressiv. Dann wurden Edgar und ich gefesselt.

«Fährst du mit?»

«Klar, Franzose, und soviel ich weiß, fahren wir nicht gerade nach Miami Beach!»

«Es ist doch halb so schlimm, wenn nur wir zwei dafür büßen müssen.»

«Am komischsten scheint mir, daß sie geglaubt haben, wir würden den Coup zusammen vorbereiten ... Na, wir werden schon sehen!»

Wir sollten es bald sehen. Man ließ uns in einen Transportwagen einsteigen, und wir fuhren unter sicherstem Geleit zur Hölle.

Die spezielle Strafeinheit, USC* genannt, war eigens dazu aufgebaut worden, um die Hartgesottenen oder diejenigen, die als solche von der Strafverwaltung angesehen wurden, einzusperren. Vor allem wurden dort jedoch die Gewohnheitsverbrecher und die Fluchtspezialisten eingeschlossen. Architekten hatten sich mit dem Problem der absoluten Sicherheit beschäftigt, indem sie für diesen Bau

* Unité spéciale de correction

Elektronik und Eisenbeton benutzt hatten. Jedem humanitären Gefühl zum Trotz hatte man einen Tagesplan entwickelt, der darauf zielte, Menschen psychisch zu zerstören, und der dafür verantwortlich war, daß einige Jahre später Kanada die brutalsten Verbrecher haben würde, die das Land je gekannt hatte. Die zur Zerstörung bestimmte USC machte aus uns kriminelle Wildtiere, die, wenn sie schon vorher gefährlich waren, nach ihrem Praktikum in dieser Anstalt noch gefährlicher geworden waren. Da die klassische Fluchtmethode durch Gittersägen geschah, wurde beschlossen, dieses Risiko auszuschalten, indem man überhaupt keine Fenster eingebaut hatte. Daher wurde aus jeder Zelle ein Betonblock ohne irgendeine Stelle, die Tageslicht gab. Eine elektrisch gesteuerte Tür war die einzige Öffnung. An der Decke war eine 3 mal 2 Fuß hohe Einfassung aus gepanzertem und absolut unzerbrechlichem Glas, damit die bewaffneten Wärter die Gefangenen von oben überwachen konnten. Darüber hinaus war eine kleine gitterartige Falltür eingebaut, die es möglich machte, jeden Häftling, der sich irgendwie aufständisch zeigen würde, mit Gas zu betäuben. Das Licht mußte Tag und Nacht an sein, was für denjenigen, der unter solchen Bedingungen leben mußte, bedeutete, daß er weder die Nacht noch das Dämmerlicht sehen würde. Dieses ständige Licht wurde zur ständigen Plage. Einige konnten nicht mehr schlafen, während ihr Nervensystem jeden Tag gestörter wurde ... gestört bis zum Wahnsinn oder Selbstmord. Der lebensnotwendige Sauerstoff kam durch zwei Luftröhren. Es gab ein absolutes Kontrollsystem. Die durch Käfige aus gepanzertem Glas geschützten Wärter kamen nur sehr selten mit einem Häftling in Berührung, und geschah es doch einmal, so standen nie weniger als drei von ihnen einem einzigen Gefangenen gegenüber. Diese Hölle aus Beton wurde durch vier mit vollständiger Ausrüstung versehene Wachttürme eingerahmt, die jeden von einem Fluchtversuch abbringen sollten. Die Architekten versicherten der Föderalregierung, daß kein Mensch je aus einem solchen Gebäude entlaufen könnte.

Während meiner ganzen Fahrt in die USC hatte ich nur einen Gedanken im Kopf: «Ich werde nichts versuchen können.» Der Ruf dieser Einheit war nicht überschätzt. Dort wurde jedes Projekt im Keim zerstört, indem man den Menschen psychisch angriff. Besorgt sah ich zu, wie der Transportwagen vor dem riesigen Schild zwanzig Meter vor der Einfahrt stehenblieb: «Halt! Legitimieren Sie sich, sprechen Sie in die Gegensprechanlage. Keine Einfahrt ohne Erlaubnis!» Von der Kontrollstelle aus gab ein bewaffneter Mann das Zeichen zum Weiterfahren. Wir fuhren in einen kleinen Hof hinein. Das Gittertor ging hinter uns zu. Man befahl uns auszusteigen, während der bewaffnete Mann auf dem Wachtturm uns nicht aus den Augen ließ.

Unsere Ketten klirrten auf dem Asphaltboden. Der Chef, der mich begleitete, sagte mir mit grimmigem Lächeln:

«Hier werden Sie sich wohl fühlen, Mesrine ... Versuchen Sie doch noch einmal mit dem Messer zu spielen! Du wirst hier noch dein blaues Wunder erleben!»

Ich antwortete nicht auf diese Provokation, die nur dazu bestimmt war, mich gleich bei meiner Ankunft im Kerker verschwinden zu lassen. Ich hatte gerade dreißig Tage gehabt und hatte keine Lust, meinen hiesigen Aufenthalt genauso anzufangen.

Wir gingen in das Hauptgebäude, einen flachen Bungalow. Das ganze Zuchthaus war nach derselben Art gebaut. Nur das Verwaltungsgebäude hatte Fenster, während alle übrigen Gebäude nur aus glatten Wänden ohne Öffnungen, außer einer gepanzerten Tür für den Rundgang der Wärter, bestanden.

Wir wurden von Vauliers, dem verantwortlichen Sicherheitschef, empfangen. Zu Recht war dieser Typ als die größte Sau der Strafverwaltung bekannt. Körperlich konnte man sagen, war er ein stämmiger Mann in den Vierzigern, Judosportler mit schwarzem Gürtel und viertem Dan. Moralisch gesehen war er ein teuflisch Besessener: Sein Haß auf die Häftlinge war bei ihm eine tiefsitzende Gewohnheit. Seine Allmacht machte ihm alle Übergriffe möglich. So hatte er eines Tages einem Gefangenen zugerufen:

«Die USC ist ein Gefangenenfriedhof, und ich werde dafür sorgen, daß du hier krepierst!»

Der Mann war dann tatsächlich gestorben: Durch ständiges Schikanieren hatte Vauliers ihn zum Selbstmord getrieben.

Ich wußte außerdem, daß er geschworen hatte, mit allen Kräften zu quälen. Sobald er mich erblickte, starrte er mich an. Ich kannte seine Methode: Wenn ich ihn wiederum anstarrte, würde er einen Bericht über meinen «frechen Blick» erstatten. Ich starrte also die Wand an. Er ließ uns von unseren Ketten und Handschellen befreien. Dann wandte er sich an mich:

«Sie sind also Mesrine? ... Hier werden Sie keine Gelegenheit haben, Messer herzustellen, um meine Wärter zu überfallen. Ich warne Sie: Hier in der USC brechen wir sogar Stahl. Es gibt welche, die hier aufrecht mit ihrem großen Maul ankommen und uns sanft wie Lämmer wieder verlassen. Zunächst werden Sie zwei Monate lang in die Isolierzelle gesteckt, mit etwas Waschzeug, sonst nichts. Es herrscht strengstes Sprechverbot, außer während des Spaziergangs. Außerdem ist es bei der für Handel üblichen Strafe verboten, einem anderen Häftling auch nur eine Zigarette anzubieten. Weiter ist es verboten, nachts sein Gesicht unter dem Bettuch zu verstekken, da das Licht ja weiterbrennt, damit wir euch sehen können. Sie dürfen schreiben und Ihren Anwalt empfangen. Tanzen Sie jedoch nur etwas aus der Reihe, dann werde ich dafür sorgen, daß Sie bereuen, Frankreich je verlassen zu haben. Haben Sie mich verstanden?»

«Jawohl, Sir ... Ich habe sogar allzu gut verstanden!»

«Was meinen Sie damit?»

«Ich meine, daß es Ihnen, wenn Sie dazu imstande sind, Stahl zu brechen, bestimmt noch leichter fällt, bestimmte Menschen zu brechen.»

«Nicht bestimmte Menschen, Mesrine – alle!»

Er nahm mein Lächeln wahr und stieß rachgierig aus:

«Von hier bricht keiner aus, dafür sorge ich schon. Und wer es versucht, wird es bis zu seinem letzten Tag bereuen!»

Dann sagte er zum Wärter:

«Bringen Sie ihn in Zelle 10, Block 1!»

Um dorthin zu gelangen, mußte ich durch drei elektrisch gesteuerte Gitter. Kein einziger Wächter war in den Gängen zu sehen. Alle waren durch unzerbrechliche Glasscheiben geschützt, außer in dem Hauptkontrollposten, wo ich durch ein Metallspürgerät ging. Das erste Mal von 1800 während meiner zehn Haftmonate in der USC.

Als ich in meiner Zelle war, verstand ich, warum jeder Versuch unmöglich war. Hier war man wie lebendig eingemauert. Der Raum war klein, aber sehr sauber. Zwei durch die Gitter geschützte Neonröhren gaben ein starkes Licht, das ich jetzt Tag und Nacht würde ertragen müssen.

Nichts außer Wänden, die ich stunden-, tage- und monatelang würde betrachten können. Ich wunderte mich nicht mehr darüber, daß einige dabei den Kopf verlieren und lieber verrecken, als in dieser verrückten Umgebung zu überleben. Dagegen war das Essen außergewöhnlich gut. In diesem Block waren zwölf Gefangene, unter denen ich fünf Freunde hatte. An der metallenen Tür meiner Zelle war eine kleine Glasscheibe angebracht, damit der Wärter mich beobachten konnte. Ich konnte aber auch den mir gegenüber eingeschlossenen Häftling sehen. Es war Edgar Roussel. Wir konnten nicht sprechen, da überall Mikrofone, die alle verdächtigen Geräusche kontrollierten, angebracht waren. Ich hatte etwas zum Schreiben. Mit großen Buchstaben schrieb ich also für Roussel: SCHEISSLOKAL! Er stimmte mir mit einer Geste zu und kam auch gleich mit einer Botschaft: MORGEN ... SPAZIERGANG!

Ich gab ihm zu verstehen, alles sei okay. Diese wenigen Worte zwischen uns hatten zwar keine Bedeutung, waren aber wie ein Trotz gegen unsere Isolierung.

Die Nacht verlief normal, nur konnte ich wegen des Lichts nicht einschlafen. Ich fühlte mich ständig belauert. Am Morgen durfte einer nach dem anderen zur Dusche. Dann kam der so heiß ersehnte Spaziergang. Wir durften nur zu dritt in einem kleinen Hof hin- und hergehen. Roussel traf ich zufällig dort wieder zusammen mit einem anderen netten Jungen, Pierre Lompre, der bei seiner letzten Flucht aus einem Krankenhaus von einem Polizisten aus nächster Nähe schwer verletzt worden war, obwohl dieser wußte, daß Pierre keine Waffe bei sich hatte. Wir waren also unter korrekten Kerlen und konnten folglich ganz frei sprechen.

«Glaubst du, es gibt auch Mikrofone im Hof?»

«Bei solchen Hunden ist alles möglich. Sprechen wir also besser leise!»

Beim Weitergehen sagte mir Roussel:

«Diesmal ist wirklich nichts zu machen. Hast du diese Sicherheitsvorkehrungen gesehen?»

«Ja, im Augenblick ist es unmöglich. Warten wir, bis die zwei Beobachtungsmonate vorbei sind! Dann stecken sie uns in Block 2. Dort ist es möglich, vier Stunden pro Tag in einer Werkstatt zu arbeiten. Es gibt zwei Werkstätten: eine für Holz und eine für Metall. Und Werkstatt heißt Material. Warten wir nur ... Vor allem müssen wir Geduld haben. Wenn es irgendwo eine Lücke gibt, so finden wir sie, im Augenblick aber sprechen wir lieber von etwas anderem! Es ist unnütz, ins Blaue hineinzureden, okay, Freunde?»

«Okay», antworteten meine beiden Freunde.

Die zwei Monate gingen vorbei. Ich war ganz im Bilde über die

Wächter, die unter den schlimmsten Schweinen der ganzen Strafverwaltung ausgesucht worden waren. Diese gefühllosen, schikanierwütigen Kerle hatten alle Rechte über uns. Ständig wurde mit dem einzigen Zweck provoziert, einen zur Erwiderung zu treiben. Derjenige, der in die Falle ging und dessen Nerven versagten, war anschließend furchtbaren Repressalien ausgesetzt. Er wurde mit Gas betäubt und durfte dann mit auf dem Rücken gefesselten Händen einige Knüttelhiebe auf die besonders empfindlichen Stellen genießen. Ein englischer Kanadier, der Vauliers bloß geantwortet hatte, kam im jämmerlichen Zustand aus dem Kerker zurück, sein ganzes Gesicht war vom Gas verbrannt und sein Körper schmerzte von den Schlägen, die er bekommen hatte. Er war körperlich und seelisch gebrochen. Ich war zwar angewidert, aber ich hielt das Maul, da ich keine andere Wahl hatte.

Vauliers hatte mich mehrmals provoziert, niemals aber war ich auf seine Schliche hereingefallen. Er war wütend, da meine ganzen Antworten sich auf ein «Ja, Sir!» beschränkten. Dabei dachte ich: «Zum Teufel mit dir, du Arschficker, wenn ich nur eine Gelegenheit habe, wirst du für unser ganzes Leid schwer bluten!»

Mir wurde beinahe täglich eine Durchsuchung beschert. Dabei mußte ich mich nackt ausziehen, obwohl es in meiner Zelle überhaupt nichts gab, sogar das Besteck war aus Plastik. Die Durchsuchungen hatten also nur einen Zweck: uns zu erniedrigen und uns klarzumachen, daß wir nichts mehr seien.

Eines Tages ging ein Gerücht durch die ganze USC. Gerade waren welche aus dem Sainte-Anne-des-Plaines-Zuchthaus ausgebrochen. Meinen drei Freunden Pierre Vincent, Coco Mercier und René Gingras war das Projekt gelungen, das wir zusammen ausgeheckt hatten. Der Schlüssel hatte gepaßt. Ich war stolz und glücklich, da ich meinen Teil zu diesem Erfolg beigetragen hatte. Wären die Messer drei Monate früher in meiner Zelle nicht entdeckt worden, wäre ich wieder frei gewesen. Ich hoffte nur, ihre Freiheit würde lange dauern. Alle drei waren Spezialisten des bewaffneten Überfalls und auf diesem Gebiet bewährte Leute.

In den Zeitungen wurde der Direktor sowie die Sicherheitsvorrichtungen von Sainte-Anne-des-Plaines verhöhnt, was zu meiner größten persönlichen Zufriedenheit geschah. Der Erfolg meiner Freunde war so etwas wie meine Rache für die 30 Tage Kerker, die mir dort aufgebrummt worden waren.

Unsere Isolierprobezeit ging zu Ende. Man überwies uns in Block 2. Auf der Sicherheitsebene waren die Haftbedingungen dieselben, nur die Regelung war eine andere. Spazieren ging man auf einem großen Hof, dessen Boden fast ganz mit Gras bedeckt war. Auf diesem Gelände diente eine Stelle aus gestampfter Erde als Tennisplatz. Gespielt wurde mit Holzpritschen, die in der Tischlerwerkstatt hergestellt wurden. Diese Einzelheit sollte zu einem der grundlegenden Elemente unserer Flucht werden.

Der viereckige Hof war 180 mal 180 Fuß groß. Die Seite, an der wir aus unseren Zellen kamen, bestand aus einer Betonmauer mit einer einzigen, elektrisch gesteuerten Tür. Die drei anderen Seiten waren durch zwei hohe Drahtgitterzäune mit Stacheldraht darüber geschlossen. Zwischen den beiden Zäunen war ein Abstand von zehn Fuß, der auch mit Stacheldraht besetzt war. An der linken und rechten Ecke stand ein Wachturm mit einem bewaffneten Posten, während bewaffnete Männer mit einem Hund auf der anderen Seite patrouillierten. Ich betrachtete diese beiden Zäune, die das einzige Hindernis auf dem Weg zu meiner Freiheit waren. Die bewaffneten Wärter machten jede Flucht unmöglich. Außerdem war in unserem Hof sechs Fuß vom ersten Zaun entfernt eine weiße Linie gezogen. Es war ausdrücklich verboten, über diese Linie zu gehen, da sonst die Wärter sofort schießen würden. Also unmöglich auszubrechen? ... Da war ich nicht ganz sicher. Menschen können sich vergessen und nehmen Gewohnheiten an ... Es gab vielleicht doch eine Möglichkeit, wenn man dazu bereit war, sein Leben aufs Spiel zu setzen.

In unserem Ausgangshof hatte ich zwei nette, aufrichtige und gefährliche Kerle kennengelernt: André Fillion, der beschuldigt wurde, einen Häftling und Spitzel der Verwaltung getötet zu haben (ich sagte schon, wie man diesen mit einem ins linke Auge bis zum Gehirn eingestoßenen Schraubenzieher gefunden hatte), und Roger Poirier, der zu lebenslänglich verurteilt worden war, weil er aus persönlichen Gründen einen Häftling mit gut zehn Messerstichen getötet hatte. Es war zwischen uns wie im Familienkreis, und man konnte sprechen, ohne Gefahr zu laufen, daß einer von uns etwas ausplaudern würde. Mein Freund Albert Thibault gehörte auch zu unserer Gruppe. Unsere Unterhaltungen beschäftigten sich mit einem einzigen Ziel, und zwar die Lücke, den Fehler zu finden. Am schwierigsten war es vor allem, Material ausfindig zu machen. Da wir nachts nicht aus den Zellen hinausgehen konnten, blieb nur ein Coup übrig, den man am Tag durchzuführen versuchte. Von der Unmöglichkeit eines solchen Projekts waren wir aber überzeugt. Dann konzentrierten wir uns auf das körperliche Training und blieben durch ständiges Turnen in prächtiger Form.

Der Winter kam. Wir gingen immer noch unsere Kreise im Hof, als die schlechten Nachrichten aufeinanderfolgten. Jean-Paul Mercier war wieder festgenommen worden. Drei Tage später waren Pierre Vincent und Coco Mercier an der Reihe ... Zum Schluß ging auch mein Freund René Gingras denselben Weg. All diejenigen, die aus Saint-Anne-des-Plaines entlaufen waren, waren also wieder festgenommen und bereit, zur USC abgeführt zu werden. Ich war sicher, sie nach der obligatorischen Probezeit in Block 1 wiederzusehen.

Manchmal konnte ich zuhören, wie einer losbrüllte, daß er es hier nicht mehr aushalten konnte. Mit der Wut des Verzweifelten schlug er gegen seine Zellentür. Schnell wurde es aber wieder still, da Vauliers mit ungefähr zehn seiner Wärter ankam, sie betäubten den Typ mit Gas und brachten ihn mit Gewalt in den Kerker. Je mehr Zeit verging, desto stärker haßte ich diesen Schurken, der mir seinerseits nichts schuldig blieb. Er tat alles, um mich zu provozieren und mich aufs Glatteis zu führen, aber ich spielte niemals mit. Ich war mustergültig höflich, was ihn noch wütender machte.

Seit einiger Zeit arbeitete ich in der Tischlerwerkstatt. Ich verließ meine Zelle erst, nachdem ich durchsucht worden war. Ich ging durch zwei Gittertüren hindurch und durch die Kontrolle des Metallspürgerätes. Dann ging ich noch einmal durch zwei Gittertüren und kam vor der Werkstattür an. Ich wurde dann noch einmal durchsucht, bevor ich hineingehen durfte. Die beiden Werkstätten für Holz und Metall grenzten aneinander. In jeder arbeiteten sieben Gefangene unter bewaffneter Überwachung. Zwei durch ein Gitter geschützte Wärter mit dem Revolver an einer Seite, Gasgranate und -maske an der anderen, beobachteten uns ständig. Sie lauerten auf all unsere Gesten und Unterhaltungen. Wir waren erst dann beruhigt, wenn die Maschinen in Gang gesetzt worden waren. Ein einziges Projekt schloß uns zusammen: die Flucht, und das um jeden Preis. Je mehr die Zeit aber verging, desto unmöglicher schien uns jeder Versuch; allzu viele Probleme waren nicht zu überwinden, und die einzige Lösung war, etwas am Tag während des Spazierganges zu versuchen, aber was eigentlich? Die Kontrolle, unter der wir standen, war so streng, daß wir nicht einmal eine Nadel aus der Werkstatt hätten hinausschaffen können. Wir waren außerstande, eine Lösung zu finden, und dieser Mangel machte uns wütend. Der Mut zur Tat ist nichts ohne ein gültiges Projekt.

Um den 20. Februar 1972 kamen meine ganzen Freunde zu uns in Block 2. Der Winter war streng. Der Schnee lag mehr als einen Meter hoch. Jean-Paul Mercier und ich wurden gleich unzertrennliche Freunde. Wir hatten beide dieselbe Weltanschauung. Ich wußte, daß er dazu fähig war, bis zur Grenze des Unglaublichen zu gehen. Ich wußte, daß er bereit war, das Unmögliche zu riskieren. Er arbeitete zusammen mit Pierre in der Metallwerkstatt. Ein Wärter hatte als einziger Besitzer des Schlüssels zum Werkzeuglager die Kontrolle über das Material, und dasselbe galt bei mir in der Tischlerwerkstatt. Der Winter war streng, aber mit dem Frühling kam mit der Schneeschmelze auch die Hoffnung wieder.

Während eines Spazierganges nahm ich Jean-Paul beiseite:

«Hör mal, mein Junge, wir müssen unbedingt etwas finden, und wenn es unsere Haut kosten sollte. Wir müssen das Mittel finden, über diese verdammten Zäune zu kommen!»

«Du meinst während des Spazierganges?»

«Jawohl, am hellen Tag.»

«Das ist doch Selbstmord!»

«Hier verrecken wir auch, was ist also der Unterschied?»

«Nichts, da hast du recht. Einverstanden, Jacques! Also setzen wir einen bestimmten Termin fest, sonst werden wir bald vor lauter Überlegungen verrückt.»

«Entweder wir kommen vor dem Herbst hier raus, oder wir vergessen das Ganze, okay?»

«Okay.»

Ich schaute ihn lächelnd an und reichte ihm die Hand, um unser Versprechen zu bekräftigen.

«Draußen oder tot, und wenn wir uns dabei das Maul im Stacheldraht zerfleischen sollten.»

Wir sollten unser Versprechen halten.

Wir hatten bemerkt, daß einige Wächter auf den Wachttürmen während unseres Spazierganges vor sich hindösten; besonders am Montagmorgen. Mehrere Wochen lang erforschten wir diese menschliche Schwäche, um der Unachtsamkeit dieser Männer, die mit unserer Überwachung beauftragt wurden, auf die Schliche zu kommen. Ich hatte wiederholt einen Tennisball bis in die Nähe des Zaunes geworfen und war dann über die weiße Linie getreten, ohne daß irgendeine Reaktion von den Wachttürmen gekommen wäre. Da war die Lücke, jetzt lag es an uns, sie auszunutzen. Wir hatten uns die Namen von fünf Wärtern gemerkt. Jean-Paul war total aufgedreht:

«Stell dir mal vor, Jacques, wenn zwei von diesen fünf an einem Montagmorgen auf den Wachttürmen wären ... oder wie siehst du die Sache?»

«Wir brauchen Material, um die Zäune zu zerschneiden. Du bist in der Metallwerkstatt, du mußt also eine Lösung finden. Meinst du, du kannst dreikantige Feilen umtauschen? Wenn ja, mach, daß du Eisenspäne kriegst, und ich kann dir versichern, daß die falschen Feilen, die ich damit herstelle, wie echt aussehen. Vergiß nicht, daß ich einmal Modellmacher gewesen bin ... Es kann einem schon nützen, anständig gewesen zu sein», sagte ich mit einem breiten Grinsen.

«Ja, und wie schaffen wir sie aus der Werkstatt? Das ist das Unmögliche, das kriegt keiner von uns beiden fertig.»

«Es wird sie ja auch keiner von uns beiden hinausbringen, sondern Vauliers selbst.»

«Das ist wohl ein Scherz,oder? ... Er ist der Sicherheitschef!»

«Eben, er wird nie auf die Idee kommen, was ich mit ihm vorhabe. Hör zu, das ist meine Idee: Wir stellen doch die Holzpritschen für das Tennisspiel her. Es genügt, mehrere davon kaputtzuschlagen und ein Gesuch um neue einzureichen. Ich werde sie herstellen und die Feilen in die Stiele stecken. Da der Werkstattmeister die Pritschen Vauliers gibt, bringt sie uns dieser selbst bis in den Ausgangshof. Es ist allerdings alles vorbei, sobald er sie durch das Spürgerät läßt, aber ich bin sicher, er tut das nicht ... Wie sollte er auch an so was denken?»

Jean-Paul bog sich vor Lachen.

«Mensch, das ist ja wohl das Größte ... Eine Flucht mit dem Sicherheitschef als Komplicen! Okay, Jacques, ich will alles für die Feilen tun.»

Allmählich nahm unser Projekt Form an. Ich hatte unsere ganzen Freunde davon in Kenntnis gesetzt, da wir die völlige Mitarbeit beider Werkstätten brauchten, um die Anfangsphase unserer Operation erfolgreich durchführen zu können. Alles lief wie geplant.

Am 21. August 1972 gingen wir in den Hof hinaus. Meine Freunde stellten sich so, daß sie sehen konnten, ob die Wächter uns bemerkten. Jede ihrer scheinbar natürlichen Bewegungen gehörte in Wirklichkeit zu einem Kode und hatte eine besondere Bedeutung für mich. Ein Wärter stand rechts von uns außerhalb der Zäune, seinen Hund bei Fuß. Er war mit einem Kaliber 12-Repitiergewehr mit Rehschrotmunition bewaffnet. Zur Zeit unterhielt er sich mit einem Wärter auf dem rechten Wachtturm, der uns folglich den Rücken kehrte. Der Wächter auf dem linken Wachturm döste. Ich hatte mein Schachbrett auf die Walze gestellt, die zum Ebnen des Tennisplatzes benutzt wurde. Das hatte ich regelmäßig seit einem Monat getan, damit die Wärter sich daran gewöhnten, uns an dieser Stelle spielen zu sehen. Zwei meiner Freunde standen mir gegenüber, und Jean-Paul kauerte hinter ihnen. Wir standen an der Mauer, nur 50 Fuß vom linken Zaun entfernt. Lafleur hatte sich auf dem Sandhaufen, gegenüber vom linken Wachtturm, gesetzt und tat so, als ob er lesen würde. Ein anderer Freund machte Leibesübungen in der Höhe des rechten Wachtturmes, so daß seine Bewegungen im Falle der Gefahr zu chiffrierten Zeichen werden konnten. Ich schaute mich im ganzen Hof um – alles in Ordnung.

«Jetzt los, mein Junge!»

Jean-Paul war gewandt über die weiße Linie gegangen und hatte sich auf dem Boden mit dem Gesicht zum Zaun flachgedrückt. Dann bewegte er sich überhaupt nicht mehr. Keine Reaktion kam von den Wachttürmen ... Der mit dem Hund unterhielt sich weiter. Jean-Paul sollte nur auf meinen Befehl mit dem Zerschneiden anfangen: Er war meine Hände, ich war seine Augen. Der geringste Fehler bedeutete unser Scheitern.

«Los, zerschneiden!»

Mit der dreikantigen Feile zerschnitt er eine Masche nach der anderen von unten nach oben. Zehn Minuten später war die Lücke breit genug, um einen Mann durchzulassen. Ich sah, wie er in den Stacheldraht zwischen den beiden Zäunen eindrang. Würde er nur von einem einzigen Wärter entdeckt, so war er tot; er konnte sicher sein, auf der Stelle erschossen zu werden. Kaltblütig setzte er jedoch seine Arbeit fort. In dem Augenblick, in dem er mit dem zweiten Zaun anfangen wollte, hörte ich den Patrouillenwagen heranfahren.

«Nicht rühren ... um Gottes willen nicht rühren!»

Der Wagen fuhr auf der Straße vorbei, die von außen den ganzen Hof umschloß. Jean-Paul sah die Reifen weniger als vier Fuß von seinem Gesicht entfernt. Der Wagen fuhr weiter und hielt dann vor dem linken Wachtturm. Wenn wir Pech hatten, ging ein Wärter mit Hund zu dem Wagen hinaus. Würde das passieren, so waren wir verloren. Der auf dem Wachtturm beugte sich vor, um den Fahrer zu grüßen. Eine teuflische Strapaze für unsere Nerven – so kurz vor dem Ziel! Als der Wagen wegfuhr, wartete ich einen Augenblick, bevor ich Jean-Paul zurief:

«Okay, mein Junge, mach weiter!»

Er machte sich wieder mit allergrößter Ruhe an seine Arbeit. Dann sah ich, wie er nach außen kroch: Ihm war es also gelungen, auf die andere Seite zu gelangen.

Dicht an den Zaun gelehnt, rief er mir zu:

«Los, Franzose, du bist an der Reihe!»

Meine Freunde machten ein Ablenkungsmanöver, und ich kroch durch die beiden Öffnungen. Ich dachte nur an eins: Gleich würde ich frei sein. Wir waren uns mit unseren Freunden einig, immer paarweise auszubrechen, wobei wir beide gebührendermaßen als erste wegdurften ... Wir hatten das ganze Risiko auf uns genommen, das nicht gering war, da wir, falls man uns entdecken würde, von den rachsüchtigen Wärtern wie Hunde niedergeschossen würden. Wenigstens wäre es der Tod eines freien Menschen, eines Menschen, der seine Wahl getroffen hat. Ich empfand keine Angst, nur eine große Entschlossenheit.

Bald lag ich neben Jean-Paul. Unsere Hände trafen sich und bekräftigten eine Freundschaft, die sich niemals untreu wurde, bis er drei Jahre später starb, als er von der Montrealer Polizei niedergeschossen wurde.

Jetzt mußten wir über die Straße, gegen deren helle Farbe unsere Monturen grell abstechen konnten. Ich gab das Zeichen zu einem weiteren Ablenkungsmanöver. Ich erblickte meine immer noch gefangenen Freunde, diejenigen, die an unser Projekt geglaubt und diejenigen, die an ihm gezweifelt hatten. Ich nahm mir vor, sie nicht zu vergessen und mein Versprechen zu halten, dieses Zuchthaus zu überfallen, um zu versuchen, sie alle zu befreien.

Indem wir uns schnell hinüberwälzten, gelang es uns, den Graben zu erreichen. Das Gras war hoch, und wir waren kaum von dem Grün zu unterscheiden. Wir begannen zu kriechen, indem wir dem Wachtturm den Rücken zukehrten. Ich erblickte den dritten Wachtturm, der einen Winkel mit dem Eingang bildete. Ich konnte mir bei der Vorstellung, was Vauliers für ein Gesicht machen würde, ein Lächeln nicht verkneifen. Wir mußten mehr als 300 Fuß weit kriechen, bis wir ein Wäldchen erreichten, in dem wir endlich wieder aufstehen konnte, ohne gesehen zu werden. Jean-Paul gab mir einen freundschaftlichen Klaps:

«Wir haben es geschafft, Franzose ... Kannst du dir's vorstellen, wir sind frei!»

«Los, beeilen wir uns, Alter ... Wir brauchen einen Wagen!»

Durch das Gesträuch konnte ich das Zuchthaus sehen. Diese menschenfressende Anstalt hatte mich nicht kleingekriegt. Die Männer gingen in dem Hof herum, als wäre nichts geschehen. Alles war ruhig. In einigen Minuten würden noch zwei weitere durchgehen; Lafleur, Pierre Vincent ... dann Imbeau und Ouillet sowie die anderen, wenn sie konnten.

Wir begannen zu laufen. Die Bäume schützten uns bis zur Autobahn, die wir überquerten, um in einen kleinen Wald zu gelangen. Dort war ein Bach, den wir auch überquerten. Wir hatten schon seit mehr als fünfzehn Minuten das Zuchthaus verlassen und waren trotzdem immer noch im gefährlichen Sektor. Als wir aus dem Wald wollten, hörten wir einen Hubschrauber. Wir warfen uns auf den Boden.

«Scheiße, es ist schon Alarm geschlagen worden!» sagte ich.

«Nein, guck mal! Er fliegt über die Autobahn, es ist ein Hubschrauber von der Verkehrswacht. Verdammt, hat der uns erschrocken!»

Tatsächlich flog der Hubschrauber weg.

In der Ferne arbeiteten Bauern auf den Feldern. Wir grüßten sie mit der Hand, und sie grüßten uns ganz natürlich zurück. Dann kamen wir an eine Kreuzung. Gerade fuhr ein Wagen mit zwei Männern etwas langsamer heran, um abzubiegen. Ich stürzte mich auf die hintere Tür und drang zur großen Verwunderung der beiden in den Wagen ein. Jean-Paul hatte dasselbe auf der anderen Seite getan.

Der Fahrer wollte protestieren:

«Aber bitte, was soll denn das?»

Die Antwort war trocken und drohend:

«Halt's Maul! ... Wir sind gerade aus der USC ausgebrochen. Entweder machst du, was ich dir sage, oder du bist tot ... Du hast die Wahl.»

Das bloße Wort USC bedeutete für alle Leute dieser Gegend soviel wie «Killer». Der Fahrer war erschrocken. Ich beeilte mich, ihn zu beruhigen:

«Du brauchst uns nur nach Montreal zu bringen, sonst nichts.»

Sein Freund, der viel ruhiger geblieben war, gab ihm zu verstehen, daß es wohl das beste sei, meinen Befehlen zu folgen. Wir fuhren also auf die Autobahn. Ich hatte den Mitfahrer gezwungen, den Handschuhkasten aufzumachen, um nachzuprüfen, ob keine Waffe darin sei. Jean-Paul hatte ihn durchsucht und seine Taschen ausgeleert. Der Typ sagte kein Wort, die Situation schien ihn zu amüsieren. Ich sagte humorvoll zu ihm:

«Ich pumpe mir mal einige Dollars von dir zum Telefonieren, laß es dir von der USC zurückzahlen! Ich möchte nicht für einen Dieb gehalten werden.»

Dann gab ich ihm das übrige Geld zurück.

Montreal war sehr nah. Alarm war sicher schon geschlagen worden. Wir mußten noch über eine Brücke und befürchteten, daß sie vielleicht schon von der Polizei gesperrt war.

«Bleib hier stehen!»

«Aber ...»

«Ich habe gesagt: Bleib hier stehen!»

Er hielt.

«Ihr steigt aus, du und dein Freund ... Vielleicht wird es gleich brenzlig. Wir fahren ohne euch weiter, es sei denn, daß ihr Lust habt, eine Kugel in den Bauch zu bekommen, falls die Polizei uns an der Brücke erwartet.»

Sein Freund riet ihm, alles zu tun, was wir sagten. Körperlich war weder der eine noch der andere kräftig genug, um uns die Stirn zu bieten.

Jean-Paul nahm schnell das Lenkrad. Wir fuhren los und ließen die beiden am Straßenrand stehen. An der Brücke war keine Sperre. Als wir in der Stadt waren, stürzte ich mich in eine Telefonzelle und rief Lizon an.

«Hallo, Lizon? Hier spricht ein Freund von Pierre ... Wir haben's geschafft ... Hol uns bitte schnell.»

Ich sagte ihr, wo wir waren. Kein Wort mehr.

«In fünfzehn Minuten bin ich da!»

Jean-Paul ließ den Wagen auf einem Parkplatz stehen und kam zu mir zurück. Wir hatten unsere Hemden ausgezogen, so daß man uns mit unseren Unterhemden und den mit Erde verdreckten Hosen leicht für Bauarbeiter und nicht für Ausbrecher hielt. Dann warteten wir auf Lizon.

Wir gingen in ein kleines Restaurant und bestellten mit der größten Ruhe der Welt unseren ersten Kaffee als freie Menschen. Die junge Frau hinter der Theke hatte leise ein Transistorradio laufen. Wir hatten die USC vor 45 Minuten verlassen. Aus dem Transistor kam die Meldung:

«Achtung! Achtung! Die Polizei meldet: Aus der USC sind eben sechs gefährliche Verbrecher entlaufen ... Diese Männer sind äußerst gefährlich und vielleicht sogar bewaffnet. Versuchen Sie nicht, sie zu stellen, wenn Sie sie erkennen, sondern setzen Sie sich mit dem Zentralrevier in Laval in Verbindung ... Wir wiederholen: Diese Männer sind gefährlich. Weitere Nachrichten, sobald Weiteres vorliegt!»

Dann war wieder Musik zu hören.

Jean-Paul schaute mich so an, als ob er sagen wollte: «Sechs auf einmal ... das ist nicht schlecht, nicht wahr, Franzose?» Ich lächelte.

Die Kleine hinter der Theke, die sich mit ihrer Freundin unterhielt, sagte nachdenklich:

«Wahrscheinlich sind sie schon weit weg ... Hoffentlich werden sie nicht wieder geschnappt!»

Ich hätte Lust gehabt, ihr zu sagen, daß wir uns niemals so nah gewesen waren, um ihr für ihren Wunsch zu danken, tat aber so, als ob mich die Meldung gar nicht interessiert hatte.

Auf der Uhr im Restaurant waren die fünfzehn Minuten verstrichen. Ich ging als erster hinaus und erkannte sie sofort dank Pierres Beschreibung. Ich nickte mit dem Kopf, sie nickte zurück und ging zu einem Wagen. Ich stieg vorn und Jean-Paul hinten ein.

«Tag, Männer!» sagte sie zu uns. «Und wo ist Pierrot?»

«Er ist unterwegs ... Wenn alles klappt, ist er bald wieder bei uns!»

«Alles Notwendige findet ihr in der Reisetasche!»

Die beiden «38er Spezial» und der USMI-Karabiner mit abgesägtem Kolben und den drei 25 Kugel-Ladern kamen uns gerade recht. Sie hatte auch mehrere farbige Hemden dabei. Jeder von uns zog eins an. Ich schaute Jean-Paul zufrieden an:

«Jetzt, mein Junge, sind wir wirklich frei!»

Lizon brachte uns zu einem ersten Versteck. Dort wartete Bernard, der Bruder eines meiner Freunde, auf uns.

Im Rundfunk wurde gerade durchgegeben, daß einer von den Entlaufenen bei einer Polizeisperre wieder festgenommen worden war.

Sie gaben den Namen an – es handelte sich um Pierre Vincent. Lizon weinte ein wenig, aber sie wußte, daß so etwas dazugehörte. Pierre war keiner, der lange eingesperrt bleiben würde. Er würde noch einmal abhauen.

Bernard gab uns Perücken, Kleider und falsche Brillen und teilte uns mit, daß wir gleich das Versteck wechseln wollten, daß das erste nur als Zwischenstation gedacht war. Wir ließen uns also mitten im Zentrum von Montreal nieder. Es war eine kleine Wohnung im ersten Stock, mit bestem Ausblick auf die Straße. Dort war alles vorhanden: Lebensmittel, Getränke, Radio, Fernsehapparat und vor allem ein Kurzwellenempfänger, um die Meldungen der Polizeistreifenwagen abzuhören. Außerdem Waffen und Gasmasken.

Ich legte Lizon den Arm um die Schulter:

«Danke, Mädchen, du und Bernard habt ganze Arbeit geleistet. Alles ist perfekt! Und nun will ich euch was sagen: Wir beide wollen hier keinen außer euch beiden sehen. Ihr sollt als Kontaktpersonen zu unseren Freunden fungieren, aber paßt gut auf, denn unsere Haut ist wertvoll ... Keiner kann euch in Zusammenhang mit uns bringen, da wir uns bis zu diesem Tag nicht kannten ... Jedesmal aber, wenn einer von euch uns besuchen will, muß er äußerst vorsichtig sein. Ich habe Vertrauen zu euch beiden. Wir werden jetzt eine Menge Arbeit haben, und die geringste Unvorsichtigkeit kann uns das Leben und, was noch schlimmer ist, die Freiheit kosten.»

«Auf uns kannst du dich verlassen, Jacques!» sagte Bernard zu mir.

Jean-Paul, der ein Glas in der Hand hielt, schaute aus dem Fenster.

«He, Franzose, guck mal, was für ein Haus uns da gegenübersteht!»

Es war eine große Bank, die wir später zweimal in drei Tagen überfallen sollten ... Ich antwortete:

«Damit wollen wir uns vielleicht später einmal befassen, mein Junge. Zur Zeit müssen wir erst einmal einige Tage im Haus bleiben, ohne hinauszugehen ... Hör nur, wie sie sich anstrengen!»

Durch die ganze Stadt heulten die Sirenen der Polizeiwagen. Sie wollten der Bevölkerung zeigen, daß sie den fünf übrigen Entlaufenen auf den Fersen blieben. Jean-Paul schaltete den Kurzwellenempfänger ein. Die sich überschneidenden Durchsagen ließen uns fröhlich lächeln: Überall wurden wir gleichzeitig gesehen.

Bernard beschloß wegzugehen. Lizon blieb für den Fall, daß wir sie noch brauchten. Am Abend veranstalteten wir zu dritt eine kleine Fete, um unseren Sieg zu begießen. Lizon war jeder Verpflichtung Pierre gegenüber frei; sie war nicht seine Frau, sondern nur eine Freundin. Am selben Abend wurde sie Jean-Pauls Geliebte ... Ich war froh für ihn: Er hätte keine bessere finden können.

Ich hingegen blieb lange Zeit mit den Händen hinter dem Kopf und meinen Waffen neben mir liegen und dachte nur an Janou. Gewiß freute sie sich über meinen Erfolg, aber jetzt würde für sie die Qual des Wartens beginnen. Bei jeder Schießerei würde sie an mich denken und hoffen: «Hoffentlich ist er nicht verwundet.» Ich beabsichtigte, sie zu befreien, wollte ihr aber die Wahl überlassen. Ihr blieben eigentlich nur noch einige Monate abzusitzen, so daß die Flucht eine schlechte Lösung sein konnte.

Am folgenden Morgen schlug mir Jean-Paul vor:

«Wenn du willst, läßt Lizon eine Freundin für dich kommen ... eine sichere!»

«Nein, mein Junge! Zuerst kommt die Arbeit. Vergiß nicht, daß wir in vierzehn Tagen eine Verabredung im Zuchthaus haben! Ich will keinen Menschen hier sehen ...»

Und lächelnd fügte ich hinzu:

«Ich kann schon vierzehn Tage ohne Frau bleiben! Die kommen sowieso nur noch zu den drei Abstinenzjahren dazu ... Das soll euch aber nicht daran hindern, Kinder, eurem Vergnügen weiter nachzugehen», sagte ich, indem ich Lizons Haar mit der Hand zerzauste, als sie gerade zu uns gekommen war.

Ich sah sie an und sagte:

«Du hast es gut getroffen, Mädchen! Er ist ein Mann, ein echter!»

Sie blickte ihn verliebt an und sagte zu mir:

«Ich weiß es, Jacques ... ein echter Mann!»

Die Morgenzeitungen berichteten nur über die «unmögliche Flucht». «Gute Arbeit», schrieben einige, die uns ein bestimmtes Maß an Mut zuerkannten, da wir einen solchen Coup am hellen Tag gewagt hatten. Andere Schlagzeilen stellten die Frage: «Wurden die Wächter bestochen, damit der Ausbruch gelang?», während der General-Solicitor Kanadas behauptete: «Meine Wächter hätten schießen sollen!» Der Journalist schrieb weiter, sie hätten es nicht gemacht, weil sie nichts gesehen hatten. Am meisten freute ich mich über die Kritik an Vauliers, dem Sicherheitschef. Da machte er auf dem Bild ein jämmerliches Gesicht wegen des Mißerfolges, für den er streng bestraft werden sollte. Ich konnte nicht umhin, das Bild weiter zu betrachten und zu sagen:

«Wir sehen uns sehr bald wieder, du Sauhund!»

Vier Tage gingen vorbei. Jean-Paul war glücklich. Wir wollten am folgenden Morgen mit der Arbeit anfangen. Die Polizei mußte unbedingt glauben, daß wir weit von Montreal entfernt waren. Daher beschlossen wir, gleich zwei Banken in der Gegend zu überfallen, in der Jean-Paul vor seiner Festnahme gewohnt hatte. Sie würde daraus folgern, unser Versteck befinde sich in diesem Sektor, der 180 Kilometer von Montreal entfernt lag.

Wir fuhren nachts mit dem gestohlenen Wagen weg, den Bernard uns verschafft hatte. Wir waren so bewaffnet, daß wir jeder Situation begegnen konnten. Im Falle einer Polizeisperre waren wir beide bereit, uns unserer Haut zu wehren. Wir hatten folgenden Eid geschworen: «Wir fahren zu zweit weg – entweder kommen wir zu zweit zurück, oder wir krepieren zu zweit!» Diese Treue in der Freundschaft bewährte sich und hielt auch während der folgenden Ereignisse. Die von uns ausgewählte Gegend war zum Teil mit Wäldern bewachsen. Durch sie hindurch führten kleine Straßen, die man gut kennen mußte, um sich nicht zu verfahren. Da Jean-Paul dort zu Hause war, kannte er alle Winkel und Ecken. Wir hatten Proviant mitgenommen und verbrachten die Nacht im Wald. Da ich in Banküberfällen erfahrener war, beschlossen wir, daß ich als erster in die Bank hineingehen und das Geld zusammenraffen würde. Jean-Paul würde für meine Deckung sorgen. Am Morgen fuhren wir los ...

Die beiden Banken waren zehn Kilometer voneinander entfernt, was gut dazu geeignet war, allen Polizeieinheiten der Gegend einen lustigen Zeitvertreib zu verschaffen. Sie befanden sich in den zwei Städtchen Saint-Bernard-de-Dorchester und Saint-Narcisse-de-Lotbinière. Wir fuhren bei der ersteren vorbei. Sie hatte noch nicht auf, und der Geschäftsführer unterhielt sich vor der Eingangstür mit mehreren Leuten. Wir fuhren zur Tankstelle weiter, da wir volltanken mußten. Der Tankwart war weit davon entfernt zu ahnen, was wir in den darauffolgenden Minuten anstellen wollten.

«Na, in Form, mein Sohn?»

«Klar, in bester, Vater!» antwortete Jean-Paul gut gelaunt.

«Also los!»

Er hielt ruhig neben der Bank. Alle Leute waren jetzt drinnen. Ich stieg aus und hielt dabei meinen USMI mit dem abgesägten Kolben dicht an den Körper gedrückt. Jean-Paul folgte mir. Ich sah gleich das Büro des Geschäftsführers auf der linken Seite und stürzte mich hinein, während Jean-Paul den Kunden und Angestellten befahl, ruhig zu bleiben. Als der Geschäftsführer mich ohne Maske und mit der Waffe in der Hand sah, sagte er überrascht zu mir;

«Aber ... aber was ist ...?»

«Der Weihnachtsmann ... Ich komme wegen einer Geldanleihe.»

Anscheinend hatte er keinen Sinn für Humor. Ich mußte ihn von seinem Sessel heben.

«Jetzt aber schnell zum Geldschrank!»

Als wir wieder im Kassenraum waren, sagte ich zu Jean-Paul, indem ich auf die Kassiererinnen deutete:

«Sag all diesen kleinen Hübschen, daß sie ihre Sparbüchsen aufmachen sollen, ich will jetzt die Ernte einholen!»

Der Geschäftsführer machte den Geldschrank auf. Darin war ein zweiter mit einem Zeitsystem – den konnte ich gleich vergessen. Ich begnügte mich also damit, die vor mir liegenden Banknotenbündel zusammenzuraffen, indem ich den Geschäftsführer fragte:

«Wie lange braucht er, um aufzugehen?»

«Eine Stunde, nachdem man den ersten Schlüssel reingesteckt hat.»

Ich hatte es richtig eingeschätzt. Ich ging in den Kassenraum zurück, raffte den Inhalt der drei Kassen zusammen, sprang über den Zahltisch und sagte:

«Macht keine Dummheit, ihr Helden! Es ist heute ein viel zu schöner Tag, um zu sterben!»

Der Geschäftsführer, der sich vielleicht vor seinem Personal aufspielen wollte, antwortete:

«Ich hätte es doch lieber gehabt, wenn ...»

Er hatte nicht genug Zeit, um weiter zu sprechen. Jean-Paul schoß ihm eine Kugel zehn Zentimeter am Kopf vorbei und fuhr ihn an:

«Frage niemals ... sonst kriegst du eine Antwort, die dir nicht paßt!»

Als wir durch die Tür hinausgingen, saß er gebrochen auf dem Boden und winselte wie ein kleines Kind, dem sein Lieblingsspielzeug weggenommen worden ist.

Wir sprangen in den Wagen und fuhren vor zwei kleinen alten Frauen los, die ganz verwundert zusahen, wie wir mit einer Waffe in der Hand aus der Bank kamen.

«Los, zur nächsten!» sagte ich zu Jean-Paul.

Nach zwei Minuten Fahrt fragte ich ihn:

«Zufrieden, mein Freund?»

«Vollkommen zufrieden, Franzose ... Wir werden uns glänzend verstehen bei der Arbeit.»

«Warum hast du geschossen?»

«Ich mag keine Arschlöcher!»

Die Erklärung war genauso gültig wie irgendeine andere, und ich begnügte mich damit zu lächeln. Wir waren nicht mehr weit von der zweiten Bank, die etwas ungünstiger lag. Jean-Paul hatte noch nicht einmal ganz angehalten, als ich schon hinausgesprungen war und mich auf die Eingangstür stürzte. Sie war geschlossen und war nur durch ein von innen zu betätigendes elektrisches System aufzumachen. Ich ging einen Meter zurück und jagte fünf Kugeln in das Schloß, das bei dem Aufschlag zerplatzte. Dann drang ich schnell ins Büro des Geschäftsführers ein. Unsere Blicke begegneten einander – er hatte schon eine Hand ins Schubfach seines Schreibtisches gesteckt.

«Weg damit!» sagte ich, innem ich meine Waffe auf ihn richtete.

«Schießen Sie nicht!» war seine einzige Antwort.

Ich wollte ihn gleich beruhigen.

«Haben Sie keine Angst ... Die Kugeln waren nur für die Tür ... Es wird schon alles gehen. Los zum Geldschrank!»

Ich raffte schnell den Inhalt zusammen. Er war auch mit demselben System wie in den anderen Banken ausgerüstet. In den Kassenraum zurückgekommen, sah ich, wie Jean-Paul dabei war, eine Kassiererin zu trösten, die mitten in einem Nervenzusammenbruch steckte. Lächelnd sagte er zu mir:

«Eine komische Art von dir, die Tür aufzumachen!»

Das ganze Geld aus den Kassen lag schon in meinem Sack. Nach einem letzten Gruß kehrten wir um und liefen zum Wagen hinaus.

Jean-Paul jubelte:

«Du bist ein ganz schön schneller Typ!»

«Du aber auch, mein Sohn! Jetzt los nach Montreal! Bist du sicher, daß du auf den kleinen Straßen den Sperren entgehen kannst?»

«Weißt du, nach einem solchen Coup sind sie alle vollkommen

verwirrt und weit davon entfernt zu denken, daß wir aus Montreal gekommen sind und nicht einmal den Wagen gewechselt haben. Schlimmstenfalls kann es passieren, daß wir auf einmal einem Polizeiwagen gegenüberstehen ... Das wäre aber nur für die traurig!»

Wir fuhren sehr schnell. An beiden Straßenseiten war nur Wald. Von weitem erblickte ich die Gestalt einer Frau, als wir jedoch nähergefahren waren, stellte ich fest, daß es sich um ein vierzehn- oder fünfzehnjähriges Mädchen handelte, das per Anhalter fahren wollte.

«Halt mal!» sagte ich zu Jean-Paul, der scharf bremste, daß die Reifen quietschten.

«Wollen wir die etwa mitnehmen?»

«Warum nicht?»

Ich beugte mich zur geöffneten Wagentür hinaus, und sie kam zum Wagen gelaufen.

«Würden Sie mich bis zur Garage meines Vaters mitnehmen? Es ist nur bis zum nächsten Dorf.»

«Okay, steig ein!»

Jean-Paul fuhr schnell wieder los. Ich ergriff das Wort:

«In deinem Alter ist es etwas unvorsichtig, in solchen Gegenden per Anhalter zu fahren, weißt du das nicht?»

Sie antwortete, daß sie den Bus verpaßt hatte. Dann schaute sie Jean-Paul an und sagte:

«Ihr Freund fährt furchtbar schnell!»

«Du mußt entschuldigen, aber wir haben es ein wenig eilig!»

«Was haben Sie für einen Beruf, Monsieur?»

Ich lächelte sie an, indem ich mich umdrehte, um sie besser sehen zu können:

«Ich bin Bankier, Liebling ... Und mein Freund auch!»

«Ach so!»

Sie hatte sich ein wenig nach vorn gebeugt und machte große Augen, als sie den Karabiner erblickte, der neben mir lag. Die Situation amüsierte mich. Ich sagte ihr im selben Ton:

«Das brauchen wir, um unser Geld zu schützen. Du verstehst, es gibt heutzutage so viele Diebe!»

Und sie sagte noch einmal: «Ach so!»

Wir kamen in das Dorf. Ich sah eine Tankstelle. Sie klopfte mir auf die Schulter:

«Hier ist es, Monsieur!»

Jean-Paul hielt, und sie stieg aus, nachdem sie sich bedankt hatte.

Am folgenden Tag berichtete die Presse über diesen Zwischenfall, wir seien zumindest echte Gentlemen. Das Mädchen würde es später ihren Enkeln erzählen können.

Trotzdem stellte mir Jean-Paul die Frage, warum ich sie hatte einsteigen lassen. Meine Antwort war einfach:

«Stell dir mal vor, es wäre ihr was mit irgendeinem Schwein passiert. Da wir in der Gegend waren, hätte man uns die Sache in die Schuhe geschoben ... Und wir hatten auch Zeit genug, nicht wahr, Bruder?»

In Montreal leerten wir unseren Geldsack auf den Boden, um unsere Beute zu zählen – es waren 26000 Dollar. Das war zwar kein Reichtum, aber es genügte vollkommen für einen Anfang. Zuerst gab ich etwas davon Lizon und Bernard. Ich und Jean-Paul hatten nur noch zehn Tage übrig, um den Überfall des Zuchthauses vorzubereiten. Wir hatten tatsächlich den Entschluß gefaßt, die USC zu zweit zu stürmen, um alle Gefangenen zu befreien. Dazu brauchten wir sehr viele Waffen, drei Wagen und vor allem Wohnungen, die im voraus bereitgestellt werden sollten. Ich stellte die Liste der Waffen für Bernard auf: zehn USMI-Karabiner mit 30-Kugel-Ladern, fünf Maschinenpistolen, ein Scharfschützengewehr und zwei Kaliber 12 Repetiergewehre mit 7 Schuß.

Ich gab ihm das Geld und die Adressen, damit er sich das ganze Material verschaffen konnte.

Lizon wurde damit beauftragt, drei Wohnungen unter falschen Namen zu mieten, was kein Problem war. In jeder Wohnung wurden Lebensmittel für mehrere Tage gelagert, außerdem kauften wir noch Kleider. Unter den Häftlingen, denen wir zur Flucht verhelfen wollten, waren acht enge Freunde – nur für sie galt die Vorbereitung dieser Verstecke. Wenn wir Erfolg hatten, würden wir den anderen je eine Waffe für zwei Mann geben, so daß sie ihr Glück versuchen konnten, so wie wir selbst unser Glück versucht hatten. Ihnen schuldete ich nichts, sie sollten bloß die Gelegenheit ausnutzen können. Da die ganze Vorbereitung uns viel Geld gekostet hatte, kamen Jean-Paul und ich überein, eine weitere Bank, aber diesmal in Montreal, zu überfallen, noch bevor wir das Zuchthaus stürmten.

Am Montag, dem 28. August 1972, gingen wir um 10 Uhr vormittags durch die Türen der «Toronto Dominion»-Bank, mitten im Einkaufszentrum Maisonneuve. Wir trugen Perücken und Sonnenbrillen. Unsere Methode hieß: sanft arbeiten. Vor den vier Kassen hinter dem langen Zahltisch standen insgesamt gut dreißig Kunden. Die Bank war länglich gebaut. Ich ging als erster, wie ein normaler Kunde, mit der Waffe am Gürtel, herein. Ich hatte nur zwei «38 Spezial» mitgenommen. Jean-Paul stellte sich auf ganz natürliche Weise mit dem USMI-Karabiner unter der Jacke am Ende des Zahltisches beim Eingang auf. Der Bankdirektor saß in einem Büroraum aus Glas und telefonierte, wobei er mir den Rücken zukehrte. Als ich am anderen Ende des Zahltisches war, ging ich hinter ihn und zog meine Waffe heraus. Kein Mensch hatte irgend etwas bemerkt.

«Meine Damen und Herren, dies ist ein Überfall ... Bleiben Sie ruhig, dann wird Ihnen nichts passieren.»

Jean-Paul hatte den Karabiner herausgenommen. Ich hörte, wie eine Frau «Ach, mein Gott!» sagte.

«Die Kassiererinnen öffnen bitte ihre Kassen und Reserveschränke! Alle anderen bleiben ruhig und legen die Hände an den Körper – nicht die Hände in die Höhe!»

Als ich an der ersten Kasse ankam, starrte mich die Kassiererin angstvoll an. Mit einem Lächeln sagte ich zu ihr, indem ich die Banknoten zusammenraffte:

«Ist das dein erster Banküberfall, Liebling?»

Sie antwortete mit einem leisen, scheuen «Ja!».

«Es ist nicht einmal so schlimm wie eine Entbindung, das wirst du gleich sehen!»

Dann ging ich zu den anderen Kassen und kassierte deren Inhalt ein. Wir hatten nicht mehr genug Zeit, um auch noch den Geldschrank auszuräumen. Der Direktor telefonierte immer noch mit uns zugewandtem Rücken und ahnte in keinster Weise, was in seiner Bank los war. Als Jean-Paul sah, daß ich fertig war, sagte er höflich:

«Würden Sie bitte den Weg freimachen!»

Wir verließen die Bank ohne Schwierigkeiten. Der Direktor unterhielt sich immer noch am Telefon ...

Nachdem wir fünfhundert Meter mit unserem Wagen gefahren waren, nahmen wir uns einen anderen und fuhren zu unserem Versteck zurück.

Jean-Paul war froh ... und ich war mit ihm zufrieden. Ich arbeitete gern auf diese Art und Weise, sanft und ohne Gewalt. Niemals ließ ich die Leute die Hände in die Höhe halten, um zu vermeiden, daß die Passanten durch die Fensterscheiben hindurch sahen, daß es sich um einen Überfall handelte. Bald sollten die Polizisten uns im Verlauf unserer weiteren Überfälle bloß durch unsere Methode erkennen.

Lizon hatte uns eine andere, viel größere Wohnung gemietet, doch wir hatten die erste auch noch behalten, da ich beabsichtigte, die berühmte Bank auszuräumen, die Jean-Paul liebevoll am Tag unserer Ankunft betrachtet hatte. Wir hatten zwei Wagen unter falschen Namen gekauft. Presse und Fernsehen sprachen nur von uns ... Gerade waren Lafleur und Ouillet von der Polizei in einem gestohlenen Wagen zusammen mit zwei Mädchen wieder festgenommen worden. Ich blickte Jean-Paul an:

«Sie hatten kein Glück. Jetzt bleiben nur noch Imbeau und wir beide.»

Wir hatten alle zum Angriff gegen das Zuchthaus notwendigen Waffen gesammelt. Alles war bereit. Bis zu diesem Tag kam es nicht in Frage, in die Stadt zu gehen. Ich hatte Lizon darum gebeten, eine ganze Erste-Hilfe-Ausrüstung zu kaufen, die von der Zange bis zum Seziermesser, vom Druckverband bis zu Penizillintabletten reichte. Sie war ein wenig traurig, da sie Jean-Paul liebte und wußte, daß er am Wochenende sein Lebens aufs Spiel setzen würde. Ich legte ihr den Arm um die Schulter:

«Mach dir keine Sorgen, Mädchen, er kommt bestimmt zu dir zurück!»

«Und du, Jacques?»

«Ich auch. Du kannst dich darauf verlassen.»

Am Sonntag, dem 3. September 1972, regelten wir am Morgen die letzten Einzelheiten. Die Durchführung des von uns beschlossenen Unternehmens war fast unmöglich, das wußten wir. Seit unserer Flucht waren die Sicherheitsmaßnahmen noch verstärkt worden. Wir würden nicht nur den bewaffneten Wärtern, sondern auch den Polizeistreifen und den Wagen mit den bewaffneten Wächtern gegenüberstehen. Die USC war nur ein Teil von einem Komplex mit vier Zuchthäusern – Saint-Vincent-de-Paul, dem Leclerc-Zentrum und dem Laval-Zuchthaus. Nachdem wir angefangen haben würden zu schießen, hätten wir nicht mehr als drei Minuten, um zu handeln! Entweder mußte man verrückt sein, um einen solchen Coup zu wagen ... oder aber man wollte seinen Freunden und den eigenen Versprechen treu bleiben, wie es bei uns der Fall war.

«Du weißt, mein Junge, es wird Krieg sein. Um bis zum Zaun durchzudringen und ihnen die Drahtscheren und einige Waffen hinüberzuwerfen, müssen wir uns den Weg freikämpfen. Unsere einzige Chance ist der Überraschungseffekt. Was aber auch immer geschieht, wir versuchen es, auch wenn wir dabei draufgehen.»

Er blickte mich an und sagte ernst:

«Du kannst dich auf mich verlassen ... Ich wollte dir etwas sagen: Ich bin froh, dein Freund zu sein.»

Ich klopfte ihm freundschaftlich auf den Kopf:

«Ich auch, mein Junge ... Ich betrachte dich als meinen Bruder. Und ... keine Sorgen, heute abend sitzt du wieder an diesem Tisch!»

In Wirklichkeit war ich nicht einmal sicher, mich selbst dort wiederzufinden.

Ich hatte meinen Freunden mitteilen lassen, daß wir das Zuchthaus am Sonntag, dem 3. September 1972, um halb drei stürmen würden. Um 14 Uhr fuhren wir mit den drei Wagen los. Lizon, die am Lenkrad des ersten saß, sollte sich einen Kilometer vom Zuchthaus entfernt auf die Autobahn stellen und dort abfahrbereit auf uns warten. Ich würde meinen Wagen 500 Meter weit vom Zuchthaus stehen lassen und zu Jean-Paul steigen. Alle Waffen waren geladen; wir hatten die Kolben aller USMI-Karabiner abgesägt und sie mit einem 28-Kugel-Lader versehen. Ich und Jean-Paul trugen fünf Lader auf der linken Seite. Der Tank unseres Dodge war fast leer, um das Risiko einer Explosion beim Kugeleinschlag zu vermeiden.

Wir näherten uns. Lizon überholte uns ... Sie würde gleich Stellung beziehen. Ich hielt und stieg hinten in Jean-Pauls Wagen ein. Alle Waffen lagen unter einer Decke auf dem hinteren Sitz. Ich nahm meine. Jean-Paul hatte seinerseits zwei USMI sowie die Drahtscheren auf dem Sitz neben ihm. In meiner Tasche waren drei Schlüssel mit je einem Zettel, auf dem die Adresse des jeweiligen Verstecks stand.

14 Uhr und 28 Minuten. Wir verließen die Autobahn. Rechts konnten wir die USC erblicken. Um in einer günstigen Angriffsstellung zu sein, mußten wir an ihr vorbeifahren, beim Saint-Vincent-de-Paul-Zuchthaus umdrehen und zurückfahren. Wir fuhren in einer Entfernung von weniger als fünfzig Meter an den Zäunen vorbei. Ich sah, wie meine Freunde im Hof herumgingen, sah aber auch

die verstärkte Wachmannschaft – überall waren Wärter zu sehen! Auf den drei äußeren Seiten, zwischen den Zäunen und auf den Wachtürmen …

«Hast du gesehen?» sagte Jean-Paul. «Es wird ganz schön schwer sein, nicht wahr, Franzose?»

«Macht nichts, mein Sohn …»

Wir waren jetzt auf gleicher Höhe mit dem Saint-Vincent-de-Paul-Zuchthaus.

Jean-Paul begann zu drehen, als ich sah, wie ein Wagen mit bewaffneten Wärtern von rechts und ein Polizeiwagen von hinten auf uns zufuhren … Es bestand kein Zweifel: die beiden Wagen wollten uns abfangen. Der Wagen mit den Wächtern versuchte, uns den Weg zu versperren, aber Jean-Paul beschleunigte und fuhr an ihnen vorbei. Der Polizeiwagen verfolgte uns … Gleich würden wir wieder an der USC vorbeifahren. Wir waren gesichtet worden und hätten fliehen sollen, da der Überraschungseffekt jetzt gleich Null war. Jetzt waren wir nur noch dreihundert Meter von der USC entfernt. Ich konnte durch die Rückscheibe den Polizeiwagen und etwas weiter hinten das Auto der Wächter sehen, die, nach dem ersten Augenblick der Überraschung nun auch Jagd auf uns machten. Jean-Paul fragte:

«Was nun?»

«Wir greifen trotzdem an. Ich übernehme die Bullen, befasse du dich mit den Wächtern am Zaun!»

Dann ging alles sehr schnell. Jean-Paul hielt an, und ich sprang mit der Waffe in der Hand aus dem Wagen und zielte auf den mir entgegenkommenden Polizeiwagen. Das war der Anfang einer Höllenschießerei. Meine Kugeln trafen die Windschutzscheibe und die rechte Tür. Der Wagen schlenkerte von der Straße, überschlug sich und landete im Straßengraben. Die beiden Polizisten wurden hinausgeschleudert. In dem Augenblick, in dem ich auf den Wagen der Wächter schießen wollte, hielt er an und die Wächter sprangen in den Graben. Jean-Paul hatte auf die Wärter gefeuert, die die Zäune schützten. Die Wärter auf den Wachttürmen schossen zurück. Von überall her pfiffen die Kugeln an unseren Ohren vorbei. Als meine Waffe leer war, nahm ich mir keine Zeit, sie wieder zu laden, sondern warf sie auf den Boden und griff nach einer anderen. In diesem Augenblick ließ eine Rehschrotsalve die hintere Scheibe des Wagens zerspringen. Die Glassplitter trafen mich im Gesicht. Ich sprang auf die Seite und fing an, den rechten Wachtturm zu beschießen. Jean-Paul, der völlig ohne Deckung war, schoß mit der Waffe aus der Hüfte. Die Kugeln gingen durch die Karosserie hindurch. Eine traf meinen Schuh, ohne meinen Fuß zu verletzen, während eine andere meine Umhängetasche mit den Ladern durchbohrte und einige Kugeln zerplatzen ließ. Ich glaubte bei dem Aufprall, ich sei verwundet worden. Zwei weitere Kugeln hatten meine Jacke durchlöchert, ohne mich zu treffen. Ich war dabei, meinen dritten Lader zu entleeren – wir griffen nicht mehr an, sondern setzten uns zur Wehr. Jean-Paul schoß ununterbrochen. Auf einmal schrie er:

«Mich hat's erwischt!»

Eine Kugel hatte ihn am Bein getroffen. In der Ferne waren die Sirenen von Polizeiwagen zu hören – es kam Verstärkung an. Wir konnten nichts mehr tun, außer jetzt versuchen, mit heiler Haut davonzukommen. Die Schießerei dauerte jetzt gute zwei Minuten, und unser Wagen war völlig durchlöchert.

Als ich ihm sagte: «Wir brechen ab, mein Junge!», bekam Jean-Paul eine andere Kugel durch den linken Arm. Er setzte sich trotz seiner Verwundung ans Lenkrad, während ich ihm Schutzfeuer gab und erst in dem Augenblick, als er losfuhr, hinten in den Wagen sprang. Wir rasten unter einem Kugelhagel davon. Unser Plan war nicht geglückt. Unsere ganzen Freunde hatten machtlos einer der schlimmsten Schießereien zusehen müssen, die es je in Quebec gegeben hatte. Mein von den Glassplittern zerschnittenes Gesicht blutete, und auch Jean-Paul verlor Blut. Kein Mensch verfolgte uns. Ich stecke alle Waffen wieder in zwei große Leinensäcke – es kam nicht in Frage, sie zu verlieren! Wir fuhren jetzt wieder auf die Autobahn.

«Wirst du durchhalten, mein Sohn?» fragte ich Jean-Paul.

«Mach dir keine Sorgen. Wenn ich merke, daß ich ohnmächtig werde, sag ich's dir.»

Ich hatte immer noch eine USMI in der Hand. Als Lizon unseren Wagen kommen sah, stürzte sie sich uns entgegen.

«Schnell ... Setz dich an dein Lenkrad ... und hilf Jean-Paul, er ist verwundet. Es ist schiefgelaufen. Schnell, Mädchen! ... Bald haben wir die ganzen Bullen Montreals auf den Fersen!»

Während ich die beiden Waffensäcke leerte, hatte sich Jean-Paul, der es abgelehnt hatte, Lizon fahren zu lassen, ans Lenkrad gesetzt. Während der Rückfahrt konnten wir sehen, wie auf der Gegenspur

Polizeiwagen mit heulenden Sirenen in Richtung Zuchthaus fuhren, wobei sie weit davon entfernt waren zu ahnen, daß unser vorbeifahrender Wagen gerade derjenige war, der diesen Generalalarm in Gang gebracht hatte.

«Meinst du, sie haben die Brücke gesperrt?» fragte mich Jean-Paul.

«Ich glaube nicht ... Wenn ja, dann halte hundert Meter vorher, und wir schießen sie nieder. Hältst du noch bis nach Hause durch?»

Er sagte ja, und wir kamen ohne Schwierigkeiten bis zu unserer Wohnung. Der Wagen fuhr in die Tiefgarage, wo Bernard auf uns wartete.

«Die Schießerei ist im Radio durchgegeben worden ... Nach dem, was sie erzählt haben, dachte ich schon, ich würde euch nicht mehr lebendig wiedersehen.»

«Hilf mal Jean-Paul, er ist verwundet!»

In der Wohnung pflegte ich Jean-Pauls Wunden, während Bernard und Lizon sich damit beschäftigten, die Waffen nach oben zu tragen.

«Tut's weh, mein Sohn?»

Er lächelte mich an und sagte: «Nein.»

«Was für eine Schießerei, und wir leben immer noch! Kannst du dir das vorstellen, Franzose? Das ist nicht zu fassen! – Ich dachte, wir würden da nie rauskommen! Der Coup ist mißlungen ... wir haben eben das Unmögliche versucht ...»

«Jawohl, mein Junge, wirklich das Unmögliche. Mach dir keine Sorgen wegen der Kugel im Arm, sie ist durchgegangen, ohne den Knochen zu treffen. Die im Bein ist allerdings steckengeblieben, da kann ich nichts tun.»

Ich legte ihm zwei Verbände an, gab ihm eine Tetanusspritze und ließ ihn Penicillintabletten schlucken. Dann kümmerte ich mich um mich selbst.

Lizon hatte ihren Kopf auf Jean-Pauls Brust gelegt und weinte. Er war eingeschlafen und Bernard war auch wieder gegangen. Ich sah mit einem Glas Scotch in der Hand fern. Die Nachrichten berichteten nur über den Angriff auf das Zuchthaus. Unsere beiden Namen wurden genannt. Ein Polizist sprach von unglaublicher Kühnheit und sagte, man muß verrückt sein, um einen solchen Coup zu wagen – womit er wohl recht hatte. Ich blieb die ganze

Nacht wach, um nach Jean-Paul zu sehen. Erst am Morgen, als ich sicher war, er sei außer Gefahr, schlief ich ein.

Zumindest für einige Tage kam es nicht in Frage, aus dem Haus zu gehen, da alle Polizeieinheiten Kanadas hinter uns her waren und geschworen hatten, uns zu kriegen. Man sprach davon, uns auf Anruf niederzuschießen. Jean-Paul erholte sich schnell: schon am zweiten Tag war er aufgestanden, und wir schmiedeten schon wieder Pläne für die Zukunft ... Bald sollten wir den Banken in Montreal einen Besuch abstatten.

Eine Woche nach der Schießerei, am Sonntag, dem 10. September 1972, beschlossen wir, einen Tag in einem Wald in der Nähe von Saint-Louis-de Blanford zu verbringen. Wir hatten die Absicht, die Gelegenheit auszunutzen, um Schießen zu üben, und hatten deswegen mehrere Waffen mitgenommen. Am selben Morgen verließen zwei Provinzförster ihre Wohnung zum täglichen Rundgang – zwei Vertreter des Gesetzes also, die dem Schicksal von zwei Geächteten gegenüberstehen sollten. Vier Männer, die sich an diesem Morgen aus unterschiedlichen Gründen bewaffnet hatten. Zwei von ihnen, die sich auf ihre Uniform und ihre Dienstwaffe verließen, sollten einen Fehler begehen, der ihnen das Leben kosten würde.

Wir waren möglichst weit in den Wald hineingefahren, um nicht gestört zu werden, und hatten einen guten Teil des Tages geübt. Jean-Paul hatte ich die Grundregeln des instinktmäßigen Schießens beigebracht. Der Arm schmerzte ihn zwar nicht mehr, aber ich hatte die Wut aus seinen Augen herauslesen können, jedesmal wenn er einen Lader leerschoß. Wir waren beide sehr gute Schützen. Nachdem wir einige unserer Waffen wieder in den Kofferraum gelegt hatten – unsere persönlichen Waffen behielten wir bei uns –, beschlossen wir, zurück nach Montreal zu fahren. Es war 17 Uhr, als ich die Förster an einer Biegung des Waldweges erblickte. Sie standen mehr als 50 Meter entfernt von unserem Wagen, und ihr Lieferwagen versperrte uns den Weg. Wegen der Uniformen hielten wir sie für Polizisten. Wir hatten keine Möglichkeit, in eine andere Richtung zu fahren. Keiner von beiden hatte seine Waffe gezogen, aber sie winkten uns zu sich heran.

«Was machen wir?» fragte mich Jean-Paul.

«Laß sie ruhig kommen! Vielleicht ist es nur eine Kontrolle, unsere Papiere sind in Ordnung.»

«Guck mal! Sie kommen.»

«Wenn sie wollen, daß du aussteigst, steig aus, aber ohne Waffe. Du auch, Lizon ... Keine Sorge, ich komme gleich nach!»

«Und die ganzen Waffen im Kofferraum ... Wenn sie reingucken wollen?»

«Du machst ihn auf ... Keine Sorge, mein Sohn!»

Die beiden Förster kamen näher. Der Ältere fragte Jean-Paul mit fester Miene:

«Sind Sie derjenige, der hier den ganzen Tag geschossen hat?»

«Jawohl, Sir ... Das ist doch wohl nicht verboten?»

«Steigen Sie aus und machen Sie den Kofferraum auf!»

Keiner der beiden schien sich für mich zu interessieren. Jean-Paul stieg aus. Er hatte keine Waffe bei sich. Lizon, die eine «38-Spezial» in der Handtasche hatte, folgte ihm. Gelassen steckte ich meinen Revolver auf dem Rücken in den Gürtel. Ich trug keine Jacke und wußte, daß sie unmöglich sehen konnten, daß ich bewaffnet sei, wenn ich ihnen von vorne entgegentrat.

Meine Absicht war, sie niederzuschießen, falls die Sache schiefgehen sollte.

Jean-Paul hatte den Kofferraum aufgemacht, in dem gut zwölf Selbstladewaffen – darunter ein Kaliber 12-Repetiergewehr – lagen. Alle waren geladen.

Der Ältere sagte aufgebracht zu Jean-Paul:

«Sagen Sie nur, daß Sie nicht wußten, daß es verboten ist, geladene Waffen zu transportieren! Kommen Sie also bitte mit zum Revier!»

Ich war ausgestiegen und ergriff das Wort:

«Aber, Sir, wir haben doch nichts Strafbares getan! Es ist niemals verboten, unmittelbar vor der Eröffnung der Jagd Schießen zu üben!»

Er schaute mich an wie jemand, der versucht, sich an etwas zu erinnern. Unsere Blicke trafen sich. Er legte die Hand auf den Kolben seiner Waffe und trat einen Schritt zurück.

«Die Entlaufenen!» rief er seinem Kollegen zu und zog seine Waffe.

Ich war schneller als er. Er wollte auf die Seite springen, aber meine Kugeln trafen ihn mitten in die Brust. Er hatte gerade noch genug Zeit, einmal zu schießen – und zwar in die Luft. Jean-Paul hatte sich das Kaliber 12 gegriffen und schnell eine Rehschrotpatrone eingelegt. Der auf ihn zielende Förster wurde im selben Augenblick, in dem der Schuß fiel, weggeschleudert. Jean-Paul, die Waffe an der Hüfte, spannte wieder und schoß noch einmal. Der mit dem Schrot angeschossene Förster brach zusammen – alles hatte weniger als drei Sekunden gedauert. Weder Jean-Paul noch ich hatten es gewollt; nur Médéric Côté, ein Provinzförster, der seiner Dummheit zum Opfer gefallen war, war dafür verantwortlich. Was seinen Kollegen Ernest Saint-Pierre betraf, so war er nur ein Opfer der Umstände.

Wenn wir weniger schnell als sie gewesen wären, so hätten wir an ihrer Stelle auf dem Boden liegen können.

Jean-Paul sah zu, wie ich Médéric Côté bei den Füßen nahm. Ich legte den Körper an die Seite seines Kollegen. Nachdem ich meine Waffe wieder geladen hatte, jagte ich ihnen zwei Kugeln in den Kopf. Dadurch konnte ich mir die Todesstrafe zuziehen, da der Gnadenschuß nur dann von der Gesellschaft gebilligt wird, wenn der Scharfrichter ihn ausführt – dann wird er zur «Geste der Menschlichkeit». Von den Händen des Mörders verabreicht ist er nur ein Ausdruck des Tieres im Menschen. Ich wollte sicher sein, zwei Tote zurückzulassen. Unsere Morde waren nicht mit Absicht begangen worden, sie waren nichts weiter als Notwehr. Es war Krieg, die gesamte Polizei wollte unsere Haut – das hatte sie seit dem Überfall auf das Zuchthaus in allen Sendern ausposaunt. Jetzt hatten wir geantwortet. Weder Mitleid noch Gewissensbisse ... Durch unsere Tat hatten jetzt auch wir der gesamten Polizei den totalen Krieg erklärt. Das sollte eine Warnung für all diejenigen sein, die sich zu Prämienjägern berufen fühlten.

Jean-Paul setzte sich wieder ans Lenkrad. Lizon hatte Tränen in den Augen, und ich verfluchte das Schicksal, das uns die beiden in den Weg gestellt hatte.

Die Leichen wurden am folgenden Tag von einer Polizeistreife gefunden, die auf die Suche nach ihnen gegangen waren. Sofort berichteten alle Sender, wir hätten für diesen Doppelmord die Verantwortung übernommen und diesmal schwor die Polizei, ihre Kollegen zu rächen. Die Prämie für unsere Festnahme wurde um einige tausend Dollar erhöht. «Tot oder lebendig» wurde zwar nicht hinzugefügt, aber jeder Polizist träumte nur davon, uns mausetot zu seinen Füßen liegen zu sehen. Wir hätten Montreal verlassen, aber Jean-Paul, genau wie ich, wollte den Kampf aufnehmen und mitten in der Stadt noch mehrere Banken überfallen – und zwar ohne Maske.

Die beiden hatten ein Staatsbegräbnis – sehr schnell wird man zum Helden, wenn man einmal gestorben ist. Der Justizminister hielt sogar eine Rede: Diejenigen, die ich für «Opfer ihrer Dummheit» gehalten hatte, wurden nun zu «Opfern ihrer Pflicht». Ein recht trüber Trost für den zwölfjährigen Jungen, der am Sarg seines Vaters weinte! Sein Bild in der Presse ergriff mich – wie sehr würde uns dieses Kind hassen! Wie hätte er verstehen können, daß sein Vater von dem Tage an, an dem er es akzeptiert hatte, eine Waffe zu tragen, selbst zu einem legalisierten Mörder geworden war, der im Namen des Gesetzes töten durfte? Wie hätte er verstehen können, daß nur der Schnellere überlebt, sobald zwei Männer sich gegenüberstehen und die Waffe ziehen? Das Gesetz bevollmächtigte zu töten, es versorgt aber nicht mit kugelsicheren Westen. Ich empfand keine Gewissensbisse ... nur ein sehr großes Bedauern.

Die Lebensbedingungen in der USC waren für diejenigen, die dortgeblieben waren, unerträglich geworden. Ich machte also einige Protokolle, die die Zustände schilderten und ließ sie der Presse zukommen. Ich hatte die Regierung ernsthaft gewarnt – entweder machten sie die Lebensbedingungen der Gefangenen menschlicher, oder wir würden ein Exempel statuieren. So wurde eine Pressekampagne zustande gebracht. Alle Journalisten wollten die USC besichtigen. Als die Bevölkerung erfuhr, was hinter diesen Mauern geschah, sah sie ein, daß diese Anstalt, weit davon entfernt, sie zu schützen, die schlimmsten Verbrecher fabrizierte, die Kanada je erlebt hatte. Die Verhältnisse verbesserten sich dort in den folgenden Monaten beträchtlich, bis das Zentrum schließlich geschlossen wurde. Noch wußten wir nicht, daß es zu diesem Ergebnis kommen würde. Wir waren zur Zeit an der Ecke Rue Fleury-Papineau zum Überfall auf die Bank bereit, die Jean-Paul am Tag unserer Flucht entdeckt hatte. Alles ging sehr schnell. Nachdem ich alle Kassen entleert hatte, tat ich dasselbe mit den Reserveschränken. Als wir weggingen, schnitt mir eine von ihnen Fratzen; das sollte ihr drei Tage später eine Überraschung einbringen.

Wir gingen dann tatsächlich zum zweitenmal um zehn Uhr vormittags in diese Bank. Ich sprang schnell über den Zahltisch. Der Direktor begrüßte mich mit: «Ach, Sie sind es noch einmal!» ... Ich wies auf die Schränke und antwortete:

«Wie das letzte Mal!» Als ich die bewußte Kassiererin sah, sagte ich zu ihr:

«Hier, kleines Ungeheuer, nimm den Sack und mach mal die Kassen leer, während ich mich um die Tresore kümmere!»

Bestürzt antwortete sie: «Aber ich bin keine Diebin!»

«Gleich wirst du eine ... nun los, zur Arbeit, und zwar schnell!»

Sie begann mißvergnügt den Sack vollzustopfen. Jean-Paul lachte dabei, mit der Maschinenpistole in der Hand.

Nachdem ich die Schränke geleert hatte, nahm ich den Sack, den die Kassiererin gefüllt hatte und zog daraus eine Zwanzig-Dollar-Banknote ...

Mit einem Lächeln sagte ich zu ihr:

«Aber keine Fratzen mehr, sonst kommen wir ein drittes Mal, okay?»

Und dann, indem ich ihr die Banknote reichte:

«Hier, dumme Gans, das ist für dich, und ich danke für die Hilfe!»

Ich sprang über den Zahltisch und war verschwunden ... Es war auch an der Zeit. In der Ferne veranstalteten die Polizeisirenen schon ein Konzert.

Seit unserer Flucht hatten wir sehr viel Geld zusammengerafft. Es war also Zeit, an Janou zu denken. Ich ließ ihr durch Kontaktpersonen mitteilen, daß ich beabsichtigte, sie zu befreien. Ich wurde durch ihre negative Antwort überrascht und verstimmt. Die Wahrheit war, daß eine ganze polizeiliche Kampfaufstellung vorbereitet worden war, um mich zu erwarten, und Janou nicht wollte, daß ich mein Leben aufs Spiel setzte. Das wußte ich aber nicht. Da ich keinem Menschen mehr verpflichtet war, dachte ich endlich daran, mich zu amüsieren.

Freunde der Gaunerwelt hatten einen Empfang zu unseren Ehren vorbereitet. Da alle Vorsichtsmaßnahmen für unsere Sicherheit getroffen worden waren, folgte ich der Einladung. Es gab dort genauso viele Knarren wie Champagnerflaschen – und die Frauen waren hübsch. Sie wurden zu Weibern, und als Jean-Paul mich am folgenden Morgen aus einem Zimmer holen wollte, stand er verdutzt vor dem Anblick, der sich ihm bot.

Ich schlief wie ein Pascha zwischen zwei hübschen Blondinen. Überall im Zimmer lagen auf dem Boden Champagnerflaschen, die mit Girlanden aus Frauenunterwäsche geschmückt waren. Meine beiden «38-Spezial» auf dem Nachttisch und die USMI auf dem Boden ergänzten das Bild.

Ich machte die Augen auf, und Jean-Paul, der ein Glas in der Hand hielt, sagte zu mir:

«Bei deinem Alter hast du immer noch ganz schön Appetit, du verflixter Franzose!»

Ich lächelte und antwortete:

«Sie waren allzu hübsch ... Ich wußte nicht, welche ich nehmen sollte, und da ... Was glaubst du denn? Ich bin in bester Form, vor allem nach drei Jahren Entbehrung!»

Dieser Gesellschaftsabend war uns gut bekommen. Er ließ uns unsere Freiheit schätzen. Unsere Fotos wurden ständig in der Presse veröffentlicht, was uns nicht daran hinderte auszugehen. Wir hatten alle unsere Kontakte wiederaufgenommen, und alle unsere Freunde unterhielten sich über den Angriff auf das Zuchthaus.

Dann stellte mir eines Abends ein Freund die Frau vor, die die neue Gefährtin meiner Abenteuer werden sollte, ohne dabei Janou zu ersetzen, da ich mir der Notwendigkeit bewußt war, nicht allein zu sein. Bei Grenzübergängen wird ein Paar weniger bemerkt. Joyce Deraiche war hübsch, und ihre einundzwanzig Jahre hatten ihr noch nicht die Erfahrung des Lebens beigebracht. Sie träumte von Abenteuern, von leicht erworbenem Geld, von schönen Wagen ... hatte Erfahrung und das Übrige. Sie wurde meine Geliebte. Nach der schmerzvollen Haft, dem Mangel an Liebe und Zuneigung veränderte ihre Liebenswürdigkeit meine Gefühle. Ich brachte ihr bei, eine Frau zu sein, ihren Körper, die Lust und ihre schnelle Veränderung zu entdecken, entzückte mich. Joyce war in mich verliebt: Sie bewunderte den Gauner in mir und verwechselte dabei die grausame Wirklichkeit mit ihren Filmstars. Wir wurden uns darüber einig, daß es zwischen uns niemals «zu Fragen» kommen sollte. Ich erklärte ihr, meine Frau sei verhaftet worden, und niemand könnte für mich ihre Stelle einnehmen, was immer auch geschehen würde. Wir beschlossen, uns Pässe durch eine Kontaktperson in der Gaunerwelt zu verschaffen. Wir hatten unser Aussehen verändert, was die Paßstelle des Auswärtigen Amts nicht daran hinderte, uns zu erkennen. Auf Ersuchen der Königlichen Gendarmerie in Ottawa und mit Genehmigung des Ministers Mitchell Sharp wurde beschlossen, unsere Pässe trotzdem auszustellen, obwohl man genau wußte, daß sie falsch waren – und zwar aus dem Grund, unsere Festnahme zu erleichtern. Das wußten wir aber nicht, da wir zu dieser Zeit gerade dabei waren, zum achtenmal seit unserem Ausbruch eine Bank zu überfallen ...

Der mir gegenüberstehende Direktor war ein dicker Mann mit roter Gesichtsfarbe und weitvorstehendem Bauch. Ich winkte mit dem Lauf meiner Waffe in Richtung Tresor und zwang einen Kassierer, uns zu folgen. Jean-Paul überwachte das Ganze, mit der Maschinenpistole an der Hüfte.

Ich hatte das Personal davor gewarnt, das Alarmsystem, das indirekt mit dem Polizeirevier verbunden war, in Gang zu setzen.

«Mach den Tresor auf!» sagte ich.

«Ja, ja, aber ... machen Sie bitte schnell!»

«Warum sollten wir uns beeilen? Du hast doch behauptet, keinen Alarm geschlagen zu haben.»

Ich konnte sehen, wie er zitterte und besorgt aussah. Der Schurke hatte auf den Fußhebel getreten, als ich in die Bank gekommen war. Die Polizeiwagen waren sicher schon unterwegs, aber die Angst, die ich aus seinen Augen lesen konnte, amüsierte mich. Wahrscheinlich bedauerte er seine Tat. Aus seiner Jackettasche ragten zwei Zigarren. Ich nahm beide heraus, behielt eine für mich, steckte ihm die andere in den Mund und sagte:

«Du hast das Risiko auf dich genommen, jetzt mußt du dein Spiel zu Ende spielen!»

Dann gab ich ihm Feuer. Er war in Schweiß gebadet, und sein Kassierer zitterte: Die beiden hatten Alarm geschlagen. Ich wollte ihnen eine Lehre erteilen, die sie nicht vergessen würden.

Ich rief Jean-Paul zu:

«Paß auf! Sie haben Alarm geschlagen!»

Normalerweise blieben wir niemals länger als zwei Minuten, da die perfekt für Banküberfälle organisierte Montrealer Polizei in weniger als drei Minuten zur Stelle sein konnte.

Ich hatte die Zigarre immer noch im Mund, als die Schießerei losging. Die Fensterscheiben der Bank zersprangen. Alle Kunden hatten sich auf den Boden geworfen. Jean-Paul war auf den Bürgersteig gesprungen und beschoß aus der Hüfte die Polizisten mit einem Kugelhagel 45er. Ich war über den Zahltisch gesprungen und hatte auf einen Polizisten geschossen, der sich hinter seinem Wagen versteckt hielt. Dann kam Jean-Paul wieder in die Bank. Wir konnten nicht mehr durch die Haupttür zu unserem Auto kommen. Von überall her wurde geschossen. Ich entdeckte den Notausgang und rief ihm zu:

«Dort ... Los, mein Junge! Ich decke dich!»

Er stürzte sich in den Durchgang, der zum hinteren Teil der Bank führte. Ich folgte ihm, nachdem ich noch einige Kugeln abgefeuert hatte, um unsere Flucht zu schützen. Von überall her kamen Polizeiwagen mit heulenden Sirenen. Als wir in einem Durchgang angekommen waren, der eigentlich nur eine Gasse war, merkte ich, daß kein Polizist uns gefolgt war. Wir luden schnell wieder unsere Waffen. Passanten kamen an uns vorbei, schienen aber nicht zu verstehen, was los war. Auf einer Hauptstraße hielten wir einen Wagen an und warfen die Insassen hinaus. Jean-Paul setzte sich ans Lenkrad. Ich sagte ihm, er solle langsam fahren. Wir sahen Polizeiwagen, die zur Stelle des Überfalls fuhren, ohne zu ahnen, daß ihnen die über den Weg fuhren, nach denen sie eigentlich suchten. Jean-Paul schaute mich mit einem Lächeln auf den Lippen an und lachte laut auf:

«Deine Zigarre ...»

Erst jetzt merkte ich, daß ich sie während der ganzen Aktion im Mund behalten hatte. Ich nahm einen Zug und ließ sie qualmen.

«Klasse! ... Sie ist nicht einmal ausgegangen!»

Dann drehte ich mich zu Jean-Paul und sagte:

«Gut gemacht, Junge ... Der wird nie wieder mit Musikbegleitung arbeiten wollen!»

Um die Wahrheit zu sagen, wir hatten Glück gehabt, mit heiler Haut davonzukommen.

Am folgenden Tag berichtete die ganze Presse über die Schießerei und stellte die Frage: «Was kann man gegen diese beiden tun?» Die Montrealer Polizei wurde durch unsere Gelassenheit und unsere Entschlossenheit aufs höchste gereizt. Es war Zeit für uns, Kanada zu verlassen. Wir beschlossen, nur noch eine Bank zu überfallen, was wir auch auf die sanfte Tour und diesmal ohne Musik taten. Die Bankdirektoren hatten sich abgesprochen.

Während unsere Freunde uns die Pässe übergaben, organisierte ich unsere Abfahrt und traf alle Vorsichtsmaßregeln. Zum Abschied veranstalteten wir eine Fete.

Als wir unser Gesuch für die Pässe eingereicht hatten, hatten wir den nötigen Dokumenten eine Flugkarte nach Frankreich hinzugefügt, um die Dringlichkeit zu begründen. Daher glaubten die Behörden der Königlichen Gendarmerie in Ottawa, uns mit der größten Leichtigkeit beim Einstieg ins Flugzeug festnehmen zu können. Sie wußten nicht, daß ich selbst ihnen eine Falle gestellt hatte: Durch die Flugkarte hatten sie zwar den genauen Termin unserer Abfahrt sowie unsere Richtung – Frankreich – erfahren, doch beabsichtigten wir nicht, legal irgendeine Grenze zu überschreiten, trotz unserer Pässe, die außerhalb des kanadischen Gebietes auch ihre Gültigkeit behielten. Die Behörden hatten sicher nicht damit angegeben, falsche Pässe für die beiden meist gesuchten Verbrecher Kanadas hergestellt zu haben. Uns war damit die Flucht sehr erleichtert worden. Alles war nur eine Frage der Zeit – und zwar der Zeit, die die Regierung in Ottawa brauchen würde, um wahrzunehmen, daß wir sie gefoppt hatten. Ich hatte aus Montreal Freunde in New York angerufen, um ihnen unsere Ankunft im *Waldorf-Astoria* anzukündigen. Unsere Absicht war, auf Waldwegen über die Grenze zu fahren.

Wir hatten die Gegend um Covey Hill ausgewählt. Freunde mit legalen Identitätspapieren machten einen Versuch mit ihren Frauen und hatten dabei weder bei der Hin- noch bei der Rückfahrt die geringsten Schwierigkeiten. Nur eine Streife von Grenzaufsehern hatte die Papiere der Insassen eines vor ihnen fahrenden Wagens kontrolliert. Es wurde also beschlossen, daß am Tag unserer Abfahrt ein Wagen mit einem meiner Freunde, seiner Frau und seinen zwei Kindern hundert Meter vor uns und ein anderer Wagen mit zwei Freunden, die ein Maximum an Whisky getrunken haben würden, hinter uns fahren würde. Würden wir aus irgendeinem Grund für eine Kontrolle angehalten, dann sollte der zweite Wagen sich beim schnellen Vorbeifahren möglichst verdächtig machen, um die Grenzaufseher hinter sich herzulocken – sie würden dann ohne Zweifel Jagd auf sie machen und vergessen, uns zu kontrollieren. Ich und Jean-Paul wollten das vermeiden, was mit den Förstern passiert war, waren aber fest entschlossen, keine Hindernisse bei unserer Flucht zu dulden. Wir würden die Grenze schwer bewaffnet überschreiten – sollte im Fall einer Kontrolle der Trick mit den beiden Betrunkenen nicht klappen, so würden wir die Grenzaufseher niederschießen. Ich hatte mir einen Colt 45 mit Schalldämpfer für den Notfall verschafft.

Der Tag der Abfahrt kam. Genau wie ich hatte Jean-Paul eine sehr hohe Summe Geld in Hundert- und Tausend-Dollar-Noten bei sich. Lizon folgte ihrer Liebe, und Joyce, durch das Abenteuer entzückt und ein wenig von ihrem neuen Leben berauscht, folgte mir. Ich war ein letztes Mal vor der Abfahrt mit Janou in Kontakt getreten und hatte ihr mitgeteilt, daß ich nach Südamerika ging, daß sie aber sicher sein konnte, mich wiederzusehen und daß ich alles unternehmen wollte, um sie rechtmäßig auf freien Fuß setzen zu lassen.

Der Grenzübergang ging ohne die geringste Schwierigkeit vor sich. Uns begegneten weder Grenzaufseher noch sonstige Wagen. Ich wunderte mich darüber, wie leicht es eigentlich ist, ohne jede Kontrolle das amerikanische Hoheitsgebiet zu betreten, und ich verstand, daß Schieber jeder Art leichtes Spiel hatten. Als wir in Cannon Cornes waren, trennten wir uns von unseren Freunden. Jean-Paul war obenauf:

«Wir haben sie alle reingelegt, nicht wahr, Franzose?»

«Ja, mein Junge ... Diesmal haben wir endgültig gewonnen.»

Während wir in Richtung New York fuhren, setzten alle Polizeieinheiten Kanadas, die uns immer noch im Land wähnten, ihre intensive Suche fort. Ich war eines Mordes beschuldigt worden, den ich nicht begangen hatte ... Ich hatte geschworen, mir mein und Janous Leid entgelten zu lassen, und ich hatte mein Wort gehalten: die Polizei und die Banken hatten einen hohen Preis zahlen müssen.

Wir kamen am Abend im *Waldorf-Astoria* an. Als der Portier von unseren vielen Koffern den mit den Waffen nehmen wollte, lehnte ich es ab. Jeder von uns nahm eine Suite und einen Tresor, um die im Schweiße unseres «Kalibers» erworbene Ernte unserer Arbeit einzuschließen. Wir wollten nur zehn Tage dort bleiben, daß heißt die nötige Zeit, um einige Angelegenheiten zu regeln. Das Waldorf-Astoria stellte den Luxus mit gutem Geschmack – den Super-Palast – dar: Ich war sicher, während dieses kurzen Aufenthaltes keiner Polizeikontrolle ausgesetzt zu werden. Am selben Abend luden uns meine amerikanischen Freunde in ein spanisches Nachtlokal, das *Madrider Schloß*, ein, und wir feierten gebührend unsere Freiheit. Ich dachte an Janou – allein in ihrer Zelle, wie groß war ihr Leid! Aber ich wußte auch, daß sie sich über meinen Erfolg freute. Daß Joyce an meiner Seite war, gehörte nur zur Spielregel.

Wir mußten unsere Einreisepapiere für Südamerika vorbereiten. Wir wählten Venezuela, da ich Beziehungen in Caracas hatte, und beschlossen, daß ich als erster zusammen mit Joyce hinfahren würde, während Jean-Paul uns nach vier Tagen folgen sollte. Es hatte keinen Sinn, eine doppelte Festnahme auf dem Kennedy-Flughafen zu riskieren. Aber das Glück war mit uns: auch hier ging alles ohne Schwierigkeiten vonstatten. Wir landeten nachts auf dem venezolanischen Flughafen, wo ein Freund auf uns wartete. Zwanzig Minuten später waren wir in La Guaira, einer reinen Touristenortschaft. Wir ließen uns in dem einzigen Luxushotel, dem *Macuto-Sheraton,* nieder. Es war paradiesisch am Meeresufer gelegen. Ein neues Leben bot sich mir an – aber nur scheinbar. Denn ich hatte die Absicht, wieder nach Nordamerika zurückzugehen, wenn ich einmal hier gut eingerichtet und organisiert sein würde, um zusammen mit Jean-Paul einige Banken zu überfallen. So würde ich finanziell abgesichert sein, und zwar endgültig.

Jean-Paul hatte sich uns angeschlossen. Wir hatten einen Wagen gekauft und einen anderen gemietet. Wir wohnten jetzt in einer prächtigen Villa mit Schwimmbad, dessen Vermietung und Verkaufszusage wir erzielt hatten, indem wir dem Besitzer eine beträchtliche Summe vorgeschossen hatten. Wir hatten es völlig nach unserem Geschmack eingerichtet. Ich lebte dort unter dem Namen Bruno Dansereau, war für unsere Dienstboten und die Kaufleute im Dorf aber bald «Don Bruno» geworden. Für unseren Schutz hatten wir zwei herrliche deutsche Schäferhunde und einen dänischen Windhund gekauft, die alle drei aus einer Dressurschule kamen. Die Beziehungen ließen nicht auf sich warten; am meisten interessierten mich aber diejenigen, die ich bei der Polizei anknüpfte. In Venenuela kann man alles kaufen und verkaufen. Zusammen mit Jean-Paul hatte ich ein Bankkonto eröffnet. Der Direktor hatte uns keine Fragen über die Herkunft unserer Banknotenbündel gestellt. Wir hatten das Gerücht verbreitet, daß wir beabsichtigten, ein Hotel zu kaufen, worauf der Polizist, der mein Freund zu sein glaubte, mir versicherte, daß ich wegen der Sicherheit meines Lokals beruhigt sein könnte. Er stellte mich einem seiner Vorgesetzten vor, der mit dem Schutz der Banken in Caracas beauftragt war. Diese zweideutige Situation amüsierte uns sehr. Wir luden ihn in unsere Villa ein. Oft ist der Luxus das Zeugnis einer scheinbaren Ehrbarkeit, vor allem für diejenigen, die dazu bereit sind, ein Auge zuzudrücken. Ich wollte Waffen haben – der Polizist verschaffte sie mir und ... bot mir sogar an, am Schießstand der Polizei üben zu können.

Unsere Tage verbrachten wir auf See, wo wir nach Schwertfischen jagten. Abends gingen wir zum Tanz ins *Macuto-Sheraton.* Joyce benahm sich wie eine verliebte Frau, jedoch konnte es ihr nicht gelingen, daß ich Janou vergaß. Auf sexuellem Gebiet verstanden wir uns total und leidenschaftlich, aber ich wußte, daß sie nicht zu jenen außergewöhnlichen Frauen gehörte, auf die man sich verlassen kann. Sie stand der Realität unserer Lage allzu weit entfernt und sah nur die angenehme Seite des Abenteuers. Ich wußte, daß sie aufrichtig war; aber sie lebte in einem Traum, der mit einer Katastrophe enden konnte. Ihre Liebe zu mir war mit der einer Geisha zu vergleichen, die ihren Herrn bewundert. Ich war für sie der «Caid», derjenige, der über die anderen gebietet – aber auch der zartfühlende Liebhaber. Ihre Leidenschaft war nicht erheuchelt; sie liebte mich, da ich sie gelehrt hatte, eine Frau zu sein und die Lust in all ihren Formen zu kennen. Sie sollte mir zwei Jahre später beweisen, daß ihre Liebe zu mir bis zum Verzicht auf ihre Freiheit gehen konnte, indem sie die Flucht von fünf meiner Freunde, die als die härtesten Verbrecher Kanadas betrachtet wurden, vorbereitete und durchführte. Zu dieser Zeit aber konnte ich mir nicht vorstellen, daß sie zu einer solchen Tat fähig war, genausowenig wie Jean-Paul sich vorstellen konnte, daß er ihr seine Freiheit und seine Begegnung mit dem Tod verdanken würde. Vorerst lebten wir in den Tag hinein, denn jeder Tag, der verging, war ein Tag, den wir der Zeit gestohlen hatten, die wir im Gefängnis hätten absitzen müssen. Ein einziger Tag der Freiheit war all die Risiken wert, die wir auf uns genommen hatten, um ihn unserem Schicksal zu entreißen. Aber gerade dieses Schicksal sollte alle unsere Pläne in Unordnung bringen …

Einer unserer Schäferhunde mochte Lizons Anwesenheit nicht. Wir hatten es uns einmal in aller Ruhe beim Schwimmbad bequem gemacht, als er über sie herfiel. Er hatte sich in ihr Gesicht festgebissen, noch bevor ich hatte eingreifen können. Jean-Paul war schneller gewesen: er hatte den Hund am Hals gefaßt und ihn mit Faustschlägen dazu gezwungen, loszulassen. Lizon lag auf dem Boden mit dem an vielen Stellen aufgerissenen Gesicht. Warum hatte dieser Hund, der von uns gut behandelt wurde, so aggressiv reagiert? Wir wußten es nicht. Unser Personal war herbeigelaufen, um Lizon in ihr Zimmer zu bringen. Sie glaubte, sie sei entstellt. Jean-Paul ging in die Villa hinein und kam wieder mit einer Waffe in der Hand heraus. Ich wußte, er würde das Tier niederschießen. Ich trat ihm entgegen:

«Tu es nicht, mein Junge! Es wird dir zwar wohltun, aber du wirst es später bedauern.»

Dann nahm ich ihm die Waffe weg.

«Hast du nicht gesehen, wie er Lizon zugerichtet hat? Laß mich ihm eine Lehre mit den nackten Händen erteilen!»

Der Schäferhund war zum Kampf dressiert worden, aber er weigerte sich, Jean-Paul zu beißen, der ihn in vollem Schwung schlug. Der im Töten erfahrene Hund ... hatte den Killer im Menschen erkannt. Jean-Paul schlug nicht mehr, als ich es ihm befahl. Er hielt die Faust vor dem Maul des Schäferhundes ausgestreckt in einer Geste des Trotzes. Das Tier leckte ihm die Hand ab, als wollte es um Vergebung flehen. Durch einen einfachen Biß hatte es all unsere Hoffnungen zerstört.

Man mußte Lizon in ein Krankenhaus bringen. Das Klima war ungünstig für ihre Wunden. Wenn man nicht schnell die kosmetische Chirurgie eingreifen ließ, lief Lizon Gefahr, für immer Narben davonzutragen. Jean-Paul war nicht davon abzubringen: Er beschloß, wieder nach Kanada zu gehen, um sie operieren zu lassen – und zwar trotz meiner Ratschläge, da das Risiko allzu groß war. Er beschloß, schon am folgenden Tag zu fliegen. In der Flughafenhalle nahm Lizon, die einen Verband um den Kopf hatte, mit leichenblassem Gesicht Abschied von Joyce, während ich mich mit Jean-Paul über seine Rückfahrt und die Vorsichtsmaßnahmen unterhielt, die er für seine Sicherheit treffen mußte.

«Paß schön auf dich auf, mein Söhnchen! Ich habe unsere Freunde in New York angerufen, sie werden dich erwarten ... Aber, das sage ich dir noch einmal, du begehst einen Fehler, noch einmal nach Montreal zu gehen. Ich will hoffen, daß ich mich täusche. Ruf mich im Notfall an, du weißt, daß du dich absolut auf mich verlassen kannst.»

«Du brauchst dir keine Sorgen zu machen, alter Bruder! ... In einem Monat bin ich wieder da!»

Als sein Flugzeug startete, empfand ich ein Gefühl der Leere. Wir haben uns niemals wiedergesehen – Briefe sollten unsere einzige, letzte Verbindung sein während der zwei Jahre bis zu dem Tag seines gewaltsamen Todes, als er von der Polizei niedergeschossen wurde. Zu dieser Zeit glaubte ich noch an seine Rückkehr, genauso wie ich an meine Freiheit glaubte ... die ich jedoch bald verlieren sollte, genau wie Jean-Paul.

Vier Tage nach seiner Abfahrt rief er mich an. Mit Lizon war alles in Ordnung, was aber nicht bedeutete, daß die Nachrichten gut waren. Zehn Tage nachdem wir das *Waldorf-Astoria* verlassen hatten, war der FBI schon auf unserer Spur. Ohne es zu wissen, waren wir einer Festnahme entwichen. Am beunruhigendsten aber war, daß Jean-Paul in der kanadischen Presse hatte lesen können, daß die Königliche Gendarmerie der Meinung war, wir wären nach Südamerika gegangen. Mein Entschluß war schnell gefaßt: Ich teilte ihm meine Absicht mit, nach Frankreich zu gehen, wo ich sicher war, Freunde wiederzutreffen. Er sollte mir dorhin nachkommen, sobald Lizon völlig gesund war. Diese Abreise war nicht endgültig, doch wollte ich mich nicht in einem fremden Land erwischen lassen. Einige Mitglieder der venezolanischen Polizei waren mir zwar zugetan, aber dieser Schutz würde wahrscheinlich nicht weiter gelten, wenn sie einem internationalen Haftbefehl wegen doppelten Mordes an Staatsbeamten gegenüberstehen würden. Der Lauf der Dinge beschleunigte sich, als der Bulle, der mir Waffen verkauft hatte, ganz bestürzt zu mir in die Villa kam.

«Don Bruno», sagte er zu mir, «bei meinem Vorgesetzten ist ein Fahndungsbefehl der Interpol gegen Sie und Ihren Freund eingetroffen. Wir können nichts für Sie tun. Sie müssen schnellstens Venezuela verlassen. Sie können sich auf mich verlassen, ich lasse Sie ohne Kontrolle durch den Flughafenzoll kommen – aber vor allem müssen Sie weg von hier! Sie hatten mir nicht gesagt, Don Bruno, daß alle Polizisten der Welt nach Ihnen suchen! Das ist zuviel für uns.»

In weniger als 24 Stunden hatte ich mein Bankkonto geleert, den Wagen weiterverkauft und mein Personal für sechs Monate im voraus bezahlt, da es trotz allem möglich war, daß sich mit der Zeit alles gab. Joyce freute sich, Venezuela zu verlassen, denn für sie hieß Frankreich einfach Paris.

Der Polizist begleitete mich mit mehreren seiner Leute und drückte den Ausreisestempel in meinen Paß, ohne meine Koffer zu durchsuchen, die mehrere Waffen enthielten. Wir flogen Richtung Madrid: Ich zog es vor, in Spanien zwischenzulanden, um dann nachts mit einem Mietwagen und der Waffe im Gürtel über die französische Grenze zu fahren. Sollte es schiefgehen, so konnte ich immer noch mein Glück versuchen. Auf dem Madrider Flughafen ging alles vollkommen normal. Über das Prinzip des Zolls mußte ich immer wieder lächeln – ich bin immer mit einer Waffe im Koffer gereist und niemals kontrolliert worden. Aus Glück oder ganz einfach deswegen, weil ich natürlich geblieben bin, konnte ich jeden Ärger vermeiden.

Ungefähr um 20 Uhr überschritten wir nach einer langen Wagenfahrt die französische Grenze in Hendaye. Der Zöllner fragte, ob ich etwas zu verzollen hatte. Ich hätte gern zugesehen, was er für ein Gesicht gemacht hätte, wenn ich ihm meinen Haftbefehl vorgelesen hätte, gab mich aber damit zufrieden, ihm zu danken, als er uns unsere Pässe zurückgab.

Ich hatte Frankreich viereinhalb Jahre vorher verlassen. Seitdem Guido gestorben war, hatte ich den Kontakt mit vielen Beziehungen verloren. Ich war aber sicher, durch seinen Vetter diese Verbindung wiederaufnehmen zu können, um eine neue Bande zu bilden.

Ich war glücklich, wieder in meinem Land zu sein. Ich würde meinen Vater wiedersehen, von dem ich wußte, daß er schwer krank war. Ich wußte auch, wie riskant eine solche Begegnung war: sicher überwachte die Polizei meine Familie. Diese Überwachung machte mir aber nur wenig aus – denn ich empfand das sehr starke Bedürfnis, meinen Vater zu sehen und ihn in meine Arme zu schließen, so wie er es gemacht hatte, als ich noch ein Kind war und er vom Krieg zurückkam. Ich mußte ihm erklären, warum ich so handelte. Er würde auf keinen Fall mit mir einverstanden sein, ich wußte, daß er der einzige war, der zumindest meine Reaktionen verstehen konnte.

Vor allen Dingen mußte ich eine Stadt finden, wo ich leben würde. Ich wählte Mantes, eine Stadt, die sehr nah bei Paris liegt, und mietete dort einen Bungalow. In zwei Tagen hatte ich ein System eingerichtet, das mir es möglich machen sollte, der Polizei zu entgehen, falls das Unglück sie dazu führte, bei mir an die Tür zu pochen, um mich festzunehmen. Nachdem ich so perfekt eingerichtet war, nahm ich endlich meine Kontakte wieder auf. Als ersten besuchte ich Mario, Guidos Vetter. Mit ihm beschloß ich, daß er mir ein paar ernsthafte Jungs vorstellen würde. Als das Gespräch auf Guidos Tod und bestimmte Personen kam, die sich gerade nach seinem Tod seiner Frau gegenüber unpassend verhalten hatten, versprach ich, persönlich die offenen Rechnungen zu begleichen. Zuerst mußte ich aber eine neue Mannschaft bilden, da fast alle damaligen Freunde im Gefängnis oder tot waren. Darauf bemerkte Mario: Es ändert sich viel in mehr als vier Jahren! Als er mir Remy vorstellte, wußte ich gleich, daß wir Freunde werden würden. Ein solider Junge und sehr guter Waffenexperte. Er war äußerst vorsichtig und kannte kein Mitleid bei den Angelegenheiten in unserem Milieu. Er gehörte zu dieser Art Männer, die für einen Freund bis zum Letzten gehen. Er stellte mich wiederum seinen Freunden und Beziehungen vor. Meine kanadische Vergangenheit war eine gute Visitenkarte. Ohne der Boss zu sein, war ich derjenige, der die Entschlüsse faßte. Ich hatte persönlich nichts mehr zu verlieren und war fest entschlossen, ein sehr hartes Spiel zu spielen, um mich in Paris wieder durchzusetzen. Ich fing damit an, mir eine vollständige Rüstkammer aufzubauen. Durch andere Beziehungen bekam ich falsche Identitätspapiere, so daß ich bald sechs verschiedene Pässe hatte, von denen zwei direkt aus der Polizeipräfektur kamen und vor dem Schalter zur Unterzeichnung landeten, wo ich einer der meist gesuchtesten Männer der Welt war. Das war ein guter Beweis für die Gelassenheit und nicht für die Unvorsichtigkeit. Ich tat das gleiche, um einen Personalausweis für Joyce zu bekommen, die bei ihrem schönen kanadischen Akzent die französische Staatsbürgerschaft bekam.

Mein Vater kam zur verabredeten Zusammenkunft, für die ich alle notwendigen Sicherheitsmaßregeln getroffen hatte. Mein Herz schnürte sich zusammen, als ich ihn sah: die Krankheit zehrte an ihm, und ich verstand gleich, daß ich ihn niemals lebendig wiedergesehen hätte, wäre ich nicht ausgebrochen. Er litt an Krebs, aber er wußte es nicht, da man ihm den wirklichen Grund der Operation, durch die er schon den Klang seiner Stimme eingebüßt hatte, verheimlichte. Seine Augen leuchteten auf, als er sah, wie ich ihm entgegenkam. Wir gingen in ein von einem Freund geführtes Restaurant essen. Er machte keinen Hehl aus seinem Schmerz darüber, daß ich so handelte, wobei sein «Trotz allem bleibst du mein Sohn!», ohne eine Entschuldigung zu sein, seine Resignation ausdrückte. Er liebte mich ...

Er teilte mir nichts Neues mit, als er mir sagte, daß alle Polizeieinheiten Frankreichs hinter mir her seien. Als er mir aber anvertraute, Janou sollte im Juli 1973 zurückkommen, da hier ein Haftbefehl wegen bewaffneten Überfalls auf sie wartete, wurde mir klar, daß ich unmöglich aus Frankreich weggehen und sie ihrem Schicksal überlassen konnte. Das war ich sowohl der liebenden Frau als auch der treuen Freundin schuldig. Dagegen ließ mich mein Vater verstehen, daß ich unmöglich meine Mutter und meine Tochter sehen konnte. Ich verließ ihn mit dem Versprechen, uns wiederzusehen.

Zusammen mit Remy und der Bande fingen wir mit einer Reihe von Überfällen an. Ich wollte, daß wir auf meine Art und Weise arbeiten – immer sanft und ohne Gewalt außer im Falle eines Zusammenstoßes mit den Bullen. Ich setzte alle meine Partner im voraus davon in Kenntnis, daß ich mich niemals im Laufe eines Coupes oder während einer Schießerei auf der Straße den Polizisten ergeben würde.

Es fehlte mir nicht an Geld. Remy war damit beauftragt, für meine Deckung zu sorgen, während ich in den Banken die Kassen leerte oder zu den Tresoren hinabstieg. Die Überfälle auf Bankgesellschaften waren in Frankreich jedoch so üblich geworden, daß es nicht mehr so viel Geld wie früher gab. Meine neuen Freunde hatten Joyce, die ich von meinen Aktivitäten fernhielt, akzeptiert. Ich hatte ihr klargemacht, daß ich keine Fragen dulden würde. Sie war ein wenig eifersüchtig auf Janou, da sie wußte, daß sie nur vorübergehend an meiner Seite war. Der Platz war eben nicht frei. Die einzige für mich wichtige Frau saß in der Zelle und litt jeden Tag mehr, wenn sie den kanadischen Rundfunk hörte, in der Hoffnung, ich würde nicht wieder festgenommen. Daß eine andere Frau bei mir im Bett lag, war unwichtig, da sie wußte, daß ich sie liebte. Die kanadischen Bullen hatten mit allen Druck- und Erpressungsmitteln versucht, sie weich zu machen; sie hatten ihr sogar Frauenbilder gezeigt und dabei gesagt: «Du siehst es doch, jetzt ist er frei und mit all diesen Weibern, und alles, was mit dir geschieht, ist ihm ganz egal!» Janou hatte sie scharf zurückgewiesen, worauf sie nicht mehr gewagt hatten, ihr noch einmal damit zu kommen.

Anfang Dezember 1973 fanden zwei bewaffnete Überfälle in der Gegend um Mantes statt. Zuerst wurde das Geld für die Lohnauszahlung einer Fabrik in Höhe von 64000 Dollar gestohlen. Drei Tage später raubte man einer Kassiererin, die gerade in einer Bank Geld abheben wollte, 56000 Dollar, nachdem die Gangster die polizeiliche Begleitmannschaft lahmgelegt hatten. Daraufhin begaben sich Polizeikommissar Tour und seine Leute in die Gegend. Ein Mann, der bei einem der beiden Überfälle Zeuge gewesen war, glaubte behaupten zu können, daß die Angreifer einen Taunus benutzten, als sie nach dem Überfall den Wagen wechselten. Nun ließ der Kommissar den Namen all derer aufschreiben, die in der Gegend einen Taunus hatten und konnte dadurch erfahren, daß ein gewisser kanadischer Staatsbürger namens Bruno Dansereau, der sich vor kurzem in der Gegend niedergelassen hatte, gerade einen solchen Wagen gekauft hatte. Er konnte dank der Hilfe des Inspektors Dormier sehr schnell weiter erfahren, daß dieser Kanadier kein anderer als Jacques Mesrine war, das heißt derjenige, den sie wegen zahlreicher Delikte suchten. Ein Umstand sollte mich jedoch vor einer Festnahme retten, während mein Instinkt das übrige tat.

Die Männer des Kommissars beschatteten mich. Sie überwachten mich in der Stadt Mantes, wollten aber meine Festnahme nur in größter Sicherheit riskieren. Sie wußten, daß ich immer bewaffnet und zu allem bereit war. Trotz meines Argwohns hatte ich sie nicht bemerkt. Ich fühlte mich jedoch unwohl; ich hatte meine Freunde seit mehreren Tagen nicht gesehen, was verhinderte, daß sie selbst beschattet wurden. Einige Tage vorher hatte ich einen Sportwagen bei demselben Händler bestellt, der mir den Taunus verkauft hatte, und es blieb nur noch die Frage der Farbe zu regeln. Die letzte Hand sollte das Schicksal anlegen, und zwar in Form des Vertreters, der eines Abends um 20 Uhr mit seinem Katalog bei mir vorbeikam. Ich fragte ihn, ob er mir den Taunus abkaufen wollte. Ich blieb scheinbar ruhig, während mir das Blut in den Adern gerann, als er sagte:

«Ja, das kann ich ohne weiteres. Übrigens, gerade waren Polizisten bei meinem Chef und haben ihn über Sie befragt ... jawohl, gerade wegen des Taunus ... Sie haben doch keinen Unfall gebaut?»

Ich antwortete nein und rief Joyce an, sobald er weg war:

«Schnell, Mädchen! Pack die Koffer, die Bullen sind mir auf den Fersen.»

Kommissar Tour hatte beschlossen, mich am folgenden Morgen festzunehmen und hatte deshalb keinen seiner Leute bei meiner Wohnung postiert, aus Angst, ich könnte sie bemerken. Ich verließ mein Haus um Mitternacht. Wieder mußte ich viele meiner Sachen zurücklassen. Auf meinen Knien hatte ich den 45er Colt, während das Kaliber 12 mit dem abgesägten Kolben an meiner Seite lag – also fünf Rehschrotschüsse, um mir im Notfall den Weg freizumachen. Ich kam unbehelligt in Paris an. Nachdem ich mich mit aller Vorsicht vergewissert hatte, daß mir niemand gefolgt war, ging ich zu einem Freund, um bei ihm die Nacht zu verbringen. Am Morgen rief ich alle zusammen, um sie über die Ereignisse zu unterrichten. Ich beschloß, einen meiner Pässe zu benutzen, um eine Wohnung in Paris oder den unmittelbaren Vororten zu mieten. Diesmal wurde ich Nicolas Scaff, Architekt. Die Wohnung, die ich in der Rue Pierre-Grenier Nummer 1 in Boulogne-Billancourt gefunden hatte, bot alle Garantien der Sicherheit. Sie wurde mir von einem Richter, der eine Stelle im Ausland hatte und sogar akzeptierte, daß das Telefon weiter auf seinen Namen lief, untervermietet. Ich hatte diesmal alle Hoffnungen, in Ruhe gelassen zu werden, und es wurde Zeit, Jean-Paul Mercier herzuholen ... Ich rief in Kanada an. Bernard war völlig niedergeschlagen:

«Ja ... er und Lizon ... Wann? ... Vor zwei Tagen.»

Ich hatte richtig gehört, Jean-Paul war von der Polizei bei einem Überfall, den er zusammen mit der geheilten Lizon versucht hatte, wieder festgenommen worden. Wäre ich nicht aus Mantes geflohen, so hätte ich das gleiche Schicksal wie er gehabt – ungefähr zur gleichen Stunde trotz mehrerer tausend Kilometer Entfernung. Ich sagte Bernard, ich würde mein möglichstes tun, um ihn aus dem Zuchthaus zu kriegen, bräuchte aber Zeit, mindestens sechs Monate. Diese Nachricht stimmte mich traurig, da Lizon ihr Verhältnis mit meinem Freund sehr teuer bezahlen mußte – sie wurde später zu zehn Jahren Zuchthaus verurteilt. Zur Zeit hegte ich noch die Hoffnung, den beiden aus ihrer Lage zu helfen. Bald würde ich das gleiche Schicksal erfahren.

Ich hatte begonnen, mit einigen Leuten abzurechnen, und meine kaltblütige Entschlossenheit erschreckte viele. Mehrere Menschen kamen im endgültigen Ausgleich ums Leben. Ich wußte, daß die französische Polizei mir auf der Spur war und daß ich über kurz oder lang festgenommen werden würde, auch war ich nicht naiv genug, um zu glauben, so was passiere nur den anderen. Ich faßte also den Entschluß, meine Flucht noch vor meiner Festnahme zu organisieren. Ich wußte, daß man mich im Fall einer Festnahme wegen einer alten Sache vor das Gericht in Compiègne stellen würde. Diese Sache ging bis in die Zeit zurück, als ich noch ein Gasthaus hielt. Ich fuhr allein zu dieser Stadt und besichtigte den Justizpalast, um zu sehen, ob es dort eine Möglichkeit gab, eine Waffe zu verstecken. Die Toiletten der Anwälte waren der einzig zugängliche Ort, wenn ich einmal vor Gericht erscheinen mußte. Ich zeichnete das Gerichtsgebäude, den Justizpalast und die umgebenden Straßen ab. Drei Tage später kam ich mit Freunden zurück, um ihnen zu erklären, was zu machen sei, falls ich unglücklicherweise festgenommen werden würde. Remy kam nicht umhin zu sagen:

«Du willst alles vorausplanen, berechnen, und du hast auch recht. Wenn ich noch frei bin, kannst du dich darauf verlassen, daß alles so gemacht wird, wie du es berechnet hast.»

Wir prüften die Rückfahrtstraßen und die Gendarmeriewachen, so daß ich, falls ich geschnappt wurde, nur einen Termin festzulegen brauchte, damit sich alles zu meiner Flucht bereit fand. Diese Vorsichtsmaßnahmen sollten mir vier Monate später nützlich sein. Zur Zeit war ich jedoch weit davon entfernt zu ahnen, daß mir nur noch ein Monat Freiheit blieb.

Seit meiner Rückkehr hatten wir ungefähr zwanzig Banken überfallen. Eine hatte ich sogar aus reiner Lust ganz allein überfallen, indem ich die Mittagspause ausgenutzt hatte, um in das Büro der Direktoren einzudringen. Nachdem ich sie ungefährlich gemacht hatte, zwang ich sie, den Tresor aufzumachen. Die wenigen Kundinnen, die in der Bank waren, konnten mich nicht sehen. Ich hatte die beiden Direktoren mit Handschellen gefesselt, indem ich die Kette durch den Spalt zwischen Tresortür und Tresor steckte. Dann sagte ich gelassen:

«Bleibt ruhig, Kinder, ich will jetzt die Kasse leeren!»

Ich ging an den Kundinnen vorbei, als ob ich ein Mitglied des Personals wäre, betrat die Kasse und leerte sie aus, während ich eine Kundin fragte:

«Werden Sie schon bedient, Madame?»

«Ja, ja, die Direktoren holen gerade meine Unterlagen.»

«Sie sind bestimmt gleich zurück, haben Sie keine Angst!»

Dann hatte ich die Bank in aller Ruhe verlassen. Auf Remys Frage, warum ich es allein gemacht hatte, antwortete ich:

«Das ist sehr gut, um die Selbstbeherrschung zu behalten ... Und siehst du, mein Sohn, einige Leute vertreiben sich die Zeit, indem sie Golf spielen oder Ski laufen ... ich aber entspanne mich bei einem bewaffneten Überfall ... Ich lebe nur für das Risiko. Ich weiß, daß es dumm ist, aber ich setze gern mein Leben aufs Spiel. Ich bin über die Stufe Angst hinaus und weiß nicht mehr, was sie bedeutet ... Aus diesem bloßen Grund bin ich gefährlich.»

Ich mußte eine sehr alte Rechnung mit einem Barbesitzer und allgemein bekannten Polizeispitzel begleichen. Er kaufte ihren Schutz mit Geld und indem er seinen Freunden von der Sittenpolizei Auskünfte erteilte. Ich ging also auf sein Etablissement zu, um von ihm eine sechs Jahre alte Rechenschaft zu fordern.

Es war eine Bar mit Nutten, die auf freundschaftlichem Fuß mit den Bullen des Viertels standen. Die Kundschaft war ziemlich ausgesucht, da die Bar in einem feinen Viertel von Paris lag. Sobald ich eingetreten war, wandten sich mir in der gedämpften Beleuchtung mehrere Köpfe zu. Ich bestellte einen Scotch. Ein hübsches Mädchen bediente mich und fragte mit sinnlichem Mund, ob ich ihr vielleicht etwas anbieten würde. Ich lehnte es ab und sprach die Kassiererin an:

«Schon lange her, daß ich in eurer Bude war! Ist Marcel immer noch der Boss hier?»

Sie schaute mich mit ihren Schweineaugen und ihrem Aussehen an, als ob sie die ganze Welt zum Narren halten wollte. Und noch bevor dieses dicke, kupferrote und häßliche Mädchen seinen Mund aufgemacht hatte, wußte ich, daß es einen sehr schlimmen Ausgang nehmen würde.

«Mein Boss ... Was für ein Boss?»

«Du hast keinen Boss?»

«Weiß nicht.»

«Hör mal, du Fettdarm, wenn ich Fragen stelle, dann wird geantwortet!»

Ich schüttete ihr den Inhalt meines Glases mitten ins Maul. Einer der Kunden, der nichts anderes als ein Trottel war, tat so, als ob er eingreifen wollte. Mit einer schnellen Bewegung hatte ich meinen 45er Colt gezogen – Panik brach aus. Ich rief dem Mädchen zu:

«Ich will deinem Schweinehund von Boss meine Visitenkarte hinterlassen!»

Ich ging um die Theke herum und begann, alle Flaschen und Spiegel um die Bar herum zu zerschlagen. Am hellen Tag und in einem der Pariser Viertel, wo es die meisten Polizisten gab, war das gewagt, aber ich wollte dem Barbesitzer zu verstehen geben, daß mir seine Schutzherren in Politik und Polizei scheißegal waren. Ich war knapp eine Minute mit dieser totalen Zerstörung beschäftigt, als mein Instinkt mich vor einer Gefahr warnte. Gerade stand ein Bulle in der Eingangstür und war bereit, auf mich zu schießen. Dazu hatte er aber nicht genug Zeit, denn ich schoß schneller als er. Er wurde durch den Aufprall der Kugel vom Boden gehoben und auf den Bürgersteig geschleudert. Durch den hinteren Teil der Bar erreichte ich einen kleinen Hof, der auf ein Wohnhaus führte. Als ich durch das Tor ging, erblickte ich einen Polizisten, der in einem Streifenwagen saß und dabei war, telefonisch Verstärkung zu verlangen; und nach den Sirenen zu urteilen, die ich hören konnte, waren sie auch schon unterwegs. Ich zielte auf ihn, brauchte nur noch abzudrücken, und er wäre tot gewesen. Das war aber zwecklos, da ich nicht mehr aus dieser Straße, die gleich versperrt sein würde, herauskam. Er drehte sich um und erblickte mich. Ich lachte. Er machte eine schnelle Bewegung und schoß zwei Kugeln auf mich, die die Tür trafen. Ich war schon aus seiner Sicht verschwunden und stieg die Treppe des Wohnhauses hinauf. Ich hatte keine andere Wahl, da ich bald umzingelt sein würde, und meine einzige Chance bestand darin, ein auf eine Parallelstraße führendes Dach zu erreichen; dann müßte ich nur über ein Gittertor springen und wäre schon auf der anderen Seite. Als ich im ersten Stock war, zerschlug ich die Scheiben eines Flurfensters und kletterte aufs Dach. Alle Bewohner standen an ihren Fenstern. Ich kletterte über das Gittertor und befand mich auf dem Dach eines Hofs in der Höhe des ersten Stocks. Auf beiden Seiten waren Wohnungsfenster. Ich warf mich durch eins, wobei die Scheibe mit furchtbarem Lärm brach. Mehrere Leute schrien auf, und ich stand auf einmal einer biederen Frau gegenüber, die über mein plötzliches Auftauchen gänzlich erstaunt war. Sie erschrak, als sie meine Waffe und das Blut sah, das von meinen Händen tropfte, aber ich bedrohte sie nicht.

«Haben Sie keine Angst, Madame ... Bleiben Sie ruhig!»

«Aber ... aber was ist denn los?»

Ich antwortete nicht, sondern nahm sie sanft am Kragen ihrer Bluse.

«Zeigen Sie mir bloß, wo der Ausgang ist und haben Sie keine Angst, ich will Ihnen nichts antun!»

Sie war wieder ruhig geworden, und beinahe lächelnd sagte sie zu mir:

«Gut, also kommen Sie mit ... Aber Sie haben eine komische Art, bei Leuten hereinzukommen!»

Sie führte mich bis zum Ausgang, und ich ging durch das Gittertor ihres Wohnhauses hinaus. Die Bullen suchten auf der anderen Seite nach mir. Ihr in seinem Blut liegender Kollege sollte ihre Berufung zum Heldentum etwas abkühlen. Ich begann, mit der Waffe in der Hand bis zum Ende der Straße zu laufen, um den Boulevard zu erreichen. Ich erblickte ein parkendes Taxi und warf mich hinten hinein. Der überraschte Fahrer drehte sich um und stellte fest, daß ich meine Waffe auf ihn gerichtet hielt. Ich befahl mit harter Stimme:

«Schnell! Fahr geradeaus ... Keine Angst, deine Kasse interessiert mich nicht!»

Er fuhr gerade noch zur rechten Zeit los. Schon hatten Polizeiwagen die Straße versperrt, die ich verlassen hatte.

«Wie weit fahren wir, Monsieur?» fragte der Fahrer.

«Hör gut zu, was ich dir sage. Zuerst mußt du mein Gesicht vergessen, das ist besser für dich. Du kannst mich ungefähr zwanzig Straßen weiter aussteigen lassen.»

Dann nahm ich fünf Hundert-Francs-Scheine und legte sie neben ihn auf den Vordersitz:

«Hier, für die Aufregung!»

Nachdem ich mich umgedreht und festgestellt hatte, daß kein Wagen uns gefolgt war, ließ ich ihn halten und stieg aus.

«Tschüs, und du hältst das Maul, okay?»

«Ja ... jawohl, Monsieur, da können Sie sicher sein! Und vielen Dank fürs Geld!»

Ich verschwand in der Menge. Es war 20 Uhr, und es begann dunkel zu werden. Ich war noch einmal sehr nahe am Tod vorbeigegangen. Vielleicht hatte der Bulle nicht die gleiche Chance gehabt, doch es gab keine andere Möglichkeit – entweder er oder ich.

Diese Ereignisse hatten schon vor drei Tagen stattgefunden, und ich hatte in den Zeitungen lesen können, daß der Bulle jetzt trotz seiner schweren Wunden außer Gefahr sei. Durch seine Haltung beim Zielen war meine Kugel in den Hals eingedrungen und aus dem Rücken wieder ausgetreten. Er gehöre zu einem Streifenwagen, der routinemäßig dort vorbeifuhr; dann seien sie von den Barmädchen herbeigerufen worden. Die Frau vom Wohnhaus hatte den Journalisten gesagt, daß ich sehr nett zu ihr gewesen sei, worüber ich lächeln mußte. Der Taxifahrer hatte sich gar nicht gemeldet.

Ich war seit diesem Tag nicht mehr ausgegangen. Da ich Freunde empfangen sollte, beschloß ich einzukaufen. Meine Wohnung war im elften Stock. Ich hatte es mir angewöhnt, jedesmal vom Balkon aus zu schauen, ob alles normal zu sein schien. Ich bemerkte nichts Besonders – und doch waren sie schon seit zwei Tagen da. Sie lauerten auf mich und fotografierten mich, sobald ich zum Vorschein kam. Kommissar Tour und seine Männer hatten meine Spur wiedergefunden. Sie hatten weniger als zwei Monate dazu gebraucht und vor allem die Unvorsichtigkeit der Frau eines meiner Freunde ausgenutzt, die in dem Glauben, sie werde nicht beschattet, nach meiner letzten Schießerei mit den Bullen bei mir Informationen geholt hatte. Ihr Mann wohnte bei mir und sollte gleichfalls dieser Beschattung zum Opfer gefallen. Ich war schon zweimal hinuntergegangen, doch die Polizisten, die auf der Straße Stellung genommen hatten, mußten feststellen, daß meine rechte Hand jedesmal keine Pakete trug. Daher zogen sie es vor zu warten, so wie zwei Monate vorher in Mantes. Sie wußten nicht, daß ich niemals bewaffnet war, wenn ich in dem Viertel einkaufen ging. Meine Papiere waren in Ordnung; alle glaubten, ich sei ein Architekt, und ich wollte nicht, daß ein Kaufmann zufällig meine Waffe entdeckte. Außerdem unterschätzte ich nicht die Fähigkeiten der Polizisten. Wenn sie zum Unglück mein Versteck finden würden, wußte ich, daß ich diesmal keine Chance hatte, ihnen zu entgehen. Denn jeder auf der Straße konnte ein Bulle sein, der Anstreicher, der Briefträger und sogar derjenige, der mit einem Laib Brot in der Hand seinen Hund spazieren führte. Diesmal warnte mich mein Instinkt nicht vor der Gefahr. Ich ging ein drittes Mal hinunter und beachtete den Jungen nicht, der beim Fleischer ein Steak «wie üblich» bestellte.

Diesmal hatte ich bei der Rückkehr beide Hände voller Pakete. Ich mußte an einer Garage vorbeigehen, die gegenüber einer Bushaltestelle lag. Als ich dort angelangt war, sprangen sechs Männer auf mich los, während sie ihre Waffen an meinen Kopf richteten, hatten mich andere an den Armen gefaßt. Ein letzter zielte auf meine Brust. Dann hörte ich nur noch den Befehl des Inspektors Dormier:

«Bleib stehen, Jacques, oder du bist tot!»

Meine Pakete rutschten auf den Boden, und die Flaschen zerbrachen beim Hinfallen, doch als guter Verlierer sagte ich nur:

«Gut gemacht ... Ihr habt mich gekriegt. Ihr seid schlauer als die kanadischen Bullen. Herzlichen Glückwunsch, das war ganze Arbeit! Ihr habt aber auch etwas Glück gehabt.»

Jawohl, die beiden Kommissare Tour und Avazeri, der Divisionsinspektor Dormier und die Inspektoren Allegrini, Darrouy, Caliaros und Albert hatten gute Arbeit geleistet, und ich würdigte meine Gegner trotz alldem, was jetzt auf mich wartete. Als sie mir mit Handschellen die Hände auf den Rücken gebunden hatten, ergriff Kommissar Tour das Wort:

«Eine verdammte Arbeit war das mit dir, Jacques, und glaube mir, ich bin froh, daß es so ausgeht! Ich rechne eigentlich immer mit dem Schlimmsten bei einem solchen Kunden wie dir. Ich weiß, daß deine Kanadierin bei dir zu Hause ist. Gehen wir also nach oben – nun, das ist keine Falle, einverstanden?»

Das versicherte ich ihnen.

Als wir in den Flur meines Wohnhauses traten, ließ mich der überraschte Blick der Pförtnerin laut auflachen.

«Monsieur Nicolas ... aber was ist denn los?»

«Nichts Besonderes, Madame ... Sagen Sie bloß dem Richter, der mir seine Wohnung vermietet hat, daß sein Mieter einer der meist gesuchtesten Männer der Welt gewesen ist.»

«Ach du lieber Gott!» war ihr einziger Kommentar.

Wir gingen die Treppe hoch zum elften Stock. Ich klingelte an meiner Tür. Für Joyce bedeutete das den Zusammensturz eines schönen Traumes und außerdem Gefängnis. Ich warnte den Kommissar:

«Sie ist nur ein Kind, Monsieur Kommissar! Sie hat mit dem Ganzen nichts zu tun ... also bitte keine Schikanen, ja?»

«Das wissen wir, Jacques. Sag ihr nur, daß sie aufmachen soll. Ich verspreche dir, daß wir sie ordentlich behandeln werden!»

Eine weibliche Stimme fragte hinter der Tür:

«Bist du es, Liebling?»

«Jawohl, Mädchen ... ich bin aber nicht allein. Die Bullen sind mitgekommen. Ich bin festgenommen worden. Bleib ganz ruhig und mach auf!» Als sie öffnete, stürzten sich die Polizisten mit der Waffe in der Hand sofort in alle Zimmer der Wohnung. Aber Tour hielt sein Versprechen, und Joyce bekam keine Handschellen angelegt. Ich durfte mich hinsetzen. Diesmal waren mehr als fünfzehn Bullen in meiner Wohnung.

«Wir wollen jetzt auf deine Freunde warten», sagte mir Inspektor Dormier.

Er wußte nicht, daß normalerweise keiner zu mir hinaufkam, ohne vorher angerufen zu haben, und zwar unter Verwendung eines ganz genauen Codes.

«Was für Freunde?» sagte ich. «Ich wohne hier allein!»

Er sagte mir ihre Namen.

«Also gut, da Sie umsonst warten wollen, machen wir es wenigstens auf angenehme Weise. Darf ich Ihren Erfolg feiern und Ihnen etwas zum Trinken anbieten?»

Ich wandte mich an Joyce:

«Bring uns mal etwas, falls der Kommissar einverstanden ist.»

Er stimmte zu. Ich wollte Zeit gewinnen. Fünf meiner Freunde sollten zum Abendessen kommen, und ich wartete auf den ersten Telefonanruf. Würde ich nicht antworten, so wären sie gewarnt.

Als ein bestimmtes Klingelzeichen erklang, war mir klar, daß mein Freund Michel nicht vorsichtig genug gewesen war, um anzurufen. Er wohnte bei mir und sollte normalerweise erst später ankommen. Alle Bullen bezogen Stellung und zielten auf die Tür. Kommissar Tour warnte mich:

«Wenn du ihn warnst, knallen wir ihn nieder!»

Ich wußte, daß Michel nicht bewaffnet war und die Tatsache, bei mir zu wohnen, war nur ein sehr bescheidenes Vergehen. Die Polizisten rissen schnell die Tür auf und fielen über ihn her. Sie führten ihn in das Zimmer, in dem ich war. Er protestierte gegen die Männer, die ihm Handschellen anlegten.

Unsere Blicke trafen sich. Ich konnte seine Überraschung herauslesen.

Die Polizisten hatten ihn sich neben mich setzen lassen. Joyce gab uns zu trinken, da wir unsere Gläser nicht halten konnten. Die Bullen ließen es sich auch schmecken, sie hofften, einen großen Teil meiner Bande zu schnappen. Ich war sauer, daß Michel nicht angerufen hatte. Das kostete ihn nun die Freiheit.

Es war Punkt acht, als das Telefon läutete. Sodann legte der Anrufer auf, um gleich darauf noch einmal anzurufen. Ich sollte normalerweise beim vierten Klingeln den Hörer abnehmen. Ich schaute Kommissar Tour lächelnd an. Weder er noch seine Leute wußten, was sie tun sollten. Selbst wenn sie drangegangen wären, hätte das nicht genügt, da wir eine Codenummer als Unterhaltungsanfang hatten. Ich blickte ihn an und lachte laut auf, da meine Freunde jetzt wußten, daß etwas Unvorhergesehenes bei mir passiert war. Kein einziger würde es jetzt noch riskieren, hier zu erscheinen.

«Sie können das Warten aufgeben, Kommissar!»

«Für dieses Mal glaube ich schon», antwortete er gelassen.

Man brachte uns nach Versailles. Da wir uns nichts weiter zu sagen hatten, war das Verhör eine reine Formsache. Ich saß in ihrem Büro und hörte mir alles an, was man mir vorhielt. Darunter bestimmte Sachen, die mir gänzlich fremd waren.

«Sag mal, Jacques, es wurde viel gestorben in der Gaunerwelt, seit du zurückgekommen bist.»

Er tischte mir zum Beispiel die Leiche eines Anfängers auf, der mit vier Kaliber 45-Kugeln im Kopf im Wald in der Nähe von Versailles an einem Ort namens «Die falsche Ruhestätte» gefunden worden war. Sogar der Tod hatte Sinn für Humor ... oder auch der Killer, wenn er den Ort absichtlich ausgewählt hatte.

«Ach, Monsieur Kommissar (ich hatte das «Monsieur» hinzugefügt), Sie wissen doch, daß ich keiner Fliege etwas zuleide tun könnte.»

«Einer Fliege vielleicht nicht. Aber halt uns doch nicht für Idioten. Du hast ja beinahe überall auf der Welt einen Privatfriedhof.»

Dann lächelte er:

«Wieviel Menschen hast du in deiner Laufbahn schon getötet? Ich weiß, es waren alles Leute aus deinem Milieu, aber wie viele? Etwa zehn oder zwanzig?»

«Warum nicht 39, wenn Sie schon gerade dabei sind!»

Trotz des achtundvierzigstündigen Verhörs verhielt sich Joyce gut. Da sie allerdings nicht auf dem laufenden war, hätte sie auch unmöglich mehr sagen können. Michel machte sich nicht einmal die Mühe, die Fragen zu beantworten.

Wir sollten jetzt in Verwahrung genommen werden. Vor der Abfahrt sagte der Kommissar zu mir:

«Diesmal, Jacques, kommst du für lange Zeit rein!»

«Wollen wir wetten, daß ich in drei Monaten schon wieder draußen bin?»

«Da kann ich nur lächeln! Aus dem Gefängnis Santé bricht keiner aus.»

Ich antwortete nicht, dachte aber an meine Vorbereitungsmaßnahmen im Justizpalast von Compiègne. Wie recht hatte ich doch gehabt, meine Festnahme vorauszusehen! Remy war immer noch frei, und ich erinnerte mich an seinen Satz: «Solange ich frei bin, kannst du sicher sein, daß alles so gemacht wird, wie du es wünscht!» Ich wußte, daß ich mich auf ihn verlassen konnte. Es würde also genügen, die nötigen Schritte zu unternehmen, um schnell vor das Gericht in Compiègne gestellt zu werden, wo ich 1968 durch ein Versäumnisurteil verurteilt worden war. Wenn ich Berufung gegen dieses Urteil einlegte, mußte ich von neuem verurteilt werden – so lieferte mir das Gesetz selbst die Waffen, um mein Projekt durchzuführen.

Wir verließen den Transportwagen am Verwahrungsort. Obwohl dort alles unfreundlich aussah, durfte ich von Joyce Abschied nehmen – man wollte den Krach vermeiden, den ich sonst geschlagen hätte. Ich umarmte sie zärtlich und machte ihr klar, daß sie Vertrauen zu mir haben könnte. Sie würde nicht lange in Haft bleiben, da sie unschuldig sei.

«Es dauert keine zwei Monate, dann bist du wieder frei. Nur nicht den Mut verlieren, Mädchen!»

Sie weinte.

«Und du ... Mein Gott, ich liebe dich, und wir werden uns nie wiedersehen.»

«Hab Vertrauen zu mir, das ist alles!»

Sie mußte zu ihrer Abteilung – der Frauenabteilung. Nach einem letzten Lächeln, dessen Traurigkeit mir weh tat, verschwand sie.

Ich verbrachte die Nacht auf einer Pritsche in einer Zelle zusammen mit einem Kerl, der gerade wegen Waffenhandels geschnappt worden war. Er stellte sich vor: «Henri aus Lyon.»

Nach seinen Worten hatte er viel Schlimmes erlebt und insgesamt mehr als zwanzig Jahre gesessen. Ich hatte keine Lust zu sprechen, aber ich hörte ihm zu. Es tat ihm gut, seine Geschichte zu erzählen.

«Und wie ist es mit dir? Eine ernste Sache?»

Ich antwortete: «Nein» und brach die Unterhaltung damit ab.

Am Morgen kam der Transportwagen, um mich ins Gefängnis Santé zu bringen. Ich hatte vor zehn Jahren die französischen Gefängnisse mit der festen Absicht verlassen, sie nie mehr zu betreten. Damals glaubte ich auch daran, während ich heute wußte, daß ich ständig auf der Hut sein mußte, wenn ich nicht bis zum Ende meines Lebens dort bleiben wollte.

Das Gefängnis Santé: eine aussätzige alte Jungfer, die Zierde der französischen Strafverwaltung. Die Zellenregelung waren genau dieselbe geblieben: sechs mehr oder weniger saubere Quadratmeter, in denen man jeden Tag 23 Stunden von 24 verbringen mußte. Dazu die vollkommenste Untätigkeit. Wenn man ein Gefängnis betritt, verliert man mehr als nur seine Freiheit. Man weiß, daß man dort das Reich der Willkür, der Ungerechtigkeit und Schikanen jeder Art finden wird. Man wird zur «Strafgeisel» mit allen Mitteln der Erpressung – der Erpressung mit der Besuchszeit, der Erpressung mit der Begnadigung oder der Bewährungsfrist.

Als ich durch das Tor dieser harten Anstalt ging, nahm ich mir vor, dort nicht zu versumpfen. Es war der 11. März 1973 ... Ich hatte Kommissar Tour gesagt, ich würde innerhalb von drei Monaten raus sein ... Ich hoffte, mein Versprechen halten zu können.

Während meiner ersten Nacht in der Zelle wunderte ich mich über meine inneren Reaktionen. Ich wußte, daß ich in der Falle war, hatte jedoch keine Angst um meine Zukunft. Dieser Glaube an mein Schicksal hatte etwas Beunruhigendes an sich. Ich hatte zuviel in meinem Leben gesehen und getan, um mich noch von einem Gefängnis beeindrucken zu lassen. Sobald der Mensch nicht mehr «einzuschüchtern» ist, wird er äußerst gefährlich. Ich war ein «Mann der Flucht», der nur daran denkt auszubrechen, sobald er ein Gefängnis betreten hat.

Die ersten Hafttage waren mit meiner Überführung in verschiedene Quartiere der Landgendarmerie ausgefüllt, wo ich Zeugen von Banküberfällen gegenübergestellt wurde. Das menschliche Zeugnis ist ein recht schwacher Beweis – so wurde ich bei Überfällen erkannt, die ich nicht unternommen hatte, während ich bei anderen, die ich tatsächlich begangen hatte, unerkannt blieb. Bei diesem Bild der Gesellschaft kam mir das Kotzen. Daß einer durch sein positives, aber falsches Zeugnis einen Menschen für Jahre wegen eines Verbrechens, das er nicht begangen hat, ins Gefängnis bringen kann, hat immer wieder einen mörderischen Haß in mir hervorgerufen. Der einzige Mordprozeß, der mir gemacht worden war, geschah wegen eines Mordes, den ich nicht begangen hatte, und ich hatte zusehen können, wie Frauen Meineide auf die Bibel schworen, als wäre es ein Wahrheitsbeweis, Gott als Garantie zu benutzen. Ob man mich wiedererkannte oder nicht, das änderte für mich nichts, und ich antwortete immer wieder dasselbe: «Ihnen habe ich nichts zu sagen.» Das tat ich mehr aus Prinzip als aus irgendeinem anderen Grund, da ich mein Urteil im voraus kannte und es mir vollkommen gleichgültig war.

Kanadische Polizisten kamen zu mir, zeigten mir einen Stapel Bilder von Mitgliedern der Mafia und der Montrealer Gaunerwelt, die mit mir zusammengearbeitet hätten können, und brachten Beschuldigungen vor, obwohl sie wußten, daß ich jedesmal leugnen würde. Nachdem sie mir einige Bilder gezeigt hatten und sahen, daß ich mich nur mit einem Lächeln über sie lustig machte, sagte Detektiv Fauchon zu mir:

«Weißt du, Mesrine, mit dir war es eine echte Strapaze in Quebec! Wir hätten dich sehr gern gekriegt, aber ich muß zugeben, daß du ein verdammt guter Kerl bist. Wir wußten ganz genau, daß du jede Aussage verweigern würdest, aber für uns ist es eine Gelegenheit, Paris kennenzulernen.»

Die Gendarmerie stellte mir mein Versäumnisurteil zu zwei Jahren Gefängnis durch das Gericht in Compiègne zu. Ich erhob Einspruch, worüber sich der Gendarm wunderte, da bei der Strafe, die ich zu erwarten hatte, zwei Jahre mehr oder weniger gar nicht wichtig waren ... doch das war meine Tür in die Freiheit. Ich befahl meiner Anwältin, es so einzurichten, daß diese Affäre schnell behandelt würde. Weit davon entfernt, meine Absichten zu ahnen, leitete sie alles in die Wege.

Die Untersuchung hatte begonnen. Ich wurde mit einer sehr starken Geleitmannschaft zum Justizpalast gebracht. Der erste Kontakt mit dem Untersuchungsrichter war herzlich. Außer der ungeheuerlichen Quantität der bei mir gefundenen Waffen und einer beträchtlichen Summe Geld, die den Beweis dafür lieferten, daß ich Banküberfälle begangen hatte, teilte er mir mit, ich sei des Mordes an einem Zuhälter, des Mordversuches an einem Polizisten und einer beträchtlichen Anzahl von Banküberfällen beschuldigt. «Vorerst ...» fügte er humorvoll hinzu. Die kanadischen Behörden klagten mich ihrerseits wegen zweifachen Mordes an Forstbeamten, mehreren Mordversuchen an Polizisten, des doppelten Mordversuches an Gefängniswärtern, des Angriffs auf ein Bundesgefängnis sowie neun Banküberfällen an. Als ich lächelte, sagte mir der Richter:

«Es sieht so aus, als ob Sie all das kalt ließe.»

«Mehr als kalt, Monsieur ... es ist mir vollkommen gleichgültig. Dagegen möchte ich sagen, daß die junge Kanadierin Joyce Deraiche, die mit mir zusammen lebte, mit der ganzen Sache nichts zu tun hat.»

«Das weiß ich, Mesrine, und ich beabsichtige, sie auf Ersuchen Ihrer Anwältin einstweilig auf freien Fuß zu setzen.»

Joyce wurde am 18. Mai unter gerichtlicher Kontrolle entlassen und wohnte bei Freunden.

Die Tage vergingen, und ich wurde immer gespannter, da ich endlich den Termin erfahren hatte, an dem ich vor dem Gericht in Compiègne erscheinen sollte – es war der 6. Juni. Meine Freunde waren davon in Kenntnis gesetzt worden. Die Stunden und Tage, die mich noch von diesem Termin trennten, schienen nicht vorbeigehen zu wollen. Ich führte im Gefängnis ein normales und unauffälliges Leben und traute keinem. Im großen und ganzen waren die Wärter korrekt, da sie genau wußten, daß Leute meiner Art während der Haft keinen Streit suchten.

Ich verbrachte meine Tage damit, zu lesen und in meiner Zelle Sport zu treiben, um in bester körperlicher Form zu sein. Viele der jungen Burschen, die mir begegneten, gehörten eigentlich in kein Gefängnis. Es war kein geeigneter Ort für diese Unglücklichen, da deren jämmerlich kleinen Delikte eigentlich keine Verhaftung erforderten. Aber so ist nun einmal die Gesellschaft – im Gefängnis, dieser Schule des Verbrechens, bereitet sie ihre zukünftigen «Staatsfeinde Nummer eins» vor, anstatt den jugendlichen Verbrechern zu helfen, sich aus ihrer Lage zu befreien. Ich hatte das zu einer Zeit erlebt, in der sich alles anders hätte entwickeln können, hätte mir die Gesellschaft eine Chance gegeben. Ihren Mangel an Verständnis hatte mir diese Gesellschaft sehr teuer bezahlen müssen, und ich gab mich nicht geschlagen, obwohl ich inhaftiert war. Ich kannte meine Grenzen – ich hatte keine.

Für mich mußte der 6. Juni 1973 mein letzter Hafttag in La Santé sein. Eins war sicher: um 15 Uhr würde ich entweder frei oder tot sein. Ich hatte meinen Fluchtplan bis in die letzten Einzelheiten vorbereitet. Es erschien vielleicht unmöglich – ich aber glaubte daran. Noch einmal wollte ich mein Leben aufs Spiel setzen. Ich hatte mich lange auf diese schwierige Aktion vorbereitet und alle Möglichkeiten untersucht, die eintreten konnten. Ich wußte um die Gefahr mit den Gendarmen, die fähig waren, ihr Leben der Pflicht zu opfern. Ich würde ihnen allein gegenüberstehen. Wenn ich einen einzigen Irrtum beging, so bedeutete das zwar einen schnellen, aber sicheren Tod. Dieses Ende war mir aber lieber als eine lange Haftzeit. Ich sah sogar meinem Tod mit einer gewissen Gelassenheit ins Auge – denn seine Verhaftung zu akzeptieren, heißt zugeben, daß man verloren hat. Ich war am 8. März festgenommen worden und hatte Kommissar Tour versprochen, in drei Monaten frei zu sein. Er hatte das für einen Scherz und Trotz gehalten; er sollte bald einsehen, daß ich niemals scherzte.

Der Oberaufseher machte um neun Uhr früh meine Zellentür auf.

«Die Eskorte ist da, Mesrine!»

Ich folgte ihm. Man durchsuchte mich – doch man kann weder Ideen noch Absichten aufspüren. Der Aufseher sagte zu mir:

«Bis heute abend, Mesrine!»

«Bis heute abend, Monsieur!»

In der Registratur wartete Carrier, der stellvertretende Direktor, auf mich. Ich schätzte ihn auf eine bestimmte Art – er war ein rechtschaffener und korrekter Mensch. Als er mich erblickte, kam er mir entgegen:

«Es ist alles bereit, Monsieur Mesrine!»

Dann wandte er sich zu dem Führer der Geleitmannschaft:

«Passen Sie auf ihn auf! Er ist sympathisch, aber gefährlich!»

Der Eskortenführer legte seine Hand auf die Hängetasche mit seiner Waffe und antwortete spöttisch:

«Mit der, Monsieur, gibt es keinen gefährlichen Menschen mehr!»

Unsere Blicke trafen sich, doch er bemerkte nicht den ironischen Glanz in meinen Augen. Ich ließ mich fesseln. Dann stieg ich in den Transportwagen, der uns zum Bahnhof bringen sollte. Dort wurde ich unter strenger Bewachung in ein abgesondertes Abteil gebracht. Während der ganzen Fahrt beobachtete ich die, die bald meine Gegner sein würden. Der Eskortenführer war ohne Zweifel der erfahrenste. Ich konnte spüren, wie er mißtrauisch und auf alles gefaßt war.

Ich mußte mich krank stellen. Der ganze Erfolg meiner Flucht lag darin, daß ich oft zur Toilette gehen mußte. Der Zug fuhr seit gut zwanzig Minuten, als ich mich an den Eskortenführer wandte:

«Chef, der Direktor hat Ihnen sicher gesagt, daß ich zur Zeit einen Anfall von Ruhr habe ... Entschuldigen Sie bitte, aber ich muß zur Toilette!»

Er blickte seinen Kollegen an und befahl ihm, die Toiletten zu durchsuchen.

Diese Einzelheit war von Bedeutung, denn sie bewies das Klima des Mißtrauens. Bevor er mich zu den Toiletten führte, warnte er mich:

«Versuch ja keine Tricks!»

Er ließ mich in die Toilette gehen, machte mir eine Hand frei und kettete die andere an sich. Ich mußte also meine Notdurft mit blankem Arsch und einem strammstehenden Gendarmen neben mir verrichten; es fehlte nur noch die Marseillaise! Ich spielte den Wütenden – eine weitere Vorbereitung für mein geplantes Unternehmen.

Während der ganzen Fahrt klagte ich nur über meine imaginären Bauchschmerzen. Die Gendarmen fingen allmählich an, mir zu glauben. Wir brauchten eine Stunde bis nach Compiègne. Der Zug hielt, und man ließ mich aussteigen. Mehrere Stadtgendarmen verstärkten jetzt die Eskorte. Ich wurde zunächst zum Sitz der Brigade geführt, da der Prozeß erst um 14 Uhr begann. Als ich in den Transportwagen einstieg, erblickte ich einen meiner Freunde, der so tat, als würde er eine Zigarette wegwerfen. Bei diesem Zeichen wurde mir wieder warm ums Herz. Es war also alles für meine Flucht vorbereitet. Ich brauchte nur noch einige Stunden zu warten. Remy hatte sein Versprechen gehalten, wie nur echte Freunde es tun. Ich empfand für ihn dieselbe Zuneigung wie für einen Bruder, und er blieb mir darin nichts schuldig. Ich wurde in eine Zelle geführt und konnte hören, wie der Eskortenführer zu seinen Leuten sagte:

«Und vor allem unter keinen Umständen aufmachen!»

Gegen 13 Uhr ging die Tür auf – es war der Eskortenführer mit einem Sandwich in der Hand. Da in dem Revier kein Essen für die Gefangenen vorgesehen war, hatte er es von seinem eigenen Geld gekauft. Diese einfache menschliche Geste sollte in dem Augenblick meiner Aktion ausschlaggebend sein und ihm vielleicht das Leben retten. Er gab mir das Sandwich:

«Hier, Mesrine, das habe ich für Sie gekauft!»

Ich bedankte mich; dann war der Zeitpunkt für die Fahrt zum Justizpalast gekommen. Ich wurde vor der Abfahrt noch einmal durchsucht und bekam zwei Paar Handschellen angelegt, was mich lächeln ließ. Ein Paar auf dem Rücken wäre wirklich ratsamer gewesen. Der Polizeichef sagte zu mir:

«Nun, Mesrine … diesmal gibt es lebenslänglich.»

In seinen Worten klang keine Provokation mit – es war nur eine Feststellung, die für ihn einer Tatsache gleichkam. Ich antwortete in demselben scherzhaften Ton:

«Außer wenn der Richter mich einstweilig auf freien Fuß setzt!»

«Na, Sie haben Ihren Mut ja noch nicht verloren!»

Ich wollte die Stimmung etwas entspannen. Durch eine Unterhaltung wird die Wachsamkeit immer gelockert. Ich ging Schritt für Schritt auf einem Weg, den ich als einziger kannte. Es blieb noch weniger als eine Stunde bis zur Aktion. Wir fuhren zum Justizpalast.

Als der Transportwagen in den Hof fuhr, erkannte ich durch die Fensterscheibe meinen Freund Remy. Er hob die Hand an seine Sonnenbrille – die Waffen waren also an ihrem Platz, jetzt war ich an der Reihe.

Ich fühlte mich ruhig und bei vollen Kräften.

Ich wurde ins Gerichtsgebäude gebracht. Madame Smadja, meine Rechtsanwältin, war weit davon entfernt zu ahnen, daß sie bald ihren Kunden verlieren sollte. Sie ließ mir sagen, daß wir in fünfzehn Minuten an der Reihe wären. Jetzt mußte ich handeln. Ich wandte mich an den Eskortenführer und sagte mit einer Stimme, die sich klagend anhören sollte:

«Chef, es geht wieder los ... Sie müssen mich zu den Toiletten bringen!»

Das war das ganze Problem. Die Waffe lag auf dem Spülkasten der Toiletten im ersten Stock, die normalerweise den Richtern und Anwälten zugedacht waren. Die Gendarmen zogen mich in den Hof, auf dem die öffentlichen Toiletten waren. Diese Möglichkeit war jedoch vorhergesehen worden, meine Freunde hatten kurz nach meiner Ankunft das Klopapier aus allen Toiletten entfernt. Angekommen, machte mir der Eskortenführer die Tür des ersten Klos auf, nachdem er ein Paar Handschellen abgenommen und einen Teil der anderen um das rechte Handgelenk eines seiner Männer geschlossen hatte. Ich blickte ihn mit scheinbar überraschter Miene an:

«Es ist aber kein Papier da!»

Er machte die Tür des nächsten Klos auf.

Ich tat so, als ob ich wütend sei. Mein Ruf würde schon das Übrige bewirken.

«Also, Chef ... Sie halten mich wohl für einen Idioten! Hier ist auch kein Klopapier, und schauen Sie sich das bitte an, wie verdreckt es hier aussieht! Bringen Sie mich ins Gerichtsgebäude zurück!»

«Aber ...»

«Da gibt's kein aber! ... Wenn Sie Streit mit mir suchen, dann gibt es Krach, das kann ich Ihnen garantieren! Ich mag nicht, daß man mich verscheißert, verstanden?»

Man konnte ihm ansehen, wie er meine Reaktionen fürchtete. Ihm war gesagt worden: «Paß auf! Gefährlicher Typ!» Nachgiebig führte er mich zusammen mit seinen Leuten in das Gerichtsgebäude zurück. Ich mußte um jeden Preis zu den Toiletten im ersten Stock, konnte ihn aber nicht darum bitten, ohne seinen Argwohn zu wecken – ich mußte mir also etwas ausdenken. Da ich wußte, daß man Angst vor mir hatte, rief ich mit schroffer Stimme den Gerichtsdiener:

«Ihre Klos sind ja zum Kotzen ... Gibt es denn überhaupt keine sauberen hier?»

Ich sah, wie er zögerte, während meine Gendarmen allmählich nervös wurden. Meine Anwältin kam heran und fragte, was los sei. Ich nutzte das aus, um zu dem Gerichtsdiener zu sagen:

«Was sagen Sie? Dort oben?»

Damit hatte ich es ihm in Erinnerung gebracht, ohne daß die anderen bemerkt hatten, daß er in Wirklichkeit gar nichts gesagt hatte. Erleichtert und allzu froh, mir einen Gefallen erweisen zu können, bestätigte er:

«Jawohl, dort oben ... Im ersten Stock ... Und sie sind garantiert sehr sauber.»

Ich wandte mich an den Eskortenführer:

«Es gibt noch Toiletten im ersten Stock ... Bringen Sie mich dorthin!»

«Wir haben keine Zeit mehr, Mesrine.»

«Die Zeit dazu müssen wir aber haben! ... Ich habe Bauchschmerzen und beabsichtige nicht, in diesem Zustand vor dem Richter zu erscheinen. Wenn Sie mich nicht hochbringen, schreie ich das ganze Haus zusammen!»

Da er jeden Skandal vermeiden wollte, fügte er sich:

«Gut, einverstanden ... Gehen wir, Mesrine! Aber bleiben Sie bitte ruhig!»

Ich wurde nach oben geführt. Mit jeder Treppenstufe kam der Augenblick der Handlung näher. Ich konnte sie dort oben nicht angreifen, ohne ein Blutbad zu veranstalten, da ich instinktiv wußte, daß sich der Eskortenführer auf mich stürzen würde, auch wenn ich bewaffnet war. Es lag aber in meiner Absicht, jede Gewalttat und jeden Mord zu vermeiden.

Es gab zwei Toiletten im ersten Stock, und ich wußte, daß in jeder eine Waffe versteckt worden war. Der Spülkasten lag so hoch, daß man nicht draufschauen konnte. Ich befürchtete, der Eskortenführer würde die Toiletten wie im Zug durchsuchen wollen. Die Tür der ersten war auf. Schnell ging ich hinein, ohne ihm Zeit zu lassen, die Initiative zu ergreifen.

«Ich mache schnell, Chef! Wollen Sie mich nicht losbinden?»

Aber es kam nicht so, wie ich es geplant hatte. Nicht nur, daß er mich immer noch an seinen Kollegen angebunden ließ, er ließ auch noch die Tür auf, so daß es mir unmöglich war, nach der Waffe zu greifen. Ich drehte mich zu dem Gendarm und sagte ihm mit boshaft vulgärem Ton:

«Jetzt reicht's aber ... bist du ein Schwuler oder was? ... Man könnte glauben, du riechst gern Scheiße! Nun los, mach die Tür zu!»

Als sein Chef mich noch einmal wütend sah, gab er nach. Wäre die Situation nicht so dramatisch gewesen, so hätte man sie als komisch bezeichnen können. Sie stießen die Tür zu, so daß nur noch der mit mir verbundene Arm des Gendarmen in der Toilette war. Ich zog ihn herein, so weit es ging, da ich nicht wollte, daß er meine Bewegung spüren konnte, wenn ich auf den Klositz stieg, um nach der Waffe zu greifen. Es gelang mir, geräuschlos die 9-mm-Luger zu ergreifen. Ich wußte, daß schon eine Kugel im Lauf war. Vor der Tür ahnten die Gendarmen nichts. Ich empfand eine ungeheure Freude, da ich wußte, daß ich mit einer Waffe in den Händen nur noch durch den Tod zu halten war. Ich steckte die Waffe in meinen Gürtel. Dann zerknüllte ich etwas Papier und zog die Spülung. Der Gendarm machte die Tür auf.

«Fertig?»

«Ja, Monsieur, danke! Wir können wieder nach unten.»

Ich ging zurück zum Gericht mit meiner Waffe an der Seite und von meinen Gendarmen begleitet. Nichts in meinem Gesicht zeigte, was eben passiert war. Es blieben nur noch einige Minuten, bevor ich an die Reihe kam. Man ließ mich mit zwei Gendarmen auf meiner linken und drei auf meiner rechten Seite sitzen. Außer ihnen waren noch die Gendarmen für die anderen Häftlinge im Gerichtssaal. Ich hoffte, man würde mir die Handschellen abnehmen, wenn ich an die Reihe käme, so wie es das Gesetz bestimmt. Der Protokollführer kündigte die «Sache Mesrine» an, und man ließ mich aufstehen. Ich blickte den Eskortenführer an, und sagte ihm, indem ich auf meine gefesselte linke Hand zeigte:

«Sie müssen mich losbinden ... ich kann mich doch nicht so dem Richter vorstellen!»

«Kommt nicht in Frage. Gerade er hat befohlen, daß Sie weiter gefesselt bleiben.»

Mir blieb keine andere Wahl – es mußte jetzt oder nie sein. Ich stand dem Gericht gegenüber und meine linke Hand war mit einem Gendarmen verbunden, der gerade dreißig Jahre alt, aber sicher gut trainiert und dazu größer und schwerer als ich war. Kaum einen Meter hinter mir standen vier seiner Kollegen. An meiner Seite stand meine Anwältin.

Als der Gerichtsvorsitzende gerade dabei war, seine Anklagerede mit den Worten anzufangen: «Monsieur Mesrine, Sie erscheinen vor Gericht wegen ...», zog ich mit schneller Geste meine Waffe und richtete sie auf seinen nur wenige Zentimeter entfernten Kopf. Dabei schrie ich:

«Alle auf den Boden ... sonst schieße ich den Richter nieder!»

Dann drehte ich mich schnell nach dem mit mir festgebundenen Gendarmen, drückte ihm die Luger an die Schläfe, zog ihn zu mir her und riß ihn mit zum Podium. In weniger als zwei Sekunden stand ich hinter dem Vorsitzenden. Der Gendarm hatte sich auf den Boden gelegt und flehte mich an, ihn nicht zu töten, während seine durch die Schnelligkeit der Handlung verdutzten Kollegen erst anfingen, das Drama zu begreifen. Ich hatte meine Waffe auf den Nakken des Vorsitzenden gesetzt und demjenigen, der mit mir verbunden war, befohlen, sich die Hand freizumachen, was er auch schnell tat.

«Jetzt hau ab!»

Er kroch auf allen vieren weg. Die Handschellen hingen mir am linken Handgelenk, aber ich konnte mich jetzt frei bewegen. Ich hatte mit der linken Hand den Vorsitzenden am Kragen seines Talars gefaßt. Die beiden Gerichtsbeisitzer wagten nicht, sich zu rühren. Im Gerichtssaal hatten sich alle auf den Boden gelegt, außer den Gendarmen, die, mit Ausnahme des Eskortenführers, alle ihre Waffen gezogen hatten. Sie konnten jedoch nicht auf mich schießen, ohne Gefahr zu laufen, den Richter zu treffen.

Der Eskortenführer kam auf mich zu. Das Podium hatte drei Stufen, und schon hatte er einen Fuß auf der ersten. In seinen Augen konnte ich seine Entschlossenheit lesen. Er hoffte, nah genug zu kommen, um auf mich losspringen zu können. Ich würde gezwungen sein, ihn zu töten und hätte es auch getan, hätte er eine Waffe in der Hand gehabt. Dieser Mensch war sich der Gefahr bewußt, aber voller Mut. Ich mußte also schnell handeln. Ich richtete meine Waffe wieder auf den Nacken des Vorsitzenden und rief dem Eskortenführer zu:

«Ein Schritt weiter, und ich schieße den Vorsitzenden nieder!» Dann schoß ich, um meine Drohung zu unterstreichen, ein paarmal in die Luft. Es war zu einer allgemeinen Bestürzung. Die Gendarmen liefen in alle Richtungen auseinander, bis keiner mehr im Gerichtssaal zu sehen war. Ich zog den Vorsitzenden an seinem Talar hoch.

«Gehen wir, Exzellenz ... Ich lade zur Reise ein!»

«Das nützt Ihnen nichts», sagte er zu mir.

«Dann krepierst du wenigstens mit mir zusammen! Also los!»

Wir gingen durch den Gerichtssaal wie durch einen Wald aus Füßen und Bäuchen. Meine Waffe war auf seinen Nacken gerichtet. Nachdem wir durch mehrere Türen gegangen waren, befanden wir uns im Hof des Justizpalastes.

Einige Gendarmen lagen auf der Lauer und zielten auf mich. Ungefähr dreißig Meter trennten mich noch vom Ausgang. Ich ging entschlossen weiter, wobei ich die Waffe immer noch auf den Nakken des Richters richtete. Hätte man eine einzige Kugel auf mich geschossen, wäre er auch auf der Stelle tot gewesen. Meine Drohung war echt, und die Gendarmen hatten das recht gut verstanden. Ich hatte die Mitte des Hofes erreicht, als der Eskortenführer noch einmal versuchte, sich mir zu nähern – diesmal allerdings mit einer Waffe in der Hand. Ich schoß ihm schnell eine Kugel wenige Zentimeter am Kopf vorbei. Er warf sich auf den Boden. Das war meine letzte Warnung. Es kam natürlich nicht in Frage, daß ich den Richter als Geisel mitnahm. Ich hatte ihn als Schild benutzt, um ein Blutbad zu vermeiden, aber ich fürchtete mich nicht, mein Glück allein zu versuchen, sobald ich erst einmal auf der Straße war. Ich wußte um das Risiko, das ich auf mich nahm, sobald ich den Richter freigab. Als ich die Torhalle am Eingang erreicht hatte, sah ich einen anderen Gendarmen, der auf mich zielte. Ich hätte ihn niederschießen können, begnügte mich aber damit, den Richter vor mich zu nehmen, um den Gendarmen am Schießen zu hindern – wieder war das Spiel unentschieden. Gleich würde ich die Straße erreicht haben; ich warf den Richter mit einem Ruck zur Seite und rannte nach rechts, da ich wußte, daß am Ende der Straße ein Wagen auf mich warten sollte. Kaum war ich zwanzig Meter gelaufen, als hinter mir die Schießerei losging. Ich fühlte beim Weiterlaufen den Aufprall einer Kugel, die mich am rechten Arm getroffen hatte. Ich schlug einen Haken nach links und lief weiter die Straße entlang; ich hörte die Schüsse weiter knallen, drehte mich aber nicht um. Als ich am Ende der Straße war, ging die Tür eines Wagens auf: Remy saß am Steuer. Ich warf mich in den Wagen, als gerade ein Verstärkungswagen der Gendarmerie angefahren kam. Ich erkannte gleich den Chef, der mit mir über mein lebenslängliches Urteil gescherzt hatte, beachtete ihn nicht weiter und rief Remy zu:

«Fahr los, Tempo! Ich bin verwundet!»

Der Transportwagen wollte uns den Weg versperren, doch Remy beschleunigte, so daß es ihm gelang, sich links vorbeizuschlängeln. Auch der Fahrer des Transportwagens beschleunigte jetzt, um uns gegen die parkenden Wagen zu drängen. Das sollte ihm allerdings schlecht bekommen: ich hatte meine Hand durch das Fenster hinausgestreckt und schoß dreimal. Bevor Remy mit rasender Geschwindigkeit um die Ecke bog, konnte ich gerade noch sehen, wie der Fahrer über seinem Lenkrad zusammenbrach. Mir war also meine dritte Flucht gelungen – aber um welchen Preis.

«Gut gemacht!» sagte Remy zu mir, und gab mir eine Selbstladepistole mit einem Magazin von zwanzig Kugeln. Dann fügte er gleich hinzu:

«Hinten liegen in einem Sack eine rothaarige Perücke und Brillen für dich. Außerdem auch noch zwei Granaten und eine Mauser MP. Ist es schlimm mit deiner Wunde?»

«Nein, es geht. Danke, Freund ... Das werde ich dir nie vergessen.»

«Ach, laß das bitte! Das war doch selbstverständlich.»

Dann reichte er mir eine Robert Burns-Zigarre und sagte:

«Hier, Alter, die hast du dir redlich verdient!»

Die Handschellen hingen immer noch an meinem linken Handgelenk. Wahrscheinlich würde man mich deshalb des Diebstahls von Verwaltungsmaterial beschuldigen. Remy hatte vorsichtshalber unsere Sammlung Handschellenschlüssel mitgebracht, so daß ich sie ohne Schwierigkeiten los wurde. Wir hatten alles vorausgesehen, und das Glück hatte das übrige getan.

Wir nahmen nur Seitenstraßen und umgingen so die Sperren, die nach meinem Ausbruch bestimmt errichtet worden waren. Wir wechselten den Wagen in Meaux und fuhren ungefähr zwanzig Kilometer weit bis zum Landgut eines Freundes, der mich eine Woche lang unterbringen sollte. Damit hatte die Polizei Zeit genug, um hinter falschen Spuren und falschen Auskünften, die ihr bestimmt von überall her zugetragen wurden, herzulaufen.

Roberts Haus lag abgelegen. Sobald er unseren Wagen hörte, machte er das Tor auf, er lief uns entgegen und schrie auf: «Ach Scheiße!», als er das an meinem rechten Arm herunterfließende Blut sah.

«Komm schnell, das muß behandelt werden! ... Was für eine Geschichte! Alle Sender berichten über deine Flucht. In ganz Frankreich herrscht Großalarm. Sie sagen, du hättest auf einen Bullen geschossen, der in Lebensgefahr schwebt. Mensch, bin ich froh, dich wiederzusehen!»

Wir waren in die Küche gegangen. Ich hatte meine Jacke und mein Hemd ausgezogen, während Robert sein Verbandszeug holte. Die Kugel war in den Muskel eingedrungen, aber ich empfand keine Schmerzen. Ich blickte Robert an:

«Kannst du sie herausziehen?»

«Wenn sie nicht allzu tief eingedrungen ist, ja. Ich hab das Nötige, um dich örtlich zu betäuben. Ich habe an alles gedacht, ganz wie Remy es gewünscht hat ... Wir rechneten damit, daß sie dir womöglich eine Ladung Schrot aufbrennen würden. Aber bei Gott, das war eine gelungene Flucht!»

Nachdem er die Kugel herausgezogen und mir einen Verband angelegt hatte, tranken wir Champagner. Ich rief Joyce an, was noch nicht so gefährlich war, da ich erst seit zwei Stunden entkommen war.

«Hallo ... Ja, Mädchen, ich bin's! Ja, es ist alles gutgegangen.»

Sie wollte gleich zu mir kommen.

«Nein, unmöglich! Wann? ... In zwanzig Tagen ungefähr. Mach dir keine Sorgen, meine Freunde werden dich holen, wenn es soweit ist.

Inzwischen geh nur möglichst viel spazieren, alle möglichen Polizeieinheiten werden dich beschatten ... Das wird mir nützlich sein. Nein, verwundet bin ich nicht ... Mach dir keine Gedanken, ja? Ich bete dich auch an! Bis dann, und mach alles so, wie ich es dir gesagt habe.»

Dann legte ich auf.

Am Abend war ich der meistgesuchte Mann in Frankreich geworden. Aus dem Fernsehen erfuhr ich, daß mein Bulle doch am Leben bleiben würde. Ich wurde als ein äußerst gefährlicher und zu allem bereiter Mensch dargestellt – ich war der Staatsfeind Nr. 1, derjenige, den man niederschießen mußte. Zusammen mit meinen beiden

Freunden lebte ich langsam wieder auf. In Santé war ich also nur drei Monate geblieben – ich hatte mein Versprechen gehalten.

Ich sprach mit Robert und Remy gleich über Geschäfte. Sie hatten interessante Auskünfte über den Zahltag einer Fabrik eingeholt – es ging um ungefähr 30 Millionen alte Franc (62 000 Dollar). Der Coup sollte in vierzehn Tagen stattfinden. Ich hatte also mit den Vorbereitungen Zeit und konnte mich erst einmal eine Woche lang ausruhen.

Ich war nach Paris gefahren, um mir den Ort anzusehen. Es handelte sich um die Druckerei Lang, Rue Curial Nummer 17. Nach unseren Auskünften sollten vier Mann die Buchhaltung mit dem in Paketen eingewickelten Lohngeld verlassen. Sie gingen an einer Fabrikmauer entlang und mußten die Rue Curial überqueren, um zu dem gegenüberliegenden Gebäude zu gelangen. Von den vier war wahrscheinlich einer bewaffnet. Das Ganze sollte vormittags zwischen zehn und elf Uhr stattfinden. Den Tag würde man uns noch mitteilen.

An einer Stelle wurde die Straße breiter, so daß man, wenn man dort mit einem Lieferwagen parkte, die ganze Mauer und die Männer mit dem Lohngeld im Auge behalten konnte. Nur eins machte mir Sorgen: gerade an dieser Stelle war eine Schule, und ich wollte kein Risiko eingehen, falls die Sache einen blutigen Ausgang nehmen würde. Ich faßte also den Entschluß, die vier Männer nicht abzufangen, wenn sie über die Straße gingen. Das Ganze sollte sich vielmehr in der Fabrik, und zwar neben der Mauer, abspielen. Das war für uns zwar riskanter, mußte aber doch klappen, wenn man es so machte, wie ich es geplant hatte. Unser Fluchtweg sollte die Degrais-Passage sein, die die Rue Curial mit einer anderen Straße verband. So konnte uns die Flucht auch bei einem Polizeieinsatz gelingen.

Wir kamen alle in Roberts Villa zusammen. Remy war seit drei Tagen ins Ausland gereist, so daß er nicht an dem Überfall teilnehmen konnte. Ich hatte einen Geheimplan entwickelt, den jeder von uns an Ort und Stelle überprüft hatte. Ich war seit meinem Ausbruch nicht wiederzuerkennen. Ich trug einen Bart, den ich sowie mein kurz geschnittenes Haar rot gefärbt hatte. Mit der Brille mit falschen Gläsern hätte mich meine eigene Mutter nicht wiedererkannt. Natürlich konnte ich diesmal nicht ohne Maske arbeiten. Da derjenige, der mich über den Coup unterrichtet hatte, auch persönlich am Überfall teilnahm, beschlossen wir, beide blaue Motorradhelme und Jacken anzuziehen. Die beiden würden als Anstreicher mit weißen Kitteln, Mütze auf dem Kopf und Farbtopf in der Hand auftreten. Die zwei Pseudo-Anstreicher sollten dann so an den vier Männern vorbeigehen, als ob sie etwas in der Fabrik zu tun hätten. Im selben Augenblick würden ich und mein Freund aus unserem Versteck auftauchen. Dadurch wären alle vier eingekreist und hätten keine Fluchtmöglichkeiten mehr. Ich wandte mich an Robert:

«Bereite mir einen Lieferwagen vor. Wir streichen die hintere Fensterscheibe blau an und lassen nur einen Spalt frei, damit wir die Männer mit dem Lohngeld sehen können. Die beiden Anstreicher bleiben dann draußen bei dem Lieferwagen stehen. Außerdem brauchen wir eine Decke, die du hinter die Sitze spannst, damit man nicht in den Wagen hineinsehen kann. Als Waffen bitte nur Kleinkaliber und keine MP's! Ich werde als einziger eine 12 mm Automatik mit abgesägtem Lauf und einem vollem Magazin Rehschrot Nummer 9 haben. Damit werde ich sie in Schach halten und euch den Rückweg sichern. Es wird keine Probleme geben – das Ganze kann in dreißig Sekunden erledigt sein. Ich will, daß den Buchhaltern nichts geschieht. Derjenige, der kein Paket trägt, ist bestimmt ein bewaffneter Geleitschutz, um ihn werde ich mich persönlich kümmern. Bevor wir abhauen, stellen wir sie noch einmal an die Mauer und durchsuchen sie. Ich möchte nicht, daß einer von ihnen sich zum Helden berufen fühlt.»

Nachdem alles geregelt worden war, trennten wir uns für die vier Tage bis zum festgesetzten Zeitpunkt.

Am Vorabend unseres Überfalls parkte ich unser Fluchtauto an der Stelle, wo der Lieferwagen am folgenden Morgen stehen sollte, um sicher zu sein, daß der Platz frei war; denn damit stand und fiel unser Unternehmen.

Der Lieferwagen stand mit dem ganzen Material beladen dreihundert Meter weit vom Ort des Überfalls entfernt. Zu unserem Treffen um acht Uhr morgens fuhr jeder von uns mit der Metro. Nacheinander stiegen wir in den Lieferwagen. Robert und ein anderer Freund, die beide vorn im Wagen sitzen sollten, verkleideten sich als Anstreicher. Ein weiterer Freund ging zu dem Wagen, den ich am Vorabend abgestellt hatte. Er sollte sich ans Lenkrad setzen und wegfahren, sobald wir ankamen, um uns den Platz freizumachen. Dann sollte er sich mit dem Auto auf die Straße stellen, zu der die Degrais-Passage führte. Alles lief wie geplant. Als wir bei der Druckerei ankamen, war es halb neun. Da es eine Einbahnstraße war, hatten wir leicht parken können. Robert stellte den Motor ab und stieg mit dem anderen Freund aus. Sie sahen genau wie Anstreicher aus, wie sie da vor dem Lieferwagen standen, mit den Farbtöpfen neben sich auf dem Boden. Wir brauchten nur noch zu warten, da wir für den Fall unvorhergesehener Schwierigkeiten etwas früher angekommen waren. Ich stand neben meinem Freund in dem Lieferwagen, und es war unmöglich, mich hinter dem Motorradhelm mit dem großen farbigen Schirm zu erkennen. Ich hatte mein Gewehr auf den Tisch gelegt, der sich in dem Wagen befand, als er gestohlen wurde. Ich war erst vor vierzehn Tagen entlaufen und schon wieder an der Arbeit; unterdessen fahndeten die Bullen überall nach mir – nur nicht in Paris.

Die Wartezeit wurde lang. Durch den abgekratzten Spalt auf der blauen Fensterscheibe konnten wir die Fabrik in ihrer ganzen Länge sehen, so daß wir sicher sein konnten, die Männer schon von weitem zu sehen. Draußen rauchten meine Freunde und verhielten sich ganz natürlich. Ihnen gegenüber spielten Kinder im Schulhof, während Arbeiter mit Maurerarbeiten beschäftigt waren. Wir warteten schon seit zwei Stunden. Ich fragte denjenigen, der uns über den Coup berichtet hatte:

«Bist du sicher, daß sie heute kommen?»

«Ja ... sicher ... es wird nicht mehr lange dauern, bis sie auftauchen!»

Im selben Augenblick wurde an die Karosserie geklopft – das war das Signal. Ich blickte durch den abgekratzten Flecken und konnte sie sehen. Sie waren zu viert und kamen uns entgegen. Drei von ihnen hatten Pakete in den Händen. Sie waren jetzt nur noch ungefähr fünfzig Meter von uns entfernt.

«Das sind sie!» sagte mein Freund zu mir.

Ich schaute nicht mehr durch das Fenster – mein Freund sollte mir Bescheid sagen, wie weit sie noch vom Lieferwagen entfernt waren. Die beiden falschen Anstreicher sollten ihnen erst entgegentreten, wenn sie nur noch fünfzig Meter von uns entfernt waren.

«Gerade sind die Anstreicher losmarschiert ... Dreißig ... fünfundzwanzig ... zwanzig ... Los, komm!»

Ich war aus dem Lieferwagen hinausgesprungen, und mein Freund folgte mir mit einem großen Militärsack in der einen und einer Waffe in der anderen Hand. Die Anstreicher waren gerade an den Männern vorbeigegangen – jetzt waren sie in die Falle geraten. Ich stand den vier Männern gegenüber und richtete meine Waffe auf sie.

«Keine Bewegung! Legt den Zaster auf den Boden! Stellt euch an die Mauer!»

Sie hatten nicht einmal Zeit genug, um zu begreifen, was mit ihnen passierte, als sich auch schon die beiden falschen Anstreicher auf sie stürzten und sie gegen die Mauer drängten, während mein Freund die drei auf den Boden gefallenen Pakete aufhob und in den Sack stopfte.

Robert überwachte das Ganze, während ich schnell zwei von den Leuten durchsuchte. Keiner hatte Waffen bei sich.

«Keine Dummheiten ... und bleibt ganz ruhig!»

Einige Arbeiter, die den Überfall beobachtet hatten, näherten sich uns. Robert ging ihnen mit der Waffe in der Hand entgegen und zwang sie, in einen Schuppen zu gehen.

Jetzt war das ganze Lohngeld im Sack. Ich rief meinen Freunden zu:

«Fertig ... Wir hauen ab!»

Alle drei gingen rechts über die Straße und stürzten in die Degrais-Passage. Ich folgte ihnen erst, als sie verschwunden waren und ich mich vergewissert hatte, daß niemand hinter uns her war. Einem Arbeiter, der gerade entsprechende Anstalten machte, drohte ich nur mit der Hand, und schon gab er es auf. Der Wagen wartete am anderen Ende der Passage auf uns und fuhr langsam los. Wir nahmen unsere Masken ab und stopften sie zusammen mit meinem Gewehr in eine Reisetasche. An einer Metrostation stiegen wir aus, während unser Fahrer weiter in Paris herumfuhr, um dann den Wagen irgendwo stehenzulassen.

In einem unserer Verstecke machten wir die Pakete auf. Die erwartete Summe war vorhanden – ungefähr 30 Millionen alte Franc in Banknoten und sehr viele Schecks, die uns jedoch nicht im geringsten interessierten.

Robert klopfte mir freundschaftlich auf die Schulter.

«Na, Jacques, zufrieden?»

«Ja, sehr sogar ... Das war ganze Arbeit ... Wirklich, tadellose Arbeit.»

«Als Trost haben wir ihnen ja unsere Farbtöpfe dagelassen. Damit können sie wenigstens die Mauer neu anstreichen.»

Wir lachten alle laut. Dann feierten wir unsere Beute mit einem Scotch und trennten uns.

Ich hatte in Paris ein gutes Versteck in der Wohnung eines Typen, der im Ausland war und seine Schlüssel einem unserer Freunde überlassen hatte. Derselbe Freund hatte mir vorgeschlagen, die Wohnung während der Abwesenheit des Typen zu benutzen, da ich nicht ewig in Paris bleiben konnte. Man hatte für mich eine Mietwohnung in Trouville gefunden. Vor allem wollte ich zwei Sachen erledigen: erstens Joyce wiedersehen, obwohl ich wußte, daß sie beschattet wurde, und zweitens mich nach meinem Vater erkundigen, den ich seit langem nicht gesehen hatte. Da ich bei ihm nicht anrufen konnte, schickte ich einen meiner Freunde in sein Geschäft, um ein Treffen mit ihm zu verabreden.

Er kam mit betrübtem Gesicht zurück:

«Dein Vater liegt schwerkrank im Krankenhaus.»

Mir krampfte sich das Herz zusammen. Ich mußte ihn unbedingt sehen.

«Ich habe alle nötigen Erkundigungen eingezogen. Ich weiß, wo er liegt, aber wenn du hingehst, dann wirst du sicher der Polizei in die Arme laufen ... Mach keine Dummheiten, Jacques! Das ist viel zu riskant.»

«Ist mir doch scheißegal! ... Ich muß meinen Alten wiedersehen.»

«Das darfst du aber nicht – sowohl deinet- als auch seinetwegen ... Ich gehe für dich hin, wenn du willst, aber laß du das lieber sein, es wäre einfach Unsinn.»

«Das ist meine Angelegenheit ... Laß mich in Ruhe, ich gehe sowieso! Treibe lieber zwei Freunde auf, die mir draußen mit einem Wagen Deckung geben können, und kaufe mir einen neuen weißen Kittel, die von den Anstreichern sind ja total versaut! Und bring mir auch ein Stethoskop mit!»

«Mensch, du bist wohl verrückt geworden, oder was?»

«Hör mal zu, so wie ich jetzt aussehe, kann mich keiner wiedererkennen. Mit einem Kittel und einem am Hals hängenden Stethoskop kann ich sehr gut für einen Arzt gehalten werden. Ich werde während der Mittagspause hingehen oder kurz danach. Jetzt geh erst mal los und finde die Nummer von seinem Zimmer heraus. Du gibst mir dann einen Grundriß und alle Einzelheiten. Es ist ja immerhin möglich, daß überhaupt keine Bullen da sind!»

«Das alles, um seinen Vater zu sehen!»

«Jawohl, das alles, um meinen Alten zu sehen ... Es wird kein nächstes Mal geben, das weiß ich. Du kannst das nicht verstehen.»

«Einverstanden, Jacques, alles wird so gemacht, wie du es willst. Aber du mußt bewaffnet dort hingehen.»

«Wenn die Bullen versuchen, mich festzunehmen, dann schieße ich einfach los. Niemand wird mich daran hindern, hinzugehen, verstanden?»

Bei meinem bösen Blick wußte mein Freund, der mich gut kannte, daß nichts meine Meinung ändern konnte.

Zwei Tage später ging ich mit nicht zugeknöpftem Kittel, um im Notfall leichter nach meiner 45er greifen zu können, durch die Eingangstür der Klinik. Meine Freunde waren dagewesen und hatten nichts Verdächtiges bemerkt.

Nachdem ich durch mehrere Gänge gegangen war, befand ich mich vor der Tür seines Zimmers. Alles schien mir normal zu sein. Ich machte leise die Tür auf, wobei ich nur hoffte, nicht plötzlich auf einen Bullen zu stoßen. Er lag und und starrte die Tür an. Aus seinen Augen konnte ich die Frage herauslesen, die er sich stellte: «Dieses Gesicht kenne ich irgendwo her.» Dann wurde es im klar:

«Du bist es!»

Ich legte einen Finger auf meinen Mund, um ihn zum Schweigen zu bringen. Als ich am Kopfende seines Bettes war, küßte ich ihn. Ich hatte für diese einfache Geste der Liebe ein ziemlich großes Risiko auf mich genommen. Aber ich verehrte meinen Vater sehr, und da ich wußte, daß ich trotz allem ein schlechter Sohn gewesen war, war ich vielleicht zu ihm gekommen, um ihn wegen des Leids, das ich ihm durch mein abenteuerliches Leben aufgezwungen hatte, um Verzeihung zu bitten. Wir sprachen leise wie zwei Verschwörer miteinander.

«Du hättest nicht kommen sollen!»

«Ich mußte es, Vater!»

«Warum denn, mein Sohn?»

«Für mich.»

Ich schaute ihn an. Er hatte mehr als dreißig Kilo abgenommen. Ich fühlte, daß er zwar erschöpft, aber nicht besiegt war. Ich nahm seine Hand.

«Jawohl, Vater, für mich.»

Zum erstenmal konnte ich sehen, wie seine Augen feucht wurden. Er hielt sich zurück, in Tränen auszubrechen. Ich hätte gern mein Leben dafür gegeben, daß er weiterleben konnte, aber Träume soll man den Kindern überlassen. Jedoch fühlte ich mich meinem Vater gegenüber ganz klein – ich war nicht mehr ein furchtbarer Gangster, sondern bloß ein Kind, das durch den unvermeidlichen Tod des Menschen, den es am meisten liebt, unglücklich gemacht wird.

Er tätschelte mir liebevoll die Wange.

«Danke, mein Junge ... Ja, ich verstehe ... Aber jetzt mußt du gehen. Und vor allem, sei vorsichtig!»

Ja, ich mußte gehen. Ich nahm ihn fest in meine Arme.

«Lebe wohl, Vater!»

«Ja ... Lebe wohl, mein Junge.»

Beide wußten wir, daß wir uns nie wiedersehen würden. Als ich durch die Tür seines Zimmers ging, drehte ich mich nicht um – ich weinte ... Ein weinender Staatsfeind ist sicher etwas sehr Idiotisches. Das war mir nicht passiert, seit ich zwölf gewesen war. Es war sozusagen meine letzte Huldigung dem Menschen und Herrn, der mein Vater gewesen war.

Als ich in den auf mich wartenden Wagen stieg, merkten meine Freunde, daß es besser war, mich nicht anzusprechen, und fuhren los, ohne ein Wort zu sagen. Wir ließen den gestohlenen Wagen auf einem Parkplatz stehen.

Zwei Monate später erfuhr ich, daß mein Vater gestorben war ... Etwas sollte auch in mir sterben und mich verändern; zu dieser Zeit aber hoffte ich immer noch auf ein Wunder.

In den Tagen, nachdem ich in der Klinik zu Besuch gewesen war, bereitete ich Joyces Rückkehr vor. Obwohl sie immer noch von einer großen Anzahl Bullen bewacht wurde, ging alles ohne weitere Schwierigkeiten vonstatten, da ich ein Wohnhaus mit Hinterausgang benutzte und einen Wagen, der auf der anderen Seite auf sie wartete. Ich war jetzt seit 21 Tagen entlaufen.

Joyce liebte mich leidenschaftlich. Durch meine letzte Aktion war ich in ihren Augen zum Supermann geworden, und es kostete mich einige Geduld, sie zur Wirklichkeit zurückzubringen.

«Hör mal zu, Mädchen! Wir beide, das war herrlich, aber wir müssen uns jetzt trennen. Wenn du bei mir bleibst, machst du diesmal dein Leben kaputt, da die Bullen jetzt Befehl haben, ohne Warnung auf mich zu schießen. Ich will nicht, daß du bei mir bist, wenn die Schießerei losgeht. Außerdem wird Janou bald nach Frankreich ausgeliefert, um sich wegen einer alten Anklage wegen bewaffneten Raubüberfalls zu verantworten. Ich werde hier bleiben, um ihr zu helfen und ihre Flucht vorzubereiten, falls sie es wünscht. Ich hatte von Anfang an keine Unklarheiten darüber gelassen. Ich beschaffe dir gültige Papiere, dann bringt man dich nach England, von wo aus du nach Kanada gehen kannst. Du bekommst alles, was du brauchst. Mach dir darum keine Sorgen!»

Dann erklärte ich ihr alles Weitere. Sie antwortete nicht, aber ich konnte ihr den Schmerz von den Augen ablesen. Sie weinte auch nicht, denn dazu war sie zu stolz. Als ich mit meinen Erklärungen fertig war, sagte sie nur einen Satz:

«Du liebst mich nicht mehr!»

«Doch, ich liebe dich ... Aber ich verehre dich nicht.»

«Aber Janou verehrst du?»

«Genau, Mädchen, so ist es ... Und ich will nicht zu einer Entscheidung gezwungen werden ... Janou bedeutet für mich soviel wie mein Leben, während du nur eine Übergangsphase bist. Ich werde genausowenig mit ihr spielen wie mit dir.»

«Wieviel Zeit bleibt mir noch mit dir?»

«Über einen Monat, meine schöne Kanadierin!»

«Nun gut, genießen wir wenigstens diese Zeit.»

Wir ließen uns in Trouville nieder. Mehrere Freunde waren auch dorthin gefahren, um für meinen Schutz zu sorgen. Ich hatte mir angewöhnt, in einem kleinen Restaurant in der Rue des Bains zu essen, wo ich mich mit der Besitzerin angefreundet hatte, die weit davon entfernt war, meine wirkliche Identität zu ahnen. Zahlreiche Stadtpolizisten kamen dort auch zum Essen – so stellte sie mir den Inspektor Fortier vor. Dieses Spiel amüsierte mich, und ich hatte Lust, regelmäßig um die Mittagszeit einen Aperitif mit ihm zu trinken.

Ich hatte ihm eingeredet, ich sei ein Geschäftsmann. Da mein ganzes Verhalten nichts Verdächtiges aufwies und er mich folglich für einen guten Staatsbürger hielt, spielte er die Rolle des guten Polizisten. Am meisten amüsierte mich aber folgender Satz von ihm: «Sollten Sie mich einmal brauchen, so bin ich immer für Sie da!» Er war der einzige Polizist Frankreichs, der den Vorzug hatte, dem Mann, dessen Bild er in seiner Tasche hatte, jeden Tag die Hand zu drücken. Am meisten mußte ich aber lächeln, als er mir von seinem Beruf und von den gefährlichen Männern erzählte und dabei meinen Namen nannte. Ich stieß Ausrufe der Bewunderung aus, die gewiß nicht durch sein «Ach, Scheiße, das darf ja wohl nicht wahr sein!» wettgemacht wurden, als er meine wirkliche Identität erfuhr, nachdem ich noch einmal festgenommen worden war. Aber so weit war es noch nicht.

Am 9. August fuhr ich wieder nach Paris. Mein Angriffsobjekt war die Credit Lyonnaise in der Avenue Bosquet.

Um fünfzehn Uhr ging ich die Stufen zur Bank hinauf. Ich trug keine Maske. Dafür hatten ich und meine zwei Freunde jedoch unser Aussehen total verändert. Ich ging mit der Waffe im Gürtel zur Kasse, die links am Ende des Raumes lag.

Die Kassiererin schaute mich mit fragendem Blick an:

«Der Herr wünschen?»

Ich hatte meine Waffe gezogen und richtete sie durch den Schalter auf sie:

«Bleib ruhig, meine Schöne ... Du gehst jetzt zurück und machst deine Tür auf, aber keinen Alarm, verstanden?»

Sie folgte meinen Befehlen. Es war eine große Bank. Einer meiner beiden Freunde war vor der Tür geblieben und hielt seine Waffe am Körper, ohne auf jemanden zu zielen. Er durfte alle hineinlassen, aber keiner sollte hinaus. Ein anderer Freund sorgte für meine Dekkung. Ich war um den Zahltisch herumgegangen und begann, bei der Kasse angelangt, meinen Sack mit allen Banknotenbündeln zu füllen, die in meiner Reichweite waren. Mehrere Fächer waren zugeschlossen, und ich winkte die Kassiererin heran:

«Machen Sie diese Fächer auf!»

«Ich bin aber nicht die Hauptkassiererin ... Ich weiß nicht, ob ...»

«Mach diese Kassen auf!»

Sie nahm einen Schlüssel aus einem kleinen Keramiktopf, der neben ihrer Kasse stand, und machte auf. Ich entdeckte einen Umschlag aus dem Finanzministerium und nahm ihn mit.

Am Zahltisch schien ein Kunde seinen Spaß an der Situation zu haben, was man von dem Direktor nicht gerade behaupten konnte. Ich konnte sehen, wie er zögerte, Alarm zu schlagen. Zufällig tat es dann die Kassiererin, als sie mir einen Schrank aufmachte und mit dem Fuß auf ein Pedal trat. Sie war mehr überrascht als ich und fürchtete sich vor meiner Reaktion. Ich ließ mich jedoch nicht davon abbringen, auch noch die letzten Banknoten zusammenzuraffen.

«Hab keine Angst, Liebling ... Ich arbeite gern mit Musikbegleitung.»

Als ich aus dem Kassenraum kam, sah ich, wie eine Frau ohnmächtig auf dem Boden lag und ihre Kolleginnen versuchten, sie wieder zu Bewußtsein zu bringen. Ruhig gab ich das Signal zur Abfahrt. Wir gingen mit der Waffe im Gürtel aus der Bank hinaus und guckten wie alle anderen in der schaulustigen Menge in alle Richtungen, als ob wir die Alarmsirene ausfindig machen wollten. Darin lag der große Vorteil, ohne Maske zu arbeiten.

Ich ging mit den Freunden zusammen in eine Passage auf der rechten Seite; sie führte uns zu einem Boulevard, wo ein Wagen mit jemandem am Lenkrad auf uns wartete. Als ich mich umdrehte, sah ich, wie uns Leute folgten. Ich konnte denjenigen erkennen, den ich für den Direktor gehalten hatte. Sie stellten keine Gefahr für uns dar, aber ich fand, daß sie recht unvorsichtig waren, ein solches Risiko auf sich zu nehmen.

Wir fuhren ruhig los. Ich drehte mich noch einmal um.

«Sie haben einen vorbeifahrenden Wagen angehalten und wollen uns verfolgen», sagte ich zu unserem Fahrer.

Die Jagd dauerte jedoch nicht lange, da wir sie an der ersten Ampel loswurden. Wir ließen unseren Wagen einige Straßen weiter stehen und gingen ohne die geringste Schwierigkeit zur Métro hinunter. Ungefähr 15 Millionen alte Franc hatten die Besitzer gewechselt. Am gleichen Abend war ich wieder in Trouville.

Ich wußte seit mehr als zwei Wochen, daß Janou im Gefängnis von Fleury-Merogis saß. Kanadische Freunde, mit denen ich ständig in Kontakt war, hatten mich von ihrer Abfahrt unterrichtet und mir mitgeteilt, daß Janou mich bitte, nichts für sie zu unternehmen, da sie es lieber habe, ein für allemal ihre Schulden der Gesellschaft gegenüber zu bezahlen. Auf dem Flughafen Orly hätte ich sowieso nichts versuchen können, ohne ein Blutbad zu verursachen, da Kommissar Tour und seine Männer sie dort mit all den Ehren empfangen sollten, die ihr wegen ihrer Vergangenheit und meiner Freiheit gebührten.

Ich hatte vor, erst in zwei Monaten mit ihr in Kontakt zu treten, um zu erfahren, ob ich sie aus Fleury herausholen sollte oder nicht. Dazu sollte mir aber nicht mehr genug Zeit bleiben.

Manchmal führt man selbst den Wolf in den Schafstall. Dieser Wolf nahm für mich Gestalt an an dem Tag, wo man mir Pierre Verheyden vorstellte. Ich hatte den Eindruck, daß er ein korrekter Kerl sei. Allmählich schloß ich Freundschaft mit ihm, und bald sprachen wir auch über Geschäfte. Da er den Beruf des Barbesitzers sehr gut kannte, schlug ich ihm vor, eine Bar in Trouville zu kaufen, wenn er bereit war, für mich als Strohmann zu fungieren. Er war von meinem Vorschlag begeistert und fügte hinzu, er würde gern so viel Geld wie ich verdienen. Ich wartete noch ein wenig, bevor ich ihn über meine Tätigkeit unterrichtete – zuerst wollte ich ihn auf die Probe stellen.

Anfang September fuhr ich wieder nach Paris. Ich hatte dort drei Verstecke und wollte dafür sorgen, daß jemand ein viertes für mich mietete. Ich nutzte die Gelegenheit aus, um eine Bank am Square Jessaint bei der Metro-Station La Chapelle zu überfallen … Alles geschah auf die sanfte Tour, und dreißig Minuten später, während die Polizei die ersten Ermittlungen anstellte, überfielen wir eine andere Bank auf dem Boulevard Gouvion-Saint-Cyr. Ich liebte dieses Verdoppelungsprinzip, das aber zur indirekten Ursache meines Scheiterns führen sollte.

Für Joyce war die Stunde des Abschieds gekommen, und sie bat mich flehentlich, ihr doch zu folgen. Mein Freund Robert sollte sie nach England mitnehmen und dort meine Anweisungen für ihre Weiterfahrt nach Kanada befolgen.

Ich hatte für sie zwei verschiedene Personalitäten vorgesehen: sie sollte die Grenze unter einem bestimmten Namen überschreiten und dann unter einer anderen Identität weiterfliegen. Ich hatte ihr eine beträchtliche Summe Geld gegeben und wartete nur noch auf Robert. Er kam um Mittag.

Er überreichte mir Joyces Papiere, ohne ein Wort zu sagen.

«Du machst aber heute ein komisches Gesicht!»

«Dein Vater ist gestorben.»

Er hatte mir das ohne Vorbereitung gesagt, da er genau wußte, daß es nichts anderes zu sagen gab. Mein Vater war bei sich zu Hause in seinem Sessel an einem Herzschlag gestorben. Er war zum bloßen Schatten seiner selbst geworden, und das Herz hatte als erstes versagt, bevor der Krebs ihn ganz ausgezehrt hatte. Joyce wollte mir näherkommen, um mir etwas zu sagen. Ihr Koffer war schon bereit, und ich sagte zu Robert:

«Bitte, bring sie weg.»

Wieder wollte sie etwas sagen: «Liebling ... ich ...»

«Nein, sag nichts! Geh nur. Los, Robert, bring sie weg und folge genau meinen Anweisungen, damit ihr nichts passiert.»

Dann umarmte ich Joyce:

«Lebwohl, Mädchen ... Ich muß allein sein.»

Als die Tür zuging, wußte ich, daß sie diese Trennung immer bedauern würde, denn sie hatte mich aufrichtig geliebt. Leider war sie den Kehrseiten des Abenteuers nicht gewachsen.

Ich war allein. Ich legte mich auf mein Bett, um den Tod meines großen Freundes zu beweinen – den Tod meines Vaters. Mein Leid war sehr groß. Keiner von meinen Freunden besuchte mich, da sie wußten, daß ich diese Einsamkeit jetzt brauchte. Ich sah vielleicht erst in diesem Augenblick ein, wie schmerzlich der Tod für diejenigen ist, die zurückbleiben. Ich hatte Menschen im Namen meines Gesetzes hingerichtet. Wieviel Mütter und Frauen hatten dasselbe Leid empfunden, das mir jetzt das Herz quälte – und zwar durch meine Schuld: hatte ich nicht auch sie getötet, indem ich meine Feinde getötet hatte? Nun war es aber ein wenig spät, um mein Gewissen zu wecken. Ich konnte mir nichts vormachen. Ich war ein wildes Tier, das sich am nächsten Morgen wieder genauso verhalten würde wie vorher: mitleidslos.

Am dritten Tag kam einer meiner Freunde.

«Ich nehme dich mit nach Trouville, du brauchst etwas Abwechslung», sagte er zu mir.

Er hatte recht, und ich ging mit.

Dort lernte ich ein Barmädchen kennen, bei der ich schon nach wenigen Worten bemerkte, daß sie zu mir paßte. Sie hieß Francine, aber ich nannte sie Zuckerschnute. Sie hatte Humor und Klasse. Als sie sah, wie ich aus dem «SM» stieg, den ich in Paris gemietet hatte, leuchteten ihre Augen – sie verstand, daß ich wegen ihr gekommen war. Vier Tage später fuhr ich zurück, und sie kam mit.

Inzwischen hatte einer meiner Kontakte eine Wohnung in der Rue Vergniaud für mich gemietet. Dort richteten wir uns ein. Wir fanden Gefallen aneinander, doch trotz unserer sexuellen Beziehungen war es keine wirkliche Liebe, sondern das Vergnügen zusammenzusein, was uns verband.

Ich war noch einmal in der Hauptstadt, um einen wichtigen Coup vorzubereiten, und die neue Mietwohnung sollte eine Grundlage dazu sein. Bald würde ich jedoch einen unentschuldbaren Irrtum begehen, und das aus Freundschaft. Robert kam und stellte mir einen seiner engsten Freunde vor, den ich gleich herzlich empfing.

«Ja, weißt du, Jacques, mein Freund ist zur Zeit total pleite. Er würde gern bei einem Banküberfall mitmachen.»

«Hör mal, ich kann ihm doch etwas Geld leihen.»

Er lehnte ab. Er wollte sich das Geld verdienen, und ich wußte diese Haltung zu würdigen. Allerdings war ich ganz mit der Vorbereitung meines ernsten Coups beschäftigt, und es paßte mir nicht recht, noch einmal für ungefähr 10 Millionen alte Franc eine Bank zu überfallen.

«Dabei könntest du Pierre Verheyden als Fahrer auf die Probe stellen», fügte Robert hinzu.

Ein Banküberfall war für mich eine bloße Formalität, die ich erledigte, wie andere einkaufen gehen. Da ich demjenigen, der mich darum bat, einiges schuldig war, akzeptierte ich schließlich.

Am selben Abend rief ich Pierre an und sagte ihm, er solle nach Paris kommen. Es war eigentlich mehr eine Gefälligkeit von mir als ein wirklicher Auftrag, da es unter bestimmten Umständen besser ist, keinen Fahrer zu haben. Er freute sich mitzukommen, während ich es für vorteilhaft hielt, daß er, bevor ich die Bar kaufte, etwas mit uns zusammen unternahm. Da er Paris nur sehr wenig kannte, holte ich ihn an der Porte d'Auteuil ab, wo er seinen Wagen stehen ließ. Weil mir das Risiko nicht allzu hoch erschien, ließ ich ihn nach anfänglichem Zögern bei mir in der Rue Vergniaud übernachten. Wir wollten unseren Coup am Morgen durchführen. Zuckerschnute war zu einer Freundin gegangen und ahnte nichts von meinen Unternehmungen. Am Abend wollten wir uns dann wiedersehen.

Als wir zur ersten Bank fuhren, fühlte ich so etwas wie eine Ahnung. Mein Instinkt sagte mir, heute besser nichts zu unternehmen, da es zu einer Schießerei kommen würde. Ich tat es mehr, um meinem Freund und den zwei Typen, die mich begleiteten und mit denen ich auch noch nie zusammengearbeitet hatte, einen Gefallen zu tun.

Beim ersten Überfall ging alles glatt, woran auch der vom Bankdirektor ausgelöste Alarm nichts änderte. Der neue Mann war ein guter Fachmann, der ruhig blieb und so arbeitete, wie ich es schätzte. Nachdem wir wieder im Wagen saßen, sagte ich zu Pierre:

«Alles in Ordnung, nur ein bißchen wenig Geld.»

Es waren nur fünf Millionen alte Franc und das Dreifache in Wertpapieren auf Namen der Besitzer.

«Los, zur zweiten Bank!»

Für den zweiten Überfall hatte ich eine Bank auf dem Boulevard Barbes vorgesehen. Wir verloren fünf Minuten durch einen Verkehrsstau, so daß wir gerade vor der Bank ankamen, als die Büros und Werkstätten Mittagspause hatten und alle Leute hinausströmten.

Pierre parkte seinen Wagen zehn Meter von der Bank entfernt, und wir gingen hinein. Als ich am Schalter des Kassierers war, richtete ich meine Waffe auf ihn und befahl:

«Geh zurück und mach die Tür auf!»

Ich ging um den Zahltisch herum und wollte gerade das erste Banknotenbündel nehmen, als ich ein Klammeralarmsystem bemerkte, das losgeht, wenn man die Banknoten zu sich zieht.

«Aha ... eine Idiotenfalle!» sagte ich, als ich Roberts Stimme hinter mir hörte:

«Scheiße, die Bullen sind da!»

Ich hob den Kopf und stellte fest, daß meine beiden Kollegen hinausgestürzt waren und mich allein in der Bank zurückgelassen hatten – eine Situation, die mich etwas nervös machte. Ich ging ruhig zur Tür, da es für mich gar nicht in Frage kam, eine Geisel als Deckung zu nehmen. Ich hatte schon an allzuviel Schießereien teilgenommen, um mich vor einer mehr nicht zu fürchten. Ich sah sie von der Tür aus. Ein Bullentransportwagen hatte meinen Fahrer eingekeilt. Er hatte jetzt die Hände auf dem Rücken und drei Polizisten, von denen einer eine Maschinenpistole auf ihn richtete, standen um ihn herum. Ich merkte gleich, daß sie glaubten, sie hätten den Fahrer des ersten Überfalls festgenommen und nicht ahnten, daß wir gerade dabei waren, einen zweiten Überfall zu begehen. Ich konnte meinen Fahrer nicht sitzenlassen. Da ich keine Maske trug und in der Bank kein Alarm geschlagen worden war, wollte ich nah herangehen, um die drei Polizisten in Schach zu halten und Pierre zu befreien. Ich hätte sie niederschießen können, da sie nicht in meine Richtung schauten, aber ich hatte genug Erfahrung, um diese genauso unsinnige wie zwecklose Tat zu unterlassen. Ich ging also vorsichtig näher, und auch meine Freunde kamen zurück, als sie mich sahen, um mir zu helfen. Ich hielt meine Waffe in der herabhängenden Hand. Als ich nur noch sechs Meter entfernt war, kam plötzlich der Bankdirektor aus der Bank und schrie: «Haltet den Dieb!» Die überraschten Bullen schauten in seine Richtung und sahen, wie er auf mich deutete. Meine Freunde waren stehengeblieben. Wenn ich jetzt anfing zu schießen, würde es ein Blutbad geben, da es um die Mittagszeit auf dem Boulevard von Menschen nur so wimmelte. Da ich nicht schoß, schossen die Bullen auch nicht. Ich lief zu meinen Freunden hin – wir mußten diesmal flüchten. Ich konnte die Pfiffe und Schreie «Haltet die Diebe!» hören. Ich drehte mich um und stellte fest, daß man uns verfolgte. Der erste Polizist war mit seiner Waffe in der Hand noch mehr als 30 Meter hinter mir. Bisher war noch kein Schuß gefallen. An einer Kreuzung wollte mir ein Verkehrspolizist den Weg versperren, indem er sich mir mit ausgebreiteten Armen in den Weg stellte, wie ein Gekreuzigter, der hofft, nach seinem Tod das Verdienstkreuz für Mut oder Dummheit zu bekommen. Es war ein Afrikaner, und da er für mich gänzlich ungefährlich war, nahm ich ihn am Kragen seiner Jacke und drückte ihn gegen die Wand, um mir den Weg freizumachen. Als er die 45er in meiner Hand sah, fielen ihm beinahe die Augen aus dem Kopf.

«Laß den Quatsch, Opa!»

Dann lief ich unter den Rufen der Polizisten, die sich wohl davor hüteten, uns näher zu kommen, weiter. Wir waren schon mehr als dreihundert Meter so gerannt und kamen gerade an der vierten Querstraße an, als uns diesmal eine Politesse gegenüberstand. Sie hielt uns aber für Polizisten in Zivil und hielt sofort einen Wagen an, um uns den Weg freizumachen. Robert nutzte die Gelegenheit, um den Fahrer rauszuwerfen und sich hinter das Lenkrad zu setzen. Ich war um den Wagen herumgegangen und vorne eingestiegen, während sich unser neuer Kumpel nach hinten gesetzt hatte. Gerade als wir losfahren wollten, sah ich im Bruchteil einer Sekunde, wie ein hinter einem Wagen versteckter Bulle auf Robert zielte. Ich schoß in demselben Augenblick, in dem meine Augen die Gefahr registriert hatten. Meine Kugeln flogen an Roberts Gesicht vorbei, da die Gefahr von links kam und drangen durch unseren Wagen. Der Bulle hatte nicht Zeit genug gehabt, um richtig zu zielen, aber seine Kugeln waren gleichzeitig mit meinen losgegangen. Unser Wagen fuhr in die Kurve, daß alle Reifen quietschten, während der Polizist uns sein ganzes Magazin nachschoß. Roberts Freund riß die Hände vors Gesicht – eine Kugel, die durch die Rückscheibe gedrungen war, hatte ihn an der linken Backe gestreift. Dann waren wir außer Gefahr. Nachdem ich mit einem neuen Magazin nachgeladen hatte, wandte ich mich an Robert:

«Nur dumm für Pierre ...»

Dann schaute ich seinen Freund an, der ein Taschentuch an sein Gesicht gepreßt hielt:

«Zeig mal deine Wunde!»

Es war zwar nur ein Streifschuß, der wenig blutete, doch konnte er damit rechnen, eine Narbe als Erinnerung zu behalten.

Robert fuhr schnell. Wir waren schon über mehrere rote Ampeln gefahren, als er sich zu mir drehte.

«Danke, du hast mir das Leben gerettet!»

«Ach, bitte laß das!»

Wir hielten vor einer Autowerkstatt, da dort gerade ein Wagen einparkte und ich vorhatte, den Fahrer hinauszuwerfen und seine Stelle einzunehmen. Mit den zersplitterten Fensterscheiben und den vielen Kugeleinschlägen würden wir mit unserem Auto zu sehr auffallen. Dann sah ich jedoch, daß eine Frau am Steuer saß und sagte zu meinen Freunden:

«Wir hauen zu Fuß ab ...»

Der Automechaniker begriff nicht das geringste und starrte nur mit großen Augen unseren Wagen an. Da wir ganz ruhig und ohne zu laufen weggingen, hielt auch er uns für Bullen.

Wir erreichten eine Métrostation, nahmen eine Bahn und trennten uns nach vier Stationen. Ich nahm ein Taxi, stieg zweihundert Meter vor meinem Wagen aus und fuhr mit ihm nach Hause. Zum erstenmal hatte ich also bei einem bewaffneten Überfall einen Mann verloren – zum erstenmal innerhalb von fünfzehn Jahren. Wäre ich nur meinem Instinkt an diesem Morgen gefolgt. Man weigert sich aber immer wieder, an so etwas zu glauben und meint, es sei die Müdigkeit oder die eigene Phantasie. Ich war mir sicher, den Polizisten nicht verwundet zu haben, da ich es nicht versucht hatte. Pierre tat mir leid, da ihm die Bullen bestimmt nichts schenken würden und er ein Verhör nach allen Regeln der Kunst vor sich hatte. Da er mehrere Jahre lang geboxt hatte, hoffte ich, daß er den Schlägen standhalten würde, ohne etwas zu sagen. Obwohl er bei mir geschlafen hatte, kannte er die Adresse nicht, da ich ihn ja nachts zu mir gebracht hatte. Das wichtigste war, einen meiner Freunde zu benachrichtigen, damit er ihm gleich einen Anwalt besorgte, der nichts mit unserem Milieu zu tun hatte. Ich rief also an, und mein Freund versicherte mir, daß er sich unverzüglich darum kümmern würde. Während ich alles für Pierre unternahm, war ich weit davon entfernt zu ahnen, daß er gerade dabei war, mich zu verraten und daß seine Auskünfte der Kriminalpolizei genügten, um mir wieder auf die Spur zu kommen, obwohl er meine Adresse nicht kannte.

Man hatte ihm die Bilder sämtlicher Bankräuber gezeigt, und er hatte mich kurzerhand wiedererkannt ... und bei Gelegenheit auch die Männer, von denen man vermutete, daß sie mich kannten, verraten. Die Bullen hatten ihn ein wenig hart angepackt, und er hatte aus Angst «Ja» gesagt, obwohl er wußte, daß diejenigen, die er nannte, gar nicht an dem doppelten Überfall teilgenommen hatten, da er meine Partner nicht kannte und die Bullen sie auch nicht in ihrer Kartei für Schwerverbrecher hatten. Aber Pierre war ein Feigling, der zu allen Zugeständnissen bereit war, um sich aus der Klemme zu helfen. Was die Bullen betraf, so übten sie bloß ihren Bullenberuf mit den üblichen Bullenmethoden aus.

Ich hätte am Abend die Wohnung wechseln können, da ich genug Verstecke hatte, aber ich wußte, daß mich bestimmte Kontaktleute, die ich selbst nicht erreichen konnte, vielleicht unter meiner alten Adresse suchen würden. Außerdem war ich sicher, daß Pierre schweigen würde ... Und was könnte er auch schon sagen?

Zuckerschnute kam zurück und verbrachte die Nacht mit mir, ohne im geringsten zu ahnen, was an diesem Tag passiert war. Am Morgen des 28. September erlebte ich meine letzten Stunden der Freiheit.

Die Polizisten hatten die ganze Nacht Paris und die Sektoren durchkämmt, die Pierres Beschreibung ähnelten. Dadurch, daß er ihnen gesagt hatte, es sei in der Nähe der Porte d'Orleans gewesen, hatte er ihre Suche erleichtert. Sie führten ihn von einer Straße zur anderen, bis er meine erkannte und verriet, obwohl er wußte, daß er mich damit zum Tode oder zumindest lebenslangem Gefängnis verurteilte. Am Morgen hatten die Polizisten der Pförtnerin mein Bild gezeigt und ihr nach Pierres Schilderung gesagt, wie ich jetzt aussehe.

«Ja, ich erkenne ihn ... Seine Wohnung hat er unter dem Namen Lefèvre gemietet.» Und sie gab ihnen Stock und Türnummer an.

Damit war die Falle gestellt, und es blieb ihnen nur noch übrig zu warten, bis ich hinauskam. Wäre ich hinausgegangen, so hätte es für mich den sicheren Tod bedeutet, da ich auf der Straße alle Maßregeln getroffen hatte, um nicht noch einmal wie bei meiner letzten Festnahme geschnappt zu werden. Das Schicksal schenkte mir aber noch einmal das Leben.

Ich mußte zu meinem Schneider, um zwei Anzüge zu holen. Es war dreizehn Uhr, und Francine schlug mir vor, daß sie gehen wollte. Da ich keine Lust hatte auszugehen, ließ ich sie gehen. Um 15 Uhr kamen zwei meiner Kontaktleute vorbei. Einer der beiden hatte mir geholfen, die Wohnung zu mieten, wußte aber nicht um meine wirkliche Identität ... Der andere, der mein ständiger Mittelsmann beim Pferderennen war, holte sich das Geld für meine Wetten. Ich gab ihm anderthalb Millionen alte Franc, damit er für mich in Vincennes wetten sollte. Dann verließen mich die beiden. Die Bullen waren schon an Ort und Stelle und sahen, wie sie das Wohnhaus verließen. Da ich die Rolläden bei mir heruntergelassen hatte, konnte man nicht sehen, was in meinem Zimmer vor sich ging. Ich wohnte im zweiten Stock, und da alle Zimmer zum Garten lagen, konnte ich die Hauptstraße und die Posten der Bullen nicht sehen.

Ich hatte eine Champagnerflasche aufgemacht. Auf dem Plattenspieler lief eine James Brown-Platte ... Neben mir wurde Zuckerschnute sehr zärtlich; ohne es zu wissen, bot mir ihr Körper, indem ich sie in eine Liebesrunde riß, das letzte Vergnügen des Verurteilten.

Inzwischen holten sich die Anti-Gangster-Einheiten, die die Hoffnung schon aufgegeben hatten, mich je hinausgehen zu sehen, Befehle von Kommissar Bouvier, ihrem großen Boss. Er faßte einen Entschluß: man könne nicht mehr warten, ich müsse aus meinem Haus geholt werden ... Er warnte seine Leute:

«Paßt auf, Mesrine ist ein Killer, er wird euch nichts schenken! Ihr müßt eure ganze Kraft einsetzen.»

Die Kommissare Leclerc und Broussard sorgten an der Spitze ihrer Männer dafür, daß mir keine Fluchtmöglichkeit blieb. Der Vertreter des Staatsanwalts und die Gasbrigade waren auch zur Stelle. Die an meine Wohnung angrenzenden Appartements wurden der

Reihe nach von Polizisten besetzt. Auf jedem Balkon war ein bewaffneter Schütze, um mich niederzuschießen, falls ich abhauen wollte. In dem englischen Garten hatten andere Anti-Gangster-Leute in den schattigen Ecken Stellung bezogen.

Wir waren eingeschlafen, nachdem wir unsere Begierde befriedigt hatten. Dann klopfte es. Es war die Pförtnerin. Ich machte ihr auf und hielt dabei meine 45er in der rechten Hand hinter dem Rücken.

«Sie wünschen, Madame?»

Sie begann mit einer konfusen Erklärung – irgendwelche Arbeiten, die am folgenden Morgen in meiner Wohnung gemacht werden sollten. Sie fragte, ob ich da sein würde. Ich bejahte es, verabschiedete sie mit einem «Guten Abend!» und schloß die Tür. Die Wahrheit war, daß die Anti-Gangster-Leute sie darum gebeten hatten, hinaufzugehen, um nachzuprüfen, ob ich immer noch da war. Gerade hatte ich mich wieder auf mein Bett gelegt, um mich zu entspannen, als heftig gegen meine Tür geschlagen wurde.

«Aufmachen! Polizei!»

Ich konnte nicht umhin, laut zu sagen: «Scheiße, das darf doch wohl nicht wahr sein!» Ich war aufgesprungen und hatte nach meinen Waffen gegriffen – zwei 45er Colts, die ich in den Gürtel steckte, und eine Maschinenpistole, die ich in den Händen hielt. Francine schlummerte weiter.

«Schnell, wach auf! ... Die Bullen sind da!»

Sie blickte mich erstaunt an ... dann verstand sie:

«Ach nein, es ist nicht wahr ... Ach nein, Liebling!»

Ich hatte keine Zeit zu verlieren.

«Leg dich auf den Boden, ich will mein Glück versuchen ... Lebwohl, Mädchen!»

Ich ging aus dem Zimmer und in die Küche, da ich vom zweiten Stock hinunterspringen wollte. Als ich durch den Hausflur ging, hörte ich, wie gerufen wurde:

«Sie sind umzingelt ... Das ist die zweite Aufforderung ... Ergeben Sie sich!»

Ich war bereit, eine Garbe durch die Tür zu feuern. Bei mir war überall das Licht aus, und ich hatte die Befehle, die mir erteilt wurden, mit keinem einzigen Wort beantwortet. Als ich in der Küche war, warf ich einen Blick durch das Fenster. Mehrere Polizisten hatten in dunklen Ecken Stellung bezogen, aber es gelang mir trotzdem, sie zu entdecken. Ich war in einer brenzligen Lage: wollte ich springen, so bedeutete das den sicheren Tod.

«Letzte Aufforderung ... dann greifen wir mit Gas an!»

Ich kam in den Hausflur zurück und drückte mich gegen die Wand neben der Tür. Die Stimme wiederholte den Aufruf:

«Ergeben Sie sich ... Letzte Aufforderung!»

Ich hatte einen Augenblick gehofft, die Bullen würden vielleicht nicht wissen, was sie festnehmen wollten, und hatte auf deutsch geflucht, um sie irrezuführen. Ich hatte mich so hingestellt, daß ich den ersten niederschießen konnte, der durch die eingeschlagene Tür kommen würde, sah aber ein, daß ich diesmal verloren war. Zuckerschnute war zu mir gekrochen und flehte mich zärtlich an, als sie sah, wie ich auf die Tür zielte:

«Ach nein, Liebling ... das nicht, ich bitte dich!»

Ich drückte mich wieder gegen die Wand und schrie:

«Ihr wißt selbst nicht, auf wen ihr's abgesehen habt!»

«Doch! ... Du bist Mesrine ... Mach keine Dummheiten, du hast keine Chance mehr durchzukommen ... Überall sind Schützen postiert und ...»

«Und wer bist du?»

«Der Kommissar Broussard.»

«Broussard ... Der von den Anti-Gangster-Einheiten?»

«Ja.»

«Hast du ein Bild von dir? ... Schieb es unter der Tür durch!»

«Warum denn? Willst du mich niederschießen, wenn ich mich bücke?»

«Nein ... Ich will nur nachprüfen, ob du es wirklich bist. Ehrenwort: das ist keine Falle.»

«Einverstanden ... Ich zeige dir meine Identitätskarte!»

Ich sah, wie die Karte unter der Tür zum Vorschein kam. Ich war genauso mißtrauisch wie er selbst und zog sie mit dem Fuß zu mir. Ich hatte eine ganze Kartei mit einer Anzahl von Bullenfotos, die in der Presse veröffentlicht worden waren. Ich verglich den Ausweis mit dem Bild Broussards, das auf der Karte war: er war es. Ich legte den Zeitungsartikel in den Karteikasten zurück.

«Jawohl, du bist es ... Ich gebe dir deine Karte zurück.»

Er nahm sie wieder hinter der Tür in Empfang.

«Was willst du jetzt machen, Jacques?»

«Ich glaube, diesmal habt ihr mich.»

«Ja, du hast keine Chance mehr.»

«Hör mal, Bulle! Hier ist ein Mädchen mit mir zusammen, es hat mit der ganzen Sache nichts zu tun, und wenn du ...»

Als ich ihn antworten hörte, merkte ich, daß er gedacht hatte, ich sei allein:

«Ein Mädchen? ... Laß sie doch sprechen!»

Ich winkte Zuckerschnute zur Tür:

«Los, sag mal was!» Sie wußte nicht, was sie sagen sollte und stammelte nur:

«Ja, Monsieur ... Er hat eine Frau bei sich.»

Das hatten die Anti-Gangster-Leute nicht vorgesehen. Ich konnte ihnen also, wenn ich wollte, einreden, sie sei die Tochter irgendeiner wichtigen Persönlichkeit und mit ihr als Geisel hinausgehen. Aber ich habe niemals gegen meine Instinkte und Prinzipien gehandelt, indem ich eine Frau als Schild nahm. Ich dachte nur an eins – und zwar, sie vor dem Gefängnis zu retten.

«Hör mal, Broussard ... Ich weiß, daß du in Ordnung bist. Ich will nicht feilschen, aber die Kleine hat wirklich nichts damit zu tun. Wenn du mir dein Ehrenwort gibst, daß ihr sie nicht länger als 24 Stunden behaltet und dann wieder auf freien Fuß setzt, ergebe ich mich. Wenn nicht, müßt ihr mich holen!»

Ich konnte hören, wie Broussard sich mit anderen Leuten unterhielt.

«Einverstanden, Jacques ... Du hast mein Ehrenwort ... aber nur, wenn sie nicht aus einem anderen Grund gerichtlich verfolgt wird. Und was willst du jetzt machen?»

«Ich brauche zwanzig Minuten ... Dann mache ich auf.»

«Wozu?»

«Nicht was du meinst ...»

«Einverstanden ... Zwanzig Minuten.»

Broussard wußte ganz genau, daß ich sie dazu benutzen würde, Dokumente zu vernichten. Am wichtigsten war es aber für ihn und seine Vorgesetzten, jedes Blutvergießen zu vermeiden, da alle wußten, daß sie, um mich zu kriegen, Männer verlieren würden – meine Vergangenheit bewies das zur Genüge. Für sie war die Art und Weise, wie die Sache sich entwickelte, unverhofft – ich hielt mich an die Spielregeln, so lange man mich nicht barsch anfuhr ... Ein in die Falle geratener Mensch zeigt manchmal unvoraussehbare Reaktionen. Ich brauchte die zwanzig Minuten, um die vollständigen Pläne des wichtigen Coups, den ich vorbereitet hatte, zu vernichten. Ich nahm einen Kochtopf, stopfte die Dokumente hinein und zündete sie an. Dann zerdrückte ich die Asche und spülte sie in den Ausguß des Spülbeckens … Anschließend verbrannte ich meine falschen Personalien, von denen ich die Asche den Bullen ließ – was von keiner Bedeutung war. Die Wohnung war voller Rauch. Ich hatte meine Maschinenpistole bei mir behalten, um jede unangenehme Überraschung zu vermeiden. Als Broussard sah, wie Rauch unter der Tür hinausqualmte, fragte er mich:

«Was treibst du da eigentlich?»

«Ich verbrenne all das, was dich interessieren könnte», antwortete ich ironisch.

«He, Jacques … die zwanzig Minuten sind vorbei.»

«Na und? … Wenn ich eine Stunde haben will, dann nehme ich sie mir!»

«Okay … Bleib ganz ruhig!»

Broussard hatte keine Lust, mich zu verärgern. Ich war ruhig. In einigen Minuten würde ich meine Freiheit für immer verlieren. Einen letzten Kampf um der Ehre willen – das überließ ich den Amateuren … Man bricht aus einem Friedhof nicht mehr aus – aber aus einem Gefängnis. Ich ergab mich zwar nur schweren Herzens – auf der Straße hätte ich mein Glück versucht, auch wenn ich allein gegen zehn gewesen wäre – aber die Anti-Gangster-Leute hatten ganze Arbeit geleistet, und ich war ein guter Verlierer. Ich blickte Zuckerschnute an und sagte:

«Bereite mal Champagner vor und pack meinen Koffer.» Dann, indem ich sie zart umarmte:

«Die Zeit mit dir war toll. Du brauchst dir keine Sorgen zu machen, Broussard wird sein Wort halten.»

Sie hatte Tränen in den Augen, und unser Kuß schmeckte nach Salz.

«Und was geschieht mit dir, Liebling? Für dich wird es ernst.»

«Ja … für mich ist es aus.»

Sie hatte ihren Kopf an meine Schulter geschmiegt.

«Danke … Ja, ich danke dir für diese wenigen glücklichen Tage.»

Die Anti-Gangster-Leute standen hinter der Tür wie für einen Krieg bewaffnet. Ich nahm auf die ruhigste Art der Welt Abschied von ihr, wie ein Liebhaber, der sich auf eine lange Reise macht …

Meine würde wahrscheinlich sehr lang – sehr, sehr lang sein. Broussard wurde ungeduldig:

«Mensch, Jacques, Scheiße, jetzt treibst du es zu arg!»

«Ich komme, Bulle, ich komme!»

Ich hatte immer noch meine Waffe in der Hand.

«He, Broussard!»

«Ja, was nun?»

«Man sagt, du seist ein Hartgesottener unter den Hartgesottenen.»

«Du bist auch nicht gerade schlecht auf dem Gebiet.»

«Weißt du was? Ich finde es wirklich Scheiße, mich ergeben zu müssen!»

«Das kann ich mir vorstellen!»

«Ich möchte nachprüfen, ob du wirklich so mutig bist, wie man sagt. Bist du dazu fähig, mir ohne Waffe und kugelsichere Weste gegenüberzustehen, wenn ich die Tür aufmache?»

«Warum? Willst du mich niederschießen?»

«Nein, aber daß du hier bist, bedeutet, daß ich verraten wurde. Ich möchte also, daß du dir deine Festnahme verdienst, indem du ein Risiko auf dich nimmst.»

«Und wo sind deine Waffen, Jacques?»

«Auf dem Boden ... Hier, ich entlade sie.»

Ich nahm die Magazine heraus und betätigte den Verschluß jeder Waffe, um die Kugel aus dem Lauf zu holen.

Hinter der Tür war Broussard zurückgetreten, als er das Geräusch mit dem Verschluß gehört hatte.

«Gut, fertig ... Nun?»

«Welche Garantie gibst du mir, Jacques?»

«Mein Ehrenwort ... Nur mein Ehrenwort.»

Da kann man die großen Bullen sehen ... Es stand nicht mehr der Staatsfeind dem Boss der Anti-Gangster-Truppe gegenüber, sondern zwei Männer, zwei Hartgesottene, die um den Wert des gegebenen Wortes wissen. Broussard nahm ein sehr großes Risiko auf sich, er war aber einer, der die Bedeutung, die ich seiner Geste beimessen würde, berechnet hatte. Ich habe immer einen ehrlichen Gegner respektiert. Auf der Straße hätte einer von uns beiden – derjenige, der am langsamsten schießt – sein Leben verloren ... Aber Broussard war bereit, meine Festnahme zu verdienen – sein Leben gegen das Wort eines Killers. Der gewöhnliche Staatsbürger kann das nicht verstehen – mit seinem Arsch auf einem Stuhl, ohne je sein Leben zu riskieren, was könnte er an einer Geschichte zwischen Männern verstehen?

«Einverstanden, Jacques ... Ich bin unbewaffnet.»

«Dann kann ich aufmachen!»

Ich drehte die Türklinke um und machte auf.

Vor mir stand Broussard mit all seinen Männern hinter sich. Mit einer Zigarre im Mund lächelte ich ihn an und gab ihm die Hand:

«Gut gespielt, Kommissar ... Diesmal haben Sie gewonnen!»

Die Bullen waren in meine Wohnung eingedrungen. Mir waren Handschellen angelegt worden. Kommissar Leclerc und der Vertreter des Staatsanwalts waren hereingekommen. Der letztere drückte mir die Hand:

«Ich danke Ihnen, Mesrine.»

«Wofür?»

«Wir haben mit dem Schlimmsten gerechnet.»

«Ich habe mein Spiel gespielt, Monsieur ... Sonst nichts.»

Dann wandte ich mich an Francine, die sie nicht gefesselt hatten:

«Schenk uns etwas Champagner ein, bitte.»

Als die Gläser voll waren, stieß ich mit Broussard, Leclerc und dem Staatsanwalt an. Wir hatten uns nichts mehr zu sagen.

«Führt ihn ab!» sagte Leclerc.

Ich wurde zur Ersten Landesbrigade geführt und verbrachte die Nacht im Polizeirevier. Ich habe immer einen instinktiven Haß gegenüber den Bullen in Uniform gespürt. Man ließ mir die ganze Nacht die Handschellen an und gewährte mir kein einziges Glas Wasser, nicht einmal das Recht, zur Toilette zu gehen – so rächten sich jämmerliche Kerle an demjenigen, der sie in eine Heidenangst versetzt, wenn er frei ist. Ich beschimpfte sie, um sie zu irgendeiner Reaktion zu provozieren – doch vergeblich. Am folgenden Morgen holten mich die Anti-Gangster-Leute und führten mich zur Ersten Landesbrigade zurück. Sie hatten in der Nacht zwei meiner Kontaktleute festgenommen, unter ihnen derjenige, der für mich in Vincennes wettete. Er war nach den Abendrennen bei mir vorbeigekommen, um mir mein Geld zu bringen. Als er sah, wie bewaffnete Leute ihm die Tür aufmachten, hatte er Angst bekommen und versucht davonzulaufen, was ihm übel bekam, da man ihn ganz einfach zu Boden schlug.

Ich entdeckte ihn gleich bei meiner Ankunft. Sein Hemd war voller Blut. Ich grüßte ihn nicht, da ich es für besser hielt, so zu tun, als würde ich ihn nicht kennen. Leclercs Leute baten mich, mich in eine Reihe mit dem anderen und zwei Bullen zu stellen, um dem Direktor der ersten Bank, die ich vor zwei Tagen überfallen hatte, gegenübergestellt zu werden. Wir waren weder rasiert noch gewaschen und hoben uns stark vom Gesamtbild ab; am meisten wurde ich aber davon überrascht, daß er den Mann, der für mich beim Pferderennen wettete, als einen meiner Komplicen angab. Dieser Irrtum brachte mich in Zorn und bewies mir noch einmal, daß irgendein Staatsbürger einen Menschen aus einem Irrtum heraus ins Gefängnis bringen kann.

Ich verweigerte jede Aussage.

Um Mittag kam Broussard und grüßte mich.

«Grüß dich, schöner Trotzkopf!»

«Grüß dich, schöner Bulle.»

«Bist du in Form, Jacques?»

«Wird schon gehen, Kommissar ... Und was ist mit der Kleinen, wann wollt ihr sie wieder freilassen?»

«Wie versprochen, sie wird um 14 Uhr frei sein ... Willst du sie sehen?»

Zuckerschnute kam herein. Sie hatte ein rührend trauriges Gesicht. Man ließ uns allein – ich in einer Art Käfig, sie an meiner Seite. Ihre Augen füllten sich mit Tränen.

«Was soll jetzt aus dir werden? Wenn du nur wüßtest, wie leid es mir tut! ... Bist du einverstanden, daß ich um Besuchszeit bitte?»

«Nein, Zuckerschnute ... Unmöglich ... Die Frau, die ich liebe, ist im Gefängnis. Wenn ich draußen bin, darf ich mir alles erlauben ... Hier aber nicht mehr. Die Besuchszeit ist für sie, nur für sie.»

«... Ich verstehe ... Aber wir bleiben doch Freunde, nicht wahr?»

«Ja ... ganz dicke Freunde!»

Die Stunde der Abfahrt zum Depot hatte für mich geschlagen, ich verließ sie mit einem letzten Kuß. Sie wurde um 14 Uhr auf freien Fuß gesetzt – Broussard und Leclerc hatten Wort gehalten. Ich wußte, daß sie in der Gaunerwelt von gewissen Ganoven wegen ihrer Methoden kritisiert wurden, aber die Meinung der anderen interessierte mich nicht. Für mich waren sie zwei große Bullen, die vielleicht anders handelten, je nachdem, ob sie einem Mann oder einem Schuft gegenüberstanden. Die großen Bullen schätzen ihre «Kunden» niemals falsch ein. Nun ist die sogenannte «Gaunerwelt» nicht die Welt der Ehre und der bewährten Freundschaft, wie sie zu Unrecht in allzu vielen Filmen gezeigt wird. Die echten Männer sind selten, sie ist in der Wirklichkeit eine Welt des Betrügens und Begaunerns, der Prahlerei und des maßlosen Hochmuts, eine Welt der Simulanten. Ohne ihre Waffe sind einige kleine Ganoven nur Feiglinge. Die echten Männer erkennt man im Gefängnis an ihrer Haltung und der Art und Weise, wie sie mit erhobenem Haupt und nicht kriecherisch ihre Schuld bezahlen. Wenn die Frauen «ihre Männer» und deren Verhaltensweise im Loch sehen könnten, würden sie zu Lesbierinnen werden, ihnen den Finger in den Arsch stecken und sie einkaufen schicken. Ich sollte diese Welt zusammen mit dem Gefängnis La Santé wiederfinden. Dort wurde ich respektiert ... da man mich fürchtete. Ich wurde auch kritisiert ... aber hinter meinem Rücken und nie offen. Nicht alle schätzten meine allzu direkten und in meiner Umwelt immer gewaltsamen Methoden. Aber das Gefängnis ist das Reich der krankhaften Lügner. Die «Jungs» halten zusammen, die anderen erfinden sich Freunde und Taten, um sich aufzuspielen. In einem Gefängnis wird alles entstellt, man verbreitet Gerüchte und falsche Nachrichten mit dem einzigen Zweck, einen Typ in den Schmutz zu ziehen, der einem nicht gefällt. Um Mitternacht nennt man sich Arschficker, und um Mittag unarmt man sich schon wieder. La Santé war da keine Ausnahme, mit ihrer kleinen Welt von Denunzianten, die von der Verwaltung an den besten Stellen eingesetzt worden waren ... Für jede Anzeige konnte man bis zu drei Monaten Begnadigung bekommen ... Diejenigen, die nichts zu denunzieren hatten, erfanden Fluchtpläne. Am meisten fürchtete ich mich vor diesem Schweinepack, das immer damit beschäftigt war, auf der Lauer zu sein, zuzuhören und anzugeben. Dort sollte ich aber auch Freunde und echte Männer wiederfinden – aufrichtige Jungens, Männer der Flucht so wie ich. Der Transportwagen brachte mich meinem neuen Schicksal entgegen, und diesmal bewies mir die Eskorte der mich begleitenden Polizisten, daß man die begangenen Fehler vermeiden wollte. Man hatte mich wieder geschnappt, und man wollte dafür sorgen, mich zu behalten.

Als die schweren metallenen Türen hinter mir zugingen, begriff ich, daß ich für lange Zeit nicht mehr frei sein würde. Ausbrechen ist eine Sache, es können eine andere.

Das Empfangskomitee war da, als man mich zur Kanzlei führte. Einer der Chefs sagte zu mir:

«Pech gehabt, nicht wahr, Mesrine?»

Und, indem er mein verändertes Aussehen feststellte:

«Wie Sie jetzt aussehen, hätte ich Sie niemals erkannt.»

Ich hatte keine Lust zum Sprechen. Man führte mich in die erste Abteilung, wo ich dieselbe Zelle wiederfand, die ich hundert Tage vorher verlassen hatte. Ich fühlte mich nicht einmal unglücklich. Zwar entging mir nicht die Realität meiner Situation, aber ich war schon dreimal ausgebrochen und wußte, daß es ein viertes Mal geben würde ... es war nur eine Frage der Geduld. Janou war in Frankreich, ich würde sie endlich wiedersehen können, wenn es mir mein Untersuchungsrichter erlauben würde. Wir durften jeden Morgen eine Stunde lang spazierengehen. Ich fand einige Freunde auf dem großen Hof wieder und mußte von mir erzählen, um sie nicht zu verärgern.

Die Tage verstrichen. Ich hatte mein Leben in der Zelle wiederaufgenommen. Obwohl La Santé schon recht alt war, bot es annehmbare Lebensbedingungen, war jedoch im Vergleich zu den kanadischen Anstalten zwanzig Jahre im Rückstand. Das Prinzip, einen Menschen 23 von 24 Stunden in einer Zelle von 1,80 mal 3,60 Metern eingeschlossen zu lassen, ließ die Alten unter uns das Zuchthaus vermissen. Sogar Spanien bot den Häftlingen bessere Bedingungen, da man sie den ganzen Tag auf große Höfe ließ. Aber Frankreich ist das Land der Repression in jeder Form. Das Gefängnis ist nicht dazu da, um bestimmte Individuen von der übrigen Welt zu entfernen, um sie ihre Vergehen büßen zu lassen – in seiner jetzigen Form hat das Gefängnis nur einen einzigen Zweck, nämlich das Individuum zu zerstören, das durch seine Tore geht. Seit Jahren waren Reformen angekündigt worden ... aber die Versprechungen der Verwaltung sind bloß Täuschungen, die mich nicht hinters Licht führen konnten. Die französische Gesellschaft ist so beschaffen, daß sie die Wahrheit über ihre Gefängnisse nicht wissen will. Es interessiert sie nicht, daß dort Menschen Selbstmord begehen, sich selbst verstümmeln, drogensüchtig werden und vor lauter psychologischem Elend verrecken. Die Mauern sind hoch genug, damit sie die Verzweiflung und die Schreie des Hasses nicht hören. Für sie ist nur wichtig, ihr reines Gewissen zu behalten. Man muß das Leben in einem Gefängnis gesehen haben, um zu verstehen, daß sich auch die Gesellschaft auf die feigste Art und Weise rächt. Da ich all das schon vor langem festgestellt hatte, empfand ich keine Gewissensbisse, so zu leben, wie ich es tat. Ich wußte, daß mich das Gefängnis niemals zugrunde richten konnte, da ich jemand war, der kämpft und sich auch gegen die Ungerechtigkeit im Gefängnis wehrt ... Ob im Gefängnis oder frei, ich war immer derselbe Mensch.

Mein Untersuchungsrichter, der sich seiner Macht bewußt war, untersagte jeden Besuch – sogar den meiner Mutter ... Nur ein Vertreter der Justiz, der willkürlich die Machtbefugnisse mißbraucht, die die Gesellschaft ihm verleiht, kann es ablehnen, daß ein Mensch seine Mutter sieht. Die Gesetze existieren nur im Gesetzbuch, in Wirklichkeit aber werden sie regelmäßig von denen verhöhnt, die damit beauftragt sind, sie anzuwenden. Ich hatte nichts mehr zu verlieren, und die Untersuchungen konnten nicht im geringsten das verändern, was mir bevorstand. Manchmal wurde ich Zeugen von Banküberfällen allein gegenübergestellt. Wenn der Untersuchungsrichter Zeugen hereinrief, erkannten sie gewöhnlich in den Polizisten an meiner Seite die Männer, die sie überfallen hatten und vergaßen völlig, auf mich zu deuten. Die falsche Aussage, die einen Menschen dazu verurteilt, Jahre seines Lebens im Gefängnis zu verbringen, sollte lieber diejenigen, die sich irren, hinter schwedische Gardinen bringen. Aber die Gesellschaft darf in aller Ruhe anklagen ... Sie gibt sich selbst das Recht auf Irrtum, so wie jeder Bulle sich das Recht auf Putativnotwehr gibt.

Manchmal waren die Zusammenstöße mit meinem Untersuchungsrichter heftig, da er, indem er seine Stellung ausnutzte, in meinen Augen jede Autorität einbüßte. Eigentlich amüsierte er mich ... Er war fürs Angeln und nicht für die Tigerjagd geeignet. Ich sagte ihm wiederholt, er solle sich zum Teufel scheren.

Dann kam eine schlechte Nachricht nach der anderen. Remy war in Italien festgenommen worden ... Ich hatte ihn seit dem Ausbruch nicht wiedergesehen. Solange er frei gewesen war, konnte ich über ihn alles organisieren, seine Festnahme brachte mich jetzt um die Möglichkeit einer neuen schnellen Flucht. Er war mein einziger echter Freund – ohne ihn oder mich an ihrer Spitze waren die anderen nur Soldaten, auf die ich mich nicht völlig verlassen konnte.

Dann war Robert an der Reihe ... Bei ihm handelte es sich nicht um eine Festnahme ... Ein Unfall ... Ein idiotischer Tod am Lenkrad seines Wagens auf der Straße nach Lisieux. So rächt sich das Schicksal ... Vielleicht war ihm aber ein schneller Tod mit 150 Sachen auf der Straße lieber als der von der Strafverwaltung angebotene langsame Tod.

Mittag ... Ich sitze in meiner Zelle ... Zum erstenmal seit meiner Flucht aus Kanada ein Brief von ihr. Der Richter hatte es endlich Janou erlaubt, mir zu schreiben ... Ich riß nervös den Umschlag auf ... Es war für mich die Rückkehr der seit mehr als vier Jahren inhaftierten Frau. Wie stand es um unsere Liebe? ... Die ersten Worte begannen vor meinen Augen zu tanzen, und die vergangenen Liebesschwüre wurden wieder Gegenwart. Nur wir beide existierten noch. Ich las den Brief noch einmal.

«Fleury-Merogis, den 18. November 1973

Geliebter,
wenn ich beim Schreiben weine, so nur, weil ich mich so lange zurückhalten mußte ... Heute weine ich teils aus Freude, Dich lebend zu wissen, nachdem ich so sehr um Dein Leben gezittert habe, teils aus Trauer über die Nachricht, daß Du noch einmal in diesen Mauern gefangen bist. Seit mehr als vier Jahren stecke ich schon in der Falle der Gefängniswelt. Ich bezahle und werde weiter bezahlen müssen, das weiß ich, wenn ich aber außer meinen Vergehen noch den Preis für meine Liebe zu Dir bezahlen muß, dann wird mir meine Haft mild. Es war eine qualvolle Zeit für mich zu wissen, daß Du jeden Tag in Lebensgefahr schwebst ... Wärst Du gestorben, ohne daß wir uns wiedergesehen hätten, so hätte ich es nicht überlebt, denn ich lebe nur für Dich und durch Dich. Jedesmal wenn ich im Radio Montreal von einer Schießerei hörte, schaltete ich ab, aus Angst, daß Dein Name genannt würde. Dieses Leiden kannst Du Dir niemals vorstellen. Es war schlimmer, als zu wissen, daß Du in den Armen anderer Frauen gelegen hast ... Sie hatten nur Deinen Körper, Dein Herz aber gehört mir, das weiß ich, mein Liebling ... Für uns hat sich nichts geändert. Du mußt wissen, was Du für mich bist. Ich habe durch Dich und für Dich gelitten, aber wenn der Wind Deiner Liebkosungen und der Sturm Deiner Lippen mir Deine Leidenschaft brachten, blühte unter den Jahreszeiten meines Herzens ein ständiger Liebesfrühling auf. Du konntest meine Tränen lö-

schen, indem Du aus dem Quell meines vergebenden Herzens trankst, denn dieses war Dir zugetan ... Du bist der Mann ... und in meinen Augen wirst Du immer der einzige sein, den ich ganz und gar liebe und respektiere.»

Ihr Brief enthielt sechs Seiten voller Liebe und endete mit folgenden Worten:

«Ich drücke meine Lippen auf Deine ... Lassen wir sie miteinander sprechen – es gibt soviel, das sie sich zu sagen haben! ... Lassen wir sie das Wort ‹lieben› in Vergangenheit und Gegenwart setzen ... und auch in die Zukunft, die uns eines Tages gehören wird. Ich will Dich bis zum Tode lieben, mein Geliebter. Deine Gaunerin ... Deine Geliebte ... Deine Frau ... Deine Freundin. Deine Janou.»

Sie war dieselbe geblieben. Sie hatte immer noch diese Stärke, die aus ihr eine Frau machte, wie es nur wenige gibt. Kein Vorwurf, nur Liebe ... Und doch, wieviel Jahre mußte sie noch absitzen? ... Man muß es sehr teuer bezahlen, Mesrines Frau zu sein. Die Justiz fürchtet sich vor liebenden Frauen. Die Liebe kann alles – eine liebende Frau gilt soviel wie eine Armee, das sollte mir die Zukunft noch einmal beweisen – und zwar durch Joyce, die kleine Kanadierin, die wieder in ihrem Land war, und durch Martine Willoquet, die ich noch nicht kannte. Der echte Mut kommt von den Frauen. Frauen haben die richtige Mentalität ... Solche Frauen sind so viel wert wie hundert Männer. Aber wie viele echte Männer waren noch übrig, wenn die Frauen darauf angewiesen sind, für den Mann ihr Leben und ihre Freiheit zu opfern? So sah die heutige Gaunerwelt aus – die Kerle strickten und die Frauen schossen.

Ich beantwortete ihren Brief. Durch wie viele Hände würde meine Antwort gehen, mit wie vielen Augen würde die Zensur in das Geheimnis unserer beiden Herzen eindringen? Wir gehörten nicht mehr einander ... Wir waren dazu verurteilt, uns vor den Augen der Verwaltungsvoyeure zu lieben.

Zwei Monate waren verstrichen ... Ich hatte nur noch einen Gedanken im Kopf: die Vorbereitung meines Ausbruchs.

Ich stand in ständigem Kontakt mit meinen kanadischen Freunden, die bereit waren, nach Frankreich zu kommen, um mich aus dem

Loch zu holen, sobald ich eine Lösung gefunden hatte. Diesmal fühlte ich, daß ich wirklich in die Falle geraten war. Ich hatte keine Zeit gehabt, um etwas wie in Compiègne vorzubereiten ... obwohl ich daran gedacht hatte.

Jawohl – mir war folgendes eingefallen: Ich hätte, als ich noch frei war, einen fingierten Überfall auf Freunde, die mich angeblich nicht erkannt hätten, begehen sollen. Diese Freunde hätten dann Anzeige wegen bewaffneten Überfalls erstattet und mich dabei nur vage beschrieben. Im Fall einer Festnahme würden sie mich dann, da mein Bild in der Presse erschien, erkennen und zum erstbesten Polizeirevier gehen, um mich anzuzeigen. Das Justizsystem hätte dann das Übrige getan. Es wäre automatisch zu einer Gegenüberstellung mit meinen Anklägern gekommen. Nun werden niemals die Zeugen der Anklage durchsucht ... Als Entschädigung für meine Flucht hätte der Untersuchungsrichter die Überraschung und eine kostenlose Reise bekommen ... Aber ich hatte keine Zeit gehabt, um meine Idee auszuführen.

So blieb mir nur noch der Coup mit den falschen Anwälten im Justizpalast. Zwei meiner kanadischen Freunde erklärten sich bereit, die Strafkammer zu überfallen, falls ich vorgeführt würde. Da ich jedoch keinen Fall hatte, der vor der Strafkammer verhandelt wird, mußte ich einen erfinden. Die Presse hatte mich nicht verschont, doch ich lächelte nur, da mich ihre Meinung kalt ließ. Viele falsche Nachrichten waren über mein Leben und meine Verbrechen in Umlauf gesetzt worden ... Ich wollte die Möglichkeit eines Verleumdungsprozesses ausnutzen und begann mir auszumalen, was die Journalisten für ein Gesicht machen würden, wenn ich ihnen vorwarf, daß sie mir ohne Beweis und Urteil Leichen untergeschoben hatten. Ich ließ also vier Verleumdungsklagen gegen die Presse einreichen ... Ich dachte, alles würde schnell vonstatten gehen, da ich nichts von der Langsamkeit der französischen Justiz wußte. Ich war an das kanadische und amerikanische System gewöhnt, das solche Probleme innerhalb eines Monats regelt. In Wirklichkeit sollten diese Prozesse zwei Jahre brauchen, um vor die Strafkammer zu kommen, so daß ihr Hauptzweck verloren war. Als ich nach mehreren Monaten sah, daß nichts Bestimmtes in Gang kam, wählte ich eine andere Lösung.

Ein von den Häftlingen «Manix» genannter Polizist, dem es zur Gewohnheit geworden war, in La Santé Verhöre durchzuführen, kam einmal zu mir. Es war ein langer, kräftiger, siebenundzwanzigjähriger Kerl, der sich kraftmeierisch gebärdete. Der Aufseher, der mich aus der Zelle holte, warnte mich:

«Wissen Sie, Monsieur Mesrine, er hat verlangt, daß man Aufseher vor die Tür stellt ... Er sagt, er wäre Ihnen gegenüber lieber etwas mißtrauisch.»

«Ach so!»

Ich hatte eine Gelegenheit gefunden, vor die Strafkammer zu kommen. Es würde genügen, eine Schlägerei vom Zaun zu brechen ... Ein Bulle führt immer Klage, wenn er Schläge bekommt. Ich meldete mich in der Zelle, die er als Büro benutzte.

Wie er so dastand, erweckte er den Eindruck, daß er nicht ohne weiteres kleinzukriegen war. Ich schnauzte ihn gleich an:

«Na, jetzt braucht man schon Schutz, um mich zu besuchen? Hältst du mich für einen Wilden?»

Er wurde blaß und antwortete mir:

«Mit Kerlen wie dir will ich kein Risiko eingehen.»

Dann wollte er seine Autorität beweisen und wies auf das Papier, das er in der Hand hielt:

«Der Richter hat mir den Befehl erteilt ...»

«Ich scheiße auf den Richter ...»

Ich ließ ihm keine Zeit weiterzusprechen, ging auf ihn zu und riß ihm das Papier aus der Hand ... Er war zurückgewichen. Auf dem Tisch stand seine Schreibmaschine ... Ich warf sie mit der linken Hand an die Wand. Der Bulle stieß ein «Aber ...!» aus, doch ich ließ ihn nicht weitersprechen – meine Hand landete in seinem Maul und brachte ihn aus dem Gleichgewicht. Dann drehte ich mich um. Die Aufseher hatten sich gehütet einzugreifen. Ihr Chef, der vor der Tür stand, verstand überhaupt nichts mehr.

«Aber Mesrine, was ist denn los?»

«Nichts, Chef ... Ich gehe jetzt wieder in meine Zelle.»

«Aber Sie haben ihn geschlagen ...»

«Ja ... Ich mag keine Arschlöcher ... Außerdem ist das ein Schwuler, er hat nicht einmal zurückgeschlagen!»

Als ich wieder in meiner Zelle war, mußte ich laut auflachen ... Diesmal hatte ich etwas für die Strafkammer! Aber auch hier täuschte ich mich. Es gab zwar eine Klage, aber sie kam nie vor die Strafkammer ... Manix hatte sich umsonst ohrfeigen lassen. Es war zum Verzweifeln.

Der Richter gestattete mir einen ersten Besuch von meiner Mutter. Wir sprachen nur über den Tod meines Vaters, der ihr meinen letzten Besuch verheimlicht hatte. Meine Mutter war eine Frau von Charakter, die ihrem Schicksal fest gegenüberstand. Es war uns immer schwer gefallen, uns zu verstehen, aber sie war eine gute Mutter für mich gewesen – und sie war es immer noch. Sie machte mir keine unnützen Vorwürfe über mein Leben ... Man urteilt nicht über seinen Sohn, man begnügt sich damit, ihn zu lieben. Ich wollte unbedingt meine Tochter Sabrina sehen, von der ich seit mehr als sieben Jahren nichts mehr gehört hatte. Ihr war dieNachricht von meiner Verhaftung immer verschwiegen worden, was ein Fehler war, da sie geglaubt hatte, ich hätte sie verlassen. Dann hatte sie alles durch die Presse erfahren und meine Mutter durch ihre Reaktion verdutzt. Mein «kleiner Floh» hatte einfach gesagt:

«Vati ist im Gefängnis? ... Schön, dann kann ich ihn ja dort besuchen!»

Der Untersuchungsrichter verweigerte mir jedoch dieses Recht aus verschiedenen Gründen. Genauso, wie er einen Besuch von Janou verweigerte, obwohl die Prozeßakten über sie abgeschlossen waren.

Es herrschte allgemeine Unzufriedenheit in den Gefängnissen und Zuchthäusern Frankreichs. Trotz der ständigen Versprechungen, die die Verwaltung machte, um die aufgebrachten Geister zu beruhigen, kamen keine Reformen zustande. La Santé hatte einen neuen Direktor, der den Eindruck machte, daß er humanistisch gesinnt sei – einen modernen Krieg führt man nicht mit alten Gewehren. Vor allem müßte die Mentalität der Strafverwaltung – und gewiß auch diejenige bestimmter Häftlinge – geändert werden. Die Selbstmordversuche waren gang und gäbe – die einen durchschnitten sich die Adern, während andere aus Verzweiflung oder als Erpressung Barbiturate schluckten. Einige verloren dabei ihr Leben vor den gleichgültigen Augen der Verwaltung. Manchmal handelte es sich um einen Jungen, der zu einer langen Haftzeit verurteilt war, an nichts mehr glaubte und keine Liebe bekam, so daß er eines Abends versuchte, auf diese Art und Weise auszubrechen. Wurde er noch rechtzeitig von einem Aufseher entdeckt, dann kamen die Feuerwehrleute ziemlich schnell ... War sein Fall kritisch, so mußte er ins nächste Krankenhaus eingeliefert werden. Diese Szene genügte, um eine Revolte ausbrechen zu lassen. Hielt man den Burschen für gefährlich, wurde er, auch wenn er völlig bewußtlos war, an Füßen und Händen gekettet, während man auf die Begleitmannschaft wartete, auch auf die Gefahr hin, wertvolle Zeit zu verlieren, von der sein Leben abhing. Dieses Bild der Gesellschaft und der Verwaltung machte mir Lust, auf die Gesetze und Grundsätze, von denen menschliche Wesen wollten, daß sie zu Lebensregeln werden, zu scheißen. Manchmal starb der Betreffende wegen dieser Nachlässigkeit – so wie zum Beispiel ein Jahr später einer meiner Freunde.

Dagegen bewunderte ich die Gefängniskrankenpflegerinnen, diese wunderbaren Frauen. Ihre ständige Hingebung und Geduld, ihre Sorge, sowohl das körperliche als auch das moralische Leid zu lindern, machten aus ihnen in meinen Augen unnahbare und der tiefsten Ehrfurcht würdige Wesen. Eine unter ihnen, Madame Sutterlin, die meine Mutter hätte sein können, empfand Sympathie für mich. Sie kam allein in meine Zelle, ohne die geringste Angst, von mir als Geisel genommen zu werden – sie wußte ganz genau, daß ein gefährlicher Mensch nicht unbedingt ein Schurke ist.

Außer einigen Ausnahmen waren die Aufseher in meiner Abteilung Kerle, die sich nicht weiter anstellten. Der Gefängnisaufseher ist nicht mehr der Aufseher über die Galeerenhäftlinge vergangener Zeiten. Sein Benehmen bestimmt auch das des Häftlings. Der «Junge» trägt nicht den Haß des «Kerls» in sich: einem Mann gegenübergestellt, wird er sich wie ein Mann benehmen, während er ein Schwein niedersticht, trotz aller Disziplinarmaßnahmen, die für ihn daraus folgen. Doch die Gefängnisse sind mit Großmäulern und miesen Figuren bevölkert, die sich einbilden, sie würden sich einen Namen machen, indem sie ohne Grund einen Kerl einen Arschficker nennen. Diese Leute können eigentlich nur bellen; in dem Augenblick aber, in dem sie ihren Mann stehen sollen, bekommen sie kalte Füße. Leider sind sie in den französischen Gefängnissen die große Mehrheit.

Die Denunzianten und Spitzel aller Schattierungen schreiben regelmäßig Briefe an die Direktion, um imaginäre Fluchtpläne von mir anzugeben, was mir schadete, da es die Stimmung der nervösen Spannung mir gegenüber weiter aufrechterhielt. In einem dieser Briefe wurde mir die Absicht unterstellt, Waffen nach La Santé schaffen zu lassen, um einen Coup zu unternehmen.

Ende April wurde ich unter dem Vorwand einer Untersuchung

zum Justizpalast befördert. Dies geschah immer wieder mit einer Begleitmannschaft, der gegenüber die Eskorte des Präsidenten der Republik unbedeutend erschien. Ich war besser behütet als die Banque de France.

Ich hatte keinen Grund, mißtrauisch zu sein ... und doch. Als ich nach beendeter Untersuchung zurückgebracht wurde, ging die Rückfahrt zu einem anderen Gefängnis. Diesen Vertrauensbruch hatte man benutzt, um mich ohne die Gefahr einer Revolte zu überführen – auch so eine Methode der Strafverwaltung.

Ich wurde in den Sicherheitstrakt überführt. Der Direktor dieses Gefängnisses war ein niederträchtiger Kerl, dem «Häftling» gleichbedeutend mit «Hund» war. Vom Menschen hatte er nur die Hose. Jede Diskussion mit ihm war unmöglich, da alles an ihm Willkür, Unverständnis und Unvernunft war ... Er war einer dieser Individuen, die durch Ungerechtigkeit und Mißbrauch der Amtsgewalt fähig waren, eine Meuterei ausbrechen zu lassen, nur um sie zu unterdrücken. Ich hatte ihn um eine Unterredung gebeten, und er hatte sie abgelehnt.

Zwei Tage später boxte ich einen Kerl bei einer Auseinandersetzung gegen die Wand. Zehn Minuten später ließ mich der unsichtbare Direktor wegen Gewalttätigkeit gegen einen seiner Agenten vor das Gefängnisgericht stellen. Unfähig, mir ins Angesicht zu sehen, beschimpfte er mich wie ein Rohrspatz, wobei er mich einzuschüchtern glaubte. Ich fiel ihm ins Wort und brachte deutlich alles zum Ausdruck, was ich über ihn dachte, indem ich ihm sagte, er solle sich zum Teufel scheren. Er verurteilte mich dann zu einer Strafe mit Bewährung.

Die stellvertretenden Direktoren hingegen waren Männer des Dialogs. Ich empfand sehr schnell starken Haß auf diesen Direktor und faßte den Plan, mir eine Klinge herzustellen, um sie ihm bei der erstbesten Gelegenheit in die Eingeweide zu stechen. Die Ereignisse ließen mir dazu jedoch keine Zeit mehr.

Der aufgestaute Zorn der Gefangenen sollte sich bald in blutigen Meutereien Luft machen. Wenn Clairvaux sich in Bewegung setzt, kann sich alles in Bewegung setzen – und Clairvaux setzte sich in Bewegung. In ganz Frankreich erklärten sich die Gefängnisse mit Clairvaux solidarisch und erhoben sich. Die Ungerechtigkeit treibt die Menschen zwar zu den tollsten Handlungen, aber man braucht

Mut, um zu meutern, da die Unterdrückung, bei der zehn bewaffnete Leute der Sicherheitstruppen einem Häftling mit nackten Händen gegenüberstehen, schnell zum Gemetzel wird. In Clairvaux ließen sich die Häftlinge für die Achtung ihrer Rechte niedermetzeln. Zwei unter ihnen verloren ihr Leben – von den Ordnungshütern ermordet. Das Ganze geschah vor den gleichgültigen Augen der Gesellschaft, die mit ihrem guten Gewissen allzuleicht vergißt, daß Gefangene auch Menschen sind.

In der Abteilung, in der ich mich befand, war es unmöglich, irgend etwas Ernsthaftes in Gang zu bringen. Man kann zwar allein rebellieren, jedoch keine Meuterei ausbrechen lassen.

Ich war in meiner Zelle, als ein Gebrüll aus der zweiten Abteilung losging. Die Jungs hatten einen Aufruhr versucht. Von meinem Fenster aus befahl ich den Häftlingen, die in dem Spazierhof waren, auf die Dächer zu klettern, um die zweite Abteilung zu unterstützen und vor allem, uns herauszuholen, damit wir an der Revolte teilnehmen konnten. Ich versuchte, meine Tür einzuschlagen, was mir aber nicht gelang. Schon waren die Sicherheitstruppen zur Stelle ... kaum daß der Aufstand drei Minuten dauerte. In der zweiten Abteilung wurde gekämpft. Ich war immer noch damit beschäftigt, meine Tür einzuschlagen, als sie aufgemacht wurde. Ungefähr dreißig Leute der Sicherheitstruppen, kampfbereit, mit dem Gewehr in der Hand, sowie ungefähr zehn Wächter, warteten auf mich. Der Oberaufseher befahl:

«Kommen Sie heraus, Mesrine!»

Lächelnd musterte ich die Armee, die mir gegenüberstand, und antwortete:

«Ich glaube, mir bleibt keine andere Wahl!»

«Das stimmt ... Kommen Sie heraus!»

Als ich die Zelle verließ, erblickte ich den Direktor und wollte auf ihn losspringen. Er flüchtete sich aber hinter die Gitter, und seine Wächter ließen mich zum Sicherheitstrakt marschieren, wobei die Leute der Sicherheitstruppen mir das Geleit gaben. Ich war nicht geschlagen worden, aber ich konnte aus den Gesichtern herauslesen, daß es an Lust dazu nicht fehlte. Es war am Ende des Monats Juli 1974.

Ich wurde in einer Zelle eingeschlossen. Drei Stunden später holten mich Leute von der Interventionsgruppe der Gendarmerie ab. Sie ließen mich in einen Transportwagen einsteigen und, da keine

Ketten da waren, fesselten sie mir die Füße mit Handschellen. Der Hof des Gefängnisses wimmelte von uniformierten Bullen. Mehrere von ihnen standen um den Transportwagen herum, so daß ich nicht die geringste Bewegung machen konnte. Ein Bulle wählte den Augenblick, um sich als Provokateur aufzuspielen, indem er mich anschnauzte:

«Euch Gefangenenpack sollte man verrecken lassen. Hätte ich das Sagen, würde ich dir eine Kugel in den Kopf jagen, du Mistkerl!»

Das entsprach ganz den Methoden der uniformierten Bullen. Weit davon entfernt, mich zu beeindrucken, amüsierte mich der Clown und ich antwortete ihm derb:

«Hör mal zu, du Hanswurst … Kugeln werden abgeschossen und nicht versprochen. Zu deinem Maul paßt besser ein Plastikschwanz als eine Waffe … Wenn du für mich arbeiten willst, dann biete ich dir zehn Meter Bürgersteig an der Ecke Boulevard Barbes an … So hübsch wie du bist, kriegst du bestimmt viel Geld, wenn du dich von den Kameltreibern ficken läßt.»

Als er das hörte, platzte dem Typ der Kragen, während sich die Wärter und die Gendarmen der Begleitmannschaft krumm lachten. Da er antworten wollte, befahl ihm der Führer meiner Eskorte, weiterzugehen.

Ich wurde ins Gefängnis nach Fleury-Merogis gebracht. Dort ließ man mich in einen Transportwagen einsteigen, in dem schon fünfzehn Männer, die für die Meuterei in Clairvaux verantwortlich waren, saßen. Sie kamen alle aus dem Kerker. Wir wurden zum Zuchthaus von Mende abtransportiert. Bei vielen von ihnen waren die Spuren der Schläge noch sichtbar, die sie bekommen hatten. Die Fahrt in diesem Transportwagen, in dem wir zu viert mit gefesselten Händen und Füßen in einem Käfig stehen mußten, der nicht einmal einen Quadratmeter groß war, dauerte fünfzehn Stunden. Wie Vieh und wie zur Zeit der Gestapo – im Namen einer Gesellschaft ohne Tadel … Menschen, die wie Tiere behandelt werden; menschliche Wesen, die, von dem Ruckeln des Fahrzeugs und dem Benzingeruch krank gemacht, sich gegenseitig bekotzen, da sie es aus Platzmangel nicht anderswo machen können – niemals soll man von einem Menschen verlangen, der auf diese Weise behandelt worden ist, die Gesellschaft zu respektieren. Solche Augenblicke vergißt man nie. Man soll sich nicht wundern, daß Menschen, wenn sie wie Hunde behandelt werden, manchmal auch wie Hunde reagieren. Vier Menschen, die in einem Käfig von einem Quadratmeter eingeschlossen sind und sich gegenseitig vollkotzen müssen – das ist die Abrechnung der Gesellschaft im Namen ihrer Justiz und ihrer Gesetze. Aber diese Wirklichkeit wird verheimlicht.

Während der ganzen Fahrt wurden wir uns darüber einig, daß wir gleich bei unserem Eintreffen in den Hungerstreik treten würden ... Jedem würde es frei stehen, ihn nach eigenem Entschluß zu unterbrechen. Alle waren zu langen Strafen verurteilt. Ich war der einzige, der in Untersuchungshaft war. Es war ein gesetzwidriger Gewaltakt, mich in ein Zuchthaus zu schicken und mich dadurch von meinen Anwälten zu trennen. So wurde ich meines Rechtes auf Verteidigung beraubt, war aber sicher, daß ich nicht lange Zeit brauchen würde, um meine Rückkehr nach Paris zu erzwingen. Ich wußte, daß ich mich auf die Tatkraft meiner Anwältin, Geneviève Aiche, die meine Interessen unter Beachtung des Gesetzes immer verteidigt hatte, verlassen konnte.

Die Jungs aus Clairvaux erzählten mir alles, was während ihrer Revolte passiert war. Die Sicherheitstruppen waren am Morgen angestürmt, nachdem sie die ganze Nacht die Häftlinge alles hatten kaputtschlagen lassen. Dann wurden die Gefangenen mit einer Art Tränengasrakete aus Hubschraubern heraus beschossen, um sie von den Dächern zu vertreiben. Sie erzählten weiter, daß ein Häftling eine solche Rakete direkt in die Brust bekommen habe und tot auf den Boden des Hofes heruntergefallen sei. Bei ihrem Ansturm hätten die Mobilgardisten Gewehrgranaten abgeschossen, und ein anderer Häftling, der eine Granate direkt ins Gesicht bekommen hatte, habe auch sein Leben verloren. Was die Presse betrifft, so hatte sie diese beiden Todesfälle als Abrechnungen zwischen Gaunern erklärt. Da ich nicht anwesend gewesen war, hütete ich mich davor zu urteilen, wunderte mich aber nicht ... Wenn es sich um Gefangene handelt, haben die Ordnungskräfte ein Recht auf den legalisierten Mord ... In derselben Zeit verbreitete eine gewisse Presse Nachrichten über angebliche «Vier-Sterne-Gefängnisse» und verherrlichte das Massaker der Häftlinge durch Ordnungskräfte.

Der Präsident der Republik gab uns die Hoffnung auf eine Veränderung, als er erklärte:

«Der Freiheitsentzug an sich ist schon genug, ihm soll nichts hinzugefügt werden.»

Es genügte, in Mende gefangen zu sein, um zu verstehen, wie wenig wert diese Erklärung war. Jeder war dort völlig isoliert und einer eisernen Disziplin unterworfen. Es war verboten zu sprechen; man durfte eine Stunde pro Tag allein in einem kleinen, mit Gitterdraht überspannten Hof spazierengehen, immer mit Sprechverbot. Einem Menschen das völlige Schweigen aufzuzwingen, heißt seine geistige Zerstörung zu wollen und ihn zum Selbstmord zu treiben. Weiter war es verboten, sich am Tag in der Zelle auf das Bett zu legen. Für die Mahlzeiten gab es nur einen Löffel, kein übliches Gefangenenmesser und keine Gabel, so daß man das Fleisch mit den Händen greifen und an ihm zerren mußte, um es zu zerstückeln. All diese Einheiten machen aus der Haft etwas anderes: der Mensch fühlt sich zum Tier reduziert. Wenn er das nicht akzeptieren will und meutert, beginnt die Unterdrückung, das heißt, die offene Tür zu allen Mißbräuchen.

Während unseres Hungerstreiks ließ man uns zum Trotz zweimal am Tag das Essen vorführen. Die Nahrung war akzeptabel, aber derjenige, der dort unter solchen Umständen zwei bis drei Jahre verbrachte, muß einen Teil von sich selbst verlieren.

Neun Tage später brachte man mich nach Paris zurück. Ich hatte sieben Kilo abgenommen; aber ich dachte an die Jungs aus Clairvaux, die Gefahr liefen, allzu lange unter diesen unerträglichen Bedingungen leben zu müssen, und zwar nur deswegen, weil sie mutig genug gewesen waren, nicht alle Amtsübergriffe zu dulden.

Man steckte mich wieder in das Gefängnis. Ich bekam während der ganzen Fahrt eine Eskorte mit Maschinenpistolen und Granaten bewaffneter Streifenpolizisten und CRS. Die lächerliche Seite einer solchen Eskorte entging mir nicht – ein einziger und noch dazu geketteter Mensch kann einen solchen Aufwand von Kräften nicht rechtfertigen.

Gleich bei meiner Ankunft wurde ich zum Sicherheitstrakt geführt. Der Oberaufseher teilte mir mit, der Befehl «Völlige Isolierung» sei erteilt worden. Ich war zu müde, um zu diskutieren, und verschob das bis zum nächsten Morgen.

Der Direktor besuchte mich zusammen mit seinen Amtsgehilfen.

«Nun, Mesrine, wir müssen Sie isolieren, was aber nur eine provisorische Maßnahme sein soll, da das Reformprogramm diesmal in Anwendung gebracht wird. Wir wollen eine Abteilung mit verstärkter Sicherung aufbauen, indem wir den Sicherheitstrakt halbieren. Später kommen andere Häftlinge zu Ihnen. Ihre Lage ist nur provisorisch ...»

Dann folgte eine ganze Liste von Versprechungen und falschen Projekten. Ob er wirklich daran glaubte? Oder versuchte er nur, mich einzulullen, da ich nicht richtig reagiert hatte?

Man ließ mich mehrere Monate lang in einer Zelle im Sicherheitstrakt. Ich konnte nicht einmal die Außenhöfe sehen: Meine Fenster bestanden aus undurchsichtigen, in eiserne Rahmen eingelassene Scheiben, die ich unmöglich aufmachen konnte. Es war mir also verboten, die Sonne und das Tageslicht zu sehen, so wie es mir verboten war, mit jemandem spazierenzugehen. Ja, der Präsident der Republik hatte recht – der Freiheitsentzug sollte ausreichen ...

Normalerweise ging ich allein auf einem winzigen Hof spazieren. Es kam jedoch vor, daß Häftlinge, die im Krankenhaus waren, sich in dem angrenzenden Hof befanden. So lernte ich Jean-Charles Willoquet kennen. Er erzählte mir, wie die Anti-Gangster-Leute ihm sechs Kugeln in den Rücken schießen mußten, um ihn unschädlich zu machen, und wie sie ihn dann, als er schon auf dem Boden lag, mit einem Kolbenschlag ins Gesicht fertiggemacht hatten. Aber «Charlie» war körperlich äußerst zäh und war jetzt im Krankenhaus unter ärztlicher Überwachung. Sechs Kugeln im Leib und immer noch Leben! Bei so einem Glück durfte man alle Hoffnungen hegen! Allmählich lernten wir uns näher kennen und unterhielten uns nur noch über ein Thema – den Ausbruch! Ein Jahr später sollte ihm einer der spektakulärsten gelingen.

Ich stand in ständigem Kontakt mit Kanada. Joyce schrieb mir, um mir ihre Liebe zuzuschreien. Sie war zu jedem Opfer bereit, damit ich wieder frei kam. Nur meine kanadischen Freunde waren fähig, eine Kommandooperation zu versuchen, um mich aus dem Gefängnis herauszuholen. So etwas paßte nicht zu den französischen Methoden, recht gut dagegen zu den kanadischen, vor allem, wenn mein Freund Jean-Paul Mercier die Sache leitete. Er war in einer Spezialabteilung des Zuchthauses von Saint-Vincent-de-Paul in der Nähe von Montreal inhaftiert worden. Seit unserer Flucht aus der USC und seiner Festnahme war er wegen der verschiedenen Vergehen, die ihm nachgesagt wurden, insgesamt zu zweimal lebenslänglichem Zuchthaus plus 270 Jahren Freiheitsstrafe verurteilt worden. Lizon war ihrerseits wegen Mittäterschaft zu zehn Jahren verurteilt worden.

Durch Kontakte ließ mir Jean-Paul seinen Fluchtplan zukommen. Für seine Durchführung mußte es Joyce auf sich nehmen, Waffen in das Besuchszimmer des Zuchthauses einzuschmuggeln. Er teilte mir mit, daß er mit anderen Freunden von mir, wie zum Beispiel Pierre Vincent und Edgar Roussel, die meine Kumpanen in der USC gewesen waren, zusammenarbeitete. Ein weiterer Freund von mir war auch bei ihm – Richard Blass, einer der gefürchtetsten Killer Kanadas. Jean-Paul versprach, daß er mir zur Verfügung stehe, falls es ihm gelingen sollte, nachdem er einige Banken überfallen hatte, mit zuverlässigen Kerlen nach Paris zu kommen. Ich wußte, daß es die Freiheit bedeutete, wenn ich mit solchen Männern meinen Plan ausführen würde.

Joyce wußte, daß sie nichts zu erwarten hatte, doch sie war mir und sogar meinem Freund verpflichtet. Ich ließ Jean-Paul meine Zustimmung mitteilen.

Am 23. Oktober 1974 meldete sich Joyce vor dem Besuchszimmer des Zuchthauses. Sie hatte die Erlaubnis, Jean-Paul zu besuchen, unter einem falschen Namen bekommen. Mit ihr zusammen war eine andere Frau, Carole Moreau, Pierre Vincents Freundin. Richard Blass, Edgar Roussel und Robert Frappier hatten je ein Familienmitglied bestellt, damit sie sich zur gleichen Zeit mit meinen beiden anderen Freunden im Besuchsraum befanden. Sie wurden von mehreren Wärtern begleitet. In Joyces Handtasche waren zwei Revolver ... und auf dem Parkplatz des Zuchthauses stand ein Wagen mit laufendem Motor. Alles ging sehr schnell. Jean-Paul und Pierre zerschlugen die Trennungsglasscheiben zwischen den Häftlingen und den Familienmitgliedern, so daß die Waffen übergeben werden konnten. Inzwischen waren Richard, Robert und Edgar auf die Wärter losgesprungen, um sie festzuhalten. Joyce hatte meinen Freunden die beiden Revolver gegeben, und alle fünf waren in den Gang gelaufen, der zur Familienkontrollstelle führte. Als die Wärter die Waffen in ihren Händen sahen, wurden sie von einer panischen Angst ergriffen und machten die Türen auf, obwohl sie selbst bewaffnet waren. Um sie dazu zu zwingen, schoß Jean-Paul nur einmal in ihre Richtung.

Inzwischen war Alarm geschlagen worden. Draußen waren die fünf dem Feuer von den Wachtürmen ausgesetzt. Trotzdem gelang es ihnen, in den auf sie wartenden Wagen zu springen. Noch einmal hatte sich die Entschlossenheit gelohnt – fünf wilde Tiere, fünf echte

Männer waren wieder frei. Joyce und Carole hatten sich geopfert; für sie war jede Flucht unmöglich. Sie wußten, daß sie im Familiensprechzimmer gefangen waren, doch sie hatten es akzeptiert, ihre Freiheit zu opfern. Joyce hatte das für mich und Carole für Pierre getan.

Beide wurden auf der Stelle festgenommen und zur Quebecer Sicherheitsbehörde geführt, um dort verhört zu werden. Sie gaben keine Erklärungen ab und hielten den Mund. Trotz der in ganz Quebec entfesselten Hetzjagd wurden keine Spuren der Entlaufenen entdeckt.

Am 31. Oktober 1974 überfiel Jean-Paul zusammen mit Vincent und Frappier eine Bank zwischen Rue Pie IX und Rue Jean-Talon im Nordosten Montreals. Es war 11 Uhr 20. Mitglieder der Kriminalpolizei hatten, einem Hinweis folgend, unter der Führung von Detektiv-Lieutenant Jacques Boisclair gegenüber der Banque Royal in der Rue Jean-Talon Nr. 4286 Stellung bezogen. Als die vier Männer, nachdem sie die Kassen geleert hatten, aus der Bank kamen, rief die Polizei die schicksalhafte Parole «Ergebt euch, hier ist die Polizei!» Und schon ging die Schießerei los, ohne daß man sagen konnte, wer als erster geschossen hatte. Jean-Paul feuerte Garbe um Garbe auf die Polizeiwagen, um die Flucht seiner Freunde zu dekken. Eine Kugel traf ihn am Arm, aber es gelang ihnen allen, nach einem mörderischen Lauf durch den Kugelregen, den für die Flucht bereitgestellten Wagen zu erreichen. Als sie losfuhren, wurden sie von einer Salve aufgehalten, die die Lenkung blockierte, so daß jede Steuerung unmöglich wurde. Der schon mit vollem Schwung fahrende Wagen, der weder nach rechts noch nach links abbiegen konnte, fuhr gegen eine Telegrafenstange und zwei parkende Autos, bevor er stehenblieb. Jean-Paul und seine Freunde waren auf den Haupteingang des Kaufhauses Handy Store zugestürzt. Frappier versuchte, nach rechts zum Miracle Mart-Laden zu gelangen, während Vincent unter einem Kugelhagel zwischen den parkenden Wagen davonlief. Jean-Paul bahnte sich den Weg durch die zusammenlaufenden Polizisten, indem er aus der Hüfte schoß. Einer von ihnen, der sich auf den Bauch geworfen hatte, nahm Jean-Paul ins Visier und traf ihn mit einem seiner Schüsse mitten in den Kopf, so daß er tot zusammenbrach.

Dreißig Meter weiter versuchte ein Polizist, Frappier den Weg zu versperren, kam aber aus dem Gleichgewicht und stürzte rücklings auf den Boden. Frappier erreichte den Poizisten, hielt seine Waffe an seinen Kopf, drückte mehrmals ab – doch das Magazin war leer. Durch eine Kugel am Hals und zwei andere im Magen getroffen, brach er zusammen, nachdem er durch den vorderen Teil eines Polizeiwagens gestoppt worden war. Vincent war die Flucht gelungen. Um zu diesem Resultat zu kommen, hatte man mehr als zweihundert Kugeln abfeuern müssen. Mein Freund war mit der Waffe in der Hand gestorben, und über mein Leid hinaus wußte ich, als ich die Nachricht erfuhr, daß auch er, genauso wie ich, seine Wahl getroffen hatte. Jetzt hatte er den Preis dafür bezahlt.

Joyce wurde vor Gericht gebracht. Es gelang meinem Rechtsanwalt Raymond Daoust, für sie nur 23 Monate Gefängnis zu erwirken. Ihr Einsatz hatte Jean-Paul wenigstens erlaubt, als freier Mensch zu sterben. Er hatte nichts anderes zu erwarten, und es war besser, als wenn er hätte zusehen müssen, wie er allmählich in den scheußlichen Zellen der Sicherheitsabteilung im Zuchthaus Saint-Vincent-du-Paul verreckt wäre.

Meine ganzen Projekte wurden durch den Tod meines Freundes vereitelt. Richard Blass rechnete inzwischen mit einigen Leuten in Montreal ab. Mit Roussels Hilfe erledigte er zwei seiner früheren Freunde, die ihn verraten hatten. Er kam mit einem Revolver in der Hand in die *Gargantue*-Bar und schoß jedem vor der gesammelten Kundschaft drei Kugeln in den Kopf. Er war in Montreal so gefürchtet, daß keiner es wagte, gegen ihn als Killer auszusagen.

Das Haftsystem, das er genauso wie ich in der USC hatte ertragen müssen, hatte aus ihm ein wildes Tier ohne Mitleid gemacht. Nur ich, der ich ihn gut gekannt hatte, wußte, daß er ein gefühlvoller und sentimentaler Kerl war. Die Haft hatte etwas in ihm getötet.

Zur Zeit meiner Flucht in Quebec hatte ich dafür gekämpft, daß die Haftbedingungen verbessert werden. War die USC dank alldem geschlossen worden, was ich in Gang gebracht hatte, so hatte man sie doch durch etwas noch Schlimmeres ersetzt. Richard Blass war frei ... Er schrieb einen offenen Brief an Warren Allmond, den Justizminister Kanadas, er solle es der Presse erlauben, dic «Cell Block 1» – Abteilung im Saint-Vincent-de-Paul-Zuchthaus, diese Fabrik zur Herstellung von kriminellen Ungeheuern, zu besuchen. Er drohte, daß in Montreal Blut fließen würde, falls die Justizbehörden und die Bevölkerung weiterhin nichts unternehmen würden, um die Haftbedingungen zu verbessern.

Der Justizminister stellte sich seinen Klagen gegenüber taub ... und das Blut floß so, wie es noch nie in der Hauptstadt geflossen war. Blass ging wieder mit einem seiner Freunde in die *Gargantue*-Bar. Er ließ die ihm bekannten Leute hinausgehen und schloß alle anderen in den Keller ein. Der Inhaber der *Gargantue* war ein ehemaliger Bulle – Blass schoß ihm eine Kugel mitten ins Herz. Dann beging er aus Rache für all das, was die Gesellschaft ihm angetan hatte, das schlimmste Verbrechen, das Montreal je erlebt hatte. Er goß Benzin aus und steckte den Keller in Brand. So brachte er kaltblütig zwölf Menschen und einen ehemaligen Bullen um ... Dreizehn Menschen hatte Blass als Antwort auf das Stillschweigen des Justizministers von Kanada ermordet.

Dieses Massaker entsetzte ganz Kanada, aber man versuchte zu verstehen, wie ein Mensch zu so etwas kommen konnte. Die Journalisten durften endlich den «Cell Block 1» besichtigen und sahen selbst, daß solche Haftbedingungen Menschen entweder zum Selbstmord treiben oder aus ihnen wahnsinnige Mörder machen mußten ... Dreizehn Unschuldige mußten den Preis dafür bezahlen ... Roussel hatte an dem Massaker nicht teilgenommen, dessen war ich sicher ... Er wurde etwas später von der Polizei gestellt und ergab sich.

Am 24. Januar 1975 umzingelten Polizisten unter der Führung von Detektiv-Sergeant Albert Lisacek eine kleine Villa in Val David in Laurentides, ungefähr 30 Kilometer von Montreal. Sie schlugen die Tür ein und stürzten in die Zimmer. Blass schlief neben einer seiner vielen Freundinnen. Als sie den Aufruf «Polizei! Ergebt euch!» hörte, sprang sie vom Bett und lief in ein anderes Zimmer. Die Polizisten rannten in Richards Zimmer, der gerade Zeit genug hatte, eine Hose anzuziehen. Da jede Flucht unmöglich war, rief Richard:

«Okay, ich ergebe mich.»

Die Polizisten kamen an die Zimmertür und schossen zwei Garben aus ihren Maschinenpistolen ... Blass starb mit 27 Kugeln im Leib; seine letzten Worte an die Polizei waren:

«Ihr Schweine!»

Die Polizei hatte ihn hingerichtet ... Lebendig fängt man keinen Wilden, der für das Massaker von dreizehn Menschen verantwortlich ist ... Einer der größten Killer Kanadas war so gestorben, wie er gelebt hatte – durch Gewalt.

Interpol, die die französischen Behörden von der Flucht meiner Freunde benachrichtigt hatte, konnte endlich aufatmen ... Vier unter ihnen waren außerstande, mir zu helfen, und zwei waren tot ... Nur Pierre Vincent war immer noch frei, er sollte ein Jahr später wieder festgenommen werden.

In meiner Zelle in La Santé hatte sich meine Lage verbessert. Jedes Wochenende durfte ich, als Ersatz für das Kino, das den anderen Häftlingen gewährt wurde, fernsehen. Mir war eine Zelle mit Fenstern eingerichtet worden, und man hatte Sprechzimmer für die Anwälte innerhalb des Sicherheitstrakts aufgebaut – kurz, man hatte ein Gefängnis innerhalb des Gefängnisses errichtet. Ich hatte keine Schwierigkeiten mit meinen Wärtern, die unter den besten ausgesucht worden waren. Alles in allem hatte ich es mit netten und korrekten Kerlen zu tun, die dafür sorgten, daß mir meine Isolierung nicht so schwer wurde. Ich provozierte sie nicht, da ich ihnen weder etwas vorzuwerfen noch zu beweisen hatte.

Endlich bewilligte mir der Richter eine Besuchsstunde pro Monat mit Janou.

Sie wurde von Fleury-Merogis unter strengem Geleit zu mir gebracht. Wir saßen uns gegenüber, durch unzerbrechliche Glasscheiben getrennt, und lasen uns gegenseitig aus den Augen, indem wir uns stillschweigende Fragen stellten ... Eine Minute lang saßen wir beide, ohne ein einziges Wort zu sprechen. Dann unterbrach ich die Stille mit scherzendem Ton, um meine Rührung zu verbergen:

«Guten Tag, mein Engel ... Du hast dich verspätet ...»

«Stimmt, alter Gauner ... 27 Monate Verspätung ...Für mich ein Jahrhundert.»

Ich hatte sie nicht wiedergesehen, seit ich aus der USC ausgebrochen war. Sie sah zwar ganz wie früher aus, aber ich konnte ihr das ganze Leid ansehen, das sie durchgemacht hatte. Ihr Haar hatte begonnen, grau zu werden, als ob es über ihre Haftjahre Zeugnis ablegen wollte. Sie war schon seit fünfeinhalb Jahren in Haft, und der Untersuchungsrichter weigerte sich immer noch, sie auf Bewährung freizulassen. Wessen wurde sie jedoch beschuldigt? ... Bloß des Überfalls auf den Industriellen in Chamonix, der sich vor mehr als acht Jahren ereignet hatte. Nicht einmal der Versuch der Zeugenbeeinflussung konnte im Fall einer Entlassung auf Bewährung geltend gemacht werden, da der Industrielle vor mehr als zehn Monaten eines natürlichen Todes gestorben war. Die Justiz behielt sie in Untersuchungshaft als Abzahlung des möglichen Urteils ... In Wirklichkeit ließ man sie für meinen Namen und für ihre Liebe zu mir bezahlen.

Dagegen war Pierre Verheyden, der mich an die Bullen verraten hatte, als Belohnung für seine Denunzierung schon nach einem Jahr auf Bewährung freigelassen worden. Auch derjenige, der mir die Wohnung vermietet hatte, war verhaftet und auf Bewährung entlassen worden, hatte sich aber drei Tage nach seiner Entlassung in seiner Garage erhängt ... Aus Reue etwa, sich den Bullen gegenüber nicht richtig verhalten zu haben? Vielleicht hoffte der Richter auch, daß dasselbe Verheyden passieren könnte. Um Verheyden wollte ich mich selbst kümmern ... Bis dahin sollte ihm nichts passieren. Inzwischen lebte er wie ein Gehetzter, mit der Angst im Nacken ... Jede Frau, die er traf, konnte eine Falle sein und ihn zum Ort seiner Hinrichtung führen, jeder neue Freund, den er gewann, konnte derjenige sein, der mit seinem Tod beauftragt worden war ... Er lebte mit einer Angst, wie alle Hunde seiner Art.

Während des Besuchs von Janou war jedoch nur von Liebe die Rede ... Sie sollte erst im Oktober 1976, nach sieben Jahren und drei Monaten Haft, auf Bewährung entlassen werden.

Trotz meiner Isolierung stand ich in La Santé sowohl mit der Innen- als auch mit der Außenwelt weiter in Kontakt. Jean-Charles Willoquet wollte unbedingt, daß wir zusammen etwas unternehmen sollten. Ich wußte, daß er zu allem bereit war, als er mich fragte, ob ich Waffen besorgen konnte ... Ich bejahte es. Einer seiner Kumpane wollte etwas im Pariser Justizpalast versuchen ... Ich ließ eine geladene «Mauser» für ihn auf den Spülkasten der Toilette, die neben dem Büro seines Untersuchungsrichters lag, legen. Als der Tag gekommen war, konnte er zwar nach der Waffe greifen, aber der Coup scheiterte, da der einzige ihm gegenüberstehende Gendarm ihn überwältigte ... Er war wenigstens mutig genug gewesen, es zu versuchen und sein Mißerfolg konnte nicht die Geste entwerten, mit der er sein Glück versucht hatte.

Es kam vor, daß ich in La Santé gewalttätig wurde. Normalerweise sollte kein anderer Häftling in meine Abteilung kommen, wenn ich nicht in meiner Zelle war. Ein Algerier namens Tchicou, ein allgemein bekannter Polizeispitzel und Verwaltungsagent, war jedoch unvorsichtig genug, um das zu tun. Es war Punkt zwölf, und meine Tür stand zur Kaffeeverteilung auf. In der Hand hielt ich meine Tasse und meinen Löffel ... Als ich ihn sah, schob ich den Wärter, der vor meiner Tür stand, beiseite und stürzte auf ihn zu. Ich schnauzte ihn an:

«Komm niemals hierher, du Schwein ...»

Er war einer, der überall kraftmeierisch auftrat, ein Großmaul wie so viele andere. Er warf mir einen bösen Blick zu und wollte aggressiv antworten:

«Was soll ...»

Ich ließ ihm nicht genug Zeit, mehr zu sagen. Ich hielt den Löffel in der Hand ... Mein Arm schnellte nach vorn, so daß der Stiel des Löffels ihm die linke Wange im Kinnbacken durchstach, zwei Backenzähne zerschlug und ein Stück Zunge abschnitt. Der ganze Stiel steckte in seinem Mund, während er sich stumpfsinnig meinen kalten Blick ansah. Ich brach den Löffel entzwei und ließ den Stiel in seinem Mund stecken.

«Wenn du noch einmal herkommst, bring ich dich um!»

Kein Wärter hatte sich gerührt ... Ich kehrte ihm den Rücken und ging in meine Zelle zurück.

Am folgenden Tag mußte ich vor dem Gefängnisgericht erscheinen. Der Direktor fragte mich nach dem Grund meiner Tat, und ich antwortete nur: «Ich will keine Spitzel in meiner Nähe haben.» Da es ihm nicht an Humor fehlte, machte er mich darauf aufmerksam, daß ich nicht besonders zart bei meiner Behandlung gewesen sei ... Damit war der Zwischenfall beendet.

Das Projekt mit Willoquet nahm allmählich Gestalt an ... Er wollte es mit demselben Coup versuchen, der mir im Gerichtssaal von Compiègnes gelungen war, und fragte mich nach meiner Meinung. Ich machte ihm klar, daß er alle Erfolgschancen hatte, wenn er von seinem Plan überzeugt war ... Er wollte mit mir zusammen ausbrechen ... Mehrere Monate lang bereiteten wir, jedesmal wenn es uns möglich war, in Kontakt zu treten, alle Einzelheiten vor. Ich bestand darauf, daß wir eine entsicherte Granate für diese Aktion brauchten ... das war die absolute Waffe, die jeden Widerstandsversuch der Gendarmen verhindern konnte. Seine Frau Martine gehörte zu jenen Frauen, die fähig sind, ihr Leben dem geliebten Mann zu opfern. Sie war zu allem bereit, um «Charlie» aus seinem Loch herauszuholen. Sie wußte, daß sie im entgegengesetzten Fall keine Hoffnung haben konnte, ihn je wiederzusehen.

Wir prüften noch einmal alle Einzelheiten ... Ich verschaffte ihm die noch fehlenden Waffen. Unser Ziel war einfach, und die Aktion sollte präzise vor sich gehen. Martine würde, als Anwältin verkleidet und mit zwei Revolvern in ihrer Handtasche, erscheinen. Dann würde sie die Granate schwenken und drohen, alles in die Luft zu sprengen. Charlie würde die Revolver nehmen und die Richter und den Vertreter des Staatsanwaltes mit Handschellen fesseln. Dann sollte er sich zusammen mit ihnen in ein Zimmer einschließen und verlangen, daß man mich holen sollte, da er sonst einen der Richter töten würde. Für den Erfolg bürgte die Granate, da die Anti-Gangster und die Scharfschützen nichts versuchen konnten, ohne die Richter und den Vertreter des Staatsanwaltes zu gefährden. Wir würden ein sehr gewagtes Spiel spielen, hatte ich zu Charlie gesagt, da wir auf keinerlei Mitleid rechnen könnten – folglich durften auch wir kein Mitleid haben. Ich hatte ihm sogar gesagt, daß er, wenn man mich als Schild benutzte, um ihm näherzukommen, trotzdem losschießen sollte ... ich war mir des Erfolgs sicher. Er versicherte mir, daß alles wie geplant ausgeführt werden würde. Wenn ich erst einmal draußen sei, sollte ich ihm meinerseits jede Hilfe leisten, damit er bei Freunden in den Vereinigten Staaten Zuflucht finden konnte. Sie sollten ihm nicht nur ein Versteck und Papiere verschaffen, sondern ihn auch an ihren Geschäften teilnehmen lassen, da seine Flucht eine gute Visitenkarte war. Wie zwei Freunde entwarfen wir schon Zukunftspläne. Ich hatte keinen Grund, an seinem Wort zu zweifeln.

Alles war bereit ... Uns blieb nur noch übrig abzuwarten. Das Glück wollte es, daß ich am selben Tag wie er zum Justizpalast geführt wurde – so wie er nur für eine Untersuchung. Es gelang mir, mit ihm in eine Zelle gebracht zu werden.

«Alles ist bereit, mein Junge.»

«Ja, kein Problem. Also in drei Tagen, am 8. Juli.»

Charlie schuldete mir nichts. Wir hatten uns im Gefängnis kennengelernt und einen Vertrag geschlossen ... Mein ganzes Leben lang hatte ich meine Verträge eingehalten – trotz seiner Freundschaft zu mir sollte er seinen nicht einhalten. Wenn er mir gesagt hätte, daß er lieber direkt abhauen wollte, hätte ich es verstanden und die Sache anders organisiert. So stützte sich für mich aber alles auf die Tatsache, daß er, sobald er Herr über die Lage war, verlangen sollte, mich zu holen ... Ich hatte keinen Grund, an seinem Wort zu zweifeln.

Am 8. Juli um elf Uhr vormittags stellte ich zum letztenmal den Kontakt mit ihm her und ließ ihm schriftlich die letzten Weisungen übermitteln. Ich ermunterte ihn, indem ich sagte, ich sei seines Erfolgs sicher. Charlie war in den Aktionen ein furchterregender Kerl. Ich wies ihn jedoch darauf hin, daß die Gendarmen bereit sein würden, aus Pflichtgefühl ihr Leben zu opfern, wie ich es schon einmal in Compiègne hatte feststellen können ...

Um halb zwölf setzte Charlie einem Volleyballspiel ein Ende, indem er seinen Mitspielern sagte, er würde den fünfzehnten Punkt lieber am folgenden Tag spielen.

Als er an meinem Zellenfenster vorbeiging, trafen sich unsere Blicke.

«Bis dann, mein Junge, und viel Glück!»

Er lächelte mich an.

«Ja, bis dann!»

Ich hatte monatelang auf diesen Tag gewartet ... Zusammen mit Charlie hatte ich diese Aktion stundenlang vorbereitet und doch ... Er sagte «Bis dann!», wo er doch ganz genau wußte, daß er nicht die Absicht hatte, mich mitzunehmen.

Er hatte mir verheimlicht, was ihn dazu gebracht hatte, seine Pläne zu ändern. Hätte er es mir gesagt, wäre ich gleich einverstanden gewesen, eine direkte Aktion zu unternehmen, so wie er sie jetzt durchführen wollte.

Der Gerichtssaal, in den er gebracht werden sollte, wurde umgebaut, so daß man in einen Raum auswich, der näher am Ausgang war ... Aus diesem Grund änderte Charlie seinen Plan. Er hatte gedacht, er könne immer noch verlangen, daß man mich holte, wenn der Coup mißlingen und er gezwungen sein würde, sich zusammen mit den Geiseln einzuschließen. Eigentlich hatte er mich in einem gemeinsamen Projekt eine falsche Hoffnung hegen lassen.

Am 8. Juli 1975 betrat die als Anwältin verkleidete Martine Willoquet die 14. Strafkammer ... Der Vorsitzende Cozette nannte die Fälle, die an diesem Tag behandelt werden sollten. Willoquet war wegen eines einfachen Autodiebstahls vorgeladen worden und befand sich mitten unter anderen Gefangenen. Plötzlich erklang Martines Stimme im Gerichtssaal:

«Wenn sich einer rührt, sprenge ich alles in die Luft!»

Sie schwenkte eine Granate, ging zur Anklagebank und warf ihrem Mann einen Revolver und ein paar Handschellen zu. Dieser sprang schnell zum Vorsitzenden und drückte ihm seine Waffe ins Genick, so wie ich es in Compiègne gemacht hatte. Dann befahl er, den Saal zu räumen. Im Gerichtssaal herrschte Panik ... Er fesselte den Vorsitzenden Cozette und den Vertreter des Staatsanwalts Michel mit Handschellen aneinander und ging mit den beiden vor sich zum Ausgang. Martine folgte ihnen, die Granate fest in der Hand. Es wurde Alarm geschlagen. Der Chef der Wächter, Kommandant Guillaume, kam Charlie entgegen, um ihn aufzuhalten. Er trug keine Waffe ... Charlie schoß einmal in die Luft, aber der Kommandant ging weiter auf ihn zu ... Zwei Schüsse ... Kommandant Guillaume, von zwei Kugeln in den Bauch getroffen, brach zusammen. Im selben Augenblick stürzte sich Gendarm Germano auf Willoquet. Ohne sich umzudrehen, legte Charlie seine Waffe auf die Schulter und schoß ... Der Gendarm Germano brach mit einer Kugel im Kopf zusammen. Im Gang schrie alles auf, und Charlie nutzte die allgemeine Verwirrung, um den Ausgang zu erreichen. Draußen wartete ein Fiat 126 auf ihn. Er zwang die beiden Richter, hinten einzusteigen, während sich Martine, die immer noch die entsicherte Granate in der Hand hielt, nach vorn setzte ... Charlie setzte sich ans Lenkrad und raste los.

Ich sitze in meiner Zelle und erfahre durch eine kurze Meldung im Radio von der Flucht. Zuerst beglückwünsche ich ihn zu diesem Kommandounternehmen, dann aber muß ich einsehen, daß Charlie mich betrogen hat ... Verpflichtungen sind da, damit man ihnen nachkommt ... Im Leben soll man halten, was man verspricht, und nur dann etwas versprechen, wenn man in der Lage ist, seinen Verpflichtungen nachzukommen ... Ich habe trotz allem eine letzte Hoffnung, als ich weiter höre, daß er die beiden Richter gefangenhält ... Wenn er meine Freilassung für ihr Leben verlangt, und zwar gleich nachdem er zwei Gendarmen niedergeschossen hat, bin ich sicher, daß den Behörden nichts anderes übrig bleibt, als mich frei zu lassen. Aber auch hier läßt mich Charlie im Stich, obwohl er frei ist. Mit der Freiheit wird er wieder zu einem selbstsüchtigen Kerl, der den eigenen Interessen Vorrang vor der Freundschaft und seinen Verpflichtungen als Mann gewährt. Ich höre jetzt, die beiden Richter sind von ihm freigelassen worden ... So hat Charlie die Schlüssel weggeworfen, die mir die Tür zur Freiheit hätten öffnen können. Ich sehe ein, daß ich mich in ihm getäuscht habe. Ich bewundere zwar seine Tat und seinen Mut, verachte aber seine Mentalität und Moral. Denn man übernimmt keine Verpflichtung jemandem gegenüber, der bis zum Ende seines Lebens im Gefängnis sitzen muß; man läßt ihn keine Hoffnung schöpfen, wenn man nur mit der Freundschaft spielt. Meine Freunde draußen sollten ihm helfen – davon ist natürlich keine Rede mehr. Wenn Charlie mir nichts schuldet, so schulde ich ihm auch nichts.

Ich freue mich dagegen für Martine, die sich die Augenblicke des Glücks, die sie in seinen Armen finden wird, erkämpft hat. Noch einmal hat eine Frau «ihren Mann» gestanden.

Zwei Monate verstrichen ... Draußen hatte Charlie nur eingeschränkt Hilfe gefunden ... ohne Geld, ohne viel Geld ist keine Flucht möglich ... Ich hatte noch keine Nachricht von ihm, als mir einer seiner Freunde, der in Fleury-Merogis war, mitteilte, er habe gerade wieder Kontakt mit ihm aufgenommen. Charlie ließ mich um Weisungen bitten, um meine Flucht zu organisieren ... Ich war zuerst nicht sehr begeistert, da ich mich immer noch an die Art und Weise erinnerte, wie er seinen ersten Verpflichtungen nicht nachgekommen war. Vielleicht wollte er aber auch wieder gutmachen, was er mir angetan hatte ... Ich wußte, daß er sehr viel von mir hielt, und er wußte, daß er sicher die Vereinigten Staaten erreichen würde, wäre ich erst einmal frei ... Trotz meiner Verstimmung ließ ich ihm mitteilen, ich sei damit einverstanden, ihm einen vollständigen Fluchtplan zukommen zu lassen ... Diesmal war ich bereit, aufs Ganze zu gehen.

Ich teilte meinen Plan in zwei Teile, und zwar die Arbeit, die Charlie zukommen sollte, und diejenige, die meine kanadischen Freunde übernehmen sollten. Ich stellte den Kontakt mit Montreal her, wo zwei Kanadier sich einverstanden erklärten, nach Frankreich zu kommen und Willoquet am Tag der Aktion zu helfen. Charlie sollte seinerseits vor ihrer Ankunft für alles sorgen. Meine Freunde kannten Frankreich nicht und mußten dirigiert werden. Ich glaubte zu Unrecht, Charlie würde über ernsthafte Freunde und Geld verfügen.

Ende September ließ ich ihm einen vollständigen Plan mit allen Einzelheiten und Hinweisen auf Fehler, die man vermeiden sollte, zukommen. Ich faßte die Entführung eines Richters von hohem Rang und eines Politikers der Opposition ins Auge. Ich verfügte über genug Angaben, damit alles ohne große Gewalt vonstatten gehen konnte, wollte ihm aber die Unterlagen erst übermitteln, wenn die ersten Vorbereitungsmaßnahmen getroffen wären. Daß meine Wahl auf einen Politiker der Opposition fiel, hatte nichts mit meiner politischen Überzeugung zu tun, sondern war lediglich durch präzise Berechnung motiviert. Die Regierung war für Willoquet sowie für seine eventuellen Taten verantwortlich. Sie konnte nicht ein Mitglied der Opposition hinrichten lassen, ohne einen politischen Skandal hervorzurufen. Andererseits konnte die Opposition der Regierung nicht vorwerfen, sie hätte mir meine Freiheit gegen das Leben eines ihrer Mitglieder zurückgegeben.

Charlie sollte die beiden Männer in einem mir unbekannten Ort gefangenhalten, da ich wußte, daß eine solche Aktion, wenn sie einmal in Gang war, sehr rege Reaktionen des Innenministeriums hervorrufen würde. Ich war bereit, das Risiko auf mich zu nehmen – am Ende meines Weges gab es eine Kugel in den Kopf oder die Guillotine, oder noch einmal die Freiheit. Ich wäre als freier Mann fähig gewesen, einen solchen Ausbruch durchzuführen – war aber Charlie dazu fähig? Bei so etwas mußte man bis zum Ende gehen!

Nachdem er die beiden Männer entführt und in Sicherheit gebracht haben würde, sollte Charlie einen Brief an einen bekannten Anwalt schicken, der diesen seinerseits dem Oberstaatsanwalt weitergeben sollte. In diesem Brief waren meine Befehle enthalten. Außerdem wurde eine vierundzwanzigstündige Frist, bis die Türen zu meiner Freiheit aufgehen sollten, festgesetzt. Gleich beim Empfang des Briefes sollte sich der Oberstaatsanwalt mit mir in Verbindung setzen. Ich würde, nach einem genau festgesetzten Code, Charlie über den Verlauf der Aktion Bescheid geben, indem ich einen nichtstaatlichen Sender – ich hatte «Europa 1» ausgewählt – benutzte. Drei recht präzise Botschaften würden ihm genügen, um zu erfahren, wie weit sich die Aktion entwickelt hatte. Wenn meine erste Botschaft sechs Stunden nach Empfang des Briefes durch den Oberstaatsanwalt noch nicht vorgelesen worden war, sollte Charlie durch das «rote Telefon» Europa 1 anrufen und die Festnahme der politischen Geiseln sowie seine Bedingungen verkünden, um ein eventuelles Totschweigen einer solchen Affäre zu vermeiden. Sollte in einer einzigen meiner Botschaften irgendeine Farbangabe dem verabredeten Satz folgen, so bedeutete das, daß die Behörden nicht nachgeben wollten. Dann sollte der Richter einem meiner kanadischen Freunde anvertraut und in den Kofferraum eines Wagens gesperrt werden. Der Wagen würde dann zu einer bestimmten Tiefgarage fahren. Dort sollte er, als Antwort auf die Weigerung der Behörden, hingerichtet werden. Die Freunde, die ich bestellen wollte, waren keine sentimentalen Menschen – ich wußte also mit Sicherheit, daß der Richter im Falle einer Ablehnung hingerichtet werden würde. Charlie würde dann Europa 1 den Standort des Parkplatzes und die von den 24 Stunden noch verbleibende Frist mitteilen. Ich war sicher, daß die Behörden von Panik ergriffen würden. Der einzige Bluff dabei war, daß es nicht in Frage kam, einen Mann aus der Opposition hinzurichten: Ich wußte, daß die Regierung nachgeben würde – der Entschlossenheit gibt man immer nach.

Vor meiner völligen Isolierung im Gefängnis hätte ich niemals eine politische Geiselnahme ins Auge gefaßt, aber war ich nicht selbst eine Geisel der Strafverwaltung? Mir wurden normale Haftbedingungen verweigert, so wie vielen anderen Häftlingen, die in Käfige in die Abteilung mit erhöhter Sicherheit gesteckt wurden; gerade deswegen faßte ich kaltblütig die Hinrichtung eines Richters ins Auge, weil dieselben Richter allzuoft zu den indirekten Mithelfern der Strafverwaltung und ihrer Übergriffe wurden, da sie unsere Wahrheit nicht sehen wollten. Durch diese Isolierung wollte man aus mir ein wildes Tier machen – also reagierte ich wie ein wildes Tier.

Ich wußte, daß der Haken an diesem Plan meine Freilassung aus der Rue de la Santé war, da ich sicher war, daß mich die Bullen beschatten würden. Deswegen hatte ich eine weitere Aktion geplant, von der Charlie nichts wußte. Ich hatte ihn darum gebeten, für mich einen Wagen bereitzustellen und ihn an einem ganz bestimmten Ort zu parken. Außerdem sollte ein Zimmer bereitstehen, zu dem ich fahren würde, um Kleider und Waffen zu holen. Keinen Augenblick wollte ich meine Beschatter abschütteln – ganz im Gegenteil. Ich würde den von Charlie bereitgestellten Wagen nehmen, um zu einem Parkplatz zu fahren, auf dem ein weiterer Wagen auf mich wartete. Er sollte weiß sein und einen beschädigten, hinteren Kotflügel haben, damit die Polizisten ihn gut erkennen könnten ... da ein anderer Wagen gleichen Typs und gleicher Farbe, mit derselben Nummer, demselben beschädigten Kotflügel und einem Mann am Lenkrad, der so wie ich gekleidet sein sollte, hundert Kilometer von Paris auf einer kleinen Straße bei Louviers auf mich warten würde. Ich würde also auf dem Parkplatz warten, bis es dunkel wurde, um in Richtung Louviers loszufahren, wobei die Bullen mich immer noch beschatteten. Ich würde zunächst die West-Autobahn nehmen, die ich dann bei der Abzweigung nach Louviers verließe. Da die Straße unmittelbar vor der Stadt bergab geht, würde ich rechts in eine kleine Straße einbiegen, die bergauf zu einem Wald führt – was die Polizisten zwingen würde, mir nur von weitem zu folgen. Oben war ein Weg, der am Rand von Mendes-Frances Landgut in den Wald führte.

Dort würde der andere Wagen, mit laufendem Motor und für die Polizisten nicht sichtbar, auf mich warten. Genau in diesem Augenblick sollte sich dann alles abspielen. Ich würde alle Wagenlichter ausmachen und in dem Weg anhalten. Der andere Wagen sollte dann im selben Augenblick losfahren und auf die Straße biegen, auf der ich angeblich war ... Die Polizisten, die diesen Tausch nicht bemerken konnten, würden dann damit beschäftigt sein, einem anderen zu folgen. Ich würde dann meinen Wagen stehen lassen und zu Fuß in den Wald gehen, den ich in meiner Kindheit oft genug durchstreift hatte. An einer bestimmten Stelle würde ein Moped mit Farbtöpfen, einem weißen Kittel und einem Helm auf dem Gepäckträger, stehen. Ich würde dann zu einem Versteck, das Freunde von mir in dieser Gegend hatten, fahren. Inzwischen sollte der andere Wagen mit den ihn weiter beschattenden Bullen in Richtung Rennes fahren. Der Fahrer hätte eine Reisetasche mit Ersatzkleidern, eine Einkaufstasche, eine Mütze und einen jungen Hund bei sich. In Rouen würde er in eine Sackgasse fahren, was die Polizisten daran hinderte, ihm weiter zu folgen. Er sollte dann den Wagen parken und zu einem Wohnhaus gehen: so würden die Polizisten, die sicher waren, mir von Anfang an gefolgt zu sein, weiterhin glauben, sie hätten mich in das Wohnhaus gehen sehen. Im Haus ginge der Mann in den Keller, wo er sich schnell umziehen, die Mütze aufsetzen, die Einkaufstasche und den jungen Hund an die Leine nehmen würde, um dann als der ruhigste Mann der Welt, der seinen Hund spazierenführen will, hinauszugehen. So könnte er in aller Ruhe an den Polizisten vorbeigehen, die sich versteckt hätten, um mich zu überwachen. Etwas weiter wartete ein Wagen mit all den nötigen Papieren auf ihn. Damit würde er wieder nach Paris fahren, während die

Bullen vor einem Wohnhaus ständen, in dem ich nicht war, obwohl sie sicher waren, mich darin zu finden.

Ich war absolut sicher, daß dieser Plan Erfolg haben würde. Charlie hatte schon den ersten Teil der Anweisungen für die Vorbereitungsmaßnahmen bekommen und ließ mir mitteilen, alles sei okay, er würde gleich für alles sorgen. Es war Anfang Oktober ... Tage und Wochen vergingen, ohne daß Charlie den Kontakt wiederherstellte ... In Wirklichkeit hatte er überhaupt nichts vorbereitet, sondern seine Vorbereitungen immer wieder auf den nächsten Tag verschoben. Bei mir hingegen war alles bereit ... Meine kanadischen Freunde warteten nur noch auf einen Wink von mir, um nach Paris zu kommen. Meine Pariser Freunde hatten die beiden gleichen Wagen bereitgestellt und waren sowohl an den Ort der Ablösung als auch nach Rouen, zu dem von mir angegebenen Wohnhaus, gefahren. Keiner von ihnen war jedoch mit einer direkten Teilnahme an der Geiselnahme einverstanden, da ihnen die Strafe, die sie im Fall einer Festnahme zu verbüßen hätten, zu hoch war. Ich hatte sie nur um eine ihnen mögliche Unterstützung gebeten, da die von mir ins Auge gefaßte Aktion nur von jemandem gewagt werden konnte, der nichts zu verlieren hatte. Ich glaubte, Jean-Charles Willoquet sei dieser Mann, da seine Flucht mir bewiesen hatte, daß er zu einer scheinbar unmöglichen Aktion fähig war. Inzwischen unterliefen ihm jedoch in Bezug auf seine eigene Sicherheit unzählige Fehler. Zum Beispiel machte er sich aus einem Hotel, in dem er reich gegessen und mehrere Tage lang kostenlos gelebt hatte, über die Hintertreppe davon. All diese Fehler beging er aus Geldmangel, da Charlie, der zu dieser Zeit der meist gesuchteste Mann war, es nicht zustande gebracht hatte, sich mit Banküberfällen die Taschen zu füllen. ... Das wußte ich damals jedoch noch nicht.

Da ich keine Nachricht von ihm erhielt, begriff ich, daß mein Projekt wieder einmal ins Wasser gefallen war. Ich beschloß, bis zum Ende des Monats zu warten, um die Vorbereitungen meiner Freunde rückgängig zu machen. Keiner von ihnen wollte Charlie treffen, aus Angst, er könne die Bullen, falls er beschattet werden sollte, auf ihre Spur bringen – eine Möglichkeit, die immer ins Auge gefaßt werden mußte. Ich wartete also, wütend und enttäuscht ... da ich an die Durchsetzung dieses Projekts glaubte.

Die Nachricht war wie ein Schlag ins Gesicht: auf der Avenue Kleber hatte gerade eine Schießerei stattgefunden. Es war der 25. Oktober. Willoquet war von den Anti-Gangster-Leuten gesichtet worden und hatte noch einmal drauflosgeschossen. In der Aktion war er furchterregend. Die Bullen hatten zurückgeschossen ... oder eher als erste geschossen, das wußte ich nicht. Martine war schwer verwundet liegen geblieben – das war das einzige, was mich interessierte ... Charlie hatte ein Pärchen als Geisel genommen und sich damit noch einmal aus einer unmöglichen Lage herausgeholfen.

Die Vorstellung, Martine liege da auf einem Bürgersteig, verwundet, ein Opfer der Treue zu ihrer großen Liebe, setzte mir schrecklich zu. Ich bewunderte diese Frau für ihren Mut und ihre Mentalität. In Kriegszeiten wäre sie für ihre Aktion im Justizpalast von allen bewundert worden ... In allen französischen Gefängnissen wurde ihr Name respektvoll genannt, da sie «eine Frau des Respekts» war.

Am folgenden Tag, Sonntag, dem 26. Oktober, erlebte ich die größte Überraschung meines Lebens. Polizisten meldeten sich mit einem Durchsuchungsbefehl bei der Abteilung mit erhöhter Sicherheit und beschlagnahmten meine Schreibmaschine, indem sie mir mitteilten, daß sie meinen ganzen Fluchtplan in Martines Handtasche gefunden hätten. Sie hatten tatsächlich die fünf getippten Seiten, wo alles bis in die kleinste Einzelheit dargelegt war, in den Händen. ... Charlie hatte ihn vor mehr als zwanzig Tagen bekommen.

Wie hatte er nur so unvorsichtig sein können, die fünf Seiten nicht zu vernichten, nachdem er sie sorgfältig gelesen hatte? Jetzt verstand ich endlich, daß er niemals die Absicht gehabt hatte, mein Projekt durchzuführen. Es war zu viel für ihn gewesen. Man muß wirklich entschlossen sein, um vom Plan zur Tat zu schreiten. Nun war Willoquet zwar ein gefährlicher Killer, aber kein Organisator. Vielleicht war er nur deshalb in Kontakt mit mir getreten, um sein Gewissen davon zu befreien, daß er am Tag seiner Flucht seinen Verpflichtungen nicht nachgekommen war. Ich war ihm nicht einmal böse. Die einzige wichtige Sache für mich war der Zustand seiner Frau Martine und das Leid, das er bestimmt darüber empfand, während er sich sicherlich wie ein gehetztes wildes Tier verstecken mußte.

Schwanger und verwundet, allein mit der Angst einer liebenden Frau, sagte Martine Willoquet trotz allen Fragen der Polizisten kein einziges Wort ...

Während meines Verhörs konnten die Polizisten nicht umhin, mir zu sagen, daß mein Plan, wenn er durchgeführt worden wäre, jede Chance des Erfolgs gehabt hätte. Sie beruhigten mich über Martines Gesundheitszustand und fügten hinzu:

«Das ist eine Frau!»

Ich war sicher, Charlie würde noch vor Ende des Jahres wieder geschnappt werden, wenn er nicht sofort Frankreich verließ. Ich fragte mich, wer wohl dic Bullen benachrichtigt hatte und vor allem, was er auf der Avenue Kleber gewollt hatte ...

Am 1. Dezember 1975 umzingelten die Anti-Gangster-Leute Willoquet in einem Appartement Rue d'Oslo Nummer 17 in Paris. Gestützt auf die Art und Weise, wie sie mich festgenommen hatten, machten es die beiden Kommissare Broussard und Leclerc noch einmal wie damals und ließen Charlie keine Fluchtmöglichkeit ... Er ergab sich. Ich erfuhr die Nachricht noch einmal durch den Rundfunk und erinnerte mich an einen Satz, den er mir über meine Verhaftung in der Rue Vergniaud gesagt hatte: «Weißt du, Jacques, ich an deiner Stelle hätte mich niemals ergeben!» Zu dieser Zeit hatte ich mich damit begnügt zu lächeln ... Jetzt war er zu seinem Unglück in derselben Lage wie ich gewesen ... Hatte er an das gedacht, was er mir gesagt hatte, als Broussard ihm die Handschellen anlegte? Diesmal würde eine neue Fluchtmöglichkeit sowohl für ihn als auch für mich wahrscheinlich lange auf sich warten lassen. Auf jeden Fall versprach ich mir, ihn nicht fallenzulassen, falls es mir eines Tages gelingen sollte, auszubrechen. Man läßt niemanden ein Leben lang im Gefängnis sitzen, auch wenn er nicht all das gemacht hat, was er hätte machen sollen ... Trotz seiner Versprechungen schuldete mir Charlie nichts. Obwohl er sie nicht eingehalten hatte, mußte er jetzt einen hohen Preis dafür bezahlen.

Dem Direktor von La Santé wurde befohlen, Charlie zu isolieren und vor allem dafür zu sorgen, daß wir nicht in Verbindung treten könnten. Meine Isolierung wurde noch strenger.

Es war von Verbesserungen in den französischen Gefängnissen gesprochen worden. In Wirklichkeit herrschte jedoch seit den Meutereien des Jahres 1974 eine völlige Unterdrückung der Männer, die zu langen Strafen verurteilt worden waren oder von denen man vermutete, sie könnten zu solchen verurteilt werden. Keiner kann aus dem Gefängnis La Santé ausbrechen. Seit es bestand, kam, soviel ich weiß, keiner über seine Mauern.

Die Verwaltung unternahm Umbauten jeder Art, um die Sicherheit noch zu verstärken. Überall wurden neue Wachttürme aufgebaut. In meinem Block wurden die Zellen so umgebaut, daß sie sich noch besser zur Unterdrückung eigneten. In meinem winzigen Hof wurde alles mit Gitterwerk überdeckt. Die versprochenen Reformen sind nie durchgeführt worden ... Man machte den Käfig nur noch ein wenig enger, in den die Männer gesteckt waren, die zwar draußen als gefährlich betrachtet wurden, sich aber innerhalb der Gefängnismauern tadellos verhielten. Die große Gefahr bei den Abteilungen mit erhöhter Sicherheit besteht darin, daß man sie nicht leer lassen kann, wenn sie erst einmal existieren – also steckt man irgendwelche Gefangenen hinein ... Gefährliche Leute werden erfunden ... All das gehört zu den Übergriffen der Verwaltung. Ich habe mich manchmal mit dem Direktor des Gefängnisses darüber unterhalten und ihm erklärt, daß derselbe Irrtum in Kanada begangen worden sei und daß eine übertriebene Repression katastrophale Folgen gehabt hatte. Sie habe Leute wie Richard Blass und ... Mesrine erzeugt. Sobald man tatsächlich einem zur langjährigen Strafe verurteilten Menschen nicht einmal ein scheinbar normales Leben erlaubt, bleiben ihm nur noch zwei Möglichkeiten: entweder er läßt sich vernichten, oder er lehnt sich auf. Nun hat die Verwaltung nichts gegen Aufstände; sie dienen ihr als Alibi, um die Repression zu rechtfertigen. Hinter jeder Revolte steckt aber immer empfundene Ungerechtigkeit. Ein Mensch kann unmöglich seine lebenslange Isolierung akzeptieren. Ein Mensch kann unmöglich seine geistige Vernichtung akzeptieren. Gibt es keine Hoffnung am Ende seines Leidensweges, so ist der Mensch zu den schlimmsten Ausschreitungen und den mörderischsten Handlungen fähig. Ich prophezeite ihm, daß es noch innerhalb von drei Jahren zu einem Massaker in einer Abteilung mit erhöhter Sicherheit kommen würde – oder zumindest zu sehr ernsthaften Zwischenfällen. Sechs Monate später fand tatsächlich ein solcher Zwischenfall in Lisieux statt: Segard und seine Kumpane, die Wächter als Geisel gefangenhielten, wurden buchstäblich von den Ordnungskräften massakriert. Ich wußte, daß ich keine Repression gegen mich dulden würde. Seine Strafe abbüßen ist eine Sache, sich vernichten lassen eine andere.

In La Santé gab es nichts, worüber ich mich hätte beklagen können. Ich hatte regelmäßige Besuchszeiten, und man gewährte mir sogar Verlängerungen, soweit es möglich war. Ich war isoliert ... aber ich konnte diese Isolierung ertragen.

Da man befürchtete, ich würde eine Überführung in den Justizpalast während der Untersuchungen ausnutzen, um eine Flucht zu versuchen, wurde im Justizministerium beschlossen, alle Untersuchungen im Gefängnis stattfinden zu lassen. Diese Spezialmaßnahme schränkte meine Rechte beträchtlich ein. Jeder andere Angeklagte wird zum Beispiel nur zusammen mit mehreren Statisten den Zeugen gegenübergestellt, während ich allein aus meiner Zelle herausgeholt und den Zeugen präsentiert wurde. Aus weiteren Sicherheitsgründen wollte mir der Untersuchungsrichter nicht bewilligen, worauf alle anderen Angeklagten ein Recht hatten und was sie ohne Schwierigkeiten gewährt bekamen. Bei jeder Untersuchung standen noch die Anti-Kommandos der Gendarmerie hinter mir. Die fünf «Karate-Männer» mit der 357 Manurhin Magnum im Gürtel mitten in der Abteilung mit erhöhter Sicherheit kamen mir lächerlich vor, das war wirklich etwas zuviel. Ohne Statisten war ich von vornherein so gut wie schuldig. Alle Zeugen, die in das Gefängnis kamen, spürten ein moralisches Unbehagen, das mir deutlich sichtbar wurde. Sie hatten dort die Gelegenheit, die Gefängniswelt mit ihren kalten Gängen und den Türreihen, die wie die Fächer im Leichenhaus numeriert waren, zu sehen. Einige erkannten mich, was in meinem Fall bedeutungslos war, aber sie wurden durch das Ministerium indirekt einer Gefahr ausgesetzt, indem man sie ins Gefängnis bringen ließ. Was wäre wohl passiert, wenn während ihrer Anwesenheit in La Santé eine Meuterei ausgebrochen wäre?

Unter diesen Bedingungen waren die Mittel einer Verteidigung beträchtlich eingeschränkt. Der Untersuchungsrichter beharrte auf seinem Willen, mir jede Gegenüberstellung zu verweigern. Diese autoritären und nur mir zugedachten Bestimmungen zeigten mir das voreingenommene Gesicht der Justiz. Diese sehr spezielle Regelung, die immer noch im Namen der Sicherheit und gegen die allgemeinen Vorschriften auf mich angewandt wurde, grenzte an Willkür. Ich sah mich meiner ganzen Rechte beraubt, da ich kein Mittel hatte, in meinen eigenen Prozeß einzugreifen. Ich hatte sehr heftige Auseinandersetzungen mit meinem Untersuchungsrichter, aber nichts änderte sich. Der Auseinandersetzungen müde, entschloß ich mich, alle weiteren Untersuchungen abzulehnen.

Meine Mutter teilte mir mit, meine Tochter Sabrina habe endlich die Erlaubnis bekommen, mich zu besuchen. Seit meiner Festnahme schrieben wir uns regelmäßig. Ich liebte meine Tochter abgöttisch und betete sie an. Sie war für mich all das Schöne und Reine, was es in meinem Leben gegeben hatte. Ich fürchtete mich vor dieser ersten Begegnung: Ich hatte ein Kind verlassen, und ich würde ein junges Mädchen wiederfinden. Ich wußte, daß meine Abwesenheit aus ihr ein schwererziehbares und aufsässiges Kind gemacht hatte, doch dank meiner sehr großen Liebe zu Kindern im allgemeinen und meiner Lebenserfahrung war ich fähig, sie gut zu verstehen. Ich las viele Bücher über die Psychologie des Kindes. Ich hoffte, zum Freund und Vertrauten meiner Tochter werden zu können. Sie sollte die Möglichkeit haben, alles zu sagen und mir all ihre wirklichen Probleme anzuvertrauen. Ich stellte mir schon vor, daß sie Vertrauen zu mir hatte. Da ich ein Lebensziel brauchte, suchte ich danach in meiner Tochter und durch sie. Ich brauchte sie genauso sehr, wie sie mich wahrscheinlich brauchte. Ich fürchtete, ihre Augen könnten mich anklagen, da ich trotz meiner Liebe zu ihr ein abenteuerliches Leben geführt hatte, ohne mich allzusehr um ihre Beziehungen zu kümmern. Sie war aus Liebe gezeugt worden, aber ich hatte wegen dieser Liebe mein Leben am Rand der Gesellschaft nicht geändert: das war mein schlimmstes Verbrechen. Indirekt mußte meine Tochter für meine Fehler bezahlen. Indem ich sie meiner Anwesenheit beraubt hatte, hatte ich sie der Liebe beraubt, die ich ihr schuldete. Ich war allein für ihre innere Revolte verantwortlich. Ich wußte um die Bedeutung der Anwesenheit des Vaters, da mir mein eigener Vater während des Krieges so sehr gefehlt hatte. Nun hatte ich meiner Tochter das gleiche Leid aufgezwungen. Ich wollte ihr alles sagen können, ich wollte, daß sie die ganze Wahrheit über mich erfährt, damit unsere Liebe nicht auf einen Betrug aufbaut.

Die Wiederentdeckung des eigenen Kindes ist wie eine zweite Geburt. Sie stand vor mir, durch die unzerbrechliche Glasscheibe getrennt, und ich wurde durch ihre Schönheit ergriffen. Sie sah so aus, wie ich sie mir vorgestellt hatte. Als sich unsere Blicke trafen, vergrub sie ihr Gesicht in den Händen und fing zu schluchzen an. Ich schwieg, verstand jedoch, daß meine wirkliche Strafe von diesem Tag an beginnen würde. Sie würde meine Reue verkörpern, nicht dagewesen zu sein, um sie zu erziehen. Sie hob den Kopf und sprach mit schüchterner Stimme die ersten Worte, die mich so stark wie ihre ersten Schritte ergreifen sollten:

«Guten Tag, heißgeliebter Vater!»

«Guten Tag, mein Engel!»

Sie konnte nicht weitersprechen, und ihr Leid mischte sich mit der Freude, mich wiederzufinden. Dann wurden ihre Lippen zu den Botinnen all dessen, was sie fern von mir erlebt hatte. Keine Vorwürfe, aber so unschuldig ausgesprochene Sätze, daß sie schmerzten wie ein Schlag ins Gesicht. Sie bat mich, jede Woche kommen zu dürfen und fügte schalkhaft hinzu:

«Ich hoffe aber, lieber Vati, du wirst jetzt nicht noch einmal ausbrechen ... Jetzt, wo ich dich wiedergefunden habe, will ich dich nicht wieder verlieren!»

Ich lächelte, dabei würde sie wahrscheinlich die beste Kette sein, die mich gefangen hielt. Wir trennten uns mit dem Versprechen, uns bald wiederzusehen.

Monatelang lernte ich sie kennen. Sie fand in mir das, was ihr immer gefehlt hatte – jemand, dem sie sich anvertrauen konnte. Wir sprachen zusammen über mein Leben. Ich verschwieg ihr nichts, wobei ich jedoch ihre kindliche Empfindsamkeit schonte. Es war jedoch besser für sie, all das von ihrem Vater zu erfahren, was ihr die Presse bestimmt direkt ins Gesicht schleudern würde. Sabrina hatte Joyce in der kurzen Zeit kennengelernt, als sie vor meiner Flucht in Compiègne auf Bewährung freigelassen worden war. Sie bat mich, ihre Ferien in Kanada verbringen zu dürfen, da Joyces Familie sie eingeladen hatte. Ich war glücklich, daß sie dieses wunderschöne Land kennenlernen konnte – zumal die Olympischen Spiele zu dieser Zeit in Montreal stattfanden. Wir hatten von meinem Freund Jean-Paul Mercier gesprochen, der von der Montrealer Polizei erschossen worden war. Sabrina, die für mich wieder «Der Floh» geworden war, schlug mir vor, Blumen auf sein Grab zu legen, und die Art, wie sie mich darum bat, rührte mich:

«Er war dein Freund, Vati ... Die Blumen bringe ich ihm von dir. Joyce wird mich zu seinem Grab führen ... Und ich werde für ihn ein Gebet sprechen.»

Ich dankte ihr zärtlich für diese Geste einer kleinen Frau. Mit fünfzehn Jahren hatte sie die Bedeutung verstanden, die ihr Vorschlag in meinen Augen hatte. Manchmal ließ mich die Unschuld ihrer Gedanken lächeln, so zum Beispiel, als sie sagte:

«Weißt du, Vati ... ich will jetzt fleißig arbeiten, um eine Anwältin zu werden und dich aus dem Gefängnis zu holen.»

Da sie nicht sehr viel in der Schule schaffte, antwortete ich ihr, daß ich meine Strafe abgesessen hätte, bis sie ihr Diplom bekommen würde. Darauf lachten wir beide. Meine Zukunft sah zwar düster aus, doch durch sie wurde mir immer ganz warm ums Herz. Sie erzählte mir von Janou und wünschte, daß sie schnell freigelassen würde, um mit ihr zusammenzuleben. Die Justiz verweigerte ihr aber immer noch eine Freilassung auf Bewährung, obwohl sie seit sieben Jahren in Haft war.

Sabrina kam aus Montreal zurück, als ich beschloß, ein Buch über mein Leben zu schreiben, wobei ich nicht die schwerwiegenden Folgen übersah, die es bei meinen Prozessen haben würde. Da ich aber den «Nullpunkt» erreicht und nichts mehr zu verlieren hatte, entschloß ich mich doch dazu. Das, was Sabrina mir mitteilte, ermunterte mich, «meine Wahrheit» der Gesellschaft, die mich kurz darauf verurteilen sollte, ins Gesicht zu schreien. Diese Wahrheit konnte als Herausforderung ausgelegt werden, da sich manche Bürger über einen Killer empören würden, der seine Morde beschreibt ... Die letzten Seiten eines Buches können zu den ersten Stufen zur Guillotine werden, aber das war für mich gar nicht wichtig. Eine Zelle ist nichts anderes als ein Grab, dessen Deckel man ab und zu aufklappt, um festzustellen, ob der lebendige Tote immer noch da ist.

«Der Floh» besuchte mich.

«Ich weiß nicht, ob ich es dir sagen soll, Vati. Ich bin zu dem Grab deines Freundes gegangen, um es mit Blumen zu schmücken, aber man hat es nach seinem Tod abgelehnt, den Körper seiner Familie zurückzugeben. Er ist im Gefangenenfriedhof des Zuchthauses in Saint-Vincent-de-Paul begraben worden. Ich bin dort hingegangen, aber es war kein Grab zu finden. Ein Wärter hat mir gesagt, daß man ihn in einer Urne bestattet hätte, ohne Namen und nur mit einer Nummer. Ich habe nach seiner Nummer gesucht ... Ich war traurig, denn ich habe sie nicht gefunden. Vielleicht stand ich neben ihm, ohne es zu wissen ... Dann habe ich meine Blumen genommen und habe sie eine nach der anderen aufs Geratewohl hingeworfen. Ich habe sie alle mit Blumen geschmückt. Von dem Ort aus, wo ich war, konnte ich das Zuchthaus sehen. Ich habe gedacht, daß du dort gelebt hast, daß dein Freund dort gelebt hat und daß das Zuchthaus ihn auch nach seinem Tod noch gefangenhält. Dann habe ich geweint ...»

Es war meinem Freund nicht gelungen auszubrechen. Er war zwar der lebenslänglichen Haft entkommen, aber die Gesellschaft hatte seine Leiche wiedergefangen, damit er seine Strafe über den Tod hinaus bis zum Ende abbüße …

Du, der du unter der Erde schläfst,
Gedenke, daß ein Kind
Für ihren Vater kam und dein Nichts
Mit Blumen schmückte.

Nun warte ich ...

Was liegt mir an meinem Urteil? ... Es wird nur die Folge des Lebens sein, das ich aus freien Stücken gewählt habe. Vor meinen Richtern werde ich nicht den Kopf senken. Ich will die ganze Verantwortung auf mich nehmen, indem ich den Preis dafür bezahle.

Ich habe mich selbst durch dieses Buch verurteilt – es ist meine schlimmste Anklagerede. Indem ich es schrieb, habe ich mich geweigert zu lügen. Wie hart meine Wahrheit auch sein mag, ich fürchte mich nicht, ihr ins Gesicht zu sehen. In welchem Augenblick meines Lebens bin ich zu dem geworden, was ich heute bin? Ich weiß es nicht. Zu welchem Bruch ist es gekommen, damit ich so weit ging und nicht mehr auf das Leben achtete? Vielleicht finden einige Leute Entschuldigungsgründe für mich. ... Ich kann selbst keine finden. Ich will nicht der Gesellschaft den Prozeß machen; ich begnüge mich damit, mir den Prozeß zu machen – oft ist der Mensch selbst sein schärfster Richter. Ich weiß, daß man mir die Türen der Freiheit fürs ganze Leben verschließen wird. Ich hätte den Tod lieber ... und doch empfinde ich die Lust am Leben.

Schon meine Jugend öffnete mir die Augen über den Tod und die Gewalt. Ich habe den Krieg erlebt, den die Erwachsenen im Namen der Freiheit gegeneinander führten.

Als Mann habe ich ihn selbst geführt. Ein anderer Krieg, eine andere Gewalt. Der kollektive Mord wird verherrlicht, wenn er beim Klang der Nationalhymne begangen wird. Weder die erlebten noch die erzählten Kriege konnten mir ein Beispiel für die Achtung vor dem Leben geben. In meinen Augen haben sie nur den Mord legalisiert. Man hat meine Hand beim Klang der «Marseillaise» bewaffnet, und diese Hand hat Geschmack an der Waffe gefunden. Man hat mir die Gewalt beigebracht, und ich habe Geschmack an der Gewalt gefunden.

Seit ich das Licht der Welt erblickt habe, metzeln sich die Menschen in allen Erdteilen gegenseitig nieder, sie ermorden und verraten sich und werden im Namen eines Ideals, das sie sich zur Rechtfertigung ihrer Handlungen gegeben haben, wortbrüchig ... Deswegen werde ich heute vor meinen Richtern und Anklägern kalt bleiben, wenn sie mir von der Achtung vor dem Leben sprechen. Denn der Mensch ist des anderen Menschen Wolf; wenn er sich manchmal zu einer Meute zusammenrottet, um Recht zu sprechen, so bleibt er trotzdem ein Wolf, so wie derjenige, den er verurteilt. Ich habe bloß einen persönlichen Krieg in einem Milieu geführt, das nicht dasjenige der meisten Leute ist. Dieses Milieu hat seine Gesetze ... Bis heute habe ich es noch nie erlebt, daß ein Bürger den Tod eines Gauners beweint hat. Er ist nicht in der Lage, ein Urteil über unsere Abrechnungen zu fällen.

Ich habe zwar gestohlen, aber niemals habe ich arme Leute ausgeraubt. Bei meinen meisten Überfällen habe ich mich an Banken oder Betrieben vergriffen. Niemals habe ich einem Kassierer oder einem Geldboten Gewalt angetan, und ich glaube, daß ich immer auf saubere Weise gearbeitet habe. Ich habe weder Frauen vergewaltigt noch Greise überfallen. Ich habe das Abenteuer gewählt, weil ich die Gefahr liebte. Wenn Menschen durch meine Kugeln das Leben verloren haben, dann deswegen, weil ich die Wahl zwischen ihrem Leben oder meinem treffen mußte. Indem sie einen bewaffneten Zusammenstoß akzeptierten, sind sie genauso wie ich ein persönliches Risiko eingegangen.

Bei jeder Aktion bin ich immer vorangegangen. Meine wahren Freunde haben immer wieder auf mich zählen können. Niemals bin ich zu einer Verabredung nicht erschienen.

Ich habe das Wort «Mitleid» aus meinem Wortschatz gestrichen, weil ich allzu viele Ungerechtigkeiten gesehen habe, und allzuoft zusehen mußte, wie Menschen im Gefängnis verreckt sind und wie Menschen sich gegenseitig zugrunde gerichtet haben.

Zweimal in meinem Leben wollte ich meinen Weg ändern und mich wieder der Gesellschaft und ihren Gesetzen anschließen, noch bevor ich den Punkt erreicht hatte, von dem aus keine Rückkehr möglich ist. Mir ist es nicht gelungen, da der Mensch, der einmal die Schwelle eines Gefängnisses betreten hat, sein Leben lang davon geprägt wird, wie weit er auch den Weg der gesellschaftlichen Eingliederung gehen mag. Die Gesellschaft ist rachsüchtig ... Niemals wird ein ehemaliger Sträfling seine Schuld los, auch wenn er sie bezahlt hat … Er wird ausgewiesen, und man verweigert ihm das Stimmrecht, während er Steuern bezahlen muß und im Falle eines Krieges eingezogen wird. Das Recht darauf, zu bezahlen und für sein Land zu sterben, wird ihm zuerkannt … nicht aber das Recht, sich die Art Gesellschaft auszuwählen, in der er leben will. Seiner bürgerlichen Rechte beraubt, wird er immer ein ehemaliger «Knakkie» sein. Der Mensch, dem das Entscheidungsrecht verweigert wird, ist bloß ein halber Mensch. Entweder wird er sich fügen oder sich auflehnen.

Nach zwei Mißerfolgen habe ich die Revolte gewählt, und von diesem Tag an bedeuteten die Weigerungen der Gesellschaft nichts mehr für mich. Mit Freude habe ich ihre Gesetze verletzt und nicht nach ihnen gelebt. Ich habe das Recht aufs Nehmen für mich in Anspruch genommen. Ich habe alle Grenzen überschritten, da ich keine mehr hatte, wie ich schon sagte.

Ein Geächteter … Die Gesellschaft hat jeden Einfluß auf mich verloren, und sie hat aus mir jemanden gemacht, der sich nicht mehr durch ihre Strafurteile einschüchtern läßt. Wenn ich ihr das Recht zuerkenne, mich zu verurteilen, gebe ich ihr jedoch nicht das Recht, mich zu beurteilen. Eigentlich habe ich mich selbst von dem Tage an verurteilt, an dem ich nach einer Waffe gegriffen und sie benutzt habe. Ich empfinde weder Reue noch Bedauern, aber ich äußere den Wunsch, die Gesellschaft möge sich um die jungen Verbrecher kümmern, die unnötig im Gefängnis verkommen. Nicht immer rechtfertigt ihr Verbrechen die Strafe. Das Gefängnis ist die Schule des Verbrechens – zur Zeit werden dort die Mesrine und Willoquet von morgen fabriziert. Diese Jungen müssen eine Hoffnung haben. Eine ausgestreckte Hand ist wirksamer als eine Kette; man wird das Problem der Jugendkriminalität nicht lösen, indem man die Tür einer Zelle zuschließt. Für sie ist noch Zeit – für mich ist es zu spät.

Ob lebenslänglich … oder Todesstrafe, mein Urteil läßt mich kalt. Mein wirkliches Strafurteil werde ich in jeder Besuchszeit in den Augen meiner Tochter lesen, und nur dadurch werde ich Bedauern empfinden.

Interview mit Jacques Mesrine in der Zeitung *Liberation* vom 3. und 4. 1. 1979

L. – Was wird aus Jacques Mesrine?
M. – Ich versuche, meine Freiheit zu behalten. Was das Übrige betrifft, so kennen Sie schon einen Teil davon – den Überfall in Deauville, den in Drancy und schließlich Petit ...

Schließlich habe ich mich weiter als Gangster betätigt, dann bin ich auf ganz legale Weise nach Italien gegangen. Von Italien bin ich nach Algerien gegangen, wo ich in Kontakt mit revolutionären Bewegungen treten wollte. Ich will Ihnen nicht sagen, was ich dort gemacht habe, im Augenblick geht es die Presse nichts an. Von Algerien aus bin ich nach London gegangen, wo ich in aller Ruhe mit Sylvia J. zusammen gelebt habe, von einigen Journalisten «die schöne Italienerin» genannt. Dann war die Petit-Affäre ...

L. – Was suchten Sie eigentlich beim Vorsitzenden Petit?
M. – Ich bin zu zwanzig Jahren Gefängnis verurteilt worden, und ich habe dieses Urteil beanstandet. Vielleicht hatte ich mehr verdient, vielleicht auch weniger – das ist nicht die Frage, aber ich weiß aus sicherer Quelle, daß der Vorsitzende Petit sich während meines Prozesses nicht so rechtschaffen gezeigt hat, wie man es von einem Richter hätte erwarten können. Ich trug ihm also persönlich etwas nach, was aber nicht der hauptsächliche Beweggrund meiner Aktion war. Als die Geschworenen mich zu zwanzig Jahren verurteilten, hatte ich schon dreieinhalb Jahre lang in einem QHS * verbracht und mußte auch wieder dorthin zurück. Ich habe keinen Grund, weder für mich noch für die anderen die «erhöhte Sicherheit» zu akzeptieren. Ich wollte also die Leute auf dieses Problem aufmerksam machen, indem ich etwas gegen Petit unternahm. Ich wollte klarmachen, daß es den Richtern, wenn sie einen Menschen zu zwanzig

* QHS: Quartier à Haute Securité; entspricht dem deutschen Hochsicherheitstrakt.

Jahren verurteilen, scheißegal ist, daß er dann parallel dazu noch mit QHS bestraft wird – was jedoch nichts mit der verhängten Strafe zu tun hat.

Ich muß Ihnen dann auch etwas ziemlich Hartes sagen. Ich bin absolut nicht bei Petit gewesen, um ihn zu entführen. Es war eine persönliche Angelegenheit – ich ging zu ihm, um ihn zu töten. Sein Leben verdankt er dann den Ereignissen ... Das war keine politische Hinrichtung. Ich bin einfach der Meinung, daß ein Richter, der die von ihm verhängte Strafe nicht bestehen läßt, nachdem er einen Menschen verurteilt hat, ein Schwindler der Justiz ist.

Zur Zeit ist der öffentlichen Meinung das QHS-Problem scheißegal. Ich weiß, daß ich einen Schock bewirke, indem ich die Richter und damit das hochheilige Richtertum angreife. Dann stellen sich die Leute wenigstens Fragen über das QHS.

Man soll begreifen, daß die meisten Gefangenen, ob Berufsverbrecher oder nicht, das Prinzip einer Strafe akzeptieren. Jedoch nicht diejenige, die in den meisten Fällen verhängt wird, da sie in keinem Verhältnis zu den begangenen Verbrechen steht. Sie akzeptieren weiterhin nicht, daß die Strafverwaltung, wenn sie einmal verurteilt worden sind, eine neue Strafe der ersten hinzufügt. Das ist Schwindel und Vertrauensbruch. Wenn die Geschworenen genau wüßten, daß sie einen auch zu QHS bestrafen, dann wäre vielleicht ihr Urteil nicht so hart. Bekanntlich ist die «erhöhte Sicherheit» ein auf körperlicher, psychischer und moralischer Ebene vervielfachtes Urteil ...

Deswegen habe ich Petit überfallen. Dieses Problem liegt mir sehr am Herzen. Ich habe gegen das QHS gekämpft, als ich drinnen war, und ich bin der Meinung, daß ich, da ich nun frei bin, nicht verraten darf, was ich war und erreichen wollte. So werde ich weiter kämpfen.

L. – Glauben Sie, daß Sie, wenn Sie den Vorsitzenden Petit getötet hätten, noch derselbe gewesen wären, der das QHS bekämpft hat?

Wären Sie nicht nur ganz einfach ein Mörder? Und die Leute mögen Mörder nicht.

M. – Sie sprachen von Mördern, also will ich Ihnen mal was sagen: moralisch ermordet die Gesellschaft jene Menschen, die in den QHS eingesperrt sind. Was man nicht will, daß einem selbst angetan wird, soll man auch keinem anderen zufügen. Die Gesellschaft ermordet die Gefangenen, sie ermordet sie Tag für Tag und Nacht für

Nacht. Die QHS sind legalisierter Mord. Also hätte ich nur mit einem Mord auf den moralischen Mord dieser Leute geantwortet. Verlangen Sie nicht von einem Menschen, vernünftig zu sein, wenn gerade Justiz und Regierung es nicht sind. Einen Menschen töten ... Aber was ist denn ein Richter? Er ist nur eine Figur im Schachspiel. Millionen von Menschen sterben, und man macht nicht so viel Aufhebens darüber ... Verstehen Sie, den Haß habe ich in den QHS gelernt ... Doch Petit hinzurichten, das war keine bloße Rache: Ich wollte einen furchtbaren Schock bewirken ... Das Schicksal hat es gewollt, daß ich diesen Irrtum nicht beging. Denn ich weiß recht gut, auf politischer Ebene wäre das ein Irrtum gewesen, da die Regierung es dazu ausgenutzt hätte, die Polizei aufzurüsten und meine Aktion in den Rahmen eines Terrorismus einzuzwängen, dessen Wirkung das Ziel zerstört, das ich mir gesetzt hatte. Jetzt weiß ich, daß ich handeln muß, ohne diese Art Gewalt zu benutzen. Aber verstehen Sie doch ... In bestimmten Fällen, wenn der Haß alles in einem Menschen übersteigt, dann können Handlungen ihn über das hinausführen, was er wirklich tun will. Ich persönlich will, daß man das Problem der QHS begreift. Vielleicht werde ich noch weitere Irrtümer begehen, die Hauptsache ist aber, daß man darüber spricht. Ich bin nicht politisch geschult. Ich bin als Kämpfer ausgebildet worden. Vergessen Sie nicht, mir ist der Kampf bei den Kommandos gelehrt worden, und dort achtet man nicht auf das menschliche Leben. Es ist zwar schön, mir mit dem menschlichen Leben zu kommen, aber als ich in Algerien kämpfte, hatte das menschliche Leben nicht dieselbe Bedeutung. Und zu dieser Zeit war ich erst 20. Jetzt sagen alle: das menschliche Leben ... das menschliche Leben usw. usw. Schön! Aber für mich ist das Leben eines Richters nicht mehr wert als das eines Häftlings. Häftlinge, die moralisch vernichtet werden. Man hat einen Haß in mir erzeugt, den ich vorher nicht empfand – und mit diesem Haß bin ich zu Petit gegangen.

L. – Was halten Sie von Jean-Luc Coupe, Ihrem Komplicen?
M. – Mir war es gelungen, eine Art kleines Studio in der Passage Charles-Albert Nr. 12 im 18. Bezirk zu mieten. Coupe war mein Nachbar. Dieser Junge lebte in völliger Armut, und am Anfang habe ich ihm aus Sympathie geholfen. Allmählich habe ich Freundschaft für diesen Burschen empfunden, der trotz allem große intellektuelle Kräfte besaß. In unseren Diskussionen hat mir Coupe gezeigt, daß

er links stand, und er hat einen gewissen revolutionären Geist an den Tag gelegt, der mir gefallen hat. Ich habe angefangen, mit ihm über die Gefangenschaft und das QHS zu sprechen ... Ich habe seine Ideen kennengelernt und ihm dann gesagt, wer ich bin.

Coupe hätte niemals in die Petit-Affäre hineingezogen werden sollen. Zuerst wußte er nicht, daß ich den Vorsitzenden Petit hinrichten wollte. Er dachte einfach, ich wollte ihn entführen, denn ich hatte ihm meine wirklichen Absichten nicht mitgeteilt. Als ich mich zu Petit aufmachte, sagte er zu mir: «Ich will mitmachen!» Zu einer solchen Aktion war er aber nicht fähig. Als es schiefging, benahm er sich wie ein Kind. Deswegen meine ich, er soll auch wie ein Kind beurteilt werden. Ob ich ihm böse bin? Sicher, und ich werde auch kein freundliches Wort über ihn verlieren. Doch ist gerade er typisch für die Kerle, denen mildernde Umstände zugebilligt werden sollten. Einige Leute haben behauptet, er sei ein Opfer Mesrines gewesen. Ich gebe es zu, denn ein Mensch mit einer starken Persönlichkeit kann wirklich auf einen Schwächeren großen Einfluß ausüben. Ich wußte aber nicht, daß Coupe schwach war – erst jetzt merke ich es, obwohl mich sein Verhalten anekelt ... Aber welche Methoden hat die Polizei wohl bei ihm angewandt? Ich weiß es nicht. Ist er geschlagen worden, wie ich es nach meinen Informationen vermuten kann? Ist er mit Drogen behandelt worden? Man weiß nicht, was bei der Polizei geschieht. Man kann trotzdem annehmen, daß er in eine psychologische Stimmung versetzt wurde, die aus ihm einen Denunzianten machte. Trotz allem, Coupe ist kein Spitzel. Er ist ein Kerl, der sich schlecht benommen hat, und nun ist es einmal so, daß es einem sein Leben lang anhaftet, wenn man einmal einen Fehler gemacht hat ... Auch wenn er letzten Endes ein Opfer der Gesellschaft ist.

L. – Gibt es Leute, die Ihnen nach der Petit-Affäre geholfen haben?
M. – Man sagt: Mesrine steht allein. Aber ich bin gar nicht allein. Ich habe viele Freunde. Der Vorteil für mich ist, daß sie nicht dem Milieu der Gaunerwelt angehören. Glauben Sie nicht, nur Einbrecher gehörten zum Milieu ... Alle, die am Rand der Gesellschaft leben, gehören zum Milieu. Die neue Generation von Gangstern jedoch gehört nicht zum Milieu. Jedermann weiß ganz genau, daß das Milieu verfault ist, daß es von allen Polizeiorganisationen ausgenutzt wird, daß es aus Zuhältern und Nachtklubbesitzern besteht. Ich

scheiße auf all diese Leute. Das soll man ein für allemal begreifen. Was meine Freunde betrifft, so habe ich viele. Es ist jedoch möglich, daß ich morgen geschnappt werde. Alles kann passieren. Es würde zum Beispiel genügen, daß ich einen Unfall habe und man merkt, daß ich bewaffnet bin. Obwohl ich eine ganze Portion Glück besitze, kann ich auch Pech haben. Eins werde ich aber nie akzeptieren, und zwar wieder in ein QHS gehen zu müssen. In diesem Fall werde ich Gewalt anwenden, egal wo ich mich befinde. Wenn die Polizei auf offener Straße schießt, dann ist sie selbst dran schuld, wenn unschuldige Menschen getötet werden. Wenn die Polizei mich entdeckt, dann bleibt ihr nur eins übrig – mir zu folgen, um mein Versteck zu entdecken. Dort sind sie dann vielleicht sicher, mich ohne viel Aufhebens niederschießen zu können. Sollten sie es auf der Straße versuchen ... schade um die Folgen. Ich will nicht mehr ins Gefängnis.

L. – Man sagt, Sie können ganz gut mit den Massenmedien umgehen, Sie sorgen für Publicity. Warum also dieses Spiel mit den Massenmedien?
M. – Ich benutze die Massenmedien, weil sie keine Bedenken haben, mich und meine Aktionen zu besudeln. Es gibt ein Recht auf Antwort ... Nun, ich nutze es. Wenn man über mich spricht, warum sollte ich kein Recht darauf haben zu antworten? Es ist allzu leicht, Schweinereien zu schreiben und falsche Informationen über mich zu verbreiten ... Ich bin weder ein Rächer noch ein Held ... Ich bin ein Mann der Tat, der nicht allzu dumm ist und Aktionen durchführt, die andere vielleicht nicht durchführen würden ... Wenn *France-Soir* oder *Paris-Match* Schlagzeilen mit mir machen, dann kassieren sie das Geld, nicht ich ... Letzten Endes bin ich zu einem Handelsprodukt geworden, aber sie sind im Unrecht. Denn ich bin kein gutes Produkt gegenüber den Werten, die sie verteidigen ...

L. – Einige Leute meinen, daß Sie durch Ihre Flucht oder das, was Sie bei dem Richter Petit gemacht haben, den Gefangenen nicht helfen, sondern daß Sie ihnen im Gegenteil einen schlechten Dienst erweisen. Verstärken Sie die QHS nicht, anstatt sie zu bekämpfen, indem Sie dem Bild eines «gefährlichen, unresozialisierbaren Gangsters» entsprechen, von dem die Regierung spricht?

M. – Was soll ein Kerl tun, der in einem QHS eingesperrt ist? Soll er es akzeptieren? Sich fügen? Sich demütigen lassen? Sich entmenschlichen lassen? Sich vernichten lassen? Sich nicht rühren? Wenn einer aus einem QHS ausbricht, das auf dem Prinzip der Sicherheit beruht und theoretisch dazu eingerichtet wurde, Ausbrüche unmöglich zu machen, dann beweist er, daß die «erhöhte Sicherheit» nichts nützt ... Indem ich ausbreche, will ich vor allem meine Freiheit wiederhaben. Wenn die Gefangenen beginnen, sich zu sagen: «Wenn ich ausbreche, schadet das den anderen», dann würde kein Mensch mehr ausbrechen können. Nun hat jeder eingesperrte Mensch ein Recht darauf auszubrechen. Die Strafverwaltung sollte besser ein Klima schaffen, bei dem die Häftlinge an etwas anderes denken als daran, auszubrechen. Wenn sie sehen, daß die Gefangenschaft sie zu etwas anderem als nur zum Haß führt, dann versuchen sie, sich zu rehabilitieren.

Wissen Sie, je heftiger Sie jemanden moralisch schlagen, desto härter wird er. Es gibt welche, die von der Strafverwaltung vernichtet worden sind ... Ich habe diese Vernichtung nicht akzeptiert ...

Herr Dablanc, der für die Strafverwaltung verantwortlich ist, soll sich keine Illusionen machen – man wird immer wieder ausbrechen können. Sie können andere QHS schaffen, es wird immer wieder eine Antwort darauf geben, wie es im Judo den Griff und den Gegengriff gibt. Auch wenn man Supergefängnisse baut, wird es immer Menschen geben, die ein Mittel finden, aus ihnen auszubrechen. Vergessen Sie nicht, daß ein Minimum an menschlichem Kontakt immer übrigbleiben wird und daß eine menschliche Beziehung immer möglich ist, sobald es einen menschlichen Kontakt gibt. Nichts beweist, daß der Wärter, der einen überwacht, nicht morgen zum Verbündeten werden kann. Der Wärter akzeptiert es, den Menschen zu überwachen, aber er akzeptiert nicht automatisch die Repression, deren Agent er sein muß ... (...)

Andererseits wird gesagt, daß die Häftlinge in vielen Fällen die Folgen der Flucht über sich ergehen lassen mußten – das ist mir aber egal. Als der letzte große Hungerstreik gegen das QHS losging, haben 650 von 33000 Gefangenen daran teilgenommen. Nun – die Meinung der Tausenden von Gefangenen, die niemals mucksen, die den Urlaub nutzen, die vor den Direktoren kriechen, um ihre Frauen sehen zu dürfen ... die ist mir scheißegal. Weil der Urlaub nur eine Falle für Idioten ist – eine Kette innerhalb der Kette. (...)

L. – Meinen Sie, daß es gute Gefängnisse gibt?
M. – Nein. Es gibt keine guten Gefängnisse. Leider ist die Gesellschaft unfähig gewesen, gegen das Verbrechen und die gesellschaftlichen Krisen etwas anderes zu erfinden, denn viele Häftlinge sind gesellschaftliche Opfer. Sehr wenige unter uns gehören zu denen, die man «Berufsverbrecher» nennt. Ich gehöre leider zu ihnen, und das sollte mich sogar daran hindern, im Namen der anderen zu sprechen. Ich habe mehr Gelegenheiten als irgendwer sonst zu sehen, daß viele kleine Diebe in einem Gefängnis nichts zu tun haben. Ich sehe zu, wie junge Kerle für zehn, fünfzehn oder sogar zwanzig Jahre ins Gefängnis müssen, während sie doch nur Opfer der Gesellschaft sind. Ich persönlich bin kein Opfer der Gesellschaft. Jetzt bin ich sogar zu einem Werkzeug dieser Gesellschaft geworden, da ich indirekt dazu gebraucht werde, um eine bestimmte Repression zu rechtfertigen.

L. – Was wollen Sie jetzt genau unternehmen?
M. – Wenn Peyrefitte und Dablanc nichts tun wollen, was kann ich sonst tun, außer Gewalt anzuwenden? Will ich eine Stimmung der Gewalt erzeugen, dann kann ich das zu jeder Zeit. Ich kann zum Beispiel den erstbesten auf der Straße erschießen ... Das kann jeder tun, aber die öffentliche Meinung würde es nicht verstehen ... Ich will vor allem, daß sie versteht, daß die schlimmste Gefahr für sie die Duldung der QHS ist, da die Menschen dort zu Rächern werden. Nun, was tun? Aufrichtig gesagt, ich wage es nicht zu beantworten. (...)

L. – Wie stellen Sie sich Ihr Leben, Ihre Gestalt, vor?
M. – Mesrine, der «Staatsfeind Nummer eins» und seine Legende interessieren mich nicht mehr. Was das Übrige betrifft, so bin ich kein Verzweifelter, sondern ein Mensch, der für eine verzweifelte Sache kämpft. Denn es gibt keine Hoffnung ... Man weigert sich, sie zu geben, und meine Sache ist deswegen so verzweifelt, weil sie nur eine kleine Anzahl von Menschen betrifft, die unter regelwidrigen Bedingungen in Haft gehalten werden. Ich sage «regelwidrig», um nicht «abscheulich» sagen zu müssen. Denn wenn ich dieses Wort gebrauche, wird die Strafverwaltung auf stereotype Bilder hinweisen, so wie das Fernsehen sie ein- oder zweimal pro Woche zeigt, das Tischtennisspiel usw. ... all das, was in der Sendung über die QHS gezeigt wurde. (...)

Man zeigt das, was man will, und man sagt: «Na, sehen Sie, so schlimm ist es nicht, wie man denkt!» ... Wächter aber, die zu zehnt in eine Zelle einbrechen, um einen zu verprügeln – das hat man nicht gezeigt. Oder einen Direktor wie zum Beispiel Beaune, den Direktor des Fresnes-Gefängnisses, der die Gespräche zwischen einem Häftling und seiner Familie auf Band aufnehmen läßt. Das ist keine Erfindung von mir, ich kann den Beweis liefern, da ich das Band aus seinem Büro habe stehlen lassen ...

(...)

Was die Haft betrifft, so ist das ein großes Problem, das den Franzosen scheißegal ist, da gewisse Zeitungen ein Klima der Unsicherheit erzeugt haben. Da ist nichts zu machen, die Leute meinen, ein Häftling müsse wie Scheiße behandelt werden. Schön – nur aktzeptiere ich das nicht, das ist alles.

L. – Sie haben gesagt, bei Ihrer Lebensweise und dem von Ihnen gegen die QHS eröffneten Kampf laufen Sie Gefahr, getötet zu werden. Wie fühlen Sie sich, wenn Sie an so etwas denken?

M. – Wir wissen alle ohne Ausnahme, daß wir von Geburt an zum Tode verurteilt sind. Unser erstes Strafurteil besteht darin, daß wir zum Tode verurteilt sind (es ist eigentlich banal, was ich Ihnen sage). Ich finde es nicht idiotischer, durch eine Kugel im Kopf zu sterben als am Lenkrad eines R 16 oder in der USINOR-Fabrik bei einer Arbeit, die einem den Mindestlohn einbringt. Ich persönlich lebe vom Verbrechen. Von einer bestimmten Art Verbrechen, die nicht darin besteht, Greise anzugreifen, sondern Banken und bestimmte Fabriken. Ich will mich nicht rechtfertigen, aber das Geld, das ich den Banken klaue, ist nicht das Geld der Leute, die es in die Banken gebracht haben ... Ich nehme nur die Zinsen, die die Banken mit dem Geld der Arbeiter machen. Wenn ich einer Bank 20 Millionen klaue, ist das gar kein Drama ... Ich wiederhole es: Banken zu überfallen, ist mein Beruf. Nun – sterben bzw. die Gefahr auf sich nehmen zu sterben, wenn man einmal mit der Gewalt lebt ... (...) Ich will nicht behaupten, mit der Pistole in der Hand zu sterben sei wie ein Mann zu sterben, nein. Wie ein Mann sterben – das gibt es nicht. Den Tod gibt es, sonst nichts.

L. – Denken Sie nicht daran, eines Tages Schluß mit Ihren Aktivitäten zu machen?

M. – Das wird Sie vielleicht überraschen, aber es ist schon möglich, daß ich eines Tages Schluß mache – Gerade um Peyrefitte zu beweisen, daß Typen wie ich sich außerhalb des Strafsystems rehabilitieren können. Dagegen fürchte ich, daß ich, wenn ich Schluß mache und anfange zu arbeiten, all das verleugne, was ich gesagt habe ... Und ich muß aufrichtig sagen: ich liebe das Geld. Ich bin nicht fähig, mit 2500 Franc im Monat zu leben. Ich frage mich, wie ein Arbeiter das schafft ... Wie kann einer mit 2500 Franc im Monat leben, während sein Boss 3 oder 4 Millionen hat und dabei behauptet, es ginge ihm an jedem Monatsende finanziell schlecht? Ich habe das Problem von allen Seiten geprüft: da gibt es in den Schaufenstern die Konsumgüter, einen zur Schau gestellten Reichtum, und der Arbeiter darf sie nicht anrühren. Er darf sie nur angucken. Ich aber will sie angucken und anfassen. Wenn ich mir diesen Beruf ausgewählt habe, dann ist es, um Geld zu haben, auch wenn das jetzt nicht mehr mein Hauptziel ist. (...)

Ich bin ein aufrichtiger Kerl. Auch wenn ich viele schlechte Eigenschaften habe: so bin ich zum Beispiel wahnsinnig stolz, ein Berg von Stolz ... Wenn man meinen Stolz angreift, bin ich zu allem fähig. Es gibt keinen vollkommenen Menschen. Man muß das Gute und das Schlechte in Kauf nehmen. Man soll mir aber nicht vorwerfen, ich sei nicht aufrichtig. Im allgemeinen tue ich das, was ich sage. Ich tue es nicht, um mich zur Geltung zu bringen, und ich setze jedesmal mein Leben aufs Spiel. Ich bin kein Rächer, ich bin ein Aufrührer, der seiner Empörung lebt. Es ist leicht zu sagen, wenn man sitzt: «Wenn ich einmal draußen bin, tue ich dies und das» – alle denken das, aber sie tun es nie. Ich gehöre zu einer neuen Generation, die durch das QHS erzeugt wurde. Und ich tue es.

L. – Meinen Sie, daß es noch andere Häftlinge wie Sie gibt?

M. – Ja, ich kenne sogar viele davon. Ich kann Ihnen keine Namen nennen, aber ich kenne welche, die, wenn sie einmal auf legale oder illegale Weise raus sind, genauso wie ich handeln werden. Schätzungsweise sind es ungefähr zehn, die meiner Meinung nach dasselbe wie ich tun werden. Diese Typen haben es nicht akzeptiert, daß die Gesellschaft keine Verantwortung für ihre Handlungen übernehmen will und sich feige verhält.

L. – Wie können Sie das erklären?
M. – Es gibt eine allgemeine Entwicklung in den Köpfen. Aber vor allem muß man verstehen, daß ein isolierter Mensch zusammen mit sich selbst lebt und gezwungen wird, Phantasien zu entwickeln. Durch das lange Zusammenleben mit ihnen verwandelt er sie in Wirklichkeiten und setzt diese Wirklichkeiten dort in die Praxis um, wo es ihm möglich ist …

In den QHS fabriziert man einen Haß, der früher nicht existierte … Und man soll mir nicht mit den zwei Fernsehstunden in der Woche kommen! Als ob das Fernsehen dazu geeignet wäre, die menschlichen Kontakte zu ersetzen. Das Fernsehen wird niemals eine Diskussion mit einem Freund ersetzen. (…)

Kein Mensch auf der Welt ist unresozialisierbar. Typen, die Verbrechen gegen die Menschheit begangen haben, ist vergeben worden; man kann sie sogar in gewissen Regierungen wiederfinden … Jetzt will man einem gemeinrechtlichen Verbrecher nicht verzeihen? Ein Verbrechen gegen die Menschheit ist also zu entschuldigen, während ein Verbrechen gegen irgendwelche «Société Générale» bzw. BNP nicht zu entschuldigen ist? Für «unresozialisierbar» wird man erklärt, weil man einen öffentlichen Dienst angreift, weil man sich am System, am Kapital vergreift … (…)

Man muß logisch sein und verstehen, daß bestimmte Leute, die heute am Rand der Gesellschaft leben, eine geistige Entwicklung durchmachen. Wir sind keine nichtswürdigen Rohlinge, die sich nur nach ihrer Pistole richten. Die Waffe ist ein Abschreckungsinstrument, das bei unserer Arbeit notwendig ist, aber es geht auch anders als nur mit der Pistole in der Hand. Ich persönlich kann Ihnen versichern, daß ich nicht von meiner Waffe beherrscht werde – im Gegenteil beherrsche ich mein Kaliber. Hätte meine Waffe für mich gesprochen, dann wäre der Bulle bei Petit gestorben. Und wenn ich ihm gesagt habe: «Hier, ich heiße Mesrine!», so war das keine Prahlerei, sondern meine Art und Weise, «Scheiße» zu sagen … (…)

Zum Schluß möchte ich Ihnen sagen, daß ich mich wohl fühle. Ich bin glücklich. Ich lebe nicht als Gehetzter. Keiner klopft an meine Tür, was auch besser ist. Ich kann ohne Nachtklubs usw. leben … (…) Ich will versuchen, meine Freiheit zu behalten. Im Augenblick bin ich der Meinung, daß es mir nicht schlecht geht. Mindestens sieben Monate Sarg habe ich gewonnen, das ist schon was. Ich war zu zwanzig Jahren verurteilt und hätte bestimmt lebenslänglich gekriegt. Wenn ich an meine Gesundheit denke, bin ich fast sicher, mit 52 oder 53 Jahren zu krepieren … Ich habe schon sieben Monate meines Lebens gewonnen, sieben Monate Glück, in deren Verlauf es mir zumindest gelungen ist, die Aufmerksamkeit der öffentlichen Meinung auf die QHS zu lenken …

Nachtrag

Die Jahre 1974 und 1975 verbrachte Mesrine im Gefängnis La Santé. Dort schrieb er seine Autobiographie und erwartete seinen Prozeß, auf den sich mehrere Anwälte vorbereiteten.

Im November 1975 schickt Mesrine einen Brief an «L'Express», weil ihm ein Artikel des Journalisten Jacques Derogy nicht paßt und droht, ihn umzubringen. Von da an wird Mesrine von einem Gefängnis ins andere verlegt.

Im Männertrakt von Fleury-Merogis beendet er seine Autobiographie. Das Manuskript wird aus dem Gefängnis geschmuggelt und landet auf dem Schreibtisch mehrerer Verleger, die jedoch alle ablehnen, sei es wegen des Inhalts, sei es aus Angst vor Schwierigkeiten mit dem Gesetz. Schließlich kauft der Verlag Lattès das Manuskript und veröffentlicht es im Februar 1977. Die Veröffentlichung von «Der Todestrieb» führt in Frankreich zur Verabschiedung eines Gesetzes, das besagt, daß kein Krimineller den Gewinn aus der Veröffentlichung seiner Verbrechen erhalten darf, bekannt als La Loi Mesrine. *Daraufhin verschwindet das Buch aus dem Handel und erscheint erst wieder nach dem Tod Mesrines.*

Im Mai 1977 sind schließlich die Vorbereitungen für Mesrines Verhandlung abgeschlossen. Die Verhandlung wird eröffnet. Der Palais de Justice auf der Ile de la Cité in Paris ist gesichert wie eine Festung. Zwei Tage sind nötig, um die Anklagepunkte und die Namen der 224 ausgewählten Zeugen zu verlesen. Die Verhandlung selbst dauert vierzehn Tage. Mesrine leugnet nichts, gibt aber lange Erklärungen zu seiner Person ab. Am 5. Mai steckt er nachts seine Zelle in Brand aus Protest gegen die Verlegung eines Zellennachbarn in den Sicherheitstrakt.

Am 6. Mai bittet Mesrine um das Wort, fragt das Gericht, wofür die ganzen Sicherheitsmaßnahmen gut seien, wenn man sich die Schlüssel für seine Handschellen beschaffen könne. Dann löst er seine Handschellen und wirft sie zusammen mit den Schlüsseln auf den Richtertisch. «Der Wachsabdruck, den ich von einem Wachhabenden bekam, kostete mich 3000 Franc.» Dieses Statement löst einen Skandal in Frankreich aus. Im Schlußplädoyer fordert der Staatsanwalt lebenslänglich, während die Verteidigung zehn bis fünfzehn Jahre verlangt. Das Gericht verurteilt Mesrine zu 20 Jahren.

Am Montag, dem 8. Mai 1978 bekommt Mesrine um 10 Uhr Besuch von seiner Anwältin Christiane Giletti. Während sie sich über die Ermordung der beiden kanadischen Forstbeamten unterhalten, bittet er einen Wachbeamten, einen Ordner aus der Zelle seines Freundes Francois Besse zu holen. Der Wärter willigt ein und wird von Besse überwältigt. Der zweite Wärter kommt ihm zu Hilfe und überwältigt Besse. Währenddessen springt Mesrine auf den Tisch, öffnet mit einer Nagelschere den Abzugsschacht und holt aus ihm zwei Pistolen und ein Bergsteigerseil mit einem Eisenhaken am einen Ende. Dann befreit er Besse. Die Wachen werden in die Zelle eingeschlossen und ein dritter Gefangener, Charles Rive, wird befreit. Nachdem sie die anderen Wärter im Wachraum überwältigt haben, verlassen sie das Gebäude und überqueren den Hof bis zur Mauer. Während sie eine Leiter anlegen, gelingt es einem Wärter, der auf dem Hof war, Alarm zu schlagen. Besse ist als erster auf der Leiter und wirft das Seil mit dem Eisenhaken über die Mauer. Mesrine folgt, als die Wärter anfangen auf die Flüchtenden zu schießen. Rive wird getroffen und stürzt tot von der Mauer. Mesrine und Besse halten einen Wagen an und können entkommen. Es ist 10 Uhr 25. Um 10 Uhr 40 sind Straßensperren auf allen wichtigen Straßen von Paris. Um 11 Uhr kommt ein Sonderkommando von 1000 Polizisten in die Stadt. Mesrine erreicht die für ihn bereitgestellte Wohnung in der Nähe des Invaliden-Doms, nachdem er Besse in einer anderen Wohnung abgesetzt hat.

Am 16. Mai überfallen Mesrine und Besse ein Waffengeschäft in der Nähe des Ostbahnhofs und erbeuten 20000 Franc, Waffen und Munition. Am 27. Mai erscheinen die beiden auf der Polizeistation von Deauville in der Normandie. Sie geben sich als Kommissare aus und wollen den diensthabenden Inspektor sprechen. Nachdem sie erfahren haben, daß er nicht da ist, verlassen sie die Polizeistation und gehen zum Casino. Um 11 Uhr 50 stellen sie sich dort als Justizbeamte vor und verlangen, den Direktor zu sprechen. Sie zwingen ihn mit vorgehaltenen Waffen zur Kasse, wo ihnen der Kassierer das Geld aushändigen muß. Als sie das Casino verlassen, fährt gerade ein Einsatzwagen mit bewaffneten Polizisten vor. Mesrine eröffnet das Feuer. Besse wird in den Arm getroffen, doch sie können ihren Wagen erreichen. Mesrine durchbricht die Polizeisperre.

Nach zwei Tagen und zwei Nächten der Flucht mit Auto, Boot und zu Fuß erreichen sie ihre Unterkunft in Nordfrankreich. Besse wird von einem Arzt behandelt.

Am 30. Mai kehren sie nach Paris zurück.

Am 30. Juni überfallen Mesrine und Besse um 7 Uhr früh den Bankdirektor Jean-Claude Martigny in seinem Haus. Während Besse bei der Familie Martignys bleibt, fährt Mesrine mit dem Direktor zu dessen Bank und läßt sich 450000 Franc aushändigen. Zusammen mit dem Direktor und dem Kassierer verläßt Mesrine die Bank und unterrichtet unterwegs Besse telefonisch von dem geglückten Coup. Während Besse das Haus verläßt, läßt sich Mesrine absetzen und entkommt.

Am 4. August erscheint ein Interview mit Mesrine in «Paris-Match», das enormes Aufsehen erregt. Die Interviewerin Isabelle de Wangen wird verhaftet.

Mesrine beschließt, sich den Richter Charles Petit vorzunehmen, um zu erreichen, daß in den Gefängnissen die Sicherheitstrakts geschlossen werden. Da Besse sich weigert, an diesem Unternehmen teilzunehmen, dringt Mesrine am 20. November um 7 Uhr morgens mit zwei anderen Freunden in das Haus des Richters ein. Da sie nur die Familie des Richters antreffen, beschließen sie zu warten. Einem der Familienangehörigen gelingt es, die Polizei zu alarmieren. Bei der Flucht wird einer von Mesrines Freunden gefaßt.

Mesrine verläßt seine Pariser Wohnung und pendelt zwischen England und Frankreich hin und her.

Mitte November schreibt er einen offenen Brief an Kommissar Devos, in dem er erneut die Bedingungen in den Sicherheitstrakts der Gefängnisse kritisiert. Der Brief wird in «Le Matin» und zwei Tage später in jeder französischen Zeitung abgedruckt. Auch die «Times» widmet Mesrine und seinem Brief ihre Schlagzeile.

Im Januar 1979 versucht Mesrine ohne Erfolg, seine 230000 Franc Autorenhonorar von dem Verlag Lattès mit einer Morddrohung an den Verleger zu erpressen.

Im März 1979 wird Besse verhaftet.

Am 21. Juni 1979 entführt Mesrine den 82 Jahre alten Ex-Bankier Henri Lelièvre und erpreßt 6 Millionen Franc in gebrauchten Fünf-

zig-Franc-Scheinen. Als Beweis, daß der Bankier lebt, schickt Mesrine Fotos an «Paris Match», auf denen man Lelièvre sieht, wie er sich mit Mesrine, der eine Karnevalsmaske mit dem Gesicht von Georges Marchais trägt, unterhält. Mesrine erhält das Geld von dem Sohn Lelièvres.

Am 26. Juli wird Besse aus dem Justizpalast in Brüssel befreit.

Im September entführt Mesrine den Journalisten der rechten Zeitung «Minute», Jacques Tillier. Er verletzt ihn mit drei Schüssen schwer und erklärt in einem offenen Brief, daß Tillier ein Spitzel sei, den er nicht hätte töten, sondern bestrafen wollen.

Am 24. Oktober 1979 wird Mesrine von einem Sonderkommando der Polizei in seinem Wagen erschossen.

Hubert Selby

Hubert Selby, geboren 1928, stammt aus dem finstersten Brooklyn. Mit fünfzehn Jahren arbeitete er an den Docks und fuhr zur See. Fast vier Jahre lag Selby mit Tbc in verschiedenen Krankenhäusern, von den Ärzten bereits aufgegeben. Aber er überlebte und fing an zu schreiben. Sein erster Roman *Letzte Ausfahrt Brooklyn*, der dem 36jährigen 1964 für kurze Zeit Geld und Ruhm brachte, wurde 1989 erfolgreich verfilmt.

Der Dämon *Roman*
(rororo 5295)
Die Geschichte von Harry Whites Besessenheit und unaufhaltsamer Selbstzerstörung beginnt beinahe harmlos. Doch der Dämon der Sexualität, der ihn treibt, durchbricht allmählich den Damm der Wohlanständigkeit und reißt ihn immer tiefer in die Katastrophe.

Mauern *Roman*
(rororo 1841)
Dieser Roman ist ein Alptraum. Er ist eine einzigartige subtile Untersuchung der erbarmungswürdigen seltsamen Wollustbeziehungen zwischen Unterdrückern und Unterdrückten.

Requiem für einen Traum *Roman*
(rororo 5512)
«An ihren Träumen, das ist die Geschichte des Romans, gehen alle zugrunde...»
Die Zeit

rororo Literatur

Letzte Ausfahrt Brooklyn
(rororo 1469 und
Christian Brückner liest Hubert Selby, Letzte Ausfahrt Brooklyn
3 Toncassetten im Schuber Literatur für Kopf Hörer 66022)
Hubert Selbys Zyklus von sechs Prosastücken ist eine Beschreibung menschlicher Höllen und ein Plädoyer zugleich. Das Buch ist ein moderner Klagegesang vom Menschenmüll, aufgefressen und augespien von dem Riesenkraken New York.
«Ohne Einschränkung ein tiefernstes und mutiges Kunstwerk.»
Samuel Beckett

«Selby kennt nicht nur die Brutalität, er kennt auch die Zärtlichkeit des Details, und er weiß etwas von der Barmherzigkeit, die darin liegt, daß man sich wahrnehmend und benennend über das Einzelne beugt und ihm die Wohltat des Wortes erweist.»
Frankfurter Allgemeine Zeitung

Léo Malet

Léo Malet, geboren 1909 in Montpellier, riß mit sechzehn Jahren nach Paris aus, schloß sich den Surrealisten an und schlug sich als Chansonnier auf dem Montmartre durch. Mit André Breton verband ihn eine lebenslange Freundschaft, ebenso zu Salvador Dalí und René Magritte. Für seine legendären Kriminalromane erhielt Léo Malet mehrere hohe Auszeichnungen. Er lebt heute in Paris.

Bilder bluten nicht *Krimi aus Paris. 1. Arrondissement*
(rororo 12592)
Mord in den Markthallen und Diebstahl im Louvre.

Stoff für viele Leichen *Krimi aus Paris 2. Arrondissement*
(rororo 12593)
Vierzehn Leichen säumen Nestor Burmas Weg.

Marais-Fieber *Krimi aus Paris 3. Arrondissement*
(rororo 12684)
Ein Pfandleiher ist in mysteriöse Morde verwickelt.

Spur ins Ghetto *Krimi aus Paris. 4. Arrondissement*
(rororo 12685)
Ein Mädchen wird nach einer Party mit einem SS-Dolch erstochen.

Bambule am Boul'Mich' *Krimi aus Paris. 5. Arrondissement*
(rororo 12769)
Liebe, Erpressung und Okkultismus.

Die Nächte von St. Germain
Krimi aus Paris. 6.Arrondissement
(rororo 12770)
Nestor Burma trifft auf Dichter mit seltsamen Ideen.

3251/2

rororo Unterhaltung

Corrida auf den Champs-Élysées
Krimi aus Paris. 8. Arrondissement
(rororo 12436)
Nestor Burma als Leibwächter einer Film-Diva.

Streß um Strapse *Krimi aus Paris. 9. Arrondissement*
(rororo 12435)
Nestor Burma sucht nach den Kronjuwelen des Zaren.

Wie steht mir Tod? *Krimi aus Paris. 10. Arrondissement*
(rororo 12891)
Ein Schlagerstar fürchtet um Karriere und Leben. Erfolgreich verfilmt mit Jane Birkin und Michel Serrault.

Kein Ticket für den Tod *Krimi aus Paris. 12. Arrondissement*
(rororo 12890)
Ein Weinhändler setzt alles daran, seine Stieftochter zu beseitigen.

Die Brücke im Nebel *Krimi aus Paris. 13. Arrondissement*
(rororo 12917)
Nestor Burma wird von einerZigeunerin engagiert um den Tod ihres Vaters zu rächen.

Serientäter

Robert Brack
Die siebte Hölle
(thriller 2941)
Oldtimer bringen's besser als Bücher, meint der bankrotte Buchhändler Jercy Pacula, und überführt zwei Limousinen nach Lissabon...
Schwere Kaliber
(thriller 2967)
Psychofieber
(thriller 3058)

Frank Göhre
Schnelles Geld
(thriller 3048)
Der erste, seit Jahren vergriffene Kriminalroman von Frank Göhre, der mit mehreren Literaturpreisen ausgezeichnet wurde und als Kinofilm Beachtung fand. Neu bearbeitet und wesentlich erweitert.
Der Tod des Samurai
(thriller 2832)
Ein Thriller über organisiertes Verbrechen in Hamburg.
Der Tanz des Skorpions
(thriller 3025)
Letzte Station vor Einbruch der Dunkelheit
(thriller 2795)
Der Schrei des Schmetterlings
(thriller 2759)

Daniel Pennac
Wenn nette alte Damen schießen...
In Belleville, dem Kreuzberg von Paris, schneidet ein erbarmungsloser Killer armseligen Rentnern die Kehlen durch. Angst macht sich breit, gefolgt von einer kräftigen Paranoia. Ausgezeichnet mit dem «Prix Mystère de la critique».
(thriller 2921)
Königin Zabos Sündenbock
(thriller 3003)

rororo thriller

30 Jahre thriller Jubiläums-Lesebuch
(thriller 3030)
Dieser Jubiläumsband präsentiert einen opulenten Querschnitt durch die Geschichte der rororo thriller- Reihe und bietet literarischen Nervenkitzel pur. Die Palette internationaler Autoren gleicht einem Who is Who der Kriminalliteratur.

Pacio Ignacio Taibo II
Der melancholische Detektiv *Drei Fälle für Héctor Belascoarán Shayne*
(thriller 3039)
Der Boxer Angel, Freund von Detektiv Héctor Belascoarán, wird beim Training im Ring von einem Unbekannten erschossen. Mögliches Motiv: eine alte Rivalität um eine Frau... Taibo liefert nicht nur ungewöhnliche Stories, sondern ein dichtes Bild von Mexiko, seiner Atmosphäre, seinen Problemen und seiner Faszination.
Das bizarre Leben
(thriller 2940)
Comeback für einen Toten
(thriller 3019)